교사 수준 교육과정
두 번째 이야기

# 교사 수준 교육과정
# 두 번째 이야기

| | | | |
|---|---|---|---|
| 발행일 | 2020년 1월 23일 | | |
| 지은이 | 에듀쿠스 | | |
| 펴낸이 | 손형국 | | |
| 펴낸곳 | (주)북랩 | | |
| 편집인 | 선일영 | 편집 | 강대건, 최예은, 최승헌, 김경무 |
| 디자인 | 이현수, 한수희, 김민하, 김윤주, 허지혜 | 제작 | 박기성, 황동현, 구성우, 장홍석 |
| 마케팅 | 김회란, 박진관, 조하라, 장은별 | | |
| 출판등록 | 2004. 12. 1(제2012-000051호) | | |
| 주소 | 서울특별시 금천구 가산디지털 1로 168, 우림라이온스밸리 B동 B113~114호, C동 B101호 | | |
| 홈페이지 | www.book.co.kr | | |
| 전화번호 | (02)2026-5777 | 팩스 | (02)2026-5747 |

| | | | |
|---|---|---|---|
| ISBN | 979-11-6539-044-0 04370 (종이책) | 979-11-6539-045-7 05370 (전자책) | |
| | 979-11-6539-046-4 04370 (세트) | | |

이 도서의 국립중앙도서관 출판예정도서목록(CIP)은 서지정보유통지원시스템 홈페이지(http://seoji.nl.go.kr)와 국가자료공동목록시스템(http://www.nl.go.kr/kolisnet)에서 이용하실 수 있습니다. (CIP제어번호: CIP2020003242)

---

**(주)북랩** 성공출판의 파트너

북랩 홈페이지와 패밀리 사이트에서 다양한 출판 솔루션을 만나 보세요!

**홈페이지** book.co.kr  •  **블로그** blog.naver.com/essaybook  •  **출판문의** book@book.co.kr

선생님의 교육과정이 궁금합니다!

# 교사 수준 교육과정

두 번째 이야기

에듀쿠스 지음

**교육과정 - 수업 - 평가 - 기록** 일체화를 위한

여섯 선생님의 교육과정 실천 이야기

북랩 book Lab

# '이야기'를 담다

학교는 선생님과 학생의 만남이 이루어지는 공간입니다. 만남에는 이야기가 따르기 마련입니다. 음력 7월 7일, 견우와 직녀가 사랑해서 하루 만나듯이 말이죠. 이날은 견우와 직녀가 만날 수 있도록 까마귀와 까치가 하늘로 올라가 몸을 잇대어 은하수에 다리를 놓아 줍니다. 다리가 없으면 만날 수 없으니까요. 선생님과 학생의 만남을 가능하게 해주는 까마귀와 까치는 무엇일까요? 교육과정입니다. 교육과정으로 선생님과 학생들 사이에 다리가 놓입니다. 견우, 직녀 만남의 다리에 수많은 이야기가 서려 있듯이, 교육과정에도 선생님과 학생들의 만남에 대한 이야기와 그들의 앎과 삶에 대한 이야기들이 담겨 있습니다.

교육과정은 어떻게 만들어졌을까요? 사람들은 자신의 삶을 영위하기 위해서 여러 가지 지식과 경험들을 만들어 내게 되었고 그러한 지식과 경험들은 어떤 기준에 따라 체계적으로 분류되어 우리에게 교과라는 이름으로 주어집니다. 그리고 근대적인 학교 교육이 시작되면서 이러한 교과를 중심으로 한 교육과정이 구성되고 운영된 것입니다. 그래서 교육과정에는 삶을 위한 지식과 경험이 담겨 있습니다. 교육과정을 바라보는 맥락이나 관점에 따라 교과, 경험, 학문으로 나뉘기도 하죠. 강조하는 교육 내용이 체계적인 지식인지, 학생들의 경험인지, 아니면 학문의 근간을 이루는 지식의 구조인지에 따라서 교육자들은 여러 가지 종류의 교육과정 사조를 만들어 내었습니다. 하지만, 교과든, 경험이든, 혹은 학문이든 교육과정이 사람들의 앎과 삶에 대한 이야기를 반영한다는 것은 누구도 부인 못 할 분명한 사실입니다.

사실, 교육과정을 교과, 경험, 학문 중심으로 나누는 것은 교육과정의 내용적인 측면보다는 가르치는 방법적인 측면이 더 강조되어 파생된 용어입니다. 어떤 명칭의 교육과정 운영 시기에도 학교 교육과정을 구성하는 기본적인 내용은 교과였지 않습니까? 경험 중심이나 학문 중심 교육과정 시기에도 학교에서 교과를 가르쳐 왔다는 것은 누구나 아는 사실입니다. 생각해 보세요. 우리나라에서 근대적인 학교 교육이 성립된후, 나타났던 수많은 교육과정 개정 시기에 교과가 교육과정의 기본적인 구성 내용이 아니었던 때가 있었는지요. 다만, 그 교과 지식을 어떤 방법으로 교육하였는지에 따라 교육과정 개정 시기의 명칭이 변경되어 온 것입니다. 교과를 사용해서 지식 전달 중심의 교육이 이루어졌을 때는 교과 중심 교육과정, 교과 지식을 학생 체험 중심으로 교육하였을 때는 경험 중심 교육과정, 학문의 근간을 이루는 지식의 구조에 대한 탐구학습이 이루어졌을 때는 학문 중심 교육과정 시기로 나누어진 것입니다.

교육과정은 기본적으로 삶의 내용과 방법을 다루는 문제이고 거기에 얽혀 있는 우리들의 이야기입니다. 지금부터 1년여 전『(앎과 삶을 담은) 교사 수준 교육과정』을 출간하였습니다. 1년 6개월을 준비한 우리들의 교육과정 이야기가 담긴 첫 번째 책이었기에 그때의 감동과 행복함이 아직도 남아 있습니다. 에듀쿠스라는 이름으로 풀어 놓았던 1년 전 그 책에 담긴 이야기는 누군가를 위한 이야기가 아니라, 나에게 들려주는 우리들의 이야기였습니다. 혼자는 어렵고 힘들어서 동료들과 배움을 주고받으며 서로 교육해 나가는 전문적학습공동체인 에듀쿠스의 이야기였습니다.

1년이 지난 지금, 또 수많은 선생님들의 교육과정 이야기가 만들어졌습니다. '내가 준비한 지식을 아는 데 그치지 않게 하시고 내게서 배우는 학생들의 삶이 중요하다는 것을 깨닫게 하소서'라는 기도를 하며 자신들의 교육과정 이야기를 펼쳐 놓은 여섯 선생님의 이야기를 두 번째 책에 담았습니다. 아무나 흉내 낼 수 없지만, 누구나 가질 수 있는 선생님들의 이야기입니다. 선생님과 아이들이 다르고, 생활하는 교실이 다르기에 배우는 내용도 다른 이 세상 어디에도 없는 오직 그들만의 이야기입니다.

학교에 입학한 1학년들을 따스하게 감싸 주며 한글 기초 교육과 놀이 활동으로 아이들이 학교에 잘 적응할 수 있도록 돕고 싶어 하는 따뜻한 햇살 같은 정선희 선생님, 말이 사람 삶의 기본이라는 생각으로 우리말인 토박이말에 관심을 가지고 꿈동이들과의 설레는 만남을 위해 시를 읽고 시를 쓰면서 시를 가르치듯 삶을 가르치시는 권회선 선생님, 배움을 통해 아이들의 가슴 뛰는 순간을 만들어 주고 싶은 손윤지 선생님과 수업에 대한 생각과 고민으로 새내기 선생님의 멘토 역할을 마다하지 않으시는 김미정 수석선생님이 만들어 가신 신규 교사 성장 이야기, 일곱 빛깔 무지개처럼 예쁜 아이들에게 행복한 학교생활을 선물해 주고 싶은 마음에 교육과정 재구성과 수업 연구에 몰입하고 계시는 이지영 선생님, 매년 아이들과 함께 떠나는 신기한 배움 여행을 준비하고 그림책 읽기를 통해 수업 연구에 대한 배움과 열정으로 살고 있는 마법사 이선 선생님, 함께 소통하고 공감하며 배움을 나누는 어린이를 기르기 위해 뚝딱뚝딱 유튜브 공작소를 운영하시며 학교에서의 다양한 경험이 아이들의 배움과 삶으로 이어지기를 희망하시는 김PD 김은영 선생님의 이야기는 교육과정을 운영하시는 우리 선생님 모두의 이야기입니다.

**오늘도 이 땅의 어느 교실에서 아이들과 함께 배움의 이야기를 써 가고 계시는 선생님들의 교육과정을 응원합니다.**

2020년 1월
에듀쿠스

# 1장

# 앎과 삶,
# 그리고 배움

학교 교육의 뿌리, 안다는 것, 산다는 것, 배운다는 것 아닐까요?

살면서 배우고 끊임없이 알아가는 것이 우리들 삶이라고 생각합니다. 삶의 자연스러운 순리를 무시하고 학교 교육을 이야기할 수 없습니다. 학교 교육은 삶 같아야 합니다. 아니 삶 그 자체입니다. 삶을 담은 교육이 가장 경쟁력 있습니다. 앎과 삶, 그리고 배움을 멀리한 학교 교육은 뿌리 없는 나무와 같습니다.

뿌리를 튼튼히 하는 아홉 에피소드를 소개합니다.

# 1 수업 방법의 역습

　배움중심수업에 대한 관심이 뜨겁다. 교사들도 수업의 중심 추를 가르침 중심에서 배움 중심으로 이동하고 있다. 하지만 분주한 움직임만큼 수업에 대한 확신은 그다지 높아 보이지 않는다. 수업 관련 서적 및 각종 연수는 물론이고 배움중심수업 전문가들을 찾아가서 비법을 배워 보지만, 교실에서의 적용은 절대 만만하지 않다.

　'분명 배운 대로 했는데, 왜 우리 반에서는 제대로 되지 않는 걸까!'

　스스로에 대한 실망으로 '내가 이러려고 교사가 되었나!' 싶은 자괴감이 들고, 느끼는 것은 죄 없는 아이들을 향한 짜증뿐이다. 배움중심수업 전문가들이 하는 것처럼, 교실 책상 배치를 변경하고, '하브루타'나 '거꾸로 학습'처럼 요즘 유행하는 최신 수업 방법들로 무장해 보지만, 좀처럼 개선될 기미가 보이지 않는다. 적절한 질문과 강의, 아이들의 지루함을 덜어줄 유머, 교육자들이 거창한 이름으로 고안하고 추천했던 풍부한 수업 방법들로도 안 된다면 도대체 무엇이 문제란 말인가?

　헤르바르트는 수업에 있어서 중요한 것은 수업 방법적인 문제가 아니라 수업의 '본질적인 것[1]'을 잘 드러내는 것이라고 강조한다. 물론, 교사는 수업에서 풍부한 표현법을 지녀야 하고, 가볍게 분위기도 전환할 줄 알아야 하며, 그때그때 상황에 적응하면서 학생들의 지루함을 덜어줄 유희적인 기법들도 동원할 수 있어야 한다. 하지만 무엇보다 중요한 것은 그러한 방법들을 통해서 이루고자 하는 본질이 무엇인가에 대해서 늘 생각하고 있어야 한다는 점이다.[2]

　수많은 방법과 절차에 의해 전달되는 지식을 받아들이기만 하는 수동적인 학습은 학생들을 억압하고 불쾌하게 만들 뿐이다. 학습하는 주체자로서 스스로 판단과 결정에 따라 사고하고 협력하며 배울 수 있는 수업이 필요하다. 이를 위해서는 **교과 지식**

---

1)　헤르바르트가 말하는 본질은 방법이 아닌 내용이다. 교사들이 수업 시간에 다양한 방법들을 동원하는 이유는 교과 내용을 학생들에게 더 효율적으로 가르치기 위함이다. 방법은 수단이 되고 가르쳐야 할 내용은 목적이 된다. 수단이 본질일 수 있겠는가? 목적에 관계된 것이 본질이 된다.

2)　J. F. 헤르바르트 저, 김영래 역, 『헤르바르트의 일반교육학』, 학지사, 2014, p.125.

전달을 위한 방법들을 구안하려는 노력보다 교과 지식이 필요한 삶의 문제를 문제 상황 중심의 교과 내용으로 재구성하는 노력이 더 필요하다. 수업 내용 자체가 학생들의 삶의 문제가 된다고 생각해 보라. 자신들 삶의 문제가 반영된 수업 내용에 흥미를 느끼는 것은 물론, 문제해결을 위한 사고와 동료와의 협력도 자연스럽게 이루어질 것이다. 이것이 바로 수업의 중심 추를 절차적인 방법상의 문제에서 그 자체 흥미 있는 내용상의 문제로 옮기는 코페르니쿠스적 발상의 전환인 것이다.

'학교에서 배우는 교과 지식은 아이들의 실제적인 삶의 문제와는 무관한 것이며 재미없는 교과 공부를 위해서는 인내심이 필요하다'는 우리들의 고정관념을 극복해야 한다. 학교 밖에서 아이들의 삶과 학교 안에서 아이들의 삶을 구분하는 이분법적인 사고가 방법 중심의 수업을 중시하는 현실을 가져왔다고 하면 지나친 비약일까? 듀이는 아이들의 실제적인 삶을 이루는 활동들이 학교 교육 내용의 한 부분이 될 때, 학생은 학습에 전적으로 몰입할 수 있다고 하였다.[3]

배움중심수업은 절차적인 방법상의 문제보다는 철학이나 가치적인 문제이다. 수업에 있어서 철학이나 가치가 중요하게 여겨질 때, 배움중심수업의 본질이 밝게 드러날 수 있다. 학생 전체를 위한 획일화된 수업이 있을 것이라는 잘못된 생각을 버리고 학습자 개개인의 발달 단계나 능력과 수준이 고려되고 교사의 철학이나 가치가 반영된 수업으로의 방향 전환이 필요하다. 화려한 수업 방법으로 학생들을 현혹하기보다는 자발적인 참여로 몰입을 유도할 수 있도록 수업 내용을 흥미 있게 구성하여 제시하는 것이 중요하다. 교사 수업보다는 학생 배움을 강조[4]한 피터즈의 견해는 수업을 위해 우리가 진정 고민해야 할 것은 수많은 교수 방법보다는 학생 스스로 학습하고 싶은 흥미가 생길 수 있는 학습 내용을 어떻게 구성할 것인지에 대한 것임을 명확하게 보여 주고 있다.

지금 우리는 눈에 보이는 외형적 조건만 추구하다 오히려 그 외형 속에 감추어진 본질을 놓쳐 버리는 어리석음을 범하고 있다. **학습에 몰입할 수 있는 흥미로운 학습 내용을 학습자에게 제시하는 것이 바로 수업의 본질이다.** 방법은 학습자의 필요 때문에 스스로 찾는 것일 뿐, 교사가 일방적으로 제시할 수 있는 것이 아니다. 교사에 의한 방법 제시는 흥미 없는 학습 내용으로 학습자를 이끌기 위해 고안되는 억지스러운 것일

---

3) 존 듀이 저, 이홍우 역, 『민주주의와 교육』, 교육과학사, 2006, p.304.
4) R. S. 피터즈 저, 이홍우·조영태 역, 『윤리학과 교육』, 교육과학사, 2008, p.46.
   **"학습은 교수를 개입시키지 않고도 규정될 수 있지만, 교수는 학습을 개입시키지 않으면 규정될 수 없다."**

뿐이다. 우리가 본질을 회복하지 못하면 외형적 조건이 본질을 대체해 버릴 것이다. 방법으로 인해 내용을 놓쳐 버리는 어리석음을 빨리 거두고 수업 방법의 역습에 대비해야 한다.

## 2 교육 내용의 심리화와 논리화

　교과에 담겨 있는 교육 내용은 '심리화(心理化)'와 '논리화(論理化)'라는 두 가지 방법으로 구성될 수 있다. '심리화'는 교육 내용이 학습자의 구체적이고 직접적인 삶의 경험과 관련되는 것을 말한다. 교육 내용이 심리화되면 교과가 학습자의 현재 활동이나 행동 경향성과 연결되고 자연스러운 학습 동기 유발이 가능하다. 반면에, 교과의 논리적 특성만을 지나치게 강조하면 그러한 지식의 구조나 체계를 만들게 했던 삶의 관심사들은 다 사라져 버리고 교과는 그저 단편적인 사실들의 집합체로 탈바꿈하게 될 것이다.[5] 이런 경우, 학습은 단순한 지식의 습득에 그치고 자발적인 주체로서의 의미 있는 학습은 불가능하게 된다.

　듀이는 학교에서 배우는 교육 내용이 진정으로 흥미 있는 것이 되려면 교과의 구성을 '심리화'해야 한다고 주장한다.[6] 교육 내용이 학습자의 실제적인 삶 속에서 한 부분을 차지하여 학교 안에서의 앎과 학교 밖에서의 삶이 단절되지 않고 연결성과 일관성을 가질 수 있어야 한다는 뜻이다. 이렇게 될 때, 교육 내용에 대한 아이들의 자연스러운 흥미 유발은 물론, 앎과 삶이 하나 되는 교육도[7] 가능해진다.

　삶과 단절된 앎은 결코 존재할 수 없다. 대부분 지식은 살아가면서 만나게 되는 삶의 문제 상황을 해결할 필요로 생겨났기 때문이다. 지식의 양이 증가하고 축적되면서 논리적인 체계와 구조를 가미하여 교과가 만들어지게 된다. 이처럼 교과 지식은 삶의 어떤 상황에 바탕을 두고 만들어졌기에 삶과 단절될 수 없다. 개인의 삶이 목적이고 교과 지식은 삶을 위한 수단으로써 중요성을 가진다. 교과 지식은 그 자체 목적이 될 수 없고 삶과의 관련성에서 다양한 문제 상황 해결을 위한 수단이[8] 되는 것이다. 그렇

5)　존 듀이 저, 박철홍 역,『아동과 교육과정 경험과 교육』, 문음사, 2016, pp.61-68.
6)　위와 같은 책. p.70.
7)　'앎과 삶이 하나 되는 교육'은 교육 방법적인 관점에서만 접근해서는 도달하기 어렵다. 교육 내용이 학습자의 구체적이고 직접적인 삶의 경험과 관련되는 경우에만 가능하다.
8)　지식이 수단이라 하여 학교 교육에서 지식을 경시하는 풍조는 지양되어야 한다. 목적 성취를 위해서는 수단이 필요하다. 지식은 이런 수단적 기능으로서 대단히 중요한 가치를 지니는 것이다. 그래서 학교 교육의 중심은 지식이 되어야 한다. 단지, 지식의 습득이 방법 위주가 아닌, 흥미 있는 문제 상황으로 구성된 내용 중심으로 이루어져야 할 뿐이다.

지 못할 때 지식은 **'그저 단편적인 사실들의 집합체'**가 될 수밖에 없다.

　지식이 문제 상황과 관련하여 학습되지 못하고 단편적인 사실들의 집합체로서 단순 전달되기만 하는 학교 현실을 경계해야 한다. 브루너는 학교에서의 수업이 현상을 탐구하는 학자들의 지적 활동과 같이 이루어지지 않고 탐구결과로 얻은 여러 가지 사실들에 대해서 논의하거나 교과서를 읽는 등의 단순 활동을 하는 것의 문제점을 다음과 같이 기술하고 있다.

> 　물리학을 배우는 학생은 다름 아니라 바로 '물리학자'이며, 물리학을 배우는 데는 다른 무엇보다도 물리학자들이 하는 일과 똑같은 일을 한다는 것은 곧 물리학자들이 하듯이 물리현상을 탐구한다는 뜻이다. 종래의 교육에서는 이 일을 하지 않고 주로 '다른 무엇'을 해 왔다. 이 '다른 무엇'이란 곧, 예컨대 물리학의 경우라면, 물리학의 탐구결과로 얻는 여러 가지 결론에 관하여 교실에서 논의하거나 교과서를 읽는 것이다. (이것을 우즈 호울 회의에서는 물리학자들의 발견을 학생들에게 전달해 주는 언어라는 뜻에서 중간 언어라고 부르게 되었다.
>
> 　　　　　　　　　　　　　　　　　- J. S. 브루너 저, 이홍우 역(2017), 『교육의 과정』

　교과 내용이 단편적인 사실들의 집합체로만 이루어지는 논리화의 방법으로 구성될 때, 학교에서의 수업은 그 사실들을 논의하거나 교과서를 읽는 것 이상이 될 수 없다. 그리고 수업은 그저 단편적인 사실들의 집합체인 교과서를 아이들의 머리에 전달하는 각종 방법으로만 가득하게 된다. 이런 논리적인 구성으로 학교 교육에 있어서 아이들의 흥미를 되살리기는 결코 쉬운 일이 아니다.

　물리학자들이 하는 일과 똑같이 물리현상을 탐구하는 지적 활동을 학생들이 수업시간에 할 수 있기 위해서는 교과의 심리적 구성이 필요하다. 교과 지식이 아이들 삶의 문제와 연관된 문제 상황 중심으로 제시되면 아이들은 자연스럽게 탐구라는 지적 활동을 하게 된다. 실제적인 삶의 문제를 인식하고 그것을 해결하기 위한 탐구 활동은 교육 내용이 논리화된 환경보다는 심리화된 환경에서 더욱 활성화될 것이다. 학습자 삶의 구체적이고 직접적인 경험과의 관련 속에서 내용을 구성하는 교육 내용의 심리화만이 학습에 대해 잃어버렸던 우리 아이들의 흥미를 다시 찾아올 수 있다. 지금 우리에게 필요한 것은 논리화된 교과서에 심리화의 숨결을 불어넣는 것이다.

# ③ 흥미로서의 교육

교육활동을 하면서 가지는 용어에 대한 잘못된 개념 중에서 '흥미(Interesting)'만큼 큰 부작용을 가져오는 용어도 드물 것이다. 교사들에게 있어서 흥미는 교육 내용에 유혹적인 면을 가미하고 지루한 학습을 재미(funny)있게 만드는 수단 정도로만 여겨지고 있다면 과도한 표현일까? 듀이는 흥미에 대한 교사들의 잘못된 생각을 다음과 같이 지적하고 있다.[9]

사람들은 흥미를 아이들이 관심을 두지 못하는 학습 자료에 유혹적인 면을 가미하거나 다른 말, 쾌락의 뇌물로 주의를 끌고 노력을 짜내려 하는 것이라고 한다. 이런 생각을 하는 교사들이 하는 교육이란 '어르는 교육', '허기 채우는 교육'일 뿐이다.

흥미에 대한 교사들의 잘못된 이해로 인해 발생할 수 있는 가장 큰 문제점은 첫째, 선정된 교육 내용은 본래 아이들의 흥미(재미)를 끌지 못한다는 고정 관념을 형성시킨다는 것이다. 흥미를 재미로 보는 교사에게 교육 내용은 흥미롭게 해야 할 재미없는 것일 수밖에 없다. 둘째, 그렇기 때문에 교사들의 가장 큰 역할은 흥미(재미) 없는 교육 내용을 아이들에게 재미(흥미) 있게 만드는 것이라는 실망스러운 주장이 당연한 것으로 받아들여진다.[10]

이는 근본적으로 다음과 같은 두 가지 큰 잘못을 범하게 한다. 먼저, 교육 내용의 선정 문제를 흥미와는 별개의 것으로 만들어 버린다. 흥미는 아이의 내재적 필요나 욕구에 근거하여 내용에 담겨야 할 성격의 것이라는 것을 무시하기 때문이다. 그리고 수업 방법의 문제를 내용과는 단절된 외적이고 인위적인 장치[11]의 문제로 전락시켜 버린다. 이렇게 될 때, 수업은 교육 내용보다는 아이들의 주의를 끌기 위해 사탕발림된 자료들

---

9)  존 듀이 저, 이홍우 역, 『민주주의와 교육』, 2006, p.208.
10) 흥미를 재미로 이해할 경우, 수업에서 흥미는 내용에 담아내야 할 무엇(what)이 아니고 내용을 재미있게 학습하는 어떻게(how)가 된다.
11)  device.

과 같은 각종 방법으로 축소되어 버린다.[12]

방법이 교육 내용으로부터 분리된다면, 내용을 효과적으로 다루는 방법이 그 내용과는 동떨어져서 별도로 주어져 있다는 생각을 하게 되고 결국에는 내용과 방법 사이의 관련은 멀어질 수밖에 없다. 이로 인해 교사는 내용과 관련 있는 자연스러운 방법보다는 흥분, 충격적 쾌락, 고통스러운 결과가 일어날 것이라는 위협, 학생의 조건 없는 노력에 대한 호소로 학생들의 무목적인 '의지'의 발동에 의존할 수밖에 없다.

교육 내용은 학습자의 구체적이고 직접적인 삶의 경험과 관련되어야 한다. 이렇게 될 때, 교과가 학습자의 현재 활동이나 행동 경향성과 연결되고 자연스러운 학습 동기 유발이 가능하다. 어린 시절의 아인슈타인은 반복적으로 연습하는 것을 지루하게 여겨서 처음에는 바이올린 수업을 싫어했다고 한다. 하지만 아인슈타인의 어머니는 음악의 빠르기를 아들이 현재 흥미를 느끼고 있는 과목이었던 수학과 연계시켜 가르치면서 아들이 바이올린을 연주할 때 즐거움을 느끼게 해 주었다고 한다.[13]

바이올린 연주의 도구로 수학을 활용한 후에, 이전에 거부감을 일으켰던 바이올린 연주가 크게 매력적이라는 것을 깨닫게 된 것이다. 그 자체 목적으로 제시되어서는 흥미를 느끼지 못했던 바이올린 연주가 자신이 관심 있어 하는 수학과 연계된다는 것을 깨달았을 때 아이는 그것에 매료된다. 이런 사례는 우리 주변에 수없이 많다. 공학의 도구로 수학을 공부한 후, 이전에는 거부감을 일으켰던 수학 이론이 크게 매력적이라는 것을 깨닫게 되는 경우나, 그 자체 목적으로 제시되어서는 흥미를 느끼지 못했던 악보나 운지법이 자신의 노래에 대한 사랑을 더 잘 실현하는 데 도움이 된다는 걸 깨달았을 때 그것에 매료되는 경우가 그렇다.

흥미의 의미를 살펴보면 '가치를 인식한 결과 활동에 열중하는 것', '몰입하는 것', '완전히 빠져 있는 것'을 의미한다. 어원인 inter-esse, 즉 '사이에 있음'도 이 점을 가리킨다. 흥미는 학습자가 이미 관심 있어 하는 것과의 사이에 위치시켜 현재와 결과 사이의 거리감을 없앤다는 것을 의미한다.[14] 또한 간접적인 흥미, 전이된 흥미, 매개된 흥미도 있다. 이전에는 알지 못했던 관계나 연관을 찾아내게 되면서 그 자체로는 무관심했거나 거부감을 주었던 대상들이 때로는 흥미로워지기도 한다.[15]

---

12) 존 듀이 저, 조용기 역, 『흥미와 노력, 그 교육적 의의』, 교우사, 2010, p.33.

13) 김경희 저, 손성희 역, 『4차 산업혁명 시대 창의인재를 만드는 미래의 교육』, 예문아카이브, 2019, p.180.

14) 존 듀이 저, 조용기 역, 『흥미와 노력, 그 교육적 의의』, 교우사, 2010, p.27.

15) 위와 같은 책. p.32.

학습은 무엇인가에 관심을 가질 때 시작된다. 관심을 가진다는 것은 나와 거리가 있는 무엇인가에 마음이 쏠린다는 것이다. 홍미를 다른 말로 '관심(concerns)'이라고 표현하는 것도 이러한 맥락이다. 나와 관련 있는 무엇인가가 궁금하여 관심을 두게 하는 것이라면, 그것은 모두 홍미가 될 수 있다. 홍미는 우리의 마음을 열어 놓고 있을 때, 우리에게 찾아오는 은총과 같은 것이다. 교육 내용과 분리되어 별도 존재하는 것이 아니고 내용이 학생의 활동을 일으키고 그것을 일관성 있게 또 지속해서 수행하도록 하는 기능이 있다면, 그 기능이 바로 홍미가 된다.[16]

무엇인가를 위한 방법으로서의 홍미, 수단적 가치로서만 존재하는 홍미일 때, '**홍미를 통한**' 학습일 뿐이지만, 학습 내용 자체에 아이들의 홍미를 담아 버린다면, 그래서 그 학습 내용이 아이들의 활동을 일으키고 그것을 일관성 있게 또 지속해서 수행할 수만 있다면, 학습 내용 그 자체가 홍미가 되는 '**홍미로서의 학습**'이 가능하지 않을까? 홍미를 통한 학습이 아니라, 홍미로운 학습 내용을 제시하는 노력이 필요하다. 수단적 홍미에서 목적론적 홍미로 발상의 전환이 이루어질 때, 홍미 있게 공부할 방안을 고민할 필요가 없고 임의적, 반강제적인 노력을 학생들에게 요구할 필요도 없을 것이다. 지금 우리에게 홍미를 '**통한**' 학습이 아닌, 홍미'**로서의**' 학습이 필요한 이유가 바로 여기에 있다.

---

16) 존 듀이 저, 이홍우 역, 『민주주의와 교육』, 교육과학사, 2006, p.208.

# 4 앎과 삶, 그리고 배움

세종대왕께서 훈민정음을 창제하시던 당시에 '솖'이라는 글자가 있었다. 그 후 자음 'ㅿ'이 없어지면서 'ㅇ' 또는 'ㅅ'으로 바뀐다. 'ㅿ'이 'ㅇ'으로 되어 '옮'이라는 단어가 되었고, 'ㅅ'으로 되어서는 '솖'이라는 단어가 된다. 글이 당시 사람들의 생각을 고스란히 담는 역할을 한다면, '솖'은 앎과 삶이 하나의 실체로서 혼연일체가 되어 있는 상태를 가리킨다고 볼 수 있다. 이 단어를 사용하던 우리 조상들은 '앎과 분리된 삶', '삶과 분리된 앎'은 생각지도 못할 사실이었을 것이다.

앎은 삶에서 나타난 삶의 표현이며 삶을 위해서 있고 늘 삶을 지향하고 있다. 앎의 연속이 삶이라면 삶의 정지된 한 단면은 앎이다. 삶은 동적이고 앎은 정적이다. 그렇다고 앎이 정적이기만 한 것은 아니다. 앎은 동적인 삶의 일부이기에 속성상 동적일 수밖에 없다. 그래서 앎을 쌓아 가는 배움의 과정은 동적이어야 한다.[17]

철학은 늘 앎과 삶의 문제를 다루고 있다. 철학자들은 인간의 앎이 어디에서 시작되는지에 관심을 가져 왔다. 삶의 어느 기점에서 시작되는 곳이 있으리라는 것이 철학자들의 생각이었다. 그래서 그들은 소위 '아르키메데스의 기점'이라는 것을 만들어 낸다. 모든 앎은 존재하지 않는 백지 위의 설정된 하나의 시작점, 즉 아르키메데스의 기점에서 시작되었다는 믿음을 가지게 된 것이다. 데카르트의 '고기토(Cogito) 에르고(ergo) 숨(sum)', '생각한다. 고로 나는 존재한다'처럼 모든 것을 의심해 들어가지만, 생각하는 자신만은 의심하지 않고 생각하는 자신을 기점으로 앎을 형성해 나간다는 그 시작점이 아르키메데스의 기점이다.

하지만 아르키메데스의 기점은 있을 수가 없다. 우리는 백지 위에 설정된 하나의 기점에서 우리의 앎을 건설해 가는 것이 아니고 처음부터 미리 존재한 삶의 세계에 대한 이해로부터 출발하기 때문이다.[18] 데카르트가 말하는 의심할 수 없이 생각하는 최종 존재인 내가 발을 딛고 서 있는 삶의 세계가 이미 존재하고 있지 않은가? 우리의 앎은 삶의 구체적인 상황 속에서 이루어지며 근거를 두고 있다. 듀이에 따르면, 모든 지식은

---

17) 이규호, 『앎과 삶』, 좋은날, 2001.
18) 위와 같은 책, p.29.

그 지식이 적용되는 구체적인 삶의 경험 사태와의 관련성을 반드시 확보해야 한다. 삶을 떠난 앎은 존재의 의미를 찾을 수가 없다. 우리 조상들이 '삶'이라는 글자를 통해 '앎과 삶'을 분리할 수 없었던 이유가 여기에 있다.

삶에서 만나게 되는 수많은 문제 상황을 해결하기 위해 가설을 설정하고 논리를 전개하여 결론을 얻고 그 결론의 정당성을 검증하는 과정을 통해서 새로운 인식을 전개해 나가는 계속된 앎의 과정이 삶이다. 결국, 앎을 통해서 삶을 만들어 가는 것이 배움의 과정이다. 배움의 결과인 앎이 모여서 삶이 만들어진다. 앎의 단면들이 모여서 연속적인 삶의 과정을 만들어 가기에 앎과 삶은 분리될 수 없는 불가분의 관계에 있는 것이다.

앎과 삶이 분리될 수 없는 불가분의 관계이고, 배움이라는 것이 삶의 과정에서 삶을 깨달으며 알아가는 활동이라면, 학교교육과정은 반드시 삶과의 관련성을 확보해야 한다. 그렇지 않은가? 앎과 배움에 삶은 필수불가결한 것일 수밖에 없다. 앎과 배움은 삶을 바탕으로 이루어진다. 학교 교육, 지금부터는 의미 없는 지식 습득이 아닌 자기 삶을 살 수 있도록 해야 한다. 지식 또한 삶을 떠나서는 그것을 가르치고 배울 방법이 도무지 없다.

# 5 학교 교육의 큰 낭비

학교 안에서 하게 되는 많은 교육적 경험들이 학교 밖의 삶에 활용되지 못한다면 어떤 일들이 발생할까? 학생들이 학교에서 배운 지식을 자신들의 일상생활에 전혀 적용할 수 없는 상황에서, 그 지식의 가치를 판단하는 것이 가능한 것인가? 삶의 구체적인 상황에서 사용할 수 없는 지식이 어떤 교육적 가치를 가지고 있다고 말할 수 있는가? 삶의 구체적인 순간에 사용할 수 없는 지식을 배우기 위해 길지도 않은 우리 삶의 시간을 낭비한다는 것이 도대체 이해가 되는가? 학교 밖의 삶과는 단절된 학교에서의 배움, 그건 너무나도 분명한 학교 교육에서의 가장 큰 낭비일 것이다.

아동이 학교 교실에 들어오면서 지금까지의 경험과는 아무 관련이 없는 새로운 경험을 해야 한다면, 학교 교육에 흥미를 가지기는 어렵다.[19] 그래서 교사는 아이들의 흥미를 불러일으키기 위해 갖가지 수단과 방법을 써 가면서 힘겨운 노력을 해 보지만 잃어버린 흥미를 되찾는 것을 결코 쉬운 일이 아니다. 학교 교육이 새로운 흥미를 불러일으키기 위해서 교육적 낭비를 할 것이 아니라, 교과 내용을 아이들이 지금까지 살아 왔던 실제적인 삶의 경험들과 관련짓는 노력을 하는 것은 어떨까?[20]

삶을 위한 학교 교육이 당연한데, 어느 순간 삶은 사라지고 그 자리에 지식만 남게 되었다. 삶이 목적이고 지식은 그 삶을 위한 수단이 되어야 마땅한데, 오히려 지식이 목적이 되고 삶이 수단이 되어 버리는 기이한 현상이 나타난 것이다. 현재의 삶을 위한 지식교육이 아닌, 미래의 행복한 삶을 위한 지식교육이라는 명분으로, 우리는 아이들을 학교 교육이라는 고립된 테두리에 가두어 두고 그들의 현재 행복을 빼앗고 있는 것은 아닐까? 확실하지도 않은 미래의 행복을 위해서 아이들의 현재 행복을 담보 삼고 있다. 현재의 행복을 보장하지 못하는 학교 교육이 어떻게 아이들의 미래 행복을 약속할 수 있겠는가?

삶에 대한 아이들의 타고난 흥미를 학교 교육에 담아내는 것이 필요하다. 학교에서

---

19) 어떤 사람도 지금까지의 삶과는 전혀 다른 환경에서 낯선 경험을 하도록 요구받는다면, 쉽게 흥미를 가지지 못할 것이다. 하물며 8살짜리 아이의 경우에야 더 그렇지 않겠는가?

20) 존 듀이 저, 송도선 역, 『학교와 사회』, 양서원, 2005, P.77.

가지는 교육적인 경험도 아이들 삶의 한 부분이 아니던가? 이젠 학교 교육과 아이들의 삶을 구분 짓는 이분법적인 사고를 넘어서야 하겠다. 학교와 사회를 구분하고, 지식과 활동을 나누는 모든 행위는 학교 교육의 큰 낭비만 불러올 뿐이다. 그리고 그 낭비로 인한 피해는 고스란히 우리 아이들에게 돌아간다는 사실을 명심하자.

학교에서 배우는 교과 지식을 아이들 삶의 구체적인 상황들과 관련짓는 노력이 필요하다. 아이들 삶의 문제를 문제 상황 중심의 교육 내용으로 구성하여 제시하고 이의 해결을 위해 필요한 지식을 탐구하는 과정에서 자연스러운 사고가 이루어질 수 있도록 하자. ① 아직 성격이 충분히 파악되지 않은 불완전한 사태에 처하여 곤혹, 혼란, 의심으로 어려움을 느끼면서 문제 사태를 확인하고 정의하며, ② 주어진 요소에 대한 잠정적 해석 및 그것이 가지고 올 결과에 대한 예측으로 가능한 해결책을 가정하고, ③ 이러한 가정의 의미를 논증함으로써 더 정확하고 일관성 있게 가다듬어, ④ 가정을 수용하거나 거부하기 위해 관찰과 실험을 해서 믿거나 믿지 않는다는 결론을 내리는 것으로의 반성적 사고를 경험할 수 있도록 하는 것이 일상의 삶과 학교 교육을 연결 짓고 학교 교육의 큰 낭비를 방지하는 유일한 길이다.[21]

학교 교육을 위해 '힘겨운 노력'이 필요하다는 고정관념은 아이들이 본래부터 가지고 있는 흥미를 학교 교육에 이용하지 못하기 때문이다. 학교 교육, '힘겨운 노력'에서 '행복에 겨운 일'이 되기 위해 학교 교육에서의 큰 낭비를 줄이고 아동의 일상 경험을 학교 교육에 이용하는 지혜가 필요하다.

---

21)   존 듀이 저, 이홍우 역, 『민주주의와 교육』, 교육과학사, 2006, p.243.

# 6 보는 지식과 하는 지식

학교 교육의 가장 큰 임무는 지식 전수이다. 교육의 개념을 '인간행동의 계획적 변화', '성년식', '사회화' 등 어떤 관점으로 보든지 간에 학교에서 학생들은 지식을 전수받아야만 한다. 지식이 배제된 교육활동은 공허한 메아리로 남을 수밖에 없기 때문이다. 다만, 지식교육이 문제가 되는 경우는 무엇인가의 수단이 되어야 할 지식이, 그 자체 목적이 되어서 오히려 목적이 되어야 할 것이[22] 수단시되는 경우를 발생시키기 때문이다. 지식은 삶의 문제해결이라는 목적 달성을 위한 수단적 가치로서 학교 교육에서 중요한 위치를 차지하고 있다.

그리스어에 보면 지식을 가리키는 두 가지 단어가 존재한다. 이론적 지식을 의미하는 테오리아(theoria)와 실제적 지식을 의미하는 프락시스(praxis)이다. '빛의 직진'에 대한 지식이 전자(theory)에 해당한다면, 퓨즈를 갈아 끼우는 지식은 후자(practice)에 속한다. '빛의 직진'을 알고 있다면 '빛의 직진'을 모르는 사람이 볼 수 없는 현상을 바라보는 안목의 변화를 가져올 수 있다. 반면에, 퓨즈를 갈아 끼우는 방법에 관한 지식은 정전으로 인해 발생한 문제 상황을 해결하는 데 유용할 수 있다. 그래서 우리는 '빛의 직진'과 같은 이론적 지식을 문제를 보고 인식하여 발견하는 데 유용한 지식이라 하여 '보는 지식(theory)'으로, '퓨즈를 갈아 끼우는 지식'은 이미 있는 문제를 해결하는 데 유용한 지식이라 하여 '하는 지식(practice)'으로 분류한다.

어떤 종류의 지식이든 삶의 다양한 문제 상황을 해결하는 수단으로서 가치를 지니고 있다. '보는 지식'은 삶의 문제 상황을 인식하여 발견하고, '하는 지식'은 발견된 문제 상황을 해결하는 데 유용하다. 삶의 문제 상황과의 관련성을 확보하지 못한 지식은 단순한 정보의 수준[23]에 머무를 수밖에 없다. 넘쳐나는 수많은 정보가 삶과의 관련성을 획득하여 지식으로서의 수단적 가치를 획득하기 위한 노력이 필요하다.

---

22) 학교 교육에서 목적이 되어야 할 것들은 무엇일까? 아이들은 학교에서 지식을 수단 삼아 삶의 다양한 문제해결 능력을 기를 수 있어야 한다. 이런 경우, 지식은 수단이 되고 삶이 목적이 된다.

23) 듀이는 정보 수준의 지식을 '단순한 사실들의 집합체'로 설명하고 있다.

학생 중심 수업이 강조되면서 수업에 대한 잘못된 고정관념[24]이 형성되고 있다. 학생 활동이 강조되면서 상대적으로 지식 전수를 소홀히 하는 경향이 나타나는 것이다. 지식 전수와 학생 활동을 분리하는 이분법적 사고로 인한 오해 때문에 발생하는 문제라고 본다. 수업 중 이루어지는 학생들의 교육활동을 지식과 활동으로 분리하는 것이 어떻게 가능한가? 행동이 부재한 지식은 탁상공론이 되고 지식이 부재한 행동은 극단적인 행동주의로 치우칠 수 있음을 기억해야 한다.[25]

지식과 활동은 구분될 수 있는 것이 아니다. 해결해야 할 문제 상황에서 지력을 행사하는 즐거움이 가능한 지적 활동이 있을 뿐이다. 단순히 교과서의 지식을 전달받기만 한다거나, 지식이 배제된 공허한 활동만을 지적 활동이라 부를 수 없다. 지식의 최전선에서 새로운 지식을 만들어 내기 위해 학자들이 하는 것과 같은 지적 활동이 수업에서 이루어질 수 있어야 한다. 물리학을 배우는 학생이 해야 할 지적 활동이란 물리학에 대한 지식을 단순히 전달받거나 의미 없는 활동을 흉내 내는 것이 아니라, 물리학자들이 하듯이 물리현상을 탐구하는 것이다.[26]

이처럼 삶의 다양한 현상을 중심으로 이루어지는 지적 활동에서 지식과 활동은 구분될 수 없다. 단지, 지식이 가득한 행동, 행동이 가득한 지식이 있을 뿐이다.[27] 아이들은 생각하면서 행동하고 행동하면서 생각한다.[28] 이런 지적 활동은 아이들에게 흥미 있는 문제나 문제 상황이 주어질 때 가능하다. 교사는 아이들 삶의 문제를 문제 상황 중심의 교육 내용으로 재구성하여 흥미 있는 지적 활동을 유도해야 한다.

아이들은 '이론적 지식'으로 문제 상황을 인식하고 '실제적 지식'으로 문제를 해결하는 지적 활동을 한다. 문제를 인식한 후, 가설을 설정하고 검증하며 수정하는 과정에

---

24) 학생들이 활동할 수 있도록 교사들은 관여하지 않고 내버려두는 것이 '학생 중심'이라는 생각이다. 듀이는 자신의 책 『경험과 교육』(엄태동 역, 2001. p.103)에서 다음과 같이 학생 중심 수업에 대한 잘못된 이해를 비판하고 있다.
　　**"나는 아이들이 갖가지 사물들과 자료들에 둘러싸여 있고, 교사는 혹 아이들의 자유를 침해하는 것이 아닌가 싶어, 그러한 자료를 가지고 무엇을 해야 하는지조차 제안하지 않은 채, 아이들을 내버려두는 경우가 있다고 들은 적이 있다."**

25) 파울루 프레이리 저, 남경태 역, 『페다고지』, 그린비, 2016, 90.p.

26) J. S. 브루너 저, 이홍우 역, 『교육의 과정』, 배영사, 2017, p.27.

27) Max van Manen 저, 정광순·김선영 공역, 『가르친다는 것의 의미』, 학지사, 2012, p.139.

28) David H. Jonassen 저, 조규락·박은실 공역, 『문제해결 학습(교수설계가이드)』, 학지사, 2009, p.200.
　　**"행위와 의식은 철저히 상호작용적이며 상호의존적이다. 우리는 사고 없이 행동할 수 없거나 혹은 행동 없이 사고할 수 없다."**

서 자연스럽게 이론적 지식과 실제적 지식을 활용한다.[29] 지식과 행동이 분리되는 것이 아니다. 다만, 지적 활동 안에서 현상을 보고 인식하여 발견하는 데 유용한 지식인 '이론적 지식(theory)'과 현상의 문제를 해결하는 데 유용한 '실제적 지식(practice)'으로 구분되어 사용될 뿐이다. 우리가 살아가는 삶의 상황은 이론적 수준의 삶과 실제적 수준의 삶으로 분리될 수 없기 때문이다. 이론적 지식이든 실제적 지식이든 흥미 있는 삶의 문제 상황과 관련성을 확보하지 못하면 한낱 정보의 파편일 뿐이다.

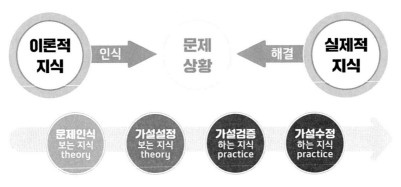

[그림 1] 지적 활동

---

29) 아이들의 지적 활동이 가능하기 위해서는 문제 상황이 필요한데, 이를 듀이는 생활 사태, 브루너는 문제 사태로 표현한다. 같은 대상을 한 사람은 경험주의 관점에서 또 한 사람은 학문주의 관점에서 바라본 차이라고 생각한다. 듀이는 생활 사태에서의 반성적 사고를, 브루너는 문제 사태에서의 탐구 활동을 강조한다.

# 7 중간 언어의 허상

수업에는 왕도가 없다고들 한다. 아동의 수준, 능력 및 적성과 흥미는 물론이고, 교사의 수업 철학, 아동이 처한 학교 환경이 저마다 달라서 모든 아동에게 일관된 효과가 있는 수업기술은 있을 수가 없다는 말이다. 그래서 수업 방법은 가르침과 배움을 주고받는 학생과 교사의 수만큼이나 다양하고 각양각색일 수밖에 없다. 정말 수업에는 왕도가 없는 것 같다.

브루너는 그의 책 『교육의 과정』에서 '학자들이나 초등학교 3학년 학생들이 하는 근본적으로 같은 지적 활동'에 대해 언급하고 있다.[30] 물리학을 배우는 학생들은 다름 아닌 물리학자이며 물리학을 배우는 학생이라면 물리학자들과 똑같은 일, 즉 물리학자들처럼 현상을 탐구하는 일을 해야 한다는 의미이다. 하지만 학교 교육에서는 이러한 탐구활동[31]을 하지 않고 '다른 무엇'을 한다고 문제 제기하고 있다.

그 '다른 무엇'이란 탐구결과로 얻은 여러 가지 지식이 담겨 있는 교과서에 관하여 교사와 학생이 교실에서 읽고 논의하는 활동을 말한다.[32] 브루너는 이를 학자들이 발견한 지식을 학생들에게 전달해 주는 언어라는 뜻에서 '중간 언어(middle language)'라고 부른다. 기존의 수업은 '중간 언어'가 강조되어 지식 발견을 위한 탐구과정 대신, 탐구의 결과 생성된 지식을 기억하는 것이 주목적이 되었다. 이렇게 되면 읽기, 논의하기 등과 같은 기억을 위한 다양한 방법들이 동원될 수밖에 없다. 지식에 대한 기억도 학교 수업에서 다루어야 할 주된 내용임에는 분명하지만, 기억이 너무 강조되다 보면 지식 발견을 위한 지적 활동이 위축될 수밖에 없다.

---

30) J. S. 브루너 저, 이홍우 역, 『교육의 과정』, 배영사, 2017, p.27.
   "지식의 최전선에서 새로운 지식을 만들어 내는 학자들이 하는 것이거나 초등학교 3학년 학생이 하는 것이거나를 막론하고 모든 지적 활동은 근본적으로 동일하다."
31) S. 브루너 저, 이홍우 역, 『교육의 과정』, 배영사, 2017, p.13.
   "브루너가 말하는 탐구활동은 학생들이 스스로 어떤 현상을 설명하는 가설을 설정하고 그 가설을 검증하며 그 결과를 해석하는 방법을 터득하게 하는 것으로 설명하고 있다.
32) 위와 같은 책. p.63.

또한, 문제 상황과 단절되어서 제대로 된 기억이 가능한지도 의심스럽다.[33] 지식에 대한 기억이든, 아니면 새로운 지식의 발견이든 문제 상황과 단절되어서는 해결을 위한 답을 찾기가 어렵다. 브루너가 '중간 언어'를 통해 기존 수업의 폐해를 지적한 이유는 '탐구(Inquiry)'라는 지적 활동을 도외시하고 수업 방법에만 매달리는 학교 교육의 문제점을 개선하고 싶었기 때문일 것이다.[34] 주어진 문제 사태를 해결하기 위해 가설을 설정하고 가설 검증을 위한 다양한 대안들을 점검하며 결과를 다시 해석하여 가설을 수정하는 등의 탐구과정을 통해 지식을 발견하는 학생들의 모습을 브루너는 상상하지 않았을까?

지식에 대한 기억이 목적이 되면 지적 활동 대신 '중간 언어'와 같은 방법적인 문제가 가장 큰 관심사가 된다. 그렇다면 학생이 처한 환경적 요인[35]에 따라 다양한 방법적 차이들이 존재할 수밖에 없다. '수업에 왕도가 없다'는 말은 환경적 요인에 따른 방법의 다양성 때문에 만들어진 것이 분명하다. 수업의 관심을 '중간 언어'를 통한 지식의 기억 대신, '탐구(inquiry)'와 같은 '지적 활동'에 둔다면 수업에는 왕도가 없다는 말도 달리 해석될 수 있지 않을까?

지식의 최전선에서 지식을 만들어 내는 학자가 하는 일이나 초등학생이 하는 일이 근본적으로는 동일한 지적 활동이라는 인식의 변화가 선행될 때, 수업의 변화가 가능하다. 탐구할 만한 흥미 있는 문제(상황)를 제시고 이 문제가 해결될 때까지 사고하며, 서로 협력하는 지적 활동이 이루어질 수 있도록 수업을 구성하는 것이 진정한 의미의 배움중심수업이고 교사가 추구해야 할 수업의 왕도라고 생각한다.

교실에서 이루어지는 수업의 모습 중에 이해할 수 없는 것이 하나 있다. 대부분 수업의 도입 부분에 제시되는 공부할 문제는 학생들의 탐구심을 자극하기 위한 것이 분명한데, 진술 방식이 천편일률적으로 '~해 보자'식이다. 예를 들어, '편지글을 형식을 알고 편지글을 써 보자'라는 식의 진술이 어떻게 탐구 문제가 될 수 있는가? 오히려 '좋은 편지글을 쓰기 위해서는 어떻게 해야 할까요?'가 더 적절한 진술이 아닐까?

---

33) 지식의 기억을 위한 수업 자체가 문제가 되는 것이 아니다. 다만, 현상의 문제 해결을 위해 생성된 지식이 현상과 단절될 '중간 언어'로 가르쳐지는 것이 문제다. 지식에 대해 '읽고 논의하는 활동'만 할 것이 아니라, 현상의 문제 사태와 관련한 지적 활동이 필요하다.

34) '탐구'도 수업 방법의 한 종류로 볼 수 있지 않느냐는 의견이 있을 수 있다. 하지만, '탐구'는 방법적인 문제라기보다는 기본적인 사고의 과정으로 보는 것이 옳다. 누군가가 만들어 놓은 기술(skill)이 아니라, 누구나 가지고 있는 내면화된 삶의 방식이다.

35) 수업에 대한 교사의 철학, 학습자의 수준과 능력, 학교의 환경 등.

학자들과 같은 지적 활동을 수업 시간에 이끌어 내기 위해서는 공부할 문제의 진술부터 제자리를 잡아야 한다. 지식이 만들어지는 최전선에서 학자들이 가졌던 것과 비슷한 종류의 호기심이 그대로 기술될 수 있어야 한다. 이는 아이들 삶의 문제가 문제 상황 중심의 교육 내용으로 재구성되어 제시될 때 가능한 일이다. 문제(상황)를 해결하기 위한 탐구 활동이 주된 과정이 될 때, 수업의 결과뿐 아니라 과정까지도 학생들에게 의미 있게 다가갈 수 있다. 아이들의 지적 활동을 가로막고 있는 '중간 언어'의 허상을 하루빨리 무너뜨려야 한다. 그것만이 수업의 왕도를 회복하는 길이고, 배움중심수업이 교실에 안착될 수 있는 유일한 길이다.

# 8 설득을 위한 교육과 이해를 위한 교육

수업에서 설득이 강조될 때 나타날 수 있는 가장 큰 문제는 교사는 설득하는 자, 학생은 설득당하는 자라는 이분법적인 구분이 고착화된다는 점이다. 교사는 설득을 위해 주는 자라면, 학생은 설득당하기 위해 받아들이는 자가 된다. 이렇게 될 때, 수업에서 교사와 학생은 수직적 주종 관계가 될 수밖에 없다. 주는 자는 주인, 받는 자는 종이 된다. 반면에, 이해가 강조되면 수업의 중심 추가 교사에서 학생에게로 이동된다. 이해의 주체가 교사일 리는 없지 않은가? 교육 내용에 대한 학생의 이해가 중요하기에 교사는 학생의 이해를 돕기 위한 조력자(facilitator)로서의 역할을 한다. 교사와 학생은 수평적 협력 관계를 맺게 된다. 돕는 자와 도움을 받는 자는 주종 관계가 될 수 없다.

설득이 강조되는 수업에서 교사의 가장 큰 역할은 학자들이 발견한 지식을 학생들에게 전달하는 것이다. 브루너의 표현에 의하면, 학생들은 학자들의 지적 활동과는 관계 없는 '다른 무엇'을 수업 중에 하게 된다. 그 '다른 무엇'이란 학자들의 탐구 결과로 얻은 여러 가지 결론에 관하여 교실에서 논의하거나 교과서를 읽는 것이다. 학자들의 탐구 결과를 학생들에게 전달해 주는 언어라는 뜻에서 중간 언어(middle language)라고 부른다. 이런 식의 중간 언어를 매개로 한 수업으로는 교과를 학생들에게 이해될 수 있도록 가르칠 수 없다.[36] 수업 방법이나 기술에 대한 전문성이 중요한 교육과정 사용자로서의 교사 역할만 강조된다.

이해가 강조되는 수업에서 교사의 역할은 설득이 강조되는 수업과는 전혀 다르다. 효율적인 지식 전달을 위한 수업 방법이나 기술의 개발보다는 학생들 삶의 문제를 교과 지식과 연계하여 문제 상황 중심의 교육 내용으로 재구성할 수 있는 교육과정 결정자로서의 전문성이 더 중요하다. 그래서 교과 지식이 학생들 삶의 한 부분이 될 수 있도록 하는 노력이 필요하다. 설득을 위한 교육에서는 중간 언어가 강조되지만, 이해가 강조되는 수업에서는 문제 상황에서의 지적 활동이 더 중요하다.

설득을 위한 수업은 지식의 결과를 일러주는 수준에 머물 수밖에 없지만, 이해를 위한 수업을 통해 학습자는 교과 지식으로 세상을 볼 수 있는 안목을 기를 수 있다. 설

---

36) 이홍우 저, 『지식의 구조와 교과』, 교육과학사, 2017, p.261.

득 당하는 대상은 수동적 학습자이지만, 이해하는 주체는 능동적 학습자이다. 아이들을 설득의 대상으로 만들 것인가, 아니면 이해의 주체로 거듭날 수 있도록 지원할 것인가? 중간 언어가 강조되는 수업 방법 중심의 교육풍토에서 문제 상황 중심의 탐구 과정이 강조되는 교육풍토로의 전환이 필요하다.

# 교육에 있어서 내용과 방법의 분리로 인한 폐단

문자의 발명으로 인류의 삶은 큰 변화를 가져오게 된다. 특히, 지식의 문자화(化)는 다음 세대로의 지식 전수를 용이하게 하였을 뿐만 아니라, 교육에 있어서도 일대 변화를 가져온다. 무형의 지식이 서책이라는 유형의 대상으로 존재하게 되자 사람들은 문자화(化)[37]된 지식을 보다 효율적으로 전달하는 별도의 교육방법에 대해 고민하게 된다. 물론 전달해야 될 지식이 많아지면서 어쩔 수 없는 선택이었겠지만, 이로 인해 방법은 내용과는 별개의 '객체적 존재'로 독립하게 되어 학교 교육에서 내용과 방법의 분리는 당연한 것으로 받아들여진다.

방법이 내용으로부터 분리됨으로 인해 나타나는 몇 가지 폐단을 살펴보면 다음과 같다.[38]

첫째, 내용이 만들어진 삶의 구체적 상황이 무시 된다. 방법은 교육의 내용이 되는 삶의 구체적 상황과 관련하여 모색되어야 한다. 이를 위해서는 학생 스스로 융통성 있는 경험을 할 수 있는 구체적 문제 상황을 제공해서 학습자 주체의 지적 활동이 가능하도록 하는 것이 필요하다. 하지만, '방법'이 교사자신의 교육과정 문해력에 의해 생겨나지 못하고 외부로부터 교사에게 제시되어 어떤 아동에게나 천편일률적으로 적용된다면, 삶의 구체적 상황을 무시한 방법은 기계적인 획일성을 가질 수밖에 없다.[39]

둘째, 흥미(興味)와 도야(陶冶)에 대한 그릇된 개념을 형성시킨다. 내용을 효과적으로 다루는 방법이 그 내용과는 동떨어져서 별도로 주어져 있다고 생각할 때,[40] 양자 사이의 관련은 결여될 수밖에 없다. 이로 인해 교사는 내용에서 자연스럽게 찾아볼 수 있는 방법보다는 흥분, 충격적 쾌락, 고통스러운 결과가 일어날 것이라는 위협, 무조건적

---

37) 지식의 문자화(化)로 인해 브루너가 그의 책『교육의 과정』에서 문제 제기한 '중간 언어'에 의한 수업이 가능하게 되었다.

38) 존 듀이 저, 이홍우 역,『민주주의와 교육』, 교육과학사, 2006, pp.268-270.

39) 교사의 수업 철학이 다르고 학생 개개인의 수준과 능력이 다른 상태에서 어떤 교사, 어떤 학생에게도 공통적으로 효과 있는 수업 방법이란 있을 수 없다. 학급이라는 단위를 구성하는 학습자 한 명, 한 명이 고려된 교사 수준 교육과정 운영이 필요한 이유가 여기에 있다.

40) 듀이가 말하는 지식의 본질적인 내용과 동떨어져 존재하는 방법은 브루너의 '중간 언어'와 비슷한 개념으로 이해된다.

인 노력에 대한 호소를 통해 학생들의 맹목적인 '의지'의 발동에 의존하게 될 수밖에 없다.

셋째, 학습하는 행위, 그 자체를 직접적·의식적 목적으로 삼게 된다. 아이가 지적 활동을 할 수 있는 환경을 만들어 주고 그 활동을 하는 과정에서 스스로 배우도록 하는 것이 중요하다. 그렇지 못하고 아이로 하여금 무엇인가를 배워야 한다는 사실에 주의를 고정시키거나 학습 태도를 의식하도록 하여 학습 과정에서 주눅이 들도록 하는 것은 좋은 방법이 아니다. 오직 학습을 통해서 다른 사람과 의사소통을 하여 좀 더 풍부한 상호작용을 할 수 있도록 도울 수 있어야 한다. 이를 위해서는 교과를 배워야 한다는 의무감에서 학습하도록 할 것이 아니라, 학습을 하는 의미(이유 또는 목적)를 생각하면서 배움에 몰입할 수 있도록 해야 한다.

넷째, 방법이 강조되면 획일적이고 고정된 절차, 기계적으로 처방된 결과를 천편일률적으로 따르는 것이 될 수 있다. 교육 내용과 직접 부딪쳐서 그럴듯해 보이는 여러 가지 방법을 시험해 보고 그 결과에 따라 좋은 방법과 나쁜 방법을 가려내도록 해야 한다. 그렇지 못하고 획일적이고 고정된 방법만을 따르게 될 때는, '방법'이 신성불가침의 영역이 되어 단순히 교과서를 읽고 암송하며 정해진 언어적 공식에 따라 논의하는 정도의 학습[41]으로 전락할 가능성이 높다.

이와 같은 내용과 방법의 분리에서 오는 폐단을 극복하고 내용에서 방법을 자연스럽게 유인해 내는 사례를 살펴보자. **"[2슬04-03]여름에 볼 수 있는 동식물을 살펴보고 그 특징을 탐구한다"**라는 성취기준이 있다. '여름에 볼 수 있는 동식물의 특징'이 내용이고, '살펴보고', '탐구하는' 것이 방법이다. 국가 수준 교육과정에 제시되어 있는 성취기준을 분석해 보면 자연스럽게 내용과 방법을 찾아낼 수 있다.[42] '여름에 볼 수 있는 동식물의 특징'이라는 내용을 학습하기 위해 별도의 고정된 절차를 찾는 데 시간을 낭비하거나 누군가에 의해 기계적으로 처방된 결과를 무조건적으로 따르는 것을 삼가야 한다. 대신, 학습자의 자발적인 탐구를 이끌어 내기 위해 교육 내용을 어떻게 구성할 것인가에 대한 관찰과 고민이 더욱 필요하다.

교육 내용과 방법 사이에 구분이 있는 것이 아니다. 다만, 하나의 지적 활동이 있을

---

41) 브루너의 중간 언어와 같은 의미이다.

42) 성취기준은 '학생들이 교과를 통해 배워야 할 내용과 이를 통해 수업 후, 할 수 있거나 할 수 있기를 기대하는 능력을 결합하여 나타낸 수업 활동의 기준'으로 정의된다. 즉, 교과를 통해 배워야 할 지식, 기능, 태도에 대해 기술한 것이다(출처: 2015 개정 교육과정 고시 문서).

뿐이다.[43] 내용과 분리되는 별도의 방법을 찾기 위한 고민으로 교육적 에너지를 낭비하지 말아야겠다. 대신 교과 지식을 아이들 삶의 맥락과 관련지어 어떠한 지적 활동으로 재구성할지에 대해 고민하는 것이 우선이다. 내용과 방법을 분리하는 우리들의 잘못된 고정관념을 극복하려는 의식 전환이 무엇보다 필요하다. 교육과정(내용)과 수업을 분리하고 수업과 평가를 분리하는 잘못된 습관도, 교육에 있어서 내용과 방법을 분리하는 폐단에서 비롯된 것이다. 아이들의 의미 있는 경험 안에서 내용과 방법이 하나될 수 있도록 하는 발상의 전환이 필요한 때이다.

---

43)  존 듀이 저, 이홍우 역, 『민주주의와 교육』, 교육과학사, 2006, p.266.

# 2장

# 선생님의
# 교육과정을
# 가지고 계십니까?

선생님과 아이들은 무엇으로 살아갈까요?

교육과정으로 만나서 서로의 앎과 삶을 주고 받는 그들, 그들의 교육과정을 응원하기 위한 아홉 가지 에피소드를 소개합니다.

# 선생님의 교육과정을 가지고 계십니까?

교육 내용이 학습자의 구체적이고 직접적인 삶의 경험과 관련될 수 있도록 교육과정을 구성하는 것이 중요하다. 교육 내용이 학습자의 실제적인 삶 속에서 한 부분을 차지하여 학교 안에서의 앎과 학교 밖에서의 삶이 단절되지 않고 연결성과 일관성을 가질 수 있을 때, 학습에 대한 아이들의 자연스러운 흥미 유발은 물론, 앎과 삶이 하나 되는 교육도 가능해진다. 이를 위해서 교과서 중심에서 교육과정 중심으로 학교 교육의 패러다임 변화가 필요하다.

국가에서 고시한 교육과정을 근거로 개발된 교과서는 전국 공통의 일반적인 기준을 충족시키기에는 만족할 만하나, 지역의 특수성, 학교의 환경, 학습자의 능력과 수준 등을 충분히 반영하기에는 부족한 점이 많았다. 교과서 중심 수업의 단점을 보완하기 위해서 교사들은 교육 현장에서 실천적으로 전개할 수 있는 자신만의 교육과정을 구성하게 되는데, 이를 교사 수준 교육과정이라 부른다. 국가의 필요 때문에 만들어진 규범적인 성격의 교육과정이 국가 수준 교육과정이라면, 교사 수준 교육과정은 교사의 해석과 번역으로 만들어지는 각양각색의 실천 교육과정이다.

'교사 수준 교육과정'이라는 용어가 다소 생소하지만, 1987년 개정된 제5차 초등학교 교육과정 해설서를 보면 **'교사의 해석과 번역을 통해 이루어지는 이 두 번째 수준의 교육과정'**이라는 문구를 발견할 수 있다.[44] 전국 공통의 일반적인 기준인 국가 수준 교육과정을 교사의 **'해석'**과 **'번역'** 작업을 통해 단위 학급에서 실천되는 각양각색의 교사 수준 교육과정으로 이해하고 실천하려는 노력을 이미 진행하고 있었던 것이다.

하지만, 1990년대 초반 지방자치제의 강화로 인해, 교육에서도 지역 교육청과 학교의 역할을 상대적으로 중요시하자는 사회적 인식이 제6차 교육과정 개정에 반영되면서, 지역 수준과 학교 수준 교육과정 운영이 관련법(초중등교육법)에 의해 의무화된다. 이런 영향 때문일까? 아이러니하게도 교육과정 운영에 있어서 지역과 학교 수준 교육과정이 교사 수준 교육과정보다 상대적인 위상이 높아지게 된다. 아마도, 운영의 의무를 지방자치단체와 학교에 법적으로 부과한 것이 가장 큰 이유일 것이다.

---

44) 문교부, 『제5차 초등학교 교육과정 해설서』, 1987, p.2~3.

이로 인해, 학교 현장에서도 교육과정 운영에 대한 중심 추가 교사 수준에서 학교 수준으로 이동하게 된다. 매년 학교 단위의 실태, 학부모의 요구, 환경 등을 고려하여 학교장의 경영철학이 반영된 학교 수준 교육과정 편성에 교육력을 쏟아 부으면서, 교사 개개인의 철학, 학급 내 학생마다 능력과 수준이 고려된 교사 수준 교육과정은 점점 소홀히 여겨지게 되고, 결국은 교육과정이라는 이름 대신, '학급경영록'이라는 이름으로 대체되어 최근까지 이르게 된다.

교육과정 구성의 가장 작은 단위는 학급이다. 단위 학급에서 실천되는 교육과정은 국가·지역·학교 수준 교육과정이 아닌, 교사에 의해서 번역되고 해석된 교사 수준 교육과정이다. 국가·지역·학교 수준의 교육과정은 교사 수준 교육과정 운영의 기준과 지원의 역할을 담당할 뿐이다. 그래서 교육과정 운영에 있어서 실질적인 역할의 중요성은 학교장에서 교사로 이동되어야 할 것이다. 이는 학교 교육에서 교사의 자율성과 전문성이 강조되면서 나타나는 현상과도 맥을 같이 한다. 교사의 전문성을 국가 수준 교육과정을 근거로 개발된 교과서를 전달하는 사용자 역할에 국한하지 말고 교육 내용을 직접 구성하고 설계하는 결정자의 역할로 확대해야 할 것이다.

'교육과정'이라는 단어를 처음 사용한 보빗(Bobbitt)은 학생 수준 교육과정의 개념을 이야기하고 있다.[45] 수업과 평가를 포함한 모든 교육활동이 학생 개개인 맞춤형이어야 하듯이, 교육과정도 마찬가지여야 한다는 의미이다. 지금부터 100여 년 전 '교육과정'이라는 용어의 개념을 처음 제시한 보빗은 교사 수준 교육과정을 넘어 '학생 수준 교육과정'을 주장하였다. 중앙단위 문서상으로 존재하는 획일적인 교육과정 대신, 학급에서 실제로 운영되는 각양각색의 실천교육과정의 중요성을 말하는 것이다.

교사 수준 교육과정은 교육과정이 시작된 순간부터 함께 한 개념으로 인식하자. '국가 → 지역 → 학교 → 교사'라는 위계적 순서상의 개념이 아니다. 교사 수준 교육과정을 중심으로 나머지 교육과정들이 동심원으로 위치하여 지원해 주는 형색이 되어야 한다. '법에 의해 의무적인 운영이 강제된 교육과정을 운영하는 타율적인 교사가 될 것인가, 아니면 '자신만의 전문성에 입각한 교육과정을 운영하는 자율적인 전문가가 될 것인가? 우리에게 남겨진 두 갈래 선택의 문이 기다리고 있다. 그리고 그 문 입구에서 우리는 이런 글을 발견할 수 있다.

### "선생님의 교육과정을 가지고 계십니까?"

---

45) 프랭클린 보빗 저, 정광순 외 5인 공역, 『학교에서 무엇을 가르쳐야 하는가』, 학지사, 2017, p.277.
   **"어떤 학생의 교육과정은 길고 어떤 학생의 교육과정은 짧을 수 있다."**

## ② 교사가 갖추어야 할 기본과 전문

한 분야에 상당한 지식과 경험을 가진 사람을 전문가라 칭한다. 상당한 지식과 경험을 가졌음은 어떻게 판단할 수 있을까? 학위, 자격증, 오랜 경력, 다른 사람들의 인정 등이 있다. 하지만 이런 것들이 다는 아닌 것 같다. 2% 부족함이 느껴진다. 누가 보아도 '저 사람은 전문가다'라고 단정할 수 있는 무엇인가가 있을 듯하다.

전문가는 '주인'과 같은 사람이다. 스스로 생각하고 판단하며 행동한다. 무엇이 필요한지 끊임없이 생각하며 뚜렷한 가치관도 가지고 있다. 반면, 좋은 스스로 해내지 못하는 사람이다. 누군가의 명령을 받아야 하고, 무엇인가를 만들어 주어야만 일의 진척이 가능한 사람이다. 자신의 정체성을 확립하지 못한다. 2% 부족한 듯 생각되던 전문가의 조건을 주인과 종의 예에서 찾아본다면, 전문가는 한 분야에 대한 상당한 지식과 경험은 물론이고 스스로 해내는 자율성과 자기가 한 일의 결과에 대한 책임을 지는 책무성도 있어야 한다.

그렇다면 우리는 교사를 전문가라고 칭할 수 있을까? 전문가의 조건인 '상당한 지식과 경험', '자율성', '책무성'의 관점에서 교사의 전문성을 판단해 보면 부족한 점이 발견된다. '상당한 지식과 경험'이야 경력이 쌓이면서 부단한 연구와 노력으로 갖출 수 있지만, 자율성과 책무성은 그렇지 않다. 국가에서 만들어 준 교육과정을, 누군가 제시해 준 방법으로 가르치고 평가하는 수동적이고 획일적인 교육을 따르기만 하는 교사를 전문가라 칭하기는 어렵지 않겠는가? 여러 가지 규정과 지침으로 가르침을 제한하는 현재의 제도도 교사의 책무성을 보장하기에는 한계가 있어 보인다. 교사는 스스로 전문성에 의해 자율적으로 교육과정을 편성하고 학생들의 수준을 직접 파악하며 운영하고 그 결과에 대해서 책임을 질 수 있는 사람이어야 한다.[46]

교사의 전문성에 대한 우리들의 잘못된 고정관념도 문제가 된다. 대부분 교사들은 교직 생활 중에 다음과 같은 말을 들어 본 경험이 있을 것이다. **"수업은 기본이고 유능한 교사라면 행정업무도 잘할 수 있어야 한다"**. 정말 교사로서 해야 할 기본적인 일이 수업이고 전문적인 일이 행정업무인가? 기본적으로 해야 할 일이란 특별한 지식이나

---

46)　교육부, 『2015 개정 교육과정 총론』, 2015, p.86.

경험 없이도 잘할 수 있는 일인 반면에, 전문적으로 해야 할 일은 상당한 지식과 경험이 있어야만 잘할 수 있는 일이다. 그렇다면 수업과 행정업무 중 무엇이 기본이고 전문이란 말인가?

공문서 작성과 각종 계획 수립 등의 행정업무는 교사가 아니어도 누구든 약간의 노력으로 쉽게 할 수 있는 기본적 일인 반면에, 교육과정을 편성하거나 이를 수업이나 평가로 운영하거나 학생 생활지도 등은 교사만이 할 수 있는 전문적인 일이다.[47] 상당한 지식과 경험이 없이는 쉽게 할 수 없는 일이라는 말이다. 사람의 변화를 위한 일이 각종 문서 작업보다 비전문적일 것이라는 생각 자체가 잘못된 것이 아닌가?

기본은 조금의 노력으로도 얻을 수 있는 것인데 반해, 전문적인 것은 각고의 노력으로만 가질 수 있는 것이다. 과연 무엇이 각고의 노력으로 얻을 수 있는 것인가? 계획서 수립이나 행정업무인가? 아니면 교육과정 편성·운영이나 생활지도인가? 우리는 너무나 자명한 사실에 대해 지난 수십 년간 잘못된 고정관념을 가지고 살아왔다.

교사는 행정업무의 전문가가 아니라 교육과정 편성·운영의 전문가이어야 한다. 학교 환경과 학생들의 발달 수준, 그리고 교사 자신의 철학을 반영하여 교육 내용의 순서, 비중 등을 재구성하고 이에 알맞은 교수·학습 방법을 구안하여 맞춤형 수업을 할 수 있도록 노력하여야 한다. 이를 위해 성취기준에 따라 교육 내용을 새롭게 해석하고 번역하며 교육과정 구성관점을 반영하여 학급에서 실천 가능한 교육과정을 구성할 수 있어야 한다.

교육과정 편성·운영의 전문성을 좀 더 구체적으로 살펴보면 교원의 전문성을 둘로 나눌 수 있다. 첫째, 교육과정 결정자로서의 전문성이다. 자신이 사용할 교육과정을 스스로 만들어 내는 전문성을 말한다. 국가에서 만들어 제시한 교육과정에 교사 자신의 해석과 번역을 더하여 자신만의 교육과정을 만들어 내는 전문성을 의미한다. 둘째, 교육과정 사용자로서의 전문성이다. 자신의 교육과정을 수업과 평가 행위로 어떻게 실천해 낼 것인가에 대한 운영의 전문성을 말한다. 교사라면 자신만의 교육과정을 가지고 자신만의 방법으로 풀어 낼 수 있는 전문성을 가져야 하지 않을까?[48]

---

47) 행정업무를 비하하려는 의도가 아니다. 교사는 살아 움직이는 생명체인 학생을 대상으로 교육을 하는 사람이기에 오랜 기간의 임상 경험이나 전문적인 지식이 뒷받침되어야 한다는 의미이다.

48) 곽영순 저, 『교사 그리고 질적연구』, 교육과학사, 2014, p.259.
**"핀란드의 경우, 교육과정 편성에 대한 권한을 교사에게 이양하므로 교사들이 자율적으로 교육과정을 편성한다. 교사들이 직접 학생들의 수준을 파악하여 다양한 교육과정을 제시한다."**

교원은 교육과정 결정 및 사용자로서의 전문성을 동시에 확보할 때, 진정한 전문가로 태어날 수 있다. 하지만 지금까지의 교육현장에서는 결정자로서의 전문성보다는 사용자로서의 전문성에 좀 더 초점이 맞추어진 듯하다. 교육과정 결정과 사용이라는 두 가지 측면이 균형을 이룰 수 있는 교사 전문성에 대한 관점의 변화가 필요하다. '기본'과 '전문'이 제대로 자리 잡을 때 전문직으로서 교사의 위치도 확고해질 것이다. 교사의 직무에서 무엇인 기본이고 전문인지도 구분하지 못한다면, 교사 전문성은 요원하기만 하다. 교원은 반드시 교육과정 편성·운영의 전문가여야 한다.

# 3 교사, 배우면서 가르치는 자: stu-tor[49]

　수업 패러다임이 배움 중심으로 변화면서 '배움'의 의미에 대한 관심도 높아졌다. 배움은 '밝다'의 어간 '밝'이 '배달'의 '배'로 변한(배다<비우다<비호다) 것이다. '배'의 동사형인 '배다'의 사전적 의미를 종합하면 배움이라는 것의 의미는 '몸에 배는 것, 자연스럽게 배어들고 스며들도록 기다릴 줄 아는 것, 그렇게 배어든 것을 무엇인가 새로운 것으로 잉태해 내고 비워 내는 것'이라는 뜻을 담고 있다.

　배움을 위한 인위적인 상황을 조성하지 않더라도 사람은 늘 주변에서 무엇인가를 받아들여 새로운 것으로 잉태하고 다시 비워 내는 반복적 활동을 자연스럽게 해 낸다. 이런 배움의 활동은 언제 어디서든 일어날 수 있다. 책상머리든, 산책길이든, 잠자리든 모두가 배움의 장소이며 수단이 될 수 있다. 배움은 삶, 그 자체이고 배움 활동이 정지되는 날 인간의 삶도 끝나게 된다. 비록 호흡을 통해 육체적인 생명을 연장한다고 하더라도 주변 환경과의 상호작용을 포기하는 순간, 인간으로서 의미 있는 삶은 이미 끝난 것이나 마찬가지다.

　배움은 '자신의 삶에 집착하고 삶을 깨달으며 앎을 형성해 가는 과정에서 이루어지는 모든 활동(경험+사고) 그 자체'라고 말할 수 있다. 배움이 이런 것이기에 배움중심수업이 삶과의 관련성을 무시한 채 앎을 형성한다는 것은 이치에 맞지 않는 말이다. 학교 수업을 통해 학습자의 앎이 형성될 수 있도록 돕고자 한다면, 삶의 문제를 문제 상황 중심의 교육 내용으로 학습자에게 제시하여 이를 해결하기 위한 목적으로 접근하는 것이 올바른 방법이다.

　삶을 통해 앎을 형성해야 하는 학교 교육에서 삶이 배제된다면, 앎은 의미 없는 단순 지식 습득의 수준에 머물고 말 것이다. 문제 상황을 해결하기 위한 수단으로서의 지식이, 그 자체가 목적이 되어 버린다면, 교사도 지식을 전달하기만 하는 수업을 하여도 크게 문제 될 것이 없게 된다. 교사 가르침이 중심되면, 상대적으로 학생의 배움은 주변에 위치하게 된다. 그렇게 되면 교사는 지식을 가르치기만 하고, 학생은 배우기만

---

49)　'가르치면서 배우는 자'라는 교사 역할의 양면성을 부각하기 위해 student(학생)와 tutor(교사)를 결합한 합성어이다.

하는 이분법적 구분이 만들어진다. 지식을 그 자체 독립해서는 의미 있게 가르쳐질 수 없다. 오직, 자기 삶의 구체적인 문제 상황과 관련지어 배워 나가야 한다. '아이들에게 단순히 배울 것이 아닌, 지식을 가지고 할 수 있는 일을 주라'는 듀이의 말을 명심할 필요가 있다. 어떠한 지식도 자기 삶을 떠나서는 가르치고 배울 방법이 없다.

교사는 지식을 가르치고 학생은 배우기만 하는 그런 교실이 되어서는 안 된다. 학생의 배움이 전제되지 않는 교사의 가르침이 어떤 의미가 있단 말인가? 아무리 교사가 가르쳤다 할지라도 학생이 배우지 않았다면 교사의 가르침은 무의미하다. 물건을 구매한 사람은 아무도 없는데, 팔았다고 떼를 쓸 것인가? 가르치고 배우는 것은 서로가 주고받는 관계에서만 온전하게 이루어질 수 있다. 수업(授業)의 줄 수(授)는 손 수(手)와 받을 수(受)가 모여서 만들어진 글자이다. 줄 수(授)는 주고받는 양방향의 의미를 담고 있다.

실존주의 철학자 하이데거는 수업 중 교사의 역할은 가르치는 것이 아닌 '배우게 하는 것'을 알도록 하는 것이라고 하였다. 배움 이외에는 어떠한 것도 배울 수 없는 그런 수업을 위해서 진정한 스승은 제자들보다 더 잘 배울 수 있는 자질을 갖추어야 한다.[50] 가르침과 배움은 분리될 수 없다. 수업에서 교사와 학생이 하는 일도 분리될 수 없다. 교사는 가르치고 학생은 배운다는 이분법적 사고를 계속 고집한다면, 학교 현장에서 올바른 배움을 결코 기대할 수 없다. 교사는 '**배우면서 가르치는 자**'이어야 한다.

---

50)   김용식 저, 『교육 삶의 의미를 찾는 여정』, 나무미디어, 2016, pp.160~161.

# 4. 교육과정 구성 요소, 다시 보기

　교육과정은 운영 주체와 파급 범위에 따라 국가, 지역, 학교, 교사 수준 교육과정으로 나눌 수 있다. 국가 수준 교육과정은 초·중등학교의 교육 목적과 목표 달성을 위해 초·중등교육법 제23조 2항에 입각하여 교육부 장관이 결정, 고시하는 교육 내용에 관한 전국 공통의 일반적 기준을 의미한다. 지역 수준 교육과정도 동법에 의거하여 시·도교육청에서 지역의 특수성과 지역 사회의 요구 및 교육 중점을 반영하여 교육과정 편성·운영 지침으로 제공된다. 국가 기준과 학교교육과정을 자연스럽게 이어 주는 교량적 역할을 하게 되며, 장학자료, 교수·학습자료 및 지역 교재 개발의 지침이 될 수 있다.

　학교 수준 교육과정은 초·중등교육법 제23조 1항에 입각하여 학교의 학생·교원 실태, 교육 실태, 교육 시설·설비, 교육 자료 등의 교육 여건 등을 잘 파악하여, 학교의 여건과 실태에 대한 구체적인 인식에 기초하여 마련된 학생들에게 실천 가능한 교육 설계도이다. 교사 수준 교육과정은 2015 개정 교육과정 운영 고시에 의거하여 국가·지역 수준 교육과정의 기준 및 지침에 바탕을 두고, 학교 수준 교육과정에서 제시하는 요구 및 환경 등을 반영하여 단위 학급(학년)별로 편성·운영되는 실천 중심 교육과정이다.[51] 수준에 따른 교육과정의 구분은 [그림 2]와 같다.

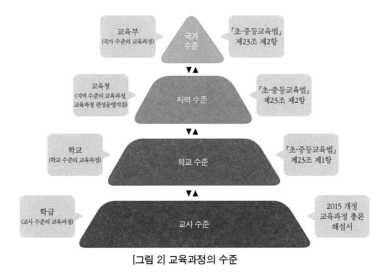

[그림 2] 교육과정의 수준

---

51)　에듀쿠스 저, 『교사 수준 교육과정』, 2018, 북랩, p.60.

교육과정을 운영하는 주체와 파급되는 범위는 국가, 지역, 학교, 교사 수준으로 다르지만, 구성 요소는 수준과 관계없이 같다. 교육목표. 내용, 방법, 평가라는 공통적인 요소로[52] 구성되는 교육과정은 각각의 구성 요소를 바라보는 관점이 어떤가에 따라 다양한 성격[53]으로 탈바꿈할 수 있다. 특히, 국가, 지역, 학교 수준 교육과정과 달리 교사 수준 교육과정은 단위 학급에서 운영되는 실천 중심 교육과정이기에 교육과정 구성 요소에 대한 교사의 관점에 따라 교육과정 편성·운영은 큰 영향을 받는다. 그래서 교사 수준 교육과정을 운영하는 교사는 자신의 교육과정을 구성하는 목표, 내용, 방법, 평가에 대한 명확한 관점이 정립되어야만 한다. 그렇게 될 때, 자신만의 철학이나 가치를 담은 교육과정 운영이 가능하다. 교사 수준 교육과정을 구성하는 목표, 내용, 방법, 평가는 [표 1]과 같다.

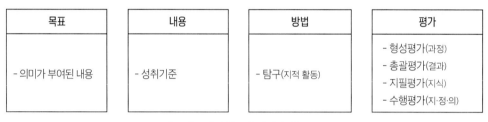

[표 1] 교사 수준 교육과정 구성 요소

## 1) 구성 요소

### (1) 목적

모든 일에는 그 일을 통해 이루고자 하는 '무엇'인가가 있기 마련이다. 우리는 그 '무엇'을 목적이라 부른다. 교육에서도 그 '무엇'은 당연히 존재한다. 목적이 없는 교육활동에서 의미를 찾는다는 것은 어불성설이기 때문이다. 그래서 교사는 늘 자신에게 묻는다.

"교육에 있어서 나의 목적은 무엇인가? 아니 목적이 있기나 한 건가?"

---

52)  교육부, 『2015 개정 교육과정 총론 해설』, 2016, p.3.
53)  내용을 교과 지식으로 볼 때는 교과 중심 교육과정, 학생들의 경험은 경험 중심 교육과정, 지식의 구조로 볼 때는 학문 중심 교육과정으로 구분될 수 있다는 것은 교사라면 다 아는 사실이다.

듀이는 과정을 통해서 도달한 '예견된 결과(ends in view)'라는 말로 목적을 설명한다.[54] 이때, '예견된'이라는 단어는 시간의 흐름에 따른 단순한 기계적인 활동으로 발생한 결과가 아니라, 방향을 설정하여 무엇인가 '의미를 가지고 행동한다'[55]는 뜻이다. 듀이에게 있어서 목적은 '의미를 가지고 행동한다'는 것이며, '생각을 가지고 행동한다'는 것이고 '지적으로 행동한다'는 뜻이다.

목적이라는 것은 내용의 바깥에서 주어지는 것이 아니라, 내용 안에 있으면서 활동의 방향을 규정하고 이끌어가는 것이다.[56] 활동의 결과가 어떠하리라는 것을 내다볼 수 있게끔 상황을 조정한다든지(문제 인식), 학생이 현재 가지고 있는 경험을 조사하여 그들을 다룰 잠정적인 계획을 세운 뒤에(가설 설정), 그 계획을 끊임없이 염두에 두고 새로운 조건이 발생함에 따라 수정해 나가는 것이다(가설검증 및 수정).[57] 결국, 학교에서 이루어지는 교육적 행위에 목적을 부여한다는 의미는 사고와 행동의 상호작용을 강조하는 듀이 이론의 핵심이다.[58]

'결과'란 시간의 흐름에 따라 자동기계처럼 행동하여 얻어질 수 있는 것인데 반해, 목적(예견된 결과)은 결과에 의미가 부여된 개념이다. 그래서 목적 없는 교육활동은 의미 없는 수동적인 것이 될 수밖에 없다. 교사 수준 교육과정이란 교사 자신의 목적을 이루기 위한 것인데, 교사 스스로 설정한 목적 없이, 국가에서 정한 교육과정을 그대로 전달하고서야 어찌 교사 수준 교육과정을 논할 수 있을 것인가? 외부에서 주어진 목적은 오직 명목상의 목적이며 그들 자신의 목적이라기보다는 다른 사람들의 목적을 위한 수단에 불과하다.[59] 교사의 교육과정이 의미 있는 것이 되기 위해서는 교사 자신의 목적 설정이 반드시 필요하다.

교육활동에 있어서 목적의 중요성을 피터즈 역시 강조한다. 목적은 교사의 교육활동에 대한 경험들을 부각하게 함으로써 자신의 교육활동을 더욱 일사불란하게 구조화시키는 것으로, 교사의 교육활동에 의미 부여를 하여 그것을 더욱 명확하고 구체적인

---

54) 존 듀이 저, 이홍우 역, 『민주주의와 교육』, 교육과학사, 2006, p.174.
55) 위와 같은 책. p.176.
56) 위와 같은 책. p.172.
   **"목적과 내용은 결국 동일한 것이라는 의미이다."**
57) 위와 같은 책. p.178.
   **"'의미를 가지고 행동한다'는 것은 반성적 사고와 같은 뜻이다."**
58) 위와 같은 책. p.175.
   **"'목적을 가지고 행동한다'는 것은 '지적으로' 행동하는 것과 동일하다."**
59) 위와 같은 책. p.171.

것으로 만드는 역할을 하는 것[60]으로 설명하고 있다.

교사 수준 교육과정을 구성하는 요소 중, 한 요소라도 빠진다면 교육과정 구성이 불가능하여 중요성의 경중을 따진다는 것이 의미 없는 일이다. 그래도 굳이 중요한 것 하나를 들라면, '목적'이어야 한다. 목적은 나머지 구성 요소들을 더 구체화시켜 주며 교육활동을 통해 가고자 하는 방향 설정에 중요한 역할을 할 수 있기 때문이다. 교육과정 구성 단계에서 목적 설정에 영향을 미치는 '철학과 가치'에 대한 공유를 먼저 하는 이유도 같은 맥락이라 본다.

교사든, 학생이든 자신의 목적 설정에 따라 내용, 방법, 평가가 구성돼야 한다. 스스로 세운 목적일 때, 목적 달성에 주체적으로 참여할 수 있다. 학습의 주인이 되지 못하고 누군가가 정해 준 목적만 답습해서는 '목적'이 오히려 다른 무엇인가를 위한 '수단'으로 전락해 버릴 수 있다. 아무 의미 없는 '결과'만 따라가는 교사가 될 것인가, '목적'을 이루는 교사가 될 것인가? 어떤 교사가 될지는 자신의 의미 부여에 달려 있다고 해도 과언이 아닐 것이다. 이 땅의 모든 선생님에게 묻는다. "선생님의 교육목적은 무엇인가?"

### (2) 내용

1918년 교육과정 분야의 창시자라고 일컫는 프랭클린 보빗의 『교육과정』, 그리고 1949년, 교육과정 분야의 한 패러다임을 구축하는 데 결정적인 역할을 한 랄프 타일러의 『교육과정과 수업의 기초원리』, 1962년 방대한 교육과정 이론을 구축한 타바의 『교육과정 개발: 이론과 실제』는 공통으로 목표 중심 교육과정 개발을 강조한다. 먼저, 목표를 설정하고 그 목표를 이루기 위한 내용을 선정한다는 목표 우선주의는 교육과정 개발에서 우리에게 상식처럼 받아들여지는 교육과정 개발 및 운영의 정석이며 의심 없이 받아들이는 기준이었다.

하지만, 생각해 보라. 어떤 교육의 선각자가 어느 날 갑자기 나타나서 "제가 목표를 세웠으니, 여러분들은 이 목표를 이루기에 적합한 내용을 선정해 주십시오"라고 할 수 있겠는가? 목표는 누군가가 세워서 제시하는 것이 아니라 자신이 가고자 하는 교육의 방향을 지시하고 이끌어 가기 위해 스스로 설정하는 것이다. 자신이 운영하는 교육 내용을 보다 정확하게 구체화하여 교육활동을 더욱 일사불란하게 구조화시키는 데에 도

---

60)  R. S. 피터즈 저, 이홍우·조영태 역, 『윤리학과 교육』, 교육과학사, 2008, p.30.

움이 된다면 목표라 부를 수 있다.[61] 내용과 분리되어 밖에 있는 것이 아니라, 내용 안에서 시작되는 목적은 아무것도 없는 무(無)에서가 아니라, 이미 주어진 내용과 함께할 수밖에 없다.

그렇다면 우리에게 이미 주어진 내용이란 무엇일까? 인류는 기본적으로 자신의 삶이 아무런 어려움에 부딪히지 않으면 앎에 대한 필요성을 느끼지 않는다. 자신의 삶을 위협하거나 호기심을 유발하는 새롭게 낯선 문제 상황들 앞에서 어려움을 극복하기 위해 행동하고 사고하며 지식을 축적해 왔다.[62] 그렇게 축적된 지식을 핵심 개념 중심으로 구조화한 내용이 되는데, 이를 '교과'라 부른다.[63]

물론, '교과'를 교육 내용으로 보는 관점은 '교과교육과정' 사조의 견해일 뿐, 다른 사조의 관점에서는 받아들이기 힘든 주장일 수 있다. 오히려, 경험교육과정에서는 교과 대신 학생들의 경험이 교육 내용의 주된 구성 요소가 된다.[64] 그런데 교육 내용으로 제공되는 경험 중에서 교과를 제외한다면 남는 경험은 무엇이 있겠는가? 이런 의미에서 교육 내용으로서의 '교과'와 '경험'은 두 가지 다른 실체를 가리키는 용어라기보다는 동일한 실체를 가리키되, 그것을 다른 관점[65]에서 가리키는 용어로 보아야 할 것이다. 교과교육과정이 교과에서 시작하여 경험으로 끝난다면, 경험교육과정은 경험에서 시작하여 교과로 끝나는 것이다. 이것은 교과와 경험이 교육의 과정에서 따로 떨어져 있는 것이 아니라 동일선상에 있는 실체임을 의미한다. 어떤 관점에서 보는가에 따라 '교과' 혹은 '경험'으로 볼 수 있다.

그러므로 교과와 경험은 동일한 내용을 각각 반대편에서 보는 관점을 나타내는 것이다. 생각해 보라! 경험교육과정(제2차 교육과정) 시기에, 학교에서 학생들에게 경험을 가르치면서 교과를 멀리하였는가? '교육 내용은 경험'이라는 분명하지 않은 말 대신에, '교육 내용은 교과'라고 인정하고 그 교과가 참으로 '교육 내용'으로서의 의미가 있고 학생에게 이해될 수 있도록 하는 데에 집중하였더라면, 지식으로 대변되는 교과와 활동

---

61) R. S. 피터즈 저, 이홍우·조영태 역, 『윤리학과 교육』, 교육과학사, 2008, p.27.
62) 존 듀이 저, 엄태동 역(2001), 『존 듀이의 경험과 교육』, 박영사, 2019, p.105.
   **"교과라 부를 수 있는 것은 모두 예외 없이 원래는 일상적 삶의 경험 영역 내에 들어 있던 자료들로부터 도출된 것이라야만 한다."**
63) 교육부, 『2015 개정 교육과정 총론』, 2018, p.4.
64) 이홍우 저, 『지식의 구조와 교과』, 교육과학사, 2017, p.34.
   **"교과는 대개 주제, 사실, 기능 등으로 구성이 된다면, 경험은 학생들의 필요, 흥미, 태도 등으로 구성된다고 할 수 있다."**
65) 전통주의 vs. 진보주의, 항존주의 vs. 경험주의.

으로 대변되는 경험 사이에서 겪는 혼란으로 인한 피해가 오늘날보다는 훨씬 줄어들었을 것이다.

교육 내용이 무엇인가를 규정하면서 교과는 '경험의 내용'이라는 둘 사이의 관련을 명백히 인식하는 것이 중요하다. 이 관련을 저버릴 때, 교과와 경험 중의 어느 쪽을 선택하더라도 교육에는 비슷한 재앙이 온다. 학생에게 경험되는지 아닌지는 상관없이 교과를 맹목적으로 주입하고자 한 것이 교과교육과정의 재앙이었다면, 경험의 내용에 대하여 엄밀히 따져보지 않은 채, '일상생활의 경험'을 주면 교육이 된다고 생각한 것은 경험교육과정의 재앙이었다. 지금 우리는 교육을 통해 이 두 가지 종류의 재앙을 모두 극복하지 않으면 안 된다.[66]

2015 개정 교육과정에서는 교과의 핵심 개념과 일반화된 지식을 중심으로 교과 내용을 구조화하는 노력으로 교과와 경험교육과정의 한계를 극복하고자 한다. 이를 위해 먼저, 교과별로 핵심 개념과 일반화된 지식을 이해하기 위한 내용 요소와 기능을 [그림 3]과 같은 내용 체계표로 제시하고 있다.

| 핵심 개념 | 일반화된 지식 | 학년(군)별 내용 요소 | | | | | 기능 |
| | | 초등학교 | | | 중학교 1~3학년 | 고등학교 1학년 | |
| | | 1~2학년 | 3~4학년 | 5~6학년 | | | |
| ▶ 읽기의 본질 | 읽기는 읽기 과정에서의 문제를 해결하며 의미를 구성하고 사회적으로 소통하는 행위이다. | | | • 의미 구성 과정 | • 문제 해결 과정 | • 사회적 상호작용 | |
| ▶ 목적에 따른 글의 유형<br>• 정보 전달<br>• 설득<br>• 친교·정서 표현<br>▶ 읽기와 매체 | 의사소통의 목적, 매체 등에 따라 다양한 글 유형이 있으며, 유형에 따라 읽기의 방법이 다르다. | • 글자, 낱말, 문장, 짧은 글 | • 정보 전달, 설득, 친교 및 정서 표현<br>• 친숙한 화제 | • 정보 전달, 설득, 친교 및 정서 표현<br>• 사회·문화적 화제<br>• 글과 매체 | • 정보 전달, 설득, 친교 및 정서 표현<br>• 사회·문화적 화제<br>• 한 편의 글과 매체 | • 인문·예술, 사회·문화, 과학·기술 분야의 다양한 화제<br>• 한 편의 글과 매체 | • 맥락 이해하기<br>• 몰입하기<br>• 내용 확인하기 |

[그림 3] 내용 체계표

내용 체계표를 살펴보면, 교과의 핵심 개념과 일반화된 지식[67]을 중심으로 학습 내용을 구조화하여 교과 내용의 심층적인 이해와 탐구가 가능하도록 하였음을 물론, 다양한 상황에서 배운 내용을 적용하거나 창의적인 방식으로 문제를 해결하는 경험을 가질 수

---

66) 이홍우 저, 『지식의 구조와 교과』, 교육과학사, 2017, p.36.
67) 핵심 개념이란 교과가 기반을 두는 학문의 가장 기초적인 개념이나 원리를 포함하는 교과의 근본적인 아이디어로서 교과의 세부적인 학습 내용들을 구조화하는 역할을 한다. 일반화된 지식이란 핵심 개념이라는 큰 범주 속에서 학습자들이 이해해야 하는 원리나 일반화를 의미한다. 이러한 일반화된 지식은 구체적인 사실적 지식들을 아우르기 때문에 다양한 상황과 사실들에 보편적이고 일반적인 적용이 가능하다(출처: 2015 개정 교육과정 총론 해설서).

있도록 하여 교과교육과정과 경험교육과정의 장단점이 보완될 수 있도록 하였다.

다음으로 이 내용 체계표의 학년(군)별 내용 요소와 기능은 다시 지식, 기능, 태도로 세분되어 교육과정 편성·운영의 기준이 될 수 있는 성취기준이 만들어진다. 핵심 개념과 일반화된 지식은 교수·학습 과정이 어디에 초점을 맞추고 이루어져야 하는지에 대한 전체적인 방향을 제공하는 길잡이 역할을[68] 할 수는 있지만, 실제 교육활동에서 교육과정 편성·운영을 위한 구체적인 기준의 역할을 하기는 내용이 너무 포괄적인 약점을 보완하기 위해서이다.

성취기준은 학생들이 교과를 통해 배워야 할 내용과 이를 통해 수업 후, 할 수 있거나 할 수 있기를 기대하는 능력이 구체적인 지식, 기능, 태도로 제시된다. 교사들은 성취기준을 해석하고 번역하는 작업 과정을 통해 자신만의 교육 내용을 만들어 내야 한다. 국가에서 교과 성취기준으로 만든 '국정교과서'는 교육의 보편성 및 질적 수준을 보장하기 위해 만든 교육과정 자료일 뿐, 교사들이 따라야 할 교육 내용으로 볼 수 없기 때문이다. 만약, 학교 교육에서 '국정교과서'만을 교육 내용으로 오인한다면, 단순 지식 전달 중심의 수업과 결과 중심의 평가 등 교과교육과정의 여러 가지 부작용이 발생할 수밖에 없다.

이런 부작용을 예방하기 위해서는 교사의 '교육과정 문해력'이 반드시 필요하다. 교육과정 문해력은 '교사가 교육과정 문서를 읽고 해석하여 교사 수준 교육과정 구성과 수업, 평가에 일관되게 적용할 수 있는 교육과정 상용능력'으로 정의된다. 성취기준을 보고 [그림 4]와 같이 지식, 기능, 태도로 구분하고 심층적인 이해와 탐구는 물론, 창의적인 문제 해결 경험을 가질 수 있도록 교육 내용을 재구성할 수 있어야 한다.

| [2바04-02] 여름 생활을 건강하고 안전하게 할 수 있도록 계획을 세워 실천한다. | | |
| --- | --- | --- |
| 지식 | 기능 | 태도 |

[그림 4] 성취기준 문해

교과서를 교과로 생각하는 고정관념을 극복하고 실제 교육과정 수립 단계에서 교과목별 성취기준으로 교과 내용을 해석·번역하여 학년(학급)별로 색깔 있는 학기 단위(학기별 진도표) 교육 내용을 재구성하는 것은 물론이고 주제 및 단원, 차시 단위의 다양한

---

68)  교육부, 『2015 개정 교육과정 총론 해설』, 2016, p.93.

교육 내용 재구성 노력이 필요하다. 국가에서 제공한 표준적인 성취기준에 교사의 해석과 번역을 가미하여 단위 학급의 학생을 위한 교육 내용이 만들어져야 한다. 단언컨대, 이것만이 교사 수준 교육과정의 본질이고 가장 중요하며 핵심적인 구성 요소이다.

### (3) 방법

내용과 방법 사이에 구분이 있을까?[69]

'여름 생활을 건강하고 안전하게 할 수 있도록 계획을 세워 실천한다'는 내용[70]을 학습하기 위한 최선의 방법을 생각해 보자. 먼저, 여름 생활을 건강하고 안전하게 보내기 위해서 어떤 지식적 이해가 필요한지를 학생들은 생각해야 한다. 다음으로 그런 이해를 반영하여 계획을 세우는 활동을 한다. 마지막으로 계획을 실천하려는 마음가짐을 다지는 활동을 통해 태도를 형성하면 되지 않을까? 우리가 생각한 최선의 방법은 내용과는 별개로 만들어질 수 없다. 내용을 자세히 살펴보면, 그것을 제대로 학습해 낼 방법을 찾을 수 있다. 내용과 방법 사이에는 아무런 구분이 있을 수 없고 다만, 하나의 지적 활동이 있을 뿐이다.

방법이 내용으로부터 분리되어 나타날 수 있는 교육적 폐단 몇 가지를 생각해 보면, 첫째, 내용의 원천이 되는 경험의 실제적 상황이 무시된다. 둘째, 흥미는 내용을 재미있게(funny) 학습하기 위한 방법이라는 잘못된 개념을 가지게 한다. 셋째, 내용을 학습하기 위한 수단이 되어야 할 학습 방법이 그 자체 직접적인 목적이 되어 버린다. 넷째, 방법이라는 것을 어떤 내용에도 적용될 수 있는 획일적이고 고정된 절차, 다시 말하면 기계적으로 처방된 단계를 따르는 것으로 오해하기 쉽다.[71]

방법과 내용은 목적과 수단의 관계를 가진다. 방법은 내용을 온전하게 학습하기 위한 수단이며, 내용은 방법을 통해서 도달해야 할 목적이 된다. 목적과 수단이 분리되고서 제대로 된 학습을 기대하기는 어렵다. 최선의 방법은 내용으로부터 도출되어야만 한다. 2015 개정 교육과정에서는 교과 내용을 성취기준으로 제시한다. 성취기준은 교과목에서 다루어야 할 **지식, 기능, 태도**로 구성된다. **지식**을 살펴보면, 그러한 지식이 만들어질 수

---

69) 존 듀이 저, 이홍우 역, 『민주주의와 교육』, 교육과학사, 2006, p.266.
   **"듀이는 내용과 방법 사이에는 아무런 구분이 없고 다만 하나의 활동이 있을 뿐이라고 하였다."**
70) 2015 개정 교육과정에서는 제시하는 교육 내용은 성취기준이다. 물론 성취기준은 내용 체계표를 바탕으로 하여 만들어진 것이다.
71) 존 듀이 저, 이홍우 역, 『민주주의와 교육』, 교육과학사, 2006, pp.268~270.

밖에 없었던 상황을 유추해 낼 수 있다. 지식을 만든 학자들이 그러한 상황에서 하였던 지적 활동이 무엇인지를 알아 낼 수만 있다면 최선의 방법을 찾아낼 수 있지 않을까?

브루너는 지식의 최전선에서 새로운 지식을 만들어 내는 학자들이 하는 것인지 초등학교 3학년 학생이 하는 것인지를 막론하고 모든 지적 활동은 근본적으로 동일해야 한다고[72] 주장한다. 물리학을 배우는 학생은 다름 아니라 바로 물리학자이며, 물리학을 배울 때는 다른 어떤 방법보다도 물리학자들이 하는 일과 똑같은 일을 해야 하며, 이것은 곧 물리학자들처럼 물리 현상을 탐구한다는 뜻이다. **우리가 수업 중에 아이들로 하여금 해야 할 지적 활동이란 것은 바로 탐구활동이다.** 학자들이 하던 탐구활동이 수업에서 이루어질 수 있도록 해야 한다. 이를 위해서는 학자들이 지식의 최전선에서 새로운 지식을 만들어 낼 수밖에 없었던 동일한 상황을 학생들에게 제시하여 학생들이 탐구 활동을 할 수 있는 교육적 환경을 만들어 주어야 한다.

[그림 5] 탐구 활동 과정

하지만, 지금까지의 학교 교육은 이런 방법을 사용하지 않고 '다른 무엇[73]'을 해 왔다. 이는 물리학의 탐구 결과로 얻은 여러 가지 지식에 관하여 교실에서 논의하거나 교과서를 읽는 것 등을 말한다. 헤르바르트도 '다른 무엇'을 '인위적인 방식'이라며 다음과 같이 설명한다.

모든 인위적인 방식들이 수업에서 제거되면 좋으련만! 질문과 강의, 유머와 감정의 고양, 세련된

---

72)  J. S. 브루너 저, 이홍우 역,『교육의 과정』, 배영사, 2017, p.63.
73)  브루너가 그의 책,『교육의 과정』에서 제시한 것으로 학자들의 발견을 학생들에게 전달해 주는 언어라는 뜻에서 '중간 언어'라고 부른다.

언어 및 정교한 강세, 이 모든 것이 사물과 정서로부터 자연스럽게 솟아나는 것이 아니라 자의적인 첨가로 느껴지게 되면 즉시 혐오스러운 것이 되어 버린다. 그러나 많은 사물과 상황으로부터 많은 제시 방법과 표현법들이 발전된다. 그래서 교육자들이 방법이라는 거창한 이름하에 그리도 풍부하게 고안하고 추천했던 것들이 지금도 계속 개발되고 있으며, 그러한 각각의 방식들이 여기저기에서 쓰이고 있다. 하지만, 청취자들을 단지 수동적으로 만들고 그에게 그 자신의 자발적 활동을 지나치게 부정하도록 요구하는 모든 방식들은 그 자체로 불쾌하고 억압적인 것이다

- J. F. 헤르바르트 저, 김영애 역(2014), 『일반교육학』

**'인위적인 방식'**이나 **'다른 무엇'**으로는 수업 내용에 대한 학습자들의 자발적인 학습을 기대할 수 없다. 수업 방법의 문제를 수업 내용과는 거리가 먼 외적이고 인위적인 방식의 문제로, 즉 학생들의 주위를 끌기 위해 무관한 자료들을 사탕발림하는 문제로 축소시켜서는 안 된다. 가장 좋은 교육 방법은 자발적인 탐구활동이다. 학생들이 수업 내용에 충분히 마음이 끌려서 더 이상 외재적 방법의 도움을 필요로 하지 않도록 하는 것이 중요하다. 수업 내용 자체가 학생의 자발적인 탐구활동을 일으키고 그것을 지속적으로 수행할 수 있도록 해야 한다. 수업 내용이 이런 역할을 한다면, 다른 외적인 방법들을 요구할 필요도 없을 것이다. 방법이란 학생들이 내용에 흥미를 가지지 못할 때, 동원되는 억지스러운 노력일 뿐이다. 중요한 것은 흥미 있는 교육 내용을 제시하는 것이고 이를 통한 학생들의 자발적인 탐구 활동이 최선의 교육 방법임을 기억하자.

### (4) 평가

원시시대를 가정해 보자. 삶이 복잡하지 않았던 이때에는 자신들의 삶을 위협하는 문제만을 선명하게 바라볼 수 있었고 그 문제 상황을 해결해 줄 수 있는 교육 내용이 가장 중요하였을 것이다. 그래서 교육 내용을 중심으로 하루하루 도달해야 할 목표를 정하고 이론과 실습을 병행하며 가장 적절한 교육 방법을 선택하며 교육은 시작되었을 것이다. 원시인들은 그날그날 도달해야 하는 목표가 있었기에, 부족들에게 필요한 교육 내용을 전수하면서 확인하고 피드백하는 과정을 거쳤을 것이다. 생각해 보라. 원시인들에 의해 시작된 이런 초기 수업 모습을 누군가가 자세히 관찰하였다면, 아마 '가르치고 확인하고 피드백'하는 활동의 무한 반복이 아니었을까?

'확인하고 피드백'하는 과정을 평가라고 본다면, 그들의 수업에서 평가는 빠질 수 없는 중요한 활동이었다. 수업에서 평가가 분리되는 것이 아니라 평가는 수업의 한 부분으로서 동시에 이루어졌을 것이다. 교육이 처음 시작된 원시인들의 수업에서 자연스럽

게 이루어졌던 평가의 모습이다. 예술가가 하나의 작품을 만들 때, 얼마나 많은 확인과 피드백의 과정을 거치겠는가? 작품의 모양을 수정하고 한참을 살펴본 후, 다시 수정하는 작업을 무한반복한 후에야 사람들에게 내어 놓을 작품이 만들어지는 것이 아닐까? 수업도 이와 같아서 끊임없는 확인과 피드백의 과정은 빠질 수 없다. 평가는 이렇게 수업의 한 부분으로 사람들의 학습을 확인하고 촉진하는 역할을 하게 되었다.

수업이라는 것이 주고받는 활동, 즉 가르치고 배우는 활동의 연속이라면 가르침은 늘 배움을 염두에 두고 이루어져야 한다. 그래서 교사가 준(가르친) 것을 학생이 제대로 받았는지(배웠는지) 확인하는 과정이 반드시 필요하고 평가가 그 역할을 할 수 있다. 가르치고 배우는 교육활동이 분리되지 않고 동시적으로 이루어질 수 있는 이유는 평가를 통한 지속적인 피드백 때문이다. 예술 작품을 조각하는 장인의 모습을 상상해 보라. 최고의 작품을 만들기 위해 조각하고 확인하며 그 결과를 피드백해서 다시 조각하는 과정을 끝없이 반복하면서 서서히 작품을 완성해 나가지 않는가?

평가도 이와 같다. 교사의 가르침이 고스란히 아이들의 배움으로 실현되는지 평가를 통해 지속적으로 피드백하는 것이 필요하다. 또한 피드백은 즉각적으로 주어질 때 최상의 효과를 거둘 수 있다. 수업과 상관없이 이루어지는 피드백은 원하는 만큼의 효과를 거둘 수 없을 뿐만 아니라, 오히려 수업을 잘못된 방향으로 이끌어갈 수 있는 고부담 평가가 될 수도 있다. 수업을 촉진하는 수단적인 역할을 해야 할 평가가 오히려 그 자체 목적이 되어 수업을 수단으로 삼는 본말전도의 현상이 나타나게 된다. 이러한 결과가 나타나게 된 원인이 바로 수업과 평가의 분리 때문이다. 본래 하나였던 것을 억지로 분리시켜 놓으니 나타나는 당연한 현상이다.

다시 한 번 강조하지만, 수업은 가르침, 배움, 평가를 통한 피드백 같은 활동들이 자연스럽게 어우러져 나타나는 학생과 교사의 동시적인 활동[74]이다. 평가와 수업을 억지로 분리하게 될 때, 교사는 가르치기만 하고 학생은 배우기만 하는 이분법적인 행태가 교실에서 재현될 수밖에 없다. 가르침과 배움의 이분법적인 구분을 희석시키고 둘을 다시 하나로 만들기 위해서는 평가의 본래적 역할을 회복하는 것이 필요하다.

평가는 수업과 관련하여 학생들의 이해도를 개선하는 형성평가와 이해도를 알아보는 총괄평가로 나눌 수 있다. 수업 활동 중에 정기적이고 섬세한 피드백을 제공하여

---

74)  교육부 고시 제2015-80호[별책 2호], 초등학교 교육과정. 81p.
    "실제 교수·학습 상황에서 '즐거운 생활'과의 기능인 놀이하기, 표현하기, 감상하기를 평가할 수 있는 상황을 설정하여 수업과 평가를 동시에 하며, 평가를 학습촉진의 계기로 활용한다."

학생들의 학습을 촉진하는 것이 형성평가라면, 학생에게 학습한 내용에 대한 이해도를 증명할 수 있는 기회를 제공하고 그 결과에 따라 적절한 피드백을 하는 것이 총괄평가이다. 알아보고자 하는 이해도의 영역이 지적인 부분이라면 지필평가, 기능과 태도까지를 포함하는 전인적인 성장을 목적으로 하는 평가라면 수행평가라고 할 수 있다. 교사는 평가하고자 하는 목적에 따라 적절한 평가 방법을 선택하고 사용할 수 있는 전문성을 반드시 가져야 한다.

구체적인 평가 방법은 평가의 내용으로부터 자연스럽게 도출할 수 있다. 평가의 내용이 '자전거의 모습을 그림으로 묘사하기'라고 한다면, 평가 방법은 '적당한 크기의 종이에 자신이 본 자전거의 모습을 그림으로 그리는 행위'가 될 것이다. 평가 내용이 '그리는 행위'인데 방법은 '주어진 보기에서 정답을 선택하는 행위'를 요구해서는 곤란하다. 평가 내용과 방법이 일관성을 가지지 못하고 분절되어 버린다. 요즘 강조하는 '교육과정-수업-평가 일체화'와도 거리가 멀어진다. 내용과 방법이 본래적으로 가지고 있는 순리대로 가르치거나 평가하는 행위가 이루어져야 한다. 이를 거스르면 무언가 이상한 교육이 되어 버린다.

내가 어떤 평가 방법을 사용할 것인지를 결정하기 전에, 먼저 평가하고자 하는 내용이 무엇인지 생각해 보라. 평가하고자 하는 내용은 교사가 의도성을 가지고 가르친 내용에서 선별되는 것이 당연하기에 평가는 늘 수업과 함께 가야 하는 것이다. 물론, 평가 방법도 수업 중에 이루어지는 학생들의 여러 수업 행위들과 전혀 다를 것이 없다. 그래서 수업 시간에 다양한 평가 장면들을 설정하여 수업과 평가 행위가 동시에 이루어진다면, 평가에 대해 우리가 가지고 있는 고민들 중의 상당수는 해결될 수 있을 것이다.

## 내용 중심 교육과정 vs. 목표 중심 교육과정

　무엇인가의 중심이라는 것은 하고자 하는 것의 최종 도달점이 된다는 의미다. 다른 모든 것을 수단 삼아 중심이 되는 이것 하나를 위해서 에너지를 집중해야 한다. 교육과정 구성에 있어서 '목적'이 중심이 되면 '목적' 달성을 위해서 내용과 방법 및 평가는 수단이 될 수밖에 없다. '목적'이 그 자체 '목적'이 되는 것이다. 그래서 목적은 늘 외부에서 부과되는 것을 당연하게 생각한다. 계획 수립 단계에서 교육의 대상인 학습자를 참여시킨다는 것 자체가 불가능하기 때문이다. 물론, 설문조사와 같은 방법으로 요구를 수렴해서 반영할 수는 있겠지만, 설문조사의 성격상 한계가 있기 마련이다. 수시로 변하는 학습자의 요구를 그때그때 반영하기란 거의 불가능한 일이다. 그래서 목적 설정에 학습자가 참여한다는 것은 이상적인 이야기일 뿐이다.

　계획된 교육과정이 운영되는 실제 상황인 '수업'을 생각해 보자. 대부분의 교사는 수업 전에 학습목표를 제시한다. (간혹 학습목표 제시를 잊고 수업을 진행하는 교사들도 있다. 학습목표 제시라는 게 잊어도 될 정도로 중요하지 않은 것은 아니다.) 그런데 이 학습목표는 누구의 학습목표인가? 당연히 제시하는 자(교사)의 학습목표가 아니고 제시받는 자(학습자)의 목표일 것이다. 학습자는 자신의 목표가 아니라 다른 사람의 목표를 가지고 학습을 하게 된다. 자신이 스스로 설정하지 않은 목표를 가지고 자발적이고 의미 있는 학습이 가능하겠는가? 어쩌겠는가? 목표 중심 교육과정 개발의 패러다임에서는 어쩔 수 없는 일 아니겠는가? 수업 시간 전, 언제 교사와 학습자가 모여서 목표에 대해 함께 논의해서 변경한단 말인가?

　'목적'이 중심이 되는 교육과정 개발 패러다임에서 '목적' 그 자체가 '목적'이 되어서 발생한 일이다. 목적은 달성되고 나면 사라지는 신기루와 같은 것이다. 우리가 목적을 표현해 보는 것은 자신의 수업 활동을 더욱 일사분란하게 구조화시키는 데에 도움이 되기 때문이라고 피터즈는 주장한다.[75] 교사가 전달하고자 하는 교육 내용을 보다 정확히 구체화하기 위해 존재하는 것이 목표다. 이런 논리대로라면, 수업에 있어서 중심되는 것은 '목표'가 아니고 '내용'이다. '목표'는 수업 활동에서 다루어야 할 내용을 보다 정

---

75)　R. S. 피터즈 저, 이홍우·조영태 역, 『윤리학과 교육』, 교육과학사, 2008, p.30.

확히 구체화하는 것의 '수단'이 되기 때문이다.

'평가'와 '방법'은 어떠한가? 교육과정 구성과 실행에 있어서 '평가'와 '방법'이 중심이 될 때 발생하는 부작용이라면 우리가 충분히 많이 접하고 있지 않은가? 수능평가 방식이 전 국민적인 관심사가 되는 이유 자체가 수능을 어떻게 운영하느냐에 따라서 고등학교의 수업 자체가 바뀔 것이고, 심지어 초중학교의 수업 자체도 영향을 받기 때문 아닌가? 시대를 역행하는 교육이 '평가'로 인해 한순간에 발생할 수 있는 것이다.

"애들아, 다음 활동을 위해서 지금 하는 활동은 여기까지만 하자. 선생님이 다음에 시간을 더 많이 줄게요."

학습자가 교육 내용에 대해서 깊이 있는 사고의 단계에 들어갈 즈음이면, 어김없이 선생님들은 위와 같은 말로 학습자의 사고를 단절시킨다. 주객이 전도된 어이없는 순간이다. 목표 달성을 위해 내용이 수단이 될 것이 아니라, 내용에 대한 깊이 있는 사고를 위해 목적이 수단이 되어야 한다.

1918년 교육과정 분야의 창시자라고 일컫는 프랭클린 보빗의 『교육과정』 그리고 1949년, 교육과정 분야의 한 패러다임을 구축하는 데 결정적인 역할을 한 랄프 타일러의 『교육과정과 수업의 기초원리』에서는 공통적으로 목표 중심 교육과정 개발을 강조한다. 교육과정 개발에서 우리에게 상식처럼 받아들여지는 정석이며 우리의 교육과정과 수업에서 의심 없이 받아들이는 기준이다. 100년간 의심 없이 받아들여졌다면, 다가오는 100년은 새로운 패러다임을 선택해야 하지 않을까?

대량생산과 대중미디어, 대중문화, 대중스포츠, 대중오락, 대중정치 등에 너무나 적합한 산업화 시대의 공장-학교 모델을 준수하는 기계적이고 표준화된 수업과 평가 패러다임이 이제는 더 이상 유효하지 않다. 다양화, 개별화, 융·복합 등, 서로 다른 것들의 결합으로 인해 새로운 것이 나타나고 모든 것이 전문화, 특수화되는 미래 사회이다. 이런 미래 패러다임에 적응하지 못하고 보편적 사고방식에 따라 시야가 좁아져 있다면, 푸코의 에피스테메와 같이 특정한 시대를 지배하는 인식의 무의식적 체계, 혹은 특정한 방식으로 사물들에 질서를 부여하는 무의식적인 기초에 젖어 있다면, 우리는 변화하는 미래 사회를 대비하는 학생들을 기르기 위한 교육을 재구조화할 수 없다.

과거의 교육을 이론가들에게 맡겨 두었다면, 미래에는 이론과 실천의 전문가들이 나서야 할 때이다. 더 이상 학교 현장을 이론가들의 실험 장소로 방치해 놓고서 교육의 미래를 논한다는 것은 어불성설이다. 현장의 관점으로 판단해 보라. '목표'가 중심인지 아니면 '내용'이 중심인지, 내용이 먼저 있고 이 내용의 효과적인 학습을 위해서 목표, 평가, 방법이 수단적인 역할을 하는 게 아닌지. 우리가 잘 아는 교육 선지자들은 거의 100년 전에 이 사실을 간파하고 우리에게 호소하고 있다.

> R. S. 피터즈 "교사가 목적을 표현해 보는 것은 자기가 하는 일을 보다 정확히 구체화하는 것."[76]
> J. 듀이 "목적을 가진다는 것은 자동기계처럼 행동하는 것이 아니라 의미를 가지고 행동한다는 것."[77]
> G. 랭포드 "목적은 활동의 의도적인 측면을 표시하기 위해 만든 것."[78]

계획 단계의 문서 수준으로 존재하는 교육과정의 경우는, 교육과정 운영 주체의 의도가 명확하게 나타나기 위해 목표를 중심으로 내용, 방법, 평가가 일관성 있게 구성되는 것이 바람직하다. 그래서 국가, 지역, 학교 수준의 교육과정과 계획 단계의 교사 수준 교육과정은 목표를 중심으로 한, 설계자의 일관성 있는 의도가 담겨야 한다. 하지만 실천 단계의 교사 수준 교육과정은 학습자 삶의 문제 상황과 관련된 '내용'이 교육과정 구성과 실천의 중심이 되어야 한다. 그렇게 될 때, 학습 내용에 대한 학습자의 흥미도 담보할 수 있고, 목표 설정을 비롯한 학습의 모든 과정에 학습자가 주체적으로 참여할 수 있다.

이론보다 실제를 우선시하는 원칙, 교과를 지식 전달을 위한 수단으로서만 활용할 것이 아니라 실제적인 삶의 구체적인 상황들과 연결할 수 있는 유연하고 능동적인 자세가 필요하다. 존 듀이는 거의 100년 전에 이 점을 깨닫고 학생의 생활과 학습 사이의 매끄러운 통합을 주장했다. 배우고 있는 것을 자신의 관심사나 개인적 인간관계 혹은 추구하고 싶은 기회와 연결할 수 있을 때, 사람들이 가장 잘 배운다는 것은 많은 연구 결과들로 이미 증명된 사실이다. 우리는 문제 상황 중심의 교육 내용을 통해 문제 해결, 혁신, 새로운 지식을 생산하는 데 필요한 역량을 길러줄 수 있어야 한다.

우리 스스로를 가두고 있는 의식의 패러다임에서 벗어나야겠다. 마음껏 공부하고 실천하면서 후회 없이 '배우면서 가르치는 자(stu-tor)'가 되어야겠다. 열정만으로 들어선 교직이지만, 생각하는 선생님이 되어야겠다. 한 사람의 '생각하는 교사'로서, 'Edu-cus'로서 호학(好學)하며 살아 나가야겠다.

---

76)  R. S. 피터즈 저, 이홍우·조영태 역, 『윤리학과 교육』, 교육과학사, 2008, p.30.
77)  존 듀이 저, 이홍우 역, 『민주주의와 교육』, 교육과학사, 2006, p.176.
78)  글렌 랭포드 저, 성기산 역, 『철학과 교육』, 교육출판사, 1984, p.70.

# 6 교사 수준 교육과정의 설계 및 실천

교사 수준 교육과정[79]은 교사의 해석과 번역을 통해 만들어 가는 교육과정으로 설계, 실행, 생성 단계별로 '계획된 교육과정', '실천된 교육과정', '실현된 교육과정'의 세 가지 모습을 나타낸다. 각 단계 교육과정의 모습을 이해한다면 총체적인 의미의 교사 수준 교육과정을 파악할 수 있을 것이다.

**'계획된 교육과정'**은 국가, 지역, 학교 수준의 교육과정을 바탕으로 교사의 철학을 반영하고 학습자의 수준과 능력, 발달 단계에 맞도록 교육 내용을 재구성하여 문서화된 계획을 말한다. **'실천된 교육과정'**은 문서화된 계획 수준의 교육 설계도가 실제 교실 현장에서 실천되며 학생들과 함께 만들어 가는 교육과정이다. 문서상의 계획은 수업과 평가를 통해 실천되면서 지속적인 피드백으로 실제적인 교사 수준 교육과정으로 만들어진다. **'실현된 교육과정'**은 문서상의 '계획된 교육과정'을 가지고 1년 동안 교실에서 교사가 창의적으로 실천한 결과물[80]로서의 교육과정을 말한다. 이 교육과정은 다음 학년도 교사 수준 교육과정 수립에 환류된다. 교사가 열심히 실천하였지만 학생 개개인에게 실현된 교육의 성과는 모두 다를 것이다. 교사의 실천과 학생에게의 실현이 동일할 수 있도록 평가를 통한 지속적인 피드백이 중요하다.[81]

| 교육과정 단계 | 교육과정 모습 | 교육과정 실체와 내용 | 시기 |
|---|---|---|---|
| 교사 수준<br>교육과정 설계 | 계획된<br>교육과정 | - 문서로서의 교육과정(한 학년·학급 운영을 위한 설계)<br>- 연간 시수표, 연간 교수·학습 계획, 평가계획 등 | 2월 계획 및<br>수시 수정 |
| 교사 수준<br>교육과정 실행 | 실천된<br>교육과정 | - 학급에서 실제로 전개한 교육과정(수업+평가)<br>- 차시 재구성, 단원 내(간) 재구성, 교과 간 재구성,<br>　주제 중심 재구성 등 | 학년 중<br>지속 활동 |
| 교사 수준<br>교육과정 생성 | 실현된<br>교육과정 | - 계획과 실천의 결과로 교사에게 생성된 결과물<br>- 실천의 결과로 학생들에게 구현된 교육과정 | 수시 생성 및<br>학년 말 마무리 |

[표 2] 단계에 따른 교사 수준 교육과정의 구분

---

79) 발달 단계에듀쿠스 저, 『교사 수준 교육과정』, 북랩, 2018, p.60.
**"국가·지역 수준 교육과정의 기준 및 지침에 바탕을 두고, 학교 수준 교육과정에서 제시하는 요구 및 환경 등을 반영하여 단위 학급(학년)별로 편성·운영되는 실천 중심 교육과정"**
80) 결과물의 형태는 깔끔하게 작성된 문서, 자유로운 메모, 이미지, 멀티미디어 파일 등 다양하게 나타날 수 있다. 교사가 계획에 따라 1년 동안 실천한 내용을 담고 있는 것이라면 모두가 대상이 될 수 있다.
81) 발달 단계에듀쿠스 저, 『교사 수준 교육과정』, 북랩, 2018, p.14.

교사 수준 교육과정의 실천 모습은 **학기, 주제, 단원, 차시 단위**로 다양하게 나타날 수 있다. **학기 단위** 교사 수준 교육과정은 나머지 단위 교육과정 실천을 위한 전체적인 설계도이다. 교육과정 운영의 중요한 나침반이 되며 교육이라는 한 해 농사를 위한 시작점의 역할을 한다. 반면에, **주제, 단원, 차시 단위** 교사 수준 교육과정은 실제적인 수업 실천을 위한 과정안의 성격이다. 최근 교사에 의해 만들어 가는 교육과정 패러다임이 강조되면서, 단선형의 시기적인 교육과정 편성·운영이 사라지고 설계, 실행, 생성의 순환적인 단계에 따라 [표3]과 같이 다양한 교육과정 모습으로 운영될 수 있다.

| 구분 | 특징 | 비고 |
|---|---|---|
| 학기 | - 한 학기의 학급 운영과 교육과정 운영에 대한 전체적인 설계도 | 연간 교수·학습계획 및 평가계획이 산출되며 결재의 대상 |
| 주제 | - 분절된 교과목이 아니라, 삶의 맥락에 따른 주제로 구성된 교육과정 | 교사마다 다양한 형태로 산출될 수 있으며 전문적학습공동체를 통해 지속적으로 연구하고 실천해야 할 대상으로 결재의 대상은 아님 |
| 단원 | - 성취기준 도달을 위해 개발된 교과서 구성의 기본 단위인 단원을 중심으로 구성된 교육과정 | |
| 차시 | - 완성도 높은 한 시간의 수업을 위해 삶과 연계되어 차시를 중심으로 구성된 교육과정 | |

**[표 3] 교사 수준 교육과정의 실천 모습**

국가 수준 교육과정에서 제시하는 성취기준과 교육과정 구성관점[82]을 바탕으로, 교사의 해석과 번역을 통해 각양각색의 모습으로 나타날 수 있는 교사 수준 교육과정은 설계, 실행, 생성 단계에서 학기, 주제, 단원, 차시 단위로 계획하여 실천될 수 있다. 학기 단위 교사 수준 교육과정은 매년 2월에 단위학교마다 교육과정 구성주간을 가져서 학급 혹은 학년 단위로 준비할 수 있다. 주제, 단원, 차시 단위 교사 수준 교육과정은 2월부터 다음해 2월까지 필요에 따라 언제든 계획 및 운영이 가능하다. 학기, 주제, 단원, 차시 단위 교사 수준 교육과정의 구성과 실천 절차는 [표 3], [표 4], [표 5], [표 6]과 같다.

사실, 주제·단원 단위 교사 수준 교육과정 구성과 실천은 기존의 '교육과정 재구성'과 별 차이가 없는 개념이다. 교사 수준 교육과정이 가지고 있는 특별한 점은 학기·차시 단위 교사 수준 교육과정에서 찾을 수 있다. 먼저, 학기 단위 교사 수준 교육과정은 교사 수준 교육과정의 실질적인 핵심이고 나머지 단위 교사 수준 교육과정 구성과 실천

---

82) **학생**: 발달 단계, 능력과 수준, 흥미와 태도.
   **환경**: 지역적 특성, 학교 환경.
   **교사**: 철학과 가치, 역량.
   **기타**: 학부모의 요구, 시대의 변화.

의 길잡이가 될 수 있다. 학기 단위 교사 수준 교육과정을 통해서 나머지 단위의 교육과정 실천을 위한 전체적인 설계도가 만들어질 수 있기 때문이다. 그리고 차시 단위 교사 수준 교육과정을 통해 자칫 소홀하기 쉬운 1차시 수업을 학생들의 앎과 삶이 연결되는 흥미 있는 수업으로 구성할 수 있다. 수업은 교사 수준 교육과정 운영에서 가장 본질적이며 핵심적인 요소로서 누구에게나 기억에 남는 감동 있는 수업의 기억은 완성도 높은 한 차시의 수업을 위한 교사의 고민에서 출발할 수 있다.

성취기준을 모두 학습해야 하지만, 모든 성취기준을 주제나 단원 단위로 재구성할 수는 없는 노릇이다. 어떤 성취기준을 재구성할지, 혹은 교과서를 활용해서 수업을 해야 할 성취기준은 무엇인지, 아니면 교과서 외에 다른 자료를 활용해야 할 성취기준은 무엇인지, 또한 평가는 어느 시기에 할지[83]에 대한 전체적인 설계를 학기 단위 교사 수준 교육과정에 담아내야 한다.

이런 측면에서 학기 단위 교사 수준 교육과정에는 구성 요소인 목표, 내용, 방법, 평가 간의 유기적인 연계가 반드시 나타나야 한다. 하지만 현재 학급에서 실천되고[84] 있는 교육과정에서 이런 부분이 제대로 이루어지고 있는지는 의심스럽다. 내용과 목표와의 관계를 살펴보자. 국가에서 교사들에게 제시한 교육 내용은 성취기준으로 동일하게 주어져 있다.[85] 문제는 주어진 교육 내용(성취기준)으로 도달하고자 하는 교사의 교육과정 운영 목표가 명확하게 설정되어 있는가 하는 점이다. 그리고 그 목표와 내용과의 일관성을 어떻게 확보하는 지도 중요하다. 하지만 형식적인 목표수립과 관행적인 평가계획으로 유기적 연계를 확보하기는 어렵다. 대부분의 교사들은 교육과정 자료인 교과서와 교사용 지도서에 제시되어 있는 내용과 학습목표를 아무런 재구성 없이 사용하고 있지 않은가?[86] 이런 상황에서 의미 있는 교사 수준 교육과정 운영을 말할 수는 없다.

---

83) 모든 성취기준이 평가의 대상이기는 하지만, 사실 문서화된 계획으로 모든 성취기준을 평가하고 기록으로 남기는 것은 어려운 일이다. 학기 단위 교사 수준 교육과정에는 문서화된 평가가 필요한 부분과 그렇지 못한 부분에 대한 설계도 포함되어야 한다.

84) 교사 수준 교육과정은 학급(학년) 교육과정 형태로 실천된다.

85) 국가에서는 모든 학생이 똑같은 수준의 교육을 받을 수 있도록 표준적인 교육 내용을 제시하고 있다. 이 교육 내용은 기준의 성격을 가지고 있어서 교사마다 나름의 해석과 번역을 통해 자신의 학급 아이들을 위한 맞춤형 교육이 가능하다. 간혹, 교과서가 교육 내용이라는 잘못된 생각을 하는 교사들이 있다. 교과서는 표준적인 교육 내용을 담고 있는 서책 형태의 교육과정 자료일 뿐이다. 2015 개정 교육과정에서 제시하는 교육 내용은 교과별 성취기준임을 명심하자. 교사는 교육과정 전문가로서의 역할을 발휘하여 학급 아이들을 위한 자신만의 교과서를 만들어 가는 것이 중요하다.

86) 외부에서 만들어 준 목표와 교육 내용을 가지고 교사 수준 교육과정을 운영한다는 것은 어불성설이다. 교사 자신의 철학과 교육과정 구성관점에 바탕을 두고 재구성한 교육 내용과 그 내용에 의미 부여된 목표가 반드시 필요하다.

목표는 교사의 교육활동에 의미 부여를 하여 그것을 더욱 명확하고 구체적인 것으로 만드는 역할이 있다.[87] '철학 나누기' 단계를 통해 국가, 지역, 학교 수준의 교육과정을 살펴보고 교사 자신의 교육목표 및 중점 과제에 대해 생각을 해 본 후, 지역 및 학교의 특성과 학년 발달 단계까지 고려한 **목표와 중점 과제를 수립하게 되면 의미 있는 교육과정 운영이 가능하다. 여기에 더하여 중점 과제와 관련 있는 성취기준을 찾아서 주제, 단원, 차시 단위로 재구성하고 평가계획을 수립하는 것만으로도 목표와 내용과의 관련성을 확보하는 데 큰 도움**이 된다.

철학 나누기를 통해 목표와 중점 과제를 설정하였다면, 시수를 확보하여 연간 교수·학습 계획과 평가계획을 수립해야 한다. 교사 수준 교육과정 구성의 가장 핵심적이고 중요한 단계이다. 성취기준에 따른 단원의 학습 내용을 꼼꼼하게 살펴보면서 추가, 대체, 생략, 축약의 과정을 거쳐야 한다. 성취기준의 횡적·종적 관련성을 파악하고 교육과정 구성관점에 따른 내용 재구성의 고민도 해야 한다.

무엇보다도 중요한 작업은 **중점 과제 관련 성취기준**(이하 중점 성취기준[88])**을 찾아서 연간 교수·학습 계획에 반영**하는 것이다. 내용으로 주어진 성취기준[89]이 목표와의 일관성을 확보하는 데 중요한 역할을 할 수 있기 때문이다. 물론, 연간 교수·학습 계획에 있는 모든 성취기준은 도달해야 할 대상이지만, 특히 중점 성취기준은 보다 중요하게 도달 여부를 확인해야 할 대상이다. 왜냐하면 교사 수준 교육과정의 목표 도달 여부와 주제, 단원, 차시 단위 교사 수준 교육과정 구성과 평가계획 수립에 중요한 역할을 할 수 있기 때문이다.

목표 달성을 위한 중점 성취기준이 있음으로 해서 교사 수준 교육과정의 목표, 내용, 방법, 평가의 일관성이 확보될 수 있다. **중점 성취기준을 중심으로 주제·단원·차시 단위 재구성이 이루어지고 평가계획도 수립이 된다면, 자기 교육과정의 어떤 부분을 재구성하고 어디를 평가해야 할지 불분명한 교사들에게도 명확한 관점이 제공**될 수 있

---

87) R. S. 피터즈 저, 이홍우·조영태 역,『윤리학과 교육』, 교육과학사, 2008, p.30.
88) 중점 성취기준은 목표 달성을 위한 중점 과제와 관련 있는 성취기준을 말한다. 교육과정 문서에서 제시되는 정식 용어가 아니고 교사 수준 교육과정 운영을 위해 만들어진 용어이다. 중점 성취기준은 교육과정 구성 요소인 목표, 내용, 방법, 평가의 일관성 있는 운영이 가능할 수 있도록 하는 데 중요한 역할을 하는 성취기준이다. 교사 수준 교육과정에서 중점 성취기준은 목표, 내용, 방법, 평가의 일관성을 확보하는 핵심적인 역할을 할 수 있다.
89) 2015 개정 교육과정에서 교사에게 주어지는 교육 내용은 성취기준이다. 성취기준에 따라 해석과 번역의 전문성으로 교육 내용을 재구성하는 것이 필요하다.

다. 목표와 관련 있는 중점 성취기준을 활용하여 교사 수준 교육과정을 주제, 단원, 차시 단위로 실천해 나간다면, 모든 교사들이 충분히 의미 있는 교사 수준 교육과정 실천이 가능할 것이다.

### 학급교육목표

1. 책과 소통하며 지혜를 쌓고 기초학력을 기른다. (지)

중점과제 1
독서교육

• 한 책 읽기로 생각과 토론능력 키우기
• 다양한 독서 활동으로 읽기에 대한 흥미, 쓰기에 대한 자신감 키우기

| 1 | 국어 | | 1. 생각과 느낌을 나누어요 | 시를 읽고 생각이나 느낌을 나눌 수 있다 (1/2) | 36-39 국어활동 6-7 | 3 | 10 | |
| 1 | 국어 | 문학[4국05-04] 작품을 듣거나 읽거나 보고 떠오른 느낌과 생각을 다양하게 표현한다. | 1. 생각과 느낌을 나누어요 | 시를 읽고 생각이나 느낌을 나눌 수 있다 (2/2) | 36-39 국어활동 6-7 | 4 | 10 | |
| 1 | 국어 | | 1. 생각과 느낌을 나누어요 | 이야기를 읽고 생각이나 느낌을 나눌 수 있다 (1/2) | 40-45 국어활동 8-23 | 5 | 10 | |
| 1 | 국어 | 읽기[4국02-05] 읽기 경험과 느낌을 다른 사람과 나누는 태도를 지닌다. | 1. 생각과 느낌을 나누어요 | 이야기를 읽고 생각이나 느낌을 나눌 수 있다 (2/2) | 40-45 국어활동 8-23 | 6 | 10 | ★평가1[4국02-05] |
| 1 | 국어 | | 1. 생각과 느낌을 나누어요 | 일어난 일에 대한 의견을 말할 수 있다 (1/2) | 46-51 국어활동 24-26 | 7 | 10 | |

**중점성취기준**

[그림 6] 중점 성취기준으로 이루어진 목표, 내용, 방법, 평가의 일관성

| | | |
|---|---|---|
| 설계 | 〈교육철학 나누기〉<br>① 교육과정 읽기<br>② 목표 수립을 위한 생각 나누기<br>③ 교육목표 및 중점 과제 세우기 | 〈교육철학 나누기〉<br>- 국가, 지역, 학교 수준의 교육과정 살피기 □<br>- 교사 자신의 교육목표 및 중점 과제 생각해 보기 □<br>- 지역 및 학교의 특성과 학년 발달 단계를 고려하며<br>  중점 지도사항에 대해 이야기 나누기 □<br>- **교육목표와 도달을 위한 중점 과제 수립하기** □ |
| | 〈교육과정 구성하기〉<br>④ 성취기준 및 맵핑자료 읽기<br>⑤ 중점 교육 관련 성취기준<br>  선정하기<br>⑥ 연간 교수·학습 계획 수립하기<br>⑦ 연간 평가계획 및 평가기준안<br>  작성하기<br>⑧ 점검하기 | 〈교육과정 구성하기〉<br>- 교과별 성취기준 및 맵핑자료를 살펴보며<br>  성취기준에 따른 단원의 학습 내용 파악하기 □<br>- 교과별 성취기준의 학년 간 횡적 관련성 파악하기 □<br>- **중점 과제와 관련된 중점 성취기준 선정하기** □<br>- 성취기준과 교육과정 구성관점에 따라<br>  연간 교수·학습 계획 수립하기 □<br>- **중점 성취기준으로 주제·단원·차시 단위<br>  교사 수준 교육과정 중, 선택하여 구성하기** □<br>- 연간 교수·학습 계획에 평가 내용 반영하기 □<br>- 연간 평가계획 및 평가기준안 작성하기 □<br>- 설계 단계 평가하기 □ |

↓

| | | |
|---|---|---|
| 실행 | 〈교육과정 실천하기〉<br>⑨ 설계된 교육과정 실천하기 | • 학기 단위 교사 수준 교육과정으로 교과서 활용 수업하기 □<br>• 다양한 교사 수준 교육과정(주제, 단원, 차시)으로 수업 실천하기 □<br>• 설계된 교육과정으로 학급특색 활동 실천하기 □<br>• 학기 단위 교사 수준 교육과정으로 교과서 활용 수업하기 □<br>• 다양한 교사 수준 교육과정(주제, 단원, 차시)으로 수업 실천하기 □<br>• 설계된 교육과정으로 학급특색 활동 실천하기 □ |

↓

| | | |
|---|---|---|
| 생성 | 〈되돌아보기〉<br>⑩ 실천된 교육과정 돌아보기<br>⑪ 학생 수준 교육과정 돌아보기<br>⑫ 교사의 성장 돌아보기<br>⑬ 점검하기 | • 운영 시수 확인하기 □<br>• 실천된 수업 돌아보기 반성하기 □<br>• 학생에게 얼마나 실현되었는지 돌아보기 □<br>• 교사의 성장 돌아보기 □<br>• 실행·생성 단계 평가하기 □ |

[표 3] 학기(학년) 단위 교사 수준 교육과정 구성하고 실천하기

| | | |
|---|---|---|
| 설계 | ① 교육과정 읽기 | - 교과 성취기준과 단원의 학습 내용을 보며 비슷한 성취기준에서 공통되는 주제 도출하기 ☐<br>- 주제에 맞는 각 교과의 성취기준을 찾아 분석하기 ☐<br>- 학교 특색교육이나 자신의 철학을 바탕으로 학생들에게 강조하고 싶은 주제 구성하기 ☐ |
| | ② 성취기준과 교육과정 구성관점 반영하기 | - 주제와 관계있는 성취기준 찾아내기 ☐<br>- 학생의 현재 상태(발달 단계, 능력과 수준, 흥미와 태도)를 고려하기 ☐<br>- 지역적 특성과 학교 환경을 고려하기 ☐<br>- 교사의 철학과 가치 및 역량 반영하기 ☐ |
| | ③ 교육과정 구성 유형 결정하기 | - 학습 내용 추가, 대체, 생략, 축약하는 과정 거치기 ☐<br>- 교과 내(간), 교과와 비교과 연계 재구성하기 ☐<br>- 교·수·평일체화를 위한 평가계획 세우기 ☐ |

↓

| | | |
|---|---|---|
| 실행 | ④ 배움중심수업 실천 및 과정 중심 평가하기 | - 학습 내용과 학생의 삶을 연결 짓는 노력하기 ☐<br>- 사고를 촉진하는 문제(상황) 제시를 통해 학생들의 지적 활동 유도하기 ☐<br>- 학생의 사고가 활발히 이루어지는 탐구활동 하기 ☐<br>- 성취기준 도달 여부를 판별할 수 있는 수업 활동 평가하기 ☐<br>- 평가와 적절한 피드백을 통해 학생의 성장 지원하기 ☐ |

↓

| | | |
|---|---|---|
| 생성 | ⑤ 되돌아보기 | - 수업 설계 과정에서 잘된 점과 잘못된 점 생각하기 ☐<br>- 흥미가 담긴 문제(상황)을 구성하여 제시하였는지 살펴보기 ☐<br>- 재구성 의도와 다르게 진행된 돌발 상황 생각하기 ☐<br>- 학생들의 사고가 활발한 탐구활동이 이루어졌는지 생각하기 ☐<br>- 교사 자신과 학생들의 성장 정도를 평가하고 기록하기 ☐ |

**[표 4] 주제 단위 교사 수준 교육과정 구성하고 실천하기**

| 설계 | ① 교육과정 읽기 | - 성취기준을 통해 도달할 핵심 개념과 일반화된 지식 이해하기 ☐<br>- 단원의 성취기준을 지식, 기능, 태도의 측면에서 분석하기 ☐<br>- 단원 성취기준의 횡적 종적 계열 분석하기 ☐ |
|---|---|---|
| | ② 성취기준과 교육과정 구성관점 반영하기 | - 학생의 현재 상태(발달 단계, 능력과 수준, 흥미와 태도)를 고려하기 ☐<br>- 지역적 특성과 학교 환경을 고려하기 ☐<br>- 교사의 철학과 가치 및 역량 반영하기 ☐ |
| | ③ 교육과정 구성 유형 결정하기 | - 적용해 볼 만한 수업 전략 생각하기 ☐<br>- 학습 내용 추가, 대체, 생략, 축약하는 과정 거치기 ☐<br>- 교·수·평일체화를 위한 평가계획 세우기 ☐ |

⬇

| 실행 | ④ 배움중심수업 실천 및 과정 중심 평가하기 | - 단원내용과 학생의 삶을 연결 짓는 노력하기 ☐<br>- 사고를 촉진하는 문제(상황) 제시를 통해 학생들의 지적 활동 유도하기 ☐<br>- 학생의 사고가 활발히 이루어지는 탐구활동 하기 ☐<br>- 성취기준 도달 여부를 판별할 수 있는 수업 활동 평가하기 ☐<br>- 평가와 적절한 피드백을 통해 학생의 성장 지원하기 ☐<br>- 교과서 내용을 적극 활용하되, 필요할 경우 다양한 종류의 학습자료 활용하기 ☐ |
|---|---|---|

⬇

| 생성 | ⑤ 되돌아보기 | - 수업 설계 과정에서 잘된 점과 잘못된 점 생각하기 ☐<br>- 흥미가 담긴 문제(상황)을 구성하여 제시하였는지 살펴보기 ☐<br>- 재구성 의도와 다르게 진행된 돌발 상황 생각하기 ☐<br>- 학생들의 사고가 활발한 탐구활동이 이루어졌는지 생각하기 ☐<br>- 교사 자신과 학생들의 성장 정도를 평가하고 기록하기 ☐ |
|---|---|---|

**[표 5] 단원 단위 교사 수준 교육과정 구성하고 실천하기**

| 설계 | ① 교육과정 읽기 | | - 무엇을 배웠고 무엇을 가르칠 것인지 생각하기(지식) ☐<br>- 무엇을 할 수 있어야 하는지 생각하기(기능, 태도) ☐ |
|---|---|---|---|
| | ② 구성하기 | 내용 | - 성취기준 도달에 필요한 내용인지 생각하기 ☐<br>- 아이들의 삶과 관련짓기 위한 생각하기 ☐<br>- 흥미와 발달 단계를 고려하여 구성하기 ☐<br>- 사고 활동을 유도할 수 있는 내용으로 구성하기 ☐ |
| | | 방법 | - 지적 활동이 가능한 탐구하기 ☐<br>- 성취기준에서 자연스러운 방법 찾아내기 ☐<br>- 흥미, 사고, 협력, 통합, 성장, 학습자 중심의 가치 추구하기 ☐ |
| | | 평가 | - 성취기준 도달에 적합한 평가하기 ☐<br>- 수업의 과정에서 평가하고 피드백 하기 ☐<br>- 전인적 성장(지식, 기능, 태도)을 돕는 평가하기 ☐ |
| | | 자료 | - 활용할 만한 자료 찾아보기 ☐<br>- 새롭게 만들어야 할 자료 생각해 보기 ☐<br>- 효과적인 자료와 투입 시기 생각해 보기 ☐ |

↓

| 실행 | ③ 배움중심수업 실천 및<br>과정 중심 평가하기 | - 허용적이며 따뜻한 수업 분위기 만들기 ☐<br>- 학생의 사고가 활발히 이루어지는 탐구활동 하기 ☐<br>- 아이들의 배움과 성장을 지원하는 평가하기 ☐<br>- 개인 맞춤형 피드백을 제공하기 ☐ |
|---|---|---|

↓

| 생성 | ④ 되돌아보기 | - (교사) 수업 후 새롭게 알게 된 것 생각하기 ☐<br>- (교사) 다음 수업에 반영할 것 생각하기 ☐<br>- (학생) 성취기준에 도달하였는지 생각하기 ☐<br>- (학생) 배운 것을 삶에서 실천하도록 노력하기 ☐ |
|---|---|---|

**[표 6] 차시 단위 교사 수준 교육과정 구성하고 실천하기**

| 절차 | 평가 관점 | 자기 평가 |
|---|---|---|
| 교육철학 나누기 | ① 국가·지역·학교 수준 교육과정을 기반으로 구성하였는가? | |
| | ② 학생의 발달 단계 및 흥미를 고려하여 학급 교육목표와 중점 과제를 수립하였는가? | |
| | ③ 교육 환경 및 교사의 철학과 가치를 충분히 반영하였는가? | |
| 교육과정 구성하기 | ④ 초등학교 학년군 시간 배당 기준을 바탕으로 적정시간을 편성하였는가? | |
| | ⑤ 학년(학기) 성취기준을 바탕으로 연간 교수·학습 계획 및 평가계획을 수립하였는가? | |
| | ⑥ 교육과정 구성관점을 고려하여 연간 교수·학습 계획 및 평가계획을 수립하였는가? | |
| | ⑦ 평가가 학습의 과정으로 학생의 성장을 도울 수 있도록 계획되었는가? | |
| 나만의 교사 수준 교육과정의 특색은? | | |

[표 7] 교사 수준 교육과정 설계 단계 평가하기

| 절차 | 평가 관점 | 자기 평가 |
|---|---|---|
| 교사 수준 교육과정 실행하기 | ① 교사 수준 교육과정 설계와 일관성을 가지고 운영되었는가? | |
| | ② 교육과정 구성관점을 반영하여 배움중심수업을 실행하였는가? | |
| | ③ 학생의 성장을 도울 수 있는 과정 중심 평가로 실행되었는가? | |
| 교사 수준 교육과정 생성하기 | ④ 초등학교 학년군 시간 배당 기준을 바탕으로 적정시간을 운영하였는가? | |
| | ⑤ 학습 촉진을 위해 평가가 실시되어 학생의 성장 중심으로 기록 되었는가? | |
| | ⑥ 교실에서 생성된 경험들이 무엇이며 생성을 위한 교사와 학생들의 활동은 적절하였는가? | |
| | ⑦ 국가 수준 교육과정은 교사 수준 교육과정의 생성에 적절한 영향을 주었는가? | |
| | ⑧ 실제로 생성된 교육과정이 학생들에게 주는 영향은 적절하였는가? | |
| 나만의 교사 수준 교육과정, 의미 있는 생성으로 남은 결과물들은 무엇인가? | | |

[표 8] 교사 수준 교육과정 실행 및 생성 단계 평가하기

# 교육과정-수업-평가-기록[90] 일체화

교육과정이란 교육 내용의 조직을 가리킨다. 이런 의미에서 본다면, **'교육과정-수업-평가-기록 일체화'**는 조직된 교육 내용으로 수업하고 평가하며 기록으로 남기는 것의 문제라고 볼 수 있다. 수업한 교육 내용을 평가하지 않거나 평가한 교육 내용이 수업 시간에 학습되지 않았는데 **'교-수-평-기 일체화'**라는 이름을 붙이기는 어렵다. 또한, 수업과 평가를 지원하는 수단이 되어야 할 기록이 그 자체 목적이 되어 버리면 진정한 의미의 **교-수-평-기 일체화**를 기대할 수 없다. **교-수-평-기 일체화**는 서로 분리·단절되지 않고 친밀한 관련성을 가지면서 일관성 있게 운영되어야만 한다.

**교-수-평-기 일체화**가 강조되면서 개념 이해와 사용에 대한 오해도 심각하다. **교-수-평-기 일체화**는 지금까지 우리가 해 오던 수업이나 평가 행위와는 전혀 다른 성격의 것으로, 제대로 해 내기 위해서는 상당한 노력과 역량이 필요하다는 것이 첫 번째 오해라면, 매뉴얼과 같은 기계적인 측면의 운영 행위가 강조되면서, 교과서 지식을 수업 중에 가르치고 결과 중심의 평가를 한 후, 점수화하여 학생들에게 피드백하는 행위를 **교-수-평-기 일체화**로 여기는 것은 두 번째 오해라고 할 만하다. **교-수-평-기 일체화**는 새로운 용어도 아닐뿐더러 교과서 지식 전수의 수단으로서 폄하될 수 있는 것은 더더욱 아니다.

**교-수-평-기 일체화**는 단순 지식 전달 중심의 교과서 중심 수업에서 학생들의 삶이 반영된 교육과정 중심 수업으로의 전환을 전제로 한다. 학생들의 삶을 담아 교사에 의해 재구성된 교육과정을 학생 배움 중심의 수업과 과정 중심 평가를 통해 학생의 전인적 성장을 이룰 수 있도록 돕는 일련의 교육 행위라 할 수 있다. **교-수-평-기 일체화**라는 용어가 새롭게 생긴 것은 학교 교육이 겉으로 보이는 형식적인 면과 획일적인 절차에 매몰되어 추구해야 할 본질적인 것을 외면하고 있기 때문이다. 형식과 절차만 남고 정작 중요한 본질에 무관심한 현재의 풍조가 그대로 유지된다면, 지금 강조되고 있는 **교-수-평-기 일체화**도 실패한 교육 정책의 사례들을 언제든 뒤따라갈 수 있다.

---

90) '교육과정-수업-평가(기록)' 일체화라는 용어는 기록을 평가에만 한정하는 의미가 있다. 교육과정 운영에서 기록은 교육과정, 수업, 평가의 전 과정을 통해서 중요한 역할을 할 수 있다.

우리가 **교-수-평-기 일체화**를 통해서 추구해야 할 본질은 무엇일까? 형식과 절차라는 수단을 통해서 도달하고자 하는 목적이 되는 것, 수업과 평가 행위를[91] 통해서 지향하고 증명해 내고 싶은 것, 기록으로 정리되어야 할 대상, 바로 그것은 교육 내용인 것이다. 교육과정, 수업, 평가, 기록의 관계를 생각해 보라! 교육과정은 수업의 내용이며, 평가와 기록의 대상이다. 교사가 재구성한 교육 내용을 가지고 어떻게 수업하고 평가하며 기록하는 가의 문제가 **교-수-평-기 일체화**의 핵심이라고 볼 수 있다.

수업에 있어서 중요한 것은 수업 방법적인 문제가 아니라 수업의 본질인 내용을 잘 드러내는 것이다. 어떤 교과든지 지적으로 올바른 형식으로 표현하면 어떤 발달 단계에 있는 어떤 아동에게도 효과적으로 가르칠 수 있다[92]고 한 브루너의 말처럼, 효과적인 가르침의 조건에는 지적으로 올바른 형식으로 표현되는 교과가 있음을 명심해야 한다. 우리가 강조하는 **교-수-평-기 일체화**가 실패한 교육 정책의 전례를 따라가지 않기 위해서는 교육과정 재구성을 위한 교사의 노력이 반드시 선행되어야 한다.

수업, 평가, 기록을 위해 재구성되는 교사의 교육과정은 단위 학급별로 편성·운영되는 실천 중심 교육과정이어야 한다. 국가·지역 수준의 교육과정을 기준으로 하여 학교 수준 교육과정의 요구 및 교육 환경 등을 반영하고 교사의 철학이 반영된 해석과 번역을 통해 함께 만들어가는 각양각색의 교육과정이어야 한다.[93] 이런 교육과정을 우리는 교사 수준 교육과정이라고 부른다. 교사 수준 교육과정은 학급에서 교사와 학생들에 의해 실천되는 교육과정이고 형식이나 절차보다는 철학이나 가치를 더욱 중요하게 생각하는 교육과정이다. 교사와 학생의 삶이 담긴 교육 내용을 중심으로 하는 본질 추구의 교육과정이다.

**교육과정-수업-평가-기록 일체화**에서 교육과정은 교사 수준 교육과정을 의미한다. 국가 수준의 교육과정을 기준으로 우리 지역의 특수성과 우리 학교, 우리 학급의 특성을 반영하여 학생의 삶과 연계될 수 있도록 교사가 구성한 교육과정, 오직 단 하나밖에 없는 교사 자신만의 교육과정을 의미한다. 다른 사람이 만들어 준 교육과정을 사용하는 자가 아니라, 자신의 교육과정을 결정할 수 있는 자, 교과 지식을 학생들에게 전달하는 수업 방법과 절차의 기술자가 아니라, 삶의 문제를 문제 상황 중심의 교육

---

91) 배움중심수업이 철학이나 가치를, 과정중심평가가 결과보다는 과정을 중요하게 생각하는 이유는 수업이나 평가 행위가 내용보다 형식이나 절차를 강조함으로 발생하는 문제점들을 최소화하기 위해서이다.

92) J. S. 브루너 저, 이홍우 역, 『교육의 과정』, 배영사, 2017, p.96.

93) 에듀쿠스 저, 『교사 수준 교육과정』, 북랩, 2018, p.62.

내용으로 재구성하여 학생들의 지적 활동을 이끌어 낼 수 있는 전문가, 평가 결과를 점수화·서열화하여 학생들을 등급화하는 점검자가 아니라, 배움의 과정에서의 적절한 피드백으로 전인적인 성장을 이끌어 낼 수 있는 평가자, 그리고 기록으로 자신의 '교육과정-수업-평가'를 담아 낼 수 있는 교사가 만들어 가는 교사 수준 교육과정으로만 **교-수-평-기 일체화**가 가능하다.

# 8 현재를 위한 교육

카르페 디엠(Carpe Diem), '현재 이 순간에 충실하라'.

영화 <죽은 시인의 사회>에서 키팅 선생님이 첫 수업 시간 학생들에게 한 말로, 입시만을 위한 주입식 교육 대신 자신의 마음을 느끼며 현재의 삶에 충실한 것을 당부하는 말이다. 미래를 위해서 현재의 행복을 잠시 미루어 두는 것을 주저하지 않는 우리들에게 경종을 울리는 메시지를 담고 있다.

미성숙한 아이들을 성숙한 사회 구성원으로 만들어 가는 것을 교육의 가장 큰 목적으로 생각하는 사람들은 아이들의 현재 삶을 인정하지 않는다. 왜냐하면 어른들의 시각으로 바라보는 아이들의 삶은 어리고 결핍되어 있으며, 늘 무엇인가를 채워 주어야할 미성숙한 것으로만 생각되기 때문이다. 이런 생각을 가지고서는 현재 아이들의 삶에서 행복을 보장하는 교육은 불가능하다. 대신, 어른들은 자신들이 생각하는 미래의 표준적인 행복을 설정하고 이를 위해 필요한 지식을 규정한다. 미래를 위해 필요한 지식을 전수받아 행복을 가꾸어 나가는 것, 바로 학교의 사명이고 아이들의 숙명이 되어 버렸다.

하지만 아이들이 살아갈 미래 사회에 필요한 지식을 지금 우리가 규정한다는 것이 가능한 일인가? 인공지능과 사물인터넷으로 대변되는 제4차 산업혁명시대의 불확실성을 현재의 지식으로 표준화하는 것이 도대체 가능한 것인지 의심스럽다. 미래의 불확실한 행복을 위해서 현재의 행복을 포기하게 하는 오늘날 학교 교육이, 아니 우리 교사들이 아이들에게 큰 잘못을 저지르는 건 아닌지 묻고 싶다.

학교는 아이들의 미래를 준비하는 곳이 아니다. 다만 현재를 사는 곳일 뿐이다. 현재 자신들의 삶에 필요한 지식을 배우며 성장하는 곳이다. 현재 행복한 배움으로 충실하게 살며 미래를 준비하는 곳이다. 생각해 보라. 현재의 행복을 경험시켜 주지 못하는 교육이 어떻게 미래의 행복을 약속할 수 있단 말인가? 우리는 더 이상, 현재의 삶과 전혀 관련 없는 지식으로 아이들의 미래를 재단해서는 안 된다.

아이들은 학교에서 배우는 지식으로 현재의 삶을 스스로 경험하고 판단하며 살아내는 과정을 겪어야 한다. 이런 과정을 통하여 영혼에 각인되고 기억된 앎은 삶과 분리되기 어렵다. 앎(지식)이 현재 자기 삶의 구체적인 경험들과 관련성을 맺으면서 학습될 때, 아이들의 행복한 미래가 보장된다. 현재 교육에서 행복을 경험하지 못한 아이들에게 미래 행복을 위한 교육을 한다는 것 자체가 얼마나 어처구니없는 짓인지 모르겠다.

물론 미래 준비는 교육의 당연한 몫이다. 하지만 미래의 준비도 아이들 스스로 할 수 있도록 해야 한다. 현재 자신의 삶을 살면서 미래를 준비할 수 있도록 어른들이 도울 수 있어야 한다. 어른들이 만들어 놓은 타율적인 미래로 아이들을 끌어갈 것이 아니라, 자신들이 설계한 미래를 준비할 수 있도록 교육 환경을 만들어 주어야 한다. 더 이상 아이들을 어른들의 축소판으로 여겨서는 안 된다. **아이들의 행복도 어른들의 축소판으로, 아이들의 삶도 어른들의 축소판으로, 모든 것을 어른들의 축소판으로 여기는 '축소판 교육'을 하루빨리 지워내야 한다.**

'미래를 준비하는 교육'의 폐단은 교육과정, 수업, 평가에도 영향을 주었다. 교육과정보다는 교과서를, 학생의 배움보다는 교사의 가르침을, 과정 중심 평가 대신 결과 중심 평가를 더 강조하는 풍토를 만들었다. 교육은 현재진행형이어야 한다. 누군가의 말을 인용하고 퍼온 것을 자신의 것인 양 할 것이 아니라, 현재 만나는 사람들과의 살아 있는 대화를 통해 스스로 경험하고 판단하며 소화된 앎과 삶의 소통이 우선되어야 한다. 교육을 바라보는 시각, 미래형에서 현재형으로의 전환이 반드시 필요하다.

# 9 두 번째 수준의 교육과정

고은 시인의 「그 꽃」이라는 짤막한 시가 있다. '내려갈 때 보았네. 올라갈 때 보지 못한 그 꽃', 언제나 그 자리에 존재하고 있는 꽃도 내가 스스로 인식하는 것이 중요함을 알려 주는 시이다. '내가 그의 이름을 불러 주기 전에는 그는 다만 하나의 몸짓에 지나지 않았다. 내가 그의 이름을 불러 주었을 때, 그는 나에게로 와서 꽃이 되었다'는 김춘수의 「꽃」이라는 시도 마찬가지이다. 그냥 사물덩어리이던 꽃이 나의 사유 작용을 통해 '이름'지어질 때, 이 세상 어디에도 없는 나만의 꽃이 되는 것이다.

실존주의를 주창한 철학자 장 폴 사르트르는 그의 저서 『존재와 무』에서 외부의 도움 없이 그냥 존재하는 식물이나 동물을 즉자적 존재라 부르고, 무엇인가에 기대어 존재하는 사람을 대자적 존재라고 부른다. 대자적 존재인 인간은 자신의 과거를 기억하고 미래를 상상하면서 거기에 대한 물음을 던질 수 있지만 즉자적 존재인 식물이나 동물은 그럴 수가 없다. 하지만 식물이나 동물도 나의 사유 활동과 관련을 가진다면 대자적 존재가 될 수 있지 않을까? 즉자적 존재 혹은 대자적 존재의 유무는 내가 그것에 의미를 부여하는가 안 하는가의 문제라고 생각한다.

나의 사유작용과 관련 없는 존재를 첫 번째 수준의 대상으로 지칭한다면, 나의 사유 세계로 들어온 존재는 내게 의해서 의미 지어진 두 번째 수준의 대상이 되지 않을까? 나아가서 세상의 모든 존재들은 나의 사유 작용에 따라 객관적 타자로 혹은 주관적 자아로 존재할 수 있지 않을까? 나는 교육과정도 다름 아니라고 생각한다. 표준적 기준으로 존재하는 첫 번째 수준의 교육과정은 교사의 사유 활동에 의해 해석되고 실천되어 교사마다 각양각색의 의미를 지닌 또 다른 수준의 교육과정으로 나타날 수 있기 때문이다.

외부와 상관없이 그냥 존재하는 수많은 즉자적 존재들이 우리에게 아무 의미를 가질 수 없는 것처럼, 교사의 해석과 번역이 가미되지 않은 첫 번째 수준의 교육과정을 가지고 어떻게 의미 있는 교사의 교육활동을 기대할 수 있겠는가? 첫 번째 수준의 교육과정은 의미 있는 두 번째 수준의 교육과정을 위한 기준일 뿐이다. 우리가 해야 할 일은 그 기준에 나의 의미를 더한 두 번째 수준의 교육과정을 만들고 실천하는 것이다.

제5차(1987년) 교육과정 해설서에 보면 교사의 해석과 번역이 가미된 두 번째 수준의 교육과정에 대한 언급이 있다. 첫 번째 수준의 교육과정이 교사에 의해 해석되고 그의 수업 행위를 통해 실천되어야 함을 강조하고 있다. 이 두 번째 수준의 교육과정은 교사마다 다를 수 있고 그 차이도 각양각색으로 나타날 수 있다고 한다. 두 번째 수준의 교육과정이 바로 교사 수준 교육과정이고, 교사 수준 교육과정의 기준이 되는 첫 번째 수준의 교육과정은 국가 수준 교육과정이다.

교사의 의미가 가미되지 않은 첫 번째 수준인 국가 수준 교육과정은 모든 교사가 참고할 만한 표준적인 기준을 담고 있을 뿐이다. 교실에서 학생들을 대상으로 실천되어야 하는 두 번째 수준의 교육과정인 교사 수준 교육과정은 교사의 해석과 번역에 의한 의미가 추가되어야 한다. 그렇게 될 때, 하나의 사물 덩어리일 뿐이던 첫 번째 수준의 교육과정이 교사인 나와 학생들에게로 와서 의미 있는 두 번째 수준의 교육과정이 될 수 있기 때문이다. '하나의 몸짓을 꽃이 되게 하는 그의 이름을 불러주는 행위'가 바로 교사의 해석과 번역 작업 아닐까? 모든 교사들이 자신만의 꽃을 가지기를 희망해 본다.

# 3장

# 여섯 선생님의
# 교육과정
# 이야기

# 햇살 선생님의 우리들은 **1**학년

- 정선희 선생님 이야기

## 🌿 이런 마음으로

> "교사 수준 교육과정은 교사의 철학과 가치에 의해 해석되어 설계되고 실천된 교사마다 각양각색의 의미를 지닌 꽃과 같은 존재입니다."

　이 의미를 이론적으로 이해하고 어떻게 해야 하는 것인지를 알게 된 것은 2018년 경상남도교육청 배움중심수업 도움자료 집필을 위한 여러 선생님들과의 만남 덕분이었습니다. 13명 선생님들과의 주기적인 만남을 통해 수업, 교육과정 등 교육에 대한 다양한 생각들을 나눌 수 있게 되었고, 그 중심은 교사 수준 교육과정이었습니다. 그 과정 속에서 교사 '정선희'가 어떤 교육철학과 가치 및 역량을 가지고 있는가를 되새겨 보는 시간을 가지게 되었습니다. 그것을 바탕으로 2019년 1학년 1학기 교육과정을 저의 교육철학과 가치를 담아 펼쳐 보이게 되었습니다.

　2012년부터 올해까지 1학년 교육과정을 5번 운영하면서 가지게 된 실천적 지식들 중에서, 여러 선생님들과 나누고 배우는 과정을 통해 가장 핵심이 되는 세 가지 키워드 '준비+한글+놀이'를 확립하게 되었습니다. 이 세 가지 키워드를 반영한 교육과정을 운영하려고 노력하였습니다.

　교사 수준 교육과정은 크게 학기 단위, 주제 단위, 단원 단위, 차시 단위 교육과정으로 '설계-실행-생성'이 반복됩니다. '한글'은 '1학기 국어 교육과정'에서 '놀이'는 '1학기 수학 2단원'에서 고민한 사례를 제시하였습니다. 차시 단위는 국어과 4단원의 '한글 교육' 차시 단위 사례와 수학과 3단원 '덧셈과 뺄셈'의 차시 단위 사례를 제시하였습니다. 차시 단위 교사 수준 교육과정 사례는 과정 중심 평가에 대한 고민의 결과물입니다.

　다음의 실천 사례가 '성공'의 결과물이기 때문에 제시한 것은 아닙니다. 한 학기 교육과정을 운영하면서 가장 고민한 부분을 사례로 풀어 보았습니다. 저의 고민과 실천 과정이 1학년 담임교사로서 무엇을 생각해 보아야 할지에 대한 사유거리가 되어 선생님들의 1학년 교육과정 설계-실행-생성 과정에 도움이 되었으면 합니다.

## 우리 반을 소개합니다

### 우리는

산청초등학교 1학년 1반 어린이들입니다. 남학생 11명, 여학생 15명이 함께 공부하고 있습니다. 함께 배우고 서로 나누며 매일 성장하는 어린이가 되기 위해 예쁜 마음으로 즐겁게 공부하고 있습니다.

### 우리 학교는

산청군 산청읍에 있는 특수학급 2학급을 포함한 19학급입니다. 전교생은 300여 명으로 지역에서 가장 큰 학교입니다.

경호강과 산청IC가 근접해 있으며 산청 한방약초축제장, 지역 문화·체육시설 체험이 도보로 가능한 곳에 위치하고 있습니다.

창의·발명교육을 학교특색교육으로 하는 교육과정을 펼쳐나가고 있습니다.

### 햇살 정선희 선생님은

- 올해 교육 경력 16년 차 교사입니다.
- 사고력 신장 수업을 목표로 전원이 참여하여 자기 나름의 생각을 가지고 서로 나누며 아이들과 교사가 함께 성장하는 수업을 고민합니다.
- 아이들이 '미래에서 온 유학생'이라는 생각으로 아이들의 삶과 맞닿아 있는 교육과정을 구성하기 위해 노력합니다.
- 소통·존중·협동의 미덕을 키우고 끌어내기 위해 버츄프로젝트의 언어로 아이들을 칭찬하고 격려하려고 노력합니다.
- 각 개인의 경험과 각자가 가지고 있는 의미와 해석에 의해 지식이 구성되어진다고 믿기에, 수업 시간에 아이들의 생각을 많이 들으려고 노력합니다.
- 다른 사람과 함께 살아가는 '따뜻한 삶'을 가르치는 교사가 되고 싶습니다.

## 햇살 정선희 선생님의 교육 철학

### 의미를 찾아가는 교사 수준 교육과정

2012년부터 올해까지 5번의 1학년 교육과정을 운영하면서 '준비', '한글', '놀이'라는 키워드가 내 교육과정 속에 탄생했다. 얼핏 봐서는 대단할 것 없다. 하지만 올해 1학년 담임교사를 하게 된 '나'에게는 아주 의미 있는 낱말들이다. 김춘수 시인의 「꽃」이라는 시에서 누군가가 그의 이름을 불러 주었을 때, 그가 나에게로 와서 꽃이 된 것처럼, 세 가지 낱말에 내가 의미를 부여함으로써 올해 만든 교육과정은 전혀 다른 모습으로 나에게 다가왔기 때문이다. 세 가지 키워드가 반영된 1학년 교육과정은 다음과 같은 방향성에서 설계되었다.

- 1학년 교육과정은 세심한 '준비'로부터 시작되어야 한다. '한글'을 전체 교육과정에서 체계적으로 풀어내어 가르치며 1학년 말미에는 3문장 이상 일기를 쓸 수 있어야 한다.
- 두 자리 수 범위 내의 수 개념을 정확하게 이해하도록 해야 하며 '(몇)+(몇)=(십 몇)', '(십 몇)-(몇)=(몇)' 유형의 덧셈, 뺄셈 10문제를 1분 안에 풀 수 있도록 해야 한다.
- '놀이'를 통해 교사 및 또래와의 관계를 형성하고 그 과정에서 각 개인이 가지고 있는 다양한 미덕을 발현할 수 있게 도와주어, 함께 살아가는 따뜻한 삶이 무엇인지를 느끼도록 해야 한다.

### 다양한 준비

#### 교사관 확립

교사 수준 교육과정은 교사의 사유 활동에 의해 해석되고 실천되어 교사마다 각양각색의 의미를 지닌 존재이다. 교육과정이 의미를 지닌 존재가 되기 위해서는 무엇이 필요할까? 교사 사유 활동의 산물인 교육철학이 필요하다. 그렇다면 교육철학은 무엇인가? 나는 교육철학을 크게 수업관, 지식관, 학생관, 교사·교육관 4가지로 나누어 끊임없이 사유하고 있다. 앞으로 교사로서 나만의 교사 수준 교육과정을 운영하기 위해 이

4가지 사유는 끊임없이 확장되고 수렴되는 순환 과정을 거치며 확립될 것이다.

4가지 교육철학은 모두 중요하다. 하지만 그중에서도 제일 먼저 생각해야 할 것은 어떤 교사가 되고 싶은가에 대한 교사관의 정립이라 생각한다. '아이의 첫 번째 교육 환경은 사람이다'를 강조하는 발도르프 교육 철학처럼 발달적 특성상 1학년 아이들에게 교사는 더욱 큰 영향을 미칠 수 있다. 왜냐하면, 어린이의 첫 학습은 모방을 통해 이루어지기 때문이다. 사람의 말투와 행동을 통해서 그 사람의 생각이 나타난다. 학급의 아이들을 '~한 어린이'로 키우고 싶다면 교사가 우선 그러한 사람이 되어 모범을 보여 주어야 한다.

올해 1학년 교육과정을 운영하기 직전 나도 교사관을 확립하였다. 교직 경력 16년이 되어서야 자신 있게 '나는 어떤 교사가 되고 싶은가?'에 대한 답을 할 수 있게 된 것이다. '잘 가르치는 교사', '친절하고 단호한 교사', '항상 웃는 교사', '재미있는 교사' 등 나의 교사관은 교직 경력과 함께 변화해 왔다. 올해 확립한 교사관은 '따뜻한 삶을 가르치는 교사'이다. '따뜻한 삶'이란 '함께 살아가는 법을 알고 다른 사람과 어울려 사는 삶'이다. 4차 산업 혁명의 시대에서 주역이 되어 살아갈 우리 아이들에게 꼭 필요한 삶의 태도라고 생각한다.

### ✛ 1학년 발달과정 이해하기

『훌륭한 교사는 무엇이 다른가』의 저자 토드 휘태커는 수백 개의 학교에서 연구와 컨설팅을 진행하며 만났던 훌륭한 교사들의 특징을 17개로 정리하여 말했는데, 그중의 하나가 바로 "마음을 먼저 얻어라. 그다음에 가르쳐라"이다. 배움의 시작은 교사와 학생 간의 관계 맺음에서 시작되며, 교사는 학생의 마음을 얻었을 때 비로소 '배움'을 불러일으킬 수 있다는 의미이다.

초등학교 1학년 아이들의 세계는 순수하다. 아이들은 자신의 삶 속에서 경험하고 그들이 이해한 대로 표현한다. 그 표현법은 어른과 다르기 때문에 그것을 알아차리기 위해 교사는 인내하고 기다릴 줄 알아야 하며, 사소한 것을 놓치지 않는 민감성을 가져야 한다. 교사가 사소하다고 생각하는 일이 1학년 아이들에게는 세상이 무너지는 큰일이 될 수 있다는 것을 이해해 줄 때, 아이들은 교사에게 마음의 문을 열고 배우기 시작한다. 아이들의 마음을 얻는 가장 좋은 방법은 '미소 지으며 들어주기'이다.

같은 맥락으로 1학년 담임교사는 1학년 어린이들에 대한 발달적 특성을 세세하게 이해할 필요가 있다. 발달적 특성을 이해하지 못할 경우, 교사와 학생 사이에 갈등이 생긴다. 하지만 교사가 이해하고 준비한다면 그러한 갈등들을 지혜롭게 해결할 수 있으며 1학년 아이들은 교사의 따뜻한 준비에 마음의 문을 연다. 교사와 학생 간의 따뜻한 '관계'가 형성되는 것이다.

### ✢ 준비된 교실 환경

교육 환경도 교육과정이다. 2007 개정 교육과정부터는 교구, 학습 준비물, 환경까지를 교육과정에 포함시키고 있다. 교육과정을 설계하여 그것을 실행에 옮기기 위해서 교사는 교육 환경 구축에도 관심을 가져야 한다는 뜻이다. 특히, 1학년 담임교사를 맡게 되면 다른 학년에 비해 세세하게 준비해야 할 것들이 많다. 입학식 준비부터 입학 초기 적응 활동들, 그리고 교실 환경 정리까지 모두 2월 말에 완료해야 한다. 준비된 교실 환경은 1학년 어린이들과 새내기 학부모들을 위한 따뜻한 준비물이라 생각한다. 다음은 햇살 선생님의 따뜻한 교육 환경 구축을 위한 준비물 목록이다. 준비된 교육 환경은 무엇보다 학부모들의 마음을 안심시킨다.

칠판 부착용 개인 자석 이름표

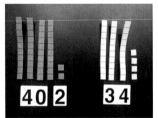
EVA로 제작한 수 모형

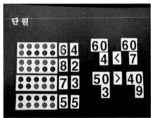
겹자석으로 된 수 카드

L자 안내장용 파일

학급 규칙 부착물

대여용 실내화

햇살 선생님의 교실 풍경

| | |
|---|---|
| 입학<br>준비물 | - 게시판, 신발장에 이름표가 부착된 교실 환경<br>- 입학 축하 플래카드, 반 편성 이름 부착물(60×90)<br>- L자 안내장용 파일(각종 안내장 보관)<br>- 입학 초기 적응 활동 교재<br>- 학급 준비물 안내장<br>- 학급 경영 안내장<br>- 3월용 이름표<br>  ▶ 재학생들에게 입학생 알림, 배려와 존중 지도<br>- 학급 일지<br>  ▶ 각종 안내장 취합 여부 확인용<br>- 12색 사인펜, 색연필<br>  ▶ 색이 많은 것은 1학년 아이들이 관리하기 어려움<br>- 연필 4자루, 지우개, 가위, 풀이 들어가는 헝겊 필통<br>  ▶ 딱딱한 필통이나 장남감이 부착된 필통은 수업 집중에 방해가 됨 |
| 교실 환경 | - 뒷면 게시판에 작품판과 이름표 붙이기<br>- 신발장에 번호와 이름 함께 붙이기<br>- 사물함에 번호와 이름 함께 붙이기<br>  ▶ 신발장과 사물함에 번호와 이름을 함께 붙이는 것은 교사 부재 시 학부모가 교실에 들<br>    를 때 학생들의 신발장, 사물함을 쉽게 구분할 수 있게 해 줌<br>- 시간표, 학급 규칙 부착물 |
| 생활<br>준비물 | - 큰 비닐팩(대)<br>  ▶ 젖은 옷 담아 가정으로 보내는 용도<br>- 드라이기 또는 미니 온풍기<br>  ▶ 젖은 옷, 양말, 실내화 말리는 용도<br>- 대여용 실내화<br>  ▶ 실내화 안 가지고 온 아이들에게 대여하는 용도<br>- 빗, 머리끈<br>  ▶ 여학생 머리 묶어 주는 용도<br>- 수건, 여벌 옷 2벌 정도<br>- 손톱 깎기, 바늘과 실<br>- 1, 2학년용 보드게임<br>  ▶ 할리갈리, 젠가, 덤블링 몽키, 카프라, 라온 등 |
| 수업<br>준비물 | - 칠판 부착용 개인 자석 이름표(과제 확인용)<br>- 칠판 부착용 대형 자음자, 모음자<br>- 칠판 부착용 숫자카드(1~100) - 겹자석이 좋음<br>- 십모형, 낱개모형, 산가지, 공깃돌, 숫자도미노(EVA로 만들 수 있음)<br>- 반으로 자른 도화지(3~4월 그리기용) /연필깎이<br>- 대여용 사인펜, 색연필 3세트, 크레파스 3세트, 가위, 연필 다수<br>- 모둠 활동을 위한 작업판(두꺼운 4절 하드보드지 색깔별)<br>  ▶ 모둠별 활동 시 책상 가운데 평평한 공간 확보 |

**1학년 담임교사의 준비물 목록**

# ✢ 학기(학년) 단위 교사 수준 교육과정

| | | | |
|---|---|---|---|
| 설계 | 교육철학 나누기 | ① 교육과정 읽기 | - 각 교과의 목표 확인하기, 전 교과 성취기준 읽어 보기, 1학년 학생들의 일반적인 실태 이야기 나누기, 학교교육과정과의 연계방안 논의하기<br>- 1학년 교육과정의 핵심은 체계적인 한글교육 |
| | | ② 목표 수립을 위한 생각 나누기 | - 1학년 교육과정 목표 수립을 위한 각 교사의 실천적 지식(교육과정 내용, 1학년 학생들의 특성) 나누기, 서로가 중요하다고 생각하는 교육관에 대한 다양한 이야기 나누기, 친분 쌓기<br>- 그림책 읽기와 놀이 활동을 학년교육특색으로 정함 |
| | | ③ 교육목표 및 중점 과제 세우기 | - 학년 교육목표 및 중점 과제 세우기, 학급별 교육목표 및 중점 과제 세우기, 학급 특색교육은 교사의 역량에 맞게 자율적으로 정함 |
| | 교육과정 구성하기 | ④ 성취기준 및 맵핑자료 읽기 | - 각 단원별 성취기준 맵핑자료 읽기로 재구성의 방향 정하기, 각 교과의 내용 체계표 읽기로 교육과정 내용 선정의 기준 마련하기, 각 교과별 성취기준 번역과 해석을 통해 교육과정에 반영할 점 정리하기 |
| | | ⑤ 중점 과제 관련 성취기준 선정하기 | - 선정된 4가지 중점 과제 관련 각 교과별 성취기준 선정하기<br>- 학급 소개판에 중점 과제를 '~하는 어린이'하는 어린이로 제시하기 |
| | | ⑥ 연간 교수·학습 계획 수립하기 | - 나이스(NEIS)로 연간 교수·학습 계획 수립하기<br>- 학습 내용은 나이스에서 제공하는 예시파일 다운 후 단원의 차시 조정, 단원 간 순서 조정, 단원 내 학습제재 조정 |
| | | ⑦ 연간 평가계획 및 평가기준안 작성하기 | - 학기 초 중점 과제 관련 성취기준 중심의 연간평가계획 세우기<br>- 학기 중 평가 기준 및 문항지 개발 및 작성하기 |
| | | ⑧ 점검하기 | - ①~⑦ 과정 자기평가하기<br>- 학교교육과정과 연계하여 현실적으로 실행이 가능한 교육과정 구성인지 재점검하기 |
| 실행 | 교육과정 실천하기 | ⑨ 설계된 교육과정 실천하기 | - 입학 초기 적응 활동을 위해 학생들이 학급 목표를 직접 세우고 세부적인 규칙들을 만들고 실천하도록 함.<br>- 반별 시간표 및 주간학습 내용 수정하면서 주별 교육과정 생성함.<br>- 국어과는 교재 『찬찬 한글』을 활용하여 한글 낱자, 낱말, 대표받침이 들어간 낱말을 바르게 읽고 쓰는 것에 중점을 두어 교육과정을 구성하고 실천함. 받침 없는 동화 2권 『이가 아파 치과에 가요』, 『나도 사자가 무서워』, 인사 관련 그림책 『또박또박 인사해요』를 최종적으로 읽을 수 있도록 실천함.<br>- 수학과는 수의 개념을 직관적으로 인지하고 1~9까지의 수 가르기와 모으기를 숙달하게 하여 답이 9 이하인 덧셈과 뺄셈을 정확하고 빠르게 해결할 수 있도록 하는 데 중점을 두어 실천함. 특히 2단원은 중점 과제인 '놀이'와 접목하여 이틀에 걸쳐 집중적으로 실천함.<br>- 통합교과는 봄, 여름 교과서의 순서에 맞게 실천하되 놀이 활동 강화 및 다양한 표현활동에 중점을 두어 실천함.<br>- 창의적 체험활동은 한글교육과 학교행사, 학급특색을 고려하여 시기 및 내용을 수정함. |
| 생성 | 되돌아보기 | ⑩ 실천된 교육과정 돌아보기 | - 생성된 교육과정 점검을 통해 실천된 교육과정 돌아보기 |
| | | ⑪ 학생 수준 교육과정 돌아보기 | - 성장 포트폴리오 정리하며 자기평가하기<br>- 수업 중 배운 내용을 자신의 언어로 표현하는 '자기평가'를 통한 학생 수준 교육과정 돌아보기 |
| | | ⑫ 교사의 성장 돌아보기 | - 교육과정 설계-실행-생성 과정 속에서 얻은 경험적 사실과 실천적 지식이 있는 1학년 교육과정 사례 갖기 |
| | | ⑬ 점검하기 | - 각 교과별 시수 확인하기, 특히 창의적 체험 활동 영역 및 실천 내용의 적절성 점검하기 |

1년의 교육과정 운영을 위한 물리적인 공간이 갖추어졌다면 이제는 그 공간에서 이루어질 교육과정을 설계해야 한다. 이 과정은 보통 2월 말에서 3월 중순까지 이루어지며, 교육과정이 실행되는 전 과정 속에서 수시로 재설계되는 경험을 하였다.

## 1학년 교육과정의 핵심은 한글 교육

설계 >> 교육철학 나누기 >> 교육과정 읽기

교사 수준 교육과정 구성의 첫 단계는 '교육과정 읽기'이다. 교육과정 문서와 자료를 구분하여 갖춘 후, 교육과정을 읽고 해석하는 과정이다. 이를 위해 교육과정 총론 및 각론, 해설서, 교육과정 편성·운영지침, 학교교육과정, 교과서 및 교사용 지도서를 전체적으로 살펴보며 교육목표 수립을 위한 시사점을 찾는 것이 중요하다. 이 과정은 동학년 교사와 나누면 더욱 좋다. 특히 동학년 교사가 다른 지역에서 오신 분이라면 더욱 그렇다. 특히 학교교육과정 읽기는 새로운 학교 적응에 도움이 된다.

먼저, 국가 수준 교육과정에서 각 교과의 목표를 확인하고, 1학년 학생들의 일반적인 실태에 대해 이야기를 나누었다. 그리고 각 교과의 중점교과역량과 성취기준을 읽어 보았다. 교과별로 강조하고 있는 중점교과역량이 조금씩 달라서 교육과정에서 어떻게 함양시킬 것인가에 대한 고민이 많이 되었다. 올해 가장 오랜 시간 동안 협의 과정을 거친 것은 학교교육과정을 1학년 교육과정 안에 어떻게 잘 녹여 내 볼 것인가 하는 부분이었다.

| 국어 | 듣기·말하기 중심, 한글 해득에 초점을 둔 단원 재구성하기 |
|---|---|
| 성취기준<br>번역과 해석 | - 읽기, 쓰기, 문법 영역의 성취기준에 중점을 둔 교육과정 재구성<br> • 1학년 1학기는 읽기 중심<br> • 1학년 2학기는 쓰기 중심<br> • 듣기·말하기의 성취기준은 전 교육과정 운영을 통해 지속적으로 강조<br> • 교육과정 실천하기에서 문학과 문법 영역은 그림책을 통해 강조<br> - 한글 교육을 위한 충분한 시수 확보 필요 |
| 학교교육과정 연계 | - 한글 교육 강화 - 교재 『찬찬 한글』[94](입학 초기 적응 활동 + 국어)<br> - 『책이랑 엄마랑』 - '책 읽는 어머니' 활동 (아침 독서 시간)<br> - 책이랑 선생님이랑 - '책 읽는 선생님' 활동 (아침활동, 동아리)<br> - 1학년 동아리 활동(창체)에 독서 교육 배정 - '인문학 독서 인성 교육' (14차시)<br> - 학교행사 '11월 성장발표회'에서 자신이 좋아하는 책 소개 및 자신의 꿈 발표하기 |

국어교과 성취기준 번역과 해석 및 학교교육과정 연계 방안 사례

---

94) 한국교육과정평가원에서 개발한 훈민정음 제작 원리와 발음 중심 한글 해득프로그램으로 기초학력향상지원사이트 'Ku-Cu(꾸꾸)'에서 다운로드 받을 수 있다.

각 교과별 교육과정과 학교교육과정을 읽으면서 우리 학급 아이들을 위한 교육과정에 녹여 낼 방법을 고민하며 한 학기 교육과정을 운영하였다. 그 결과 교육과정 운영을 위한 심리적 여유를 가질 수 있었고, 자신의 교육과정에 대한 의미 부여로 교사의 성찰이 활발히 일어나는 경험을 하였다. 교사의 성찰은 교사의 성장으로 이어졌다.

## 생각을 나누고 서로의 역량을 배우고

설계 >> 교육철학 나누기 >> 목표수립을 위한 생각 나누기

교사 수준 교육과정의 목표 수립을 위해 이루어져야 할 공동사고 단계이다. 이 단계는 교사가 학급 교육과정 계획에 필요한 밑그림을 그리기 전에 다양한 생각을 나누는 데 목적이 있다. 1학년 교육과정을 운영하면서 지금까지 경험했던 실천적 지식과 개별 교사의 철학과 역량이 어우러져 학년 교육과정의 기본적인 방향을 정할 수 있다. 학급 특색을 정하는 단계에서는 교사의 역량도 드러난다. 그리고 그것을 나누는 과정에서 서로를 좀 더 이해하게 되고, 동학년 교사의 역량을 배울 수 있다.

| 구분 | ○ 교사 | □ 교사 |
|---|---|---|
| 목표 수립을 위한 생각 나누기 | - 한글 교육 관련 수업 시수 확보<br>→ 입학 초기 적응 활동 한글 교육 20차시 배정, 1학기 국어과 교육과정 단원 순서 조정 및 한글 교육 강화<br>- 한글 수준 극복 방안으로 그림책 읽기를 통한 한글 교육<br>→ 창의적 체험 활동 동아리 10차시(마음을 키우는 그림책 읽기) 배정, 책 읽어 주는 어머니회 적극 활용, 그림책 활용 수업 구성하기<br>- 필력[95]을 기르기 위한 지속적이고 체계적인 미술 교육이 필요<br>→ □교사의 비주얼 씽킹 지도 경험을 살려 창의적 체험활동 학급 특색 10차시 배정. 색종이 접기를 활용한 교과 수업 실시<br>- 학교 적응과 원만한 교우 관계를 위한 교육 프로그램 필요<br>→ '창의적 체험 활동 > 자율 활동 > 학급 특색'에 놀이 활동 강화 20차시 배정, 행복교육(인성교육) 10차시 배정<br>- 1학년 진로 교육의 내실화 필요<br>→ 각종 체험 활동 실시 시 진로교육과 연계하기(다양한 직업 탐색)<br>- 우리 학교 교육과정 연계 방안 필요<br>→ 학교 특색인 발명교육 교육과정과 연계. 작년 1학년 교육과정 반성자료를 참고하여 '창의적 체험활동 > 자율활동 > 학교특색'에 발명교육 10차시 배정, 학교 행사인 교내 과학탐구대회, 발명의 날 행사, 창의체험의 날과 연계하여 구성 | |

**학년 교육과정 목표 수립을 위한 생각 나누기[96]**

---

95) 연필을 바르게 잡고 글자를 힘 있게 쓰는 힘.

96) 형식적인 기록보다는 동학년 교사와 함께 학년 교육과정 목표 수립을 위한 생각을 다양한 방식으로 나누는 것이 중요하다.

# 우리 반 아이들을 위한 교육목표 및 중점 과제 세우기

설계 >> 교육철학 나누기 >> 교육목표 및 중점 과제 세우기

학교교육과정을 바탕으로, 목표 수립을 위해 나눈 다양한 생각들에 교사의 철학과 역량을 반영하여 1학년 교육과정 목표 및 교육 중점을 설정하였다. 이는 '우리 반 아이들을 어떤 모습으로 성장하게 할 것인가?'에 대한 큰 그림이라 할 수 있다. 학년의 교육 목표와 공통적인 교육 활동이 정해졌다면, 다음은 학급에서 자신의 교육목표와 중점 과제를 설정할 필요가 있다. 이 과정은 교사 수준 교육과정에서 필수적인 단계이다. 국가, 지역, 학교에서 제시하는 목표와 교육 활동은 우리 반 아이들을 위한 관점이 반영되어 있지 않기 때문이다.

## 함께 배우고 서로 나누며 행복한 어린이

| 학습 목표 | '소중한 나'를 알아보며 자존감을 갖는다. | 다양한 표현 활동으로 창의성을 높인다. | 그림책과 놀이 활용으로 참학력을 높인다. | 친구와 즐겁게 놀며 공감능력을 키운다. |
|---|---|---|---|---|
| 중점 과제 | 바른 생활 습관 정착하기 | 한글 교육 강화하기 | 친구와 어울려 놀며 공감능력 키우기 | 다양한 표현활동으로 창의성 높이기 |
| 교육 활동 | - 연필 바로 잡기<br>- 경청하기<br>- 시간 지키기<br>- 약속 지키기 | - 그림책 100권 읽기<br>- 동요 부르기 | 행복 교실 운영하기<br>놀이활동 강화하기 | - 문화감성 체험하기<br>- 비주얼 씽킹 활동하기<br>- 동요 부르기<br>- 성장 포트폴리오 만들기 |

↓

| 특색 교육 | - 바른 글씨 쓰기로 마음이 자라는 어린이<br>- 도전 책 100권 읽기로 생각이 자라는 어린이<br>- 친구와 함께 하는 놀이로 우정을 키우는 어린이<br>- 동요 부르기로 꿈이 자라는 어린이 |
|---|---|

햇살 선생님의 학급 교육목표 및 중점 과제 세우기

특색교육활동은 중점 과제 및 중점 교육활동 내용을 바탕으로 작성하여 학급 안내 게시판에 제시하였다. 1학년은 학교 적응 및 기초 학습 습관을 정착하는 단계이므로 특정 교육활동에 치우치기보다는 중점 과제를 중심으로 선정하였다. 특색교육활동은 1년 동안의 교육과정 운영이 마무리된 후, '우리 반 어린이들이 어떤 어린이가 되었으면 좋겠는가?'에 대한 구체적인 답으로 수업 내용 및 활동 구성에 영향을 주었다.

교사는 3월 학급 세우기 활동으로 학생들이 직접 교육목표를 정하게 하는 것도 좋다. 만들어진 학급 목표는 1년 동안 교실에 게시하여 교사에게는 교육과정의 방향을 되새기게 하고, 학생들에게는 목표의식을 가지고 생활할 수 있게 한다. 교사든 학생이든 협의 과정을 통해 직접 만들었기 때문에 목표에 대한 이해가 명확하다. 명확한 이해는 실천을 위한 원동력이 된다.

---

### :: 길라잡이 ::

**학교생활 전반에 교사의 철학이 드러나는 의미 부여와 장치가 필요하다**

교사의 교육철학은 교육과정뿐만 아니라 생활교육을 포함한 학급 경영 전반에서 드러난다. '중점 과제 3. 친구와 어울려 공감능력 키우기'는 '사랑', '배려', '우정'이라는 가치를 지향한다. '사랑'은 상대방을 나만큼 소중히 여기는 마음이며, '배려'는 그 '사랑'을 실천할 수 있는 방법이다. '사랑하고 배려하면 우정이 싹튼다'는 뜻에서 아이들을 3개 조직으로 나누고 각 조직을 '사랑두레', '배려두레', '우정두레'로 명명했다. 그 전까지는 그저 1분단, 2분단, 3분단과 같이 번호로 조직 이름을 정했었다. 교사의 철학은 교육과정, 수업뿐만 아니라 학급 경영 전반에 드러나야 한다. 교사 수준 교육과정이 교사의 교육목표를 향해 일관되게 설계되고 실천되기 위해서는 그러한 학급 문화를 만드는 다양한 장치가 필요한 것이다.

---

# 성취기준 읽기에 시간 투자하기

**설계 >> 교육철학 나누기 >> 성취기준 및 맵핑자료 읽기**

2015 개정 교사용 지도서나 맵핑자료를 살펴보면 각 단원에서 다루는 성취기준이 어떤 것인지 알 수 있다. 국가 수준 교육과정의 성취기준 및 맵핑자료를 읽는 것은 시간이 꽤 필요하기 때문에 그 과정이 생략되는 경우가 많다. 하지만 시간을 들여 꼭 읽

어 볼 필요가 있다. 교과별 맵핑자료를 읽고 분석하면 학년 교육목표와 관련된 성취기준이나 학습 내용을 파악할 수 있으며 재구성 방향을 어느 정도 가늠할 수 있기 때문이다. 한 가지 팁을 더하자면 각 교과의 내용 체계표에서 내용 요소를 살펴보자. 교육과정 재구성 시 내용 선정의 기준이 될 수 있다.

## 1) 국어

### (1) 국어과 영역별 내용 요소

| 듣기·말하기 | 읽기 | 쓰기 | 문법 | 문학 |
|---|---|---|---|---|
| - 인사말<br>- 대화[감정표현]<br>- 일의 순서<br>- 자신 있게 말하기<br>- 집중하며 듣기<br>- 바르고 고운 말 사용 | - 글자, 낱말, 문장, 짧은 글<br>- 소리 내어 읽기<br>- 띄어 읽기<br>- 내용 확인<br>- 인물의 처지·마음 짐작하기<br>- 읽기에 대한 흥미 | - 주변 소재에 대한 글<br>- 겪은 일을 표현하는 글<br>- 글자 쓰기<br>- 문장 쓰기<br>- 쓰기에 대한 흥미 | - 한글 자모의 이름과 소릿값<br>- 낱말의 소리와 표기<br>- 문장, 문장 부호<br>- 글자·낱말·문장에 대한 흥미 | - 그림책/동요, 동시<br>- 동화<br>- 작품 낭독·감상<br>- 작품 속 인물 상상<br>- 말놀이와 말의 재미<br>- 일상생활에서 겪은 일의 표현<br>- 문학에 대한 흥미 |

### (2) 국어과 성취기준 및 맵핑자료 읽기

**- 1·2학년군 국어과 교과 목표 확인하기(국어과만 제시하고 있음)**

▶ 취학 전의 국어 경험을 발전시켜 일상생활과 학습에 필요한 기초 문식성을 갖추고, 말과 글(또는 책)에 흥미를 가진다.

- 1학년 1학기 국어는 총 9단원으로 구성되어 있음.
- 1단원은 성취기준 '[2국01-05] 말하는 이와 말의 내용에 집중하며 듣는다' 도달을 목표로 하며 바르게 앉기, 바르게 읽는 자세를 알아보는 단원으로 2차시로만 구성. 이때 바르게 앉기, 바르게 읽는 자세는 학습 제재로 목표는 경청의 필요성과 방법에 대한 공부
- 1단원 나머지 시수와 2~6단원까지의 시수로 교재 『찬찬 한글』[97] 한글 교육 시수 확보
- 한글 교육 시수 확보를 위해 5단원 다정하게 인사해요와 8단원 '소리 내어 또박또박 읽어요'를 통합하여 지도. '인사' 관련 내용의 제재 글을 소리 내어 또박또박 읽는 것에 중점
- 7, 9단원 통합지도 7단원을 배울 자신의 생각을 문장으로 표현하는 것을 그림일기와 관련하여 지도. 9단원 마지막 단원이 그림일기 단원이라 그림일기 쓰기를 지도할 기간이 짧아 7단원 배울 시기와 통합하여 지도

---

97) 『찬찬 한글』 교재는 2017년 한국교육과정평가원에서 발행한 한글 해득 프로그램 교재이다. 학생용과 교사용으로 개발되었으며 훈민정음 제자 원리와 발음 중심의 한글 해득 프로그램으로 1학년 입학 초기 적응 활동과 1학년 1학기 국어과 보조 교재로 사용할 수 있다.

## 2) 수학

### (1) 수학과 영역별 내용 요소

| 수와 연산 | 도형 | 측정 | 규칙성 | 자료와 가능성 |
|---|---|---|---|---|
| - 네 자리 이하의 수<br>- 두 자리 수 범위의 덧셈<br>  과 뺄셈<br>- 곱셈 | - 입체도형의 모양<br>- 평면도형의 모양<br>- 평면도형과 그 구성 요소 | - 양의 비교<br>- 시각과 시간<br>- 길이(㎝, m) | - 규칙 찾기 | - 분류하기<br>- 표 |

### (2) 수학과 성취기준 및 맵핑자료 읽기

- 1학년 1학기 수학은 총 5개 단원으로 이루어져 있음
- 1단원 '9까지의 수'는 총 12차시로 구성. 1-9까지 직관적인 수 개념 형성 확인 필요, 순서와 모양에 맞게 숫자 쓰기 강조할 필요 있음
- 1단원에서 순서수인 첫째~아홉째를 그림으로 표현하는 것에 오류가 자주 발생하므로 수학익힘책을 이용하여 강조하여 지도해야 할 필요성 있음
- 수 개념이 형성된 어린이들에게 자칫 지루한 단원이 될 수 있으므로 사방치기와 같은 놀이 활동 시수 증배
- 2단원 '여러 가지 모양'은 놀이 활동으로 구성하여 흥미의 요소를 더할 필요가 있음
- 3단원 '덧셈과 뺄셈'에서 9 이하의 수를 두 수로 합성하고 분해하는 과정은 구체물로 반복 연습
- 3단원은 그림으로 제시된 '덧셈과 뺄셈'의 문제 상황을 그림, 수세기, 식으로 해결할 수 있음을 이해시키고 이와 관련된 활동 확보
- 3단원이 끝날 무렵부터 매일 수학 학습지를 과제로 제시하여 덧셈과 뺄셈 연산능력 향상
- 3단원에서 더하기, 합, 빼기, 차의 상황을 그림 상황을 통해 자연스럽게 인식하도록 함
- 4단원 비교하기 단원은 교과서의 흐름대로 가되, 구체물을 이용해서 직접 비교하기 활동을 해 보는 활동으로 구성. 한글 해득이 되어 있지 않은 경우를 대비해 비교하기 용어를 반복 지도
- 5단원 50까지의 수에서 '19까지의 수 가르기와 모으기'는 2학기 '5. 덧셈과 뺄셈'에서 다루도록 한다. 1학기에는 시기적으로 다소 어려운 면이 있음. 대신에 10의 보수 관계를 정확하게 이해할 수 있는 활동으로 대체
- '몇 십' 알아보기는 수모형으로 개념을 형성시키되 수세기를 통한 개념 형성을 소홀히 해서는 안 됨
- 1~50의 수세기를 꾸준히 연습시키며 이때 '서른 오', '사십 다섯'으로 수를 읽는 오류 지도
- 1-50의 수를 구체물로 10개씩 묶음과 낱개로 나타내어 보는 상황을 변화 있는 되풀이로 지도
- 1-50의 수를 10개씩 묶음과 낱개로 소개하는 활동으로 대체(소개하는 말 형식 주기)
- 두 자리 수에서 일의 자리 수(낱개 모형 자리 수)와 십의 자리 수(십모형 자리 수)가 무엇을 가리키는지 정확하게 알도록 지도
- '얼마나 알고 있나요'를 평가에 적극 활용

# 3) 1학년 통합과

## ⑴ 1학년 통합과 영역별 내용 요소

| 영역<br>(대영역 주제) | 내용 요소 | | |
|---|---|---|---|
| | 바른 생활 | 슬기로운 생활 | 즐거운 생활 |
| 1. 학교 | - 학교생활과 규칙 | - 학교 둘러보기<br>- 친구 관계 | - 친구와의 놀이<br>- 교실 꾸미기 |
| 2. 봄 | - 생명 존중 | - 봄 동산<br>- 식물의 자람 | - 동식물 표현<br>- 봄나들이 |
| 3. 가족 | - 가정 예절 | - 가족의 특징<br>- 가족·친척의 관계, 가족 행사 | - 가족에 대한 마음 표현<br>- 가족 활동 및 행사 표현 |
| 4. 여름 | - 절약 | - 여름 날씨와 생활 이해<br>- 여름철 생활 도구 | - 여름 느낌 표현<br>- 생활 도구 장식·제작 |

## ⑵ 1학년 통합교과 성취기준 및 맵핑자료 읽기

- 각 교과에 배정된 시수를 적절히 배정하되 국어, 수학 교과와의 횡적 연계성 고려
- '학교'에서는 학교 둘러보기를 통해 학교생활과 규칙을 자연스럽게 습득할 수 있도록 함
- 창의적 체험활동과 연계하여 '친구와의 놀이' 활동을 3, 4월에 충분히 할 수 있도록 설계
- '봄'에서는 식물의 자람을 직접 경험할 수 있도록 강낭콩 씨앗을 심도록 설계
- 학교교육과정 봄 체험학습과 연계하여 봄나들이 내용 요소를 다루며 이때 진로지도(봄 현장체험학습에서 만난 직업)가 같이 이루어질 수 있도록 함
- '가족'에서는 시기적으로 가정의 달과 맞물려 운영이 되므로 '가족에 대한 마음 표현하기'는 시기를 적절히 조정
- 가족과 관련된 그림책을 이용하여 각 교과의 내용 요소를 지도하도록 함(우리 아빠 최고, 돼지책, 불곰이 잡아간 우리 아빠 등)
- '여름'에서는 여름을 오감으로 느낄 수 있는 활동들로 구성하며 여름철 생활 도구를 여름철 사람들의 생활 모습과 관련지을 수 있도록 지도. 관련 놀이를 지도할 때 특히 에너지 절약 및 물 절약을 생각할 수 있도록 하며 학급 특색인 노래 부르기 활동과 연계하여 지도

# 교사 수준 교육과정의 '꽃'

설계 >> 교육과정 구성하기 >> 중점 과제 관련 성취기준 선정하기

'중점 과제 관련 성취기준 정하기'는 교사 수준 교육과정 구성에서 가장 중요한 단계이다. 국가 수준 교육과정에 제시된 학년(군)별 성취기준 중에서 교사 수준 교육과정이 의도하고 있는 목표 및 중점 과제와 관련이 있는 성취기준을 선정하는 과정이기 때문이다. 교사 교육과정[98]의 철학과 가치를 '수업'을 통해 '실천'해 낼 수 있도록 하는 중요한 단계가 될 수 있다.

교사 수준 교육과정을 설계할 때 이 과정을 거치는 것과 거치지 않는 것은 실행 단계에서 아주 큰 차이를 보였다. 한 학기 교육과정을 운영한 교사의 교육과정 색깔이 드러나게 하는 것은 바로 이 단계였다. 교사의 철학과 가치 및 역량을 담은 교육목표 및 중점 과제는 흔히 학급 경영안내판에 제시되었지만, 어떻게 실천할 것인가를 고민하지 않았기에 그 빛깔을 드러내지 못했다. 교사 수준 교육과정 설계 단계에서 중점 과제와 관련 있는 성취기준을 선정하는 과정을 거쳤을 때, 비로소 교육과정 속에서 그 빛깔을 드러낼 수 있었다.

올해 우리 반 학급 중점 과제는 첫째, 바른 생활 습관 정착하기. 둘째, 책 읽기와 노래 부르기로 한글 교육 강화하기. 셋째, 친구와 어울려 놀며 공감능력 키우기. 넷째, 다양한 표현활동으로 창의성 높이기이다. 1학년 1학기 교과별 성취기준에서 중점 과제와 관련한 성취기준을 선정하여 표시해 보는 과정을 통해, 중점 과제를 어느 시기에 어떤 내용으로 실천할 것인가를 정할 수 있었다. 선정된 중점 과제 관련 성취기준은 평가계획 수립에도 중요한 영향을 미칠 수 있다.[99]

한편, 국어과 교육과정 운영을 제외하고 대부분 교과 교육과정의 운영은 교과서를 활용하였다. 국어과를 제외하고는 교과서 단원의 순서를 따랐다. 단, 1학기 수학과를 운영함에 있어 '3단원 덧셈과 뺄셈'의 차시를 대폭 늘려 운영하였다. 이는 9 이하의 수 가르기와 모으기 숙달을 통해 덧셈과 뺄셈 연산 능력을 키우기 위함이었다.

---

98) 교사 수준에서 만들어진 교육과정은 교사 교육과정, 학교 수준에서 만들어진 교육과정은 학교 교육과정이라 칭할 수 있다.

99) 평가계획을 수립할 때 어떤 성취기준을 선정할 것인가는 중요한 문제이다. 모든 성취기준이 평가의 대상이지만, 문서상의 계획을 수립하는 평가에 있어서는 필수 성취기준이 대상이 될 수밖에 없다. 그렇다면, 교사 교육과정을 통해서 도달하고자 하는 목표 및 중점 과제와 관련 있는 성취기준이 필수 성취기준으로 선정되는 것은 당연한 것이다.

| 교과 | 영역 | 성취기준 | 중점 과제 관련 |
|---|---|---|---|
| 국어 | 듣기 말하기 | [2국01-01] 상황에 어울리는 인사말을 주고받는다. | 중점 과제1 |
| | | [2국01-02] 일이 일어난 순서를 고려하며 듣고 말한다. | |
| | | [2국01-03] 자신의 감정을 표현하며 대화를 나눈다. | |
| | | [2국01-04] 듣는 이를 바라보며 바른 자세로 자신 있게 말한다. | |
| | | [2국01-05] 말하는 이와 말의 내용에 집중하며 듣는다. | 중점 과제 1 |
| | | [2국01-06] 바르고 고운 말을 사용하여 말하는 태도를 지닌다. | 중점 과제 1 |
| | 읽기 | [2국02-01] 글자, 낱말, 문장을 소리 내어 읽는다. | 중점 과제 2 |
| | | [2국02-02] 문장과 글을 알맞게 띄어 읽는다. | |
| | | [2국02-03] 글을 읽고 주요 내용을 확인한다. | |
| | | [2국02-04] 글을 읽고 인물의 처지와 마음을 짐작한다. | |
| | | [2국02-05] 읽기에 흥미를 가지고 즐겨 읽는 태도를 지닌다. | 중점 과제 2 |
| | 쓰기 | [2국03-01] 글자를 바르게 쓴다. | 중점 과제 1 |
| | | [2국03-02] 자신의 생각을 문장으로 표현한다. | |
| | | [2국03-03] 주변의 사람이나 사물에 대해 짧은 글을 쓴다. | |
| | | [2국03-04] 인상 깊었던 일이나 겪은 일에 대한 생각이나 느낌을 쓴다. | 중점 과제 4 |
| | | [2국03-05] 쓰기에 흥미를 가지고 즐겨 쓰는 태도를 지닌다. | |
| | 문법 | [2국04-01] 한글 자모의 이름과 소릿값을 알고 정확하게 발음하고 쓴다. | 중점 과제 2 |
| | | [2국04-02] 소리와 표기가 다를 수 있음을 알고 낱말을 바르게 읽고 쓴다. | |
| | | [2국04-03] 문장에 따라 알맞은 문장 부호를 사용한다. | |
| | | [2국04-04] 글자, 낱말, 문장을 관심 있게 살펴보고 흥미를 가진다. | |
| | 문학 | [2국05-01] 느낌과 분위기를 살려 그림책, 시나 노래, 짧은 이야기를 들려주거나 듣는다. | 중점 과제 2 |
| | | [2국05-02] 인물의 모습, 행동, 마음을 상상하며 그림책, 시나 노래, 이야기를 감상한다. | |
| | | [2국05-03] 여러 가지 말놀이를 통해 말의 재미를 느낀다. | 중점 과제 4 |
| | | [2국05-04] 자신의 생각이나 겪은 일을 시나 노래, 이야기 등으로 표현한다. | |
| | | [2국05-05] 시나 노래, 이야기에 흥미를 가진다. | |
| 수학 | 수와 연산 | [2수01-01] 0과 100까지의 수 개념을 이해하고, 수를 세고 읽고 쓸 수 있다. | |
| | | [2수01-02] 일, 십, 백, 천의 자릿값과 위치적 기수법을 이해하고, 네 자리 이하의 수를 읽고 쓸 수 있다. | |
| | | [2수01-03] 네 자리 이하의 수의 범위에서 수의 계열을 이해하고, 수의 크기를 비교할 수 있다. | |
| | | [2수01-04] 하나의 수를 두 수로 분해하고 두 수를 하나의 수로 합성하는 활동을 통하여 수 감각을 기른다. | |
| | | [2수01-05] 덧셈과 뺄셈이 이루어지는 실생활 상황을 통하여 덧셈과 뺄셈의 의미를 이해한다. | |
| | | [2수01-06] 두 자리 수의 범위에서 덧셈과 뺄셈의 계산 원리를 이해하고 그 계산을 할 수 있다. | |
| | | [2수01-07] 덧셈과 뺄셈의 관계를 이해한다. | |
| | | [2수01-08] 두 자리 수의 범위에서 세 수의 덧셈과 뺄셈을 할 수 있다. | |
| | | [2수01-09] □가 사용된 덧셈식과 뺄셈식을 만들고, □의 값을 구할 수 있다. | 1학년 교과서에서는 제시되어 있지 않았지만 삽입하여 가르침. 10의 보수 관계 이해에서 꼭 필요함 |
| | 도형 | [2수02-01] 교실 및 생활 주변에서 여러 가지 물건을 관찰하여 직육면체, 원기둥, 구의 모양을 찾고, 그것들을 이용하여 여러 가지 모양을 만들 수 있다. | 중점 과제 3 |

| 교과 | 영역 | | 성취기준 | 중점 과제 관련 |
|---|---|---|---|---|
| | 측정 | | [2수03-01] 구체물의 길이, 들이, 무게, 넓이를 비교하여 각각 '길다, 짧다', '많다, 적다', '무겁다, 가볍다', '넓다, 좁다' 등을 구별하여 말할 수 있다. | |
| | 규칙성 | | 1학기 해당 없음 | |
| | 자료와 가능성 | | 1학기 해당 없음 | |
| 바른생활 | 봄 | 학교 | [2바01-01] 학교생활에 필요한 규칙과 약속을 정해서 지킨다. | 중점 과제 1 |
| | | 봄 | [2바02-01] 봄철 날씨 변화를 알고 건강 수칙을 스스로 지키는 습관을 기른다. | |
| | 여름 | 가족 | [2바03-01] 가족 및 친척 간에 지켜야 할 예절을 실천한다. | 중점 과제 1 |
| | | 여름 | [2바04-01] 여름철의 에너지 절약 수칙을 알고 습관화한다. | |
| 슬기로운 생활 | 봄 | 학교 | [2슬01-01] 학교 안과 밖, 교실을 둘러보면서 위치와 학교생활 모습 등을 알아본다. | |
| | | | [2슬01-02] 여러 친구의 다양한 특성을 이해하고 친구와 잘 지내는 방법을 알아본다. | 중점 과제 3 |
| | | 봄 | [2슬02-03] 봄이 되어 볼 수 있는 다양한 동식물을 찾아본다. | |
| | | | [2슬02-04] 봄에 씨앗이나 모종을 심어 기르면서 식물이 자라는 모습을 관찰한다. | |
| | 여름 | 가족 | [2슬03-01] 우리 가족의 특징을 조사하여 소개한다. | |
| | | | [2슬03-02] 나와 가족, 친척의 관계를 알고 친척과 함께 하는 행사나 활동을 조사한다. | |
| | | 여름 | [2슬04-01] 여름 날씨의 특징과 주변의 생활 모습을 관련짓는다. | |
| | | | [2슬04-02] 여름에 사용하는 생활 도구의 종류와 쓰임을 조사한다. | |
| 즐거운 생활 | 봄 | 학교 | [2즐01-01] 친구와 친해질 수 있는 놀이를 한다. | 중점 과제 3 |
| | | | [2즐01-02] 다양한 방법으로 교실을 꾸민다. | |
| | | 봄 | [2즐02-03] 봄에 볼 수 있는 동식물을 다양하게 표현한다. | 중점 과제 4 |
| | | | [2즐02-04] 여러 가지 놀이나 게임을 하면서 봄나들이를 즐긴다. | 중점 과제 3 |
| | 여름 | 가족 | [2즐03-01] 가족 구성원이 하는 역할을 고려하여 고마운 마음을 작품으로 표현한다. | |
| | | | [2즐03-02] 가족이나 친척이 함께 한 일을 다양한 방법으로 표현한다. | 중점 과제 4 |
| | | 여름 | [2즐04-01] 여름의 모습과 느낌을 창의적으로 표현한다. | 중점 과제 4 |
| | | | [2즐04-02] 여름에 사용하는 생활 도구를 여러 가지 방법으로 표현한다. | |

중점 과제 관련 1학년 1학기 교과별 성취기준

# 나이스(NEIS)로 웹상에서 수시로 수정하기

설계 >> 교육과정 구성하기 >> 연간 교수·학습 계획 수립하기

연간 교수·학습 계획 수립하기는 각 학교마다 양식이 조금씩 다를 수 있다. 단위학교에서는 교사들의 연간 교수·학습 계획 수립의 용이성을 위해 유료 프로그램을 사용하기도 한다. 그러한 경우 문서화된 교육과정과 웹(나이스)상의 교육과정, 실행되는 교육과정이 분리될 수 있다. 유료 프로그램을 이용하여 문서화된 교육과정을 만들어 결재를 받고 그것을 보고 웹(나이스)상의 교육과정 시수를 맞춘다. 그리고 실행은 그 두 가지를 떠나 학교 행사, 학생들의 과정평가 결과에 따라 즉흥적으로 실행되는 경우가 많다. 이처럼 학급 교육과정 운영 시 '나이스 문서와 실천이 따로 분리되는 현실을 개선할 수 있는 방법이 없을까?'를 고민했던 적이 많았다. 그래서 올해는 학기 초와 학기 말에만 집중적으로 사용하는 '나이스(National Education Information System)'로 과정 중심의 교육과정 설계-실행-생성을 실천해 보겠다고 다짐했다.

다음은 나이스를 활용하여 연간 교수·학습 계획을 수립하는 단계이다. 나이스 탭에서 '교육과정'에 있는 기능들이며 이 기능들을 이용하여 연간 교수·학습 계획을 수립하였다.

교사들이 유료 프로그램을 이용하여 교육과정을 설계하는 것은 유료 프로그램이 나이스에 비해 교육과정을 설계하고 수시로 수정하기에 용이하기 때문이다. 특히 1, 2학년군의 경우는 국어, 수학, 통합교과의 주제가 횡적으로 연관되는 부분이 많아 주간학습 계획을 세우고 실천했다. 하지만 나이스는 주간학습계획을 세우기에는 제공되는 기능이 부족했다. '주간학습등록'과 '반별시간표'가 통합이 되어 주간학습을 바로 보고 시간표 이동과 차시 내용 수정이 가능하도록 기능 개선이 필요하다.

| 교육과정 | | |
|---|---|---|
| 편제 및 교과 | 편제 및 시간 배당*<br>학교교육과정 시간 배당 조회<br>교과목 편제 / 과목 일괄 수정 | |
| 담임 편성 관리 및 교과 개설 | 담임교사 편성<br>담당교과 개설* | 담임교사 조회<br>미이수자 관리 |
| 시간표 관리 | 기초시간표 관리*<br>기초시간표 검증 및 반영*<br>반별 시간표*<br>결보강<br>결보강 조회<br>기초 시간표 조회<br>전체 시간표 조회 | 반별 수업 일수 조회(시간표)<br>반별 시간표 조회*<br>교사별 시간표 조회<br>미이수 학생 시간표 조회<br>학습 내용 등록<br>주간학습 등록*<br>주간학습 조회* |

연간 교수·학습 계획 수립을 위한 나이스 교육과정 메뉴

학습 내용 등록은 나이스에서 제공하는 예시 파일을 다운 받아 중점 교육목표, 학교 행사, 창의적 체험활동 영역 등을 고려하여 '주간학습 등록'에서 내용을 수정하였다. 연간 교수·학습 계획 수립을 위해 90% 이상 교과서를 활용하였다. 주어진 교과서 내용을 기반으로 성취기준과의 연계성과 교육목표 및 중점 과제가 반영될 수 있도록 고려하였다.

창의적 체험활동 영역 중 하나인 자율활동의 '창의적 주제활동'과 '동아리활동'을 주제에 대한 협의 없이 운영을 하다 보니 계획과 실천이 분리되는 경험을 한 적이 있었다. 그래서 올해는 창의적 체험활동 배당 영역의 주제를 동학년과 깊이 있게 논의하였다. 1학년의 경우, 자율활동 배당 시수가 다른 학년에 비해 많으며 재량권이 크기 때문에 깊이 있는 논의가 꼭 필요하다.

| 구분 | | | | 1학년 | | |
|---|---|---|---|---|---|---|
| 영역 | | 주요 활동 | | 1학기 | 2학기 | 계 |
| 자율 활동 | 자치 적응 | 적응 활동 (대인관계능력) | - 입학초기 적응활동 (한글교육20차시 포함) | 60 | 0 | 60 |
| | 행사 | 행사 활동 (대인관계능력) | - 입학식(3)<br>- 방학식(2)<br>- 개학식(2)<br>- 과학탐구대회(1)<br>- 봄현장체험학습(1)<br>- 산청가족한마당(1)<br>- 가을문화체험학습(1)<br>- 성장발표회(1)<br>- 종업식(1) | 7 | 7 | 14 |
| | 창의적 주제 | 학교특색교육 | - 발명교육, 창의체험의 날 | 10 | 0 | 10 |
| | | 식품안전 및 영양 식생활 교육 | - 영양교육 | 3 | 1 | 4 |
| | | 보건교육 | - 보건교육 | 0 | 2 | 2 |
| | | 학급특색교육 | - 놀이 활동 강화 | 5 | 15 | 20 |
| | | | - '행복교실' 프로그램 | 5 | 5 | 10 |
| | | | - SW체험(소프트웨어 선도학교) | 0 | 10 | 10 |
| | | | - 환경교육 | 2 | 4 | 6 |
| | | | - 표현활동 강화(비주얼씽킹) | 5 | 5 | 10 |
| | 자율활동 소계 | | | 97 | 49 | 146 |

창의적 체험활동 자율활동 주요활동 및 시수 배정

3월부터 설계한 교육과정을 실행하면서 매주 금요일마다 반별 시간표와 주간학습 내용을 동학년 교사와의 협의를 통해 수정하였다. 하지만, 각 교사별 수업 구성 스타일이나 학생들 성취도가 달라서 동학년이 똑같은 주간학습을 운영하는 데 어려움을 겪었다. 그래서 어느 정도의 학습 내용과 공통 활동(예: 여름 나라〉물총 놀이) 및 시수만 통일하고 요일별 시간표 운영은 차별을 두었다. 두 개 반이 교육과정 운영에서 큰 차이가 날 때, 학부모로부터 전화를 받을 때도 있다. 이런 경우, 두 학급의 교사 간에도 위화감이 조성될 수 있다. 따라서 교육과정 운영의 큰 줄기는 의논하여 같이 가야 한다.

교육과정 구성관점, 교육목표 등을 고려하여 연간 교수·학습 계획을 수립하였지만, 실행 과정에서 시간표 및 학습 내용은 매주 수정했다. 지역사회의 요구로 인한 학교 행사 참여, 지역·학년 특성상 이루어지는 행사(예: 1학년의 경우 구강보건 검사 및 치료 활동, 찾아가는 도서관 인문학 수업 등) 때문이었다. 2학기 연간 교수·학습 계획 수립 시에는, 1학기 교육과정 운영에 대한 반성자료가 반영된 계획 수립으로 당초 계획의 수정이 최소화될 수 있도록 할 계획이다.

매주 나이스 주간학습등록을 통한 국어과 연간지도계획과 실행의 일체화[100]

---

100) 우리 반 중점 교육인 한글 교육 강화를 위해 국어과 단원을 재구성하였다. 1단원 '바른 자세로 읽고 쓰기' 이후 2단원 '재미있게 ㄱㄴㄷ'과 3단원 '다 함께 아야어여'를 바꾸어 지도하였다. 이유는 한글은 소리글자이므로 제자 원리에 따른 발음 중심의 한글 해득 교육이 필요하기 때문이다. 자음자는 혼자서는 소릿값을 가질 수 없으므로 먼저 모음을 배워야 한다.

# 교육과정-수업-평가-기록 일체화

설계 >> 교육과정 구성하기 >> 연간 평가계획 및 평가기준안 작성하기

학기 초에 연간 평가계획을 수립하였다. 이에 따른 평가기준안과 평가 문항을 작성해야 했지만, 중점 과제 관련 성취기준이 무엇인지 파악하고 그 성취기준과 관련된 단위 차시를 필수 평가 내용으로 선정하는 수준에서 그쳤다. 차시 단위 수업의 흐름이 불명확한 시점에서, 평가기준안 수립을 위해 교사에게 주어지는 시간이 너무 짧았고 우리 학급 학생들의 수준이 제대로 파악되지 못한 상태였기 때문이다. 평가기준안 작성 및 문항 개발은 교육과정 실행과 함께 이루어지는 것이 옳다고 본다. 한 학기 동안 연간평가계획에 의거하여 중간중간에 평가기준안을 작성하면서 느낀 점은 연간평가계획의 수정이 용이해야 한다는 것이다. 학교 평가의 목적이 학생들 줄 세우기가 아닌 성장에 있다면, 연간평가계획의 수시 수정이 가능하도록 절차의 간소화가 필요하다.


# 실현 가능성 점검하기

설계 >> 교육과정 구성하기 >> 점검하기

새학년맞이 교육과정 구성 주간의 필요성이 대두된 취지는 현장에 있는 교사라면 누구나 공감한다. 3월의 첫 주는 '황금의 첫 주', 3월 한 달간은 '황금의 한 달'이라고 불릴 정도로 중요한 시기이다. 그 기간을 어떻게 보내느냐에 따라 1년의 긴 여정에 교사, 학부모, 학생이 모두 즐겁게 참여할 수 있느냐 없느냐가 결정될 수도 있기 때문이다. 하지만 이러한 중요한 시기를 우리는 이제껏 준비 없이 맞이하고 있지는 않았나 반성을 해 볼 일이다.

교사 수준 교육과정 설계 단계는 2월 새학년맞이 교육과정 구성 주간에 이루어진다. 올해 1학년 담임교사를 맡으면서 학교 차원에서 마련한 3일간의 교육과정 구성 주간에 적극 참여하였다. 다섯 번째 1학년 교육과정 운영이었기에 국가 수준 교육과정에 대한 이해도는 높았으나 교육과정을 구성함에 있어 가장 큰 걸림돌은 지역과 학교의 교육과정이었다. 1학년의 특성상 지역과 학교 교육과정의 '행사'[101]로 인해 중간중간 교육과정을 수정해야 하는 일이 적었지만 그래도 갑자기 주어지는 '행사 참여'와 '교육활동 결과물 제출'은 설계한 교육과정을 주먹구구로 실행하도록 만들었다. 그래서 작년

---

101)  여기서 행사라 함은 학생들의 학교 밖 교육활동으로 '대회 참여', '공연 관람', '지역축제 참여' 등이 있다.

의 경험을 거울삼아 3일 동안 학교 교육과정을 이해하고 이를 우리 반 교육과정과 연계하는 데 심혈을 기울였다. 특히 동학년 교사가 타 지역에서 전입을 했기 때문에 이 과정은 꼭 필요했다.

구성된 교육과정을 점검할 때도 교육과정의 내용이 시기적으로 적절하며, 지역과 학교 교육과정이 요구하는 바를 충분히 소화해 낼 수 있는가를 중점적으로 점검하였다. 1학년 교육과정을 구성함에 있어 양면의 칼날과 같은 영역이 바로 창의적 체험활동이다. 1, 2학기 총 146시간이 배정되고 1학기에만 97시간을 편제했다. 1학기 국어과 교육과정 편제가 100시간임을 감안할 때 그 비중이 매우 크다는 것을 알 수 있다. 특히 3월 한 달간 60시간의 입학 초기 적응 활동은 오로지 학급 담임교사에게 주어진 재량시간임을 감안할 때 그 중요성이 크다. 재량권은 넓어서 좋으나 교육과정 구성하기가 쉽지 않다. 그래서 가장 중요한 달인 3월 한 달간을 설계하고, 실행 가능성 여부를 점검하기 위해 전문적학습공동체가 주관하는 다양한 연수에도 참석하였다. 즉, 1학년 교육과정 구성하기 점검 단계에서는 폭넓은 재량권이 부여된 창의적 체험활동을 시기적으로, 내용적으로 잘 구성하였는가를 반드시 점검해야 한다.

---

## 학기 단위 교사 수준 교육과정 실천 사례

실행 >> 교육과정 실천하기 >> 설계된 교육과정 실천하기

### 1) 교과서대로 가르쳐서는 따라오지 못하는 아이들을 위한 처방

> **정확하게 소리 내어 읽는 것부터 먼저,
> 그다음은 한 명 한 명 전체 확인하기**

작년에 군 지역으로 학교를 옮기기 전, 중소도시 24학급에서 1학년 담임교사를 세 번 연이어 맡은 적이 있다. 중소도시였지만 교육대학교의 부설초등학교여서 그런지 그때 만난 1학년 아이들 중에는 한글 해득 수준이 낮은 아이는 없었다. 한글을 읽고 쓸 줄 아는 아이들이 대부분이었다. 지금 기억에 남는 남자아이 2명의 경우도 쓰는 것을 힘들어했지만 한글 읽기가 되지 않는 것은 아니었다. 1학년을 보내면서 거의 대부분의 아이들이 그림책을 읽을 수 있었으며 쉬운 낱말과 문장을 쓸 수 있었다. 그래서 한글

교육에 대해서 심각하게 생각을 해 본 적이 없었다. 1학년 국어과 교육과정이 반영된 교과서를 배우고 나면 아이들은 자연적으로 한글을 읽고 쓸 줄 알게 된다고 믿었다.

하지만 농어촌 군 지역의 상황은 전혀 달랐다. 다문화 가정의 아이들과 결손가정으로 인한 교육적 관심 부족으로 한글을 읽고 쓸 줄 모르는 아이들이 있었다. 방학을 반납하면서까지 한글 보충지도를 했지만 결국 짧은 그림 동화책 한 권 유창하게 읽지 못하고, 3문장 이상의 일기조차 스스로 쓰지 못하는 채로 2학년에 진학시켜야만 했다. 교과서대로만 가르쳐서는 한글을 깨우치지 못하는 아이들이 있다는 사실을 깨닫게 된 것이다. 그 아이들은, 그 아이들만을 위한 새로운 교육과정이 필요했다.

한글 교육의 기본은 쓰기보다는 정확한 읽기이다. 쓰기가 더 어렵다고 생각하지만 의외로 고학년이 되어서도 한글을 정확하게 소리 내어 읽지 못하는 아이들이 많다. 중점 과제 관련 성취기준으로 읽기와 관련된 성취기준을 선정한 이유도 여기에 있다. 음운글자인 한글은 쓰기보다는 정확한 읽기를 강조하는 한글 교육을 위한 교육과정이 필요하기 때문이다.


## 2) 교재 『찬찬 한글』로 천천히 긴 호흡으로, 한 명 한 명

1학기 국어 교육과정에서 한글 낱자 습득을 위해 배정된 차시는 2단원 10차시, 3단원 11차시이다. 국어 교과서에 배정된 차시만으로 성취기준 '문법[2국04-01] 한글 자모의 이름과 소릿값을 알고 정확하게 발음하고 쓴다'에 도달하기가 몇몇 아이들에게는 무척 어려운 일이었다. 다문화 가정 아이들처럼 한글 교육에 대한 노출 정도가 낮은 경우에는 사정이 더욱 어렵다. 그래서 국어 교과서 배정 차시 외, 3월에 운영되는 창의적 체험활동의 입학 초기 적응 활동 20차시를 '한글 자모의 모양과 소릿값을 아는 활동'으로 구성하였다. 한글 자모를 가르칠 때 정확한 발음과 소리를 낼 수 있도록 지도하는 것이 중요하다고 생각하기 때문이다. 교재는 한국교육과정평가원에서 개발한 『찬찬 한글』을 활용하였으며 한 명 한 명이 정확한 소리를 내어 읽을 수 있는가에 초점을 두어 지도하였다.

| | | 영역 | | 활동 주제 | | 찬찬 한글 |
|---|---|---|---|---|---|---|
| 자율<br>활동 | 자치<br>적응<br>활동 | 입학<br>초기<br>적응<br>활동<br><br>한글<br>교육 | 1 | 선 긋기 활동하기 | | 학습지<br>활용활용 |
| | | | 2 | 선 긋기 활동하기 | | |
| | | | 3 | 선 긋기 활동하기(낙서의 예술 활동) | | |
| | | | 4 | 글자가 생긴 이유를 생각해 보아요<br>한글은 모음과 자음으로 만들어요 | | 8~9쪽 |
| | | | 5 | 모음 ㅏ, ㅓ, ㅗ, ㅜ, ㅡ, ㅣ소리 내어 읽고 쓰기 | | 10~18쪽 |
| | | | 6 | 모음 ㅏ, ㅓ, ㅗ, ㅜ, ㅡ, ㅣ소리 내어 읽고 쓰기 | | |
| | | | 7 | 모음 ㅑ, ㅕ, ㅛ, ㅠ 소리 내어 읽고 쓰기 | | 19~24쪽 |
| | | | 8 | 모음 ㅑ, ㅕ, ㅛ, ㅠ 소리 내어 읽고 쓰기 | | |
| | | | 9 | 아, 야, 어, 여, 오, 요, 우, 유, 으, 이 소리 내어 읽고 쓰기 | | 25~26쪽 |
| | | | 10 | 기본 모음에서 낱말(아이, 여우, 오이, 우유 등) 찾아 읽기 | | |
| | | | 11 | ㄱ, ㅋ, ㄲ 공부하기 | 모음 ㅏ, ㅓ, ㅗ, ㅜ, ㅡ, ㅣ 결합하여<br>글자 만들어 소리 내어 읽기 | 30~34쪽 |
| | | | 12 | ㄱ, ㅋ, ㄲ 공부하기 | | |
| | | | 13 | ㄴ, ㄷ, ㅌ, ㄸ 공부하기 | | 35~40쪽 |
| | | | 14 | ㄴ, ㄷ, ㅌ, ㄸ 공부하기 | | |
| | | | 15 | ㅁ, ㅂ, ㅍ, ㅃ 공부하기 | | 41~46쪽 |
| | | | 16 | ㅁ, ㅂ, ㅍ, ㅃ 공부하기 | | |
| | | | 17 | ㅅ, ㅈ, ㅊ, ㅉ 공부하기 | | 47~53쪽 |
| | | | 18 | ㅅ, ㅈ, ㅊ, ㅉ 공부하기 | | |
| | | | 19 | ㅇ, ㅎ, ㄹ 공부하기 | | 54~59쪽 |
| | | | 20 | ㅇ, ㅎ, ㄹ 공부하기 | | |

창의적 체험활동 입학 초기 적응 활동에 배정된 한글 교육 - 교재 『찬찬 한글』 활용

지도 시기는 3월 셋째 주와 넷째 주 입학 초기 적응 활동 시간을 활용하였다. 학기 말 평가에서 2명을 제외한 모든 학생들이 한글 자모의 이름과 소릿값을 알고 정확하게 발음하고 쓸 수 있었다. 2명 중 1명은 특수학급 아동으로 언어치료를 받고 있는 아동 이었고 나머지 1명은 전체가 함께 하는 평가에서 한글 낱자를 정확하게 구별하여 쓰지 못하였으나, 교사와의 일대일 평가에서는 복잡한 모음을 제외하고는 한글 자모를 정확하게 구별하여 쓸 수 있었다.

한글 지도 이후, 한글 해득 정도에 대한 평가는 반드시 일대일 평가여야 한다. 교실에서 1학년 아이들은 부끄러워 모른다는 사실을 숨기고 싶어 한다. 고학년 학생들의

영어 학습 방해 요소 1위가 바로 '틀리면 친구들이 놀릴까 봐!'라는 것은 영어 전담을 맡아 본 교사라면 누구나 공감한다. 1학년 한글 학습의 경우도 마찬가지이다. 모르는 것을 모른다고 이야기하지 않고 아는 척 넘어간다. 눈치가 빠른 아이들은 다른 친구들이 쓰는 것, 읽는 것을 외워서 그 순간을 모면한다. 아이들 한 명 한 명을 자세히 들여다보면, 읽기 시간에 '립싱크'를 하는 아이를 1~2명은 쉽게 찾을 수 있다. 따라서 한글 교육에 있어서는 특히, '모르는 것을 부끄러워하지 말고, 친구가 틀리면 서로 서로 격려를 하도록 하는 학습 문화'를 조성할 필요가 있다.

### 3) 교사의 가르침보다는 학생들이 배우는 활동에 중점 두기

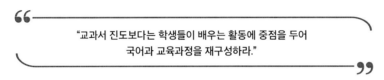

> "교과서 진도보다는 학생들이 배우는 활동에 중점을 두어
> 국어과 교육과정을 재구성하라."

올해 국어수업에는 교과서를 거의 사용하지 않았다. 국어 교과서에 나오는 학습 내용을 재구성한 학습지를 만들어 제시했다. 한글 교육을 할 때, 국어 교과서를 활용하는 것과 활용하지 않는 것은 큰 차이가 났다. 교과서를 활용하는 경우에는 "애들아, 이런저런 게 있어. 이 낱말 알지?"라며 국어 교과서를 한 번 훑고 지나가는 수준에서 수업이 이루어졌다. 교사는 교과서 안내만 하고 글자와 낱말을 배우는 것은 순전히 아이들의 몫이었다.

이런 문제를 해결하기 위해서 국어과 교육과정 설계 시, 학습의 양보다는 질을 선택하였다. 기본적인 글자와 낱말, 문장을 학생들이 제대로 배울 수 있도록 하는 데 초점을 두었다. 그래서 학습 내용을 단순화했고 단순하게 바뀐 학습 내용을 아이들이 재미있게 반복학습할 수 있도록 했다. 40분의 수업 시간 중에서 학생들이 스스로 학습하는 시간을 60% 이상 가질 수 있도록 수업을 구성하기 위해 노력하였다.

국어시간에 한글 교육을 하다 보면 교사는 많은 딜레마에 빠지게 된다. 우리나라 언어인데도 영어와 마찬가지로 아이들에게서 발견되는 수준 차이 때문이다. 세계 어떤 문자보다도 쉽고 과학적인 언어이지만 읽고 쓰기가 안 되는 아이가 존재할 수 있다는 사실을 1학년 담임교사는 꼭 명심해야 한다. 부모가 무관심하거나 아이가 하고 싶지 않아서 그런 것이 아니라, 하고 싶어도 안 되는 아이가 있다는 것을 인정하고 이해해야 한다. 이런 아이들을 위해 교사는 끊임없이 연구하며 배우고 익혀 나가야 한다.

## 재구성 전

| 단원 | 성취기준 | 학습 요소 | 차시 |
|---|---|---|---|
| 1. 바른 자세로 읽고 쓰기 | [2국01-05] 말하는 이와 말의 내용에 집중하며 듣는다. [2국02-01] 글자, 낱말, 문장을 소리 내어 읽는다. [2국03-01] 글자를 바르게 쓴다. | 바른 자세 익히기 | 1 |
| | | 바르게 읽는 자세 익히기 | 1 |
| | | 소리 내어 낱말 따라 읽기 | 2 |
| | | 바르게 쓰는 자세 익히기 | 2 |
| | | 낱말 따라 쓰기 | 2 |
| | | 바른 자세로 선생님과 친구의 이름 쓰기 | 2 |
| 2. 재미있게 ㄱㄴㄷ | [2국04-01] 한글 자모의 이름과 소릿값을 알고 정확하게 쓴다. [2국03-01] 글자를 바르게 쓴다. [2국05-03] 여러 가지 말놀이를 통해 말의 재미를 느낀다. | 자음자의 모양 알기 | 2 |
| | | 자음자의 이름 알기 | 2 |
| | | 자음자의 소리 알기 | 2 |
| | | 자음자 바르게 쓰기 | 2 |
| | | 자음자 놀이하기 | 2 |
| 3. 다 함께 아야어여 | [2국02-05] 읽기에 흥미를 가지고 즐겨 읽는 태도를 지닌다. [2국03-01] 글자를 바르게 쓴다. [2국04-01] 한글 자모의 이름과 소릿값을 알고 정확하게 쓴다. | 모음자의 모양 알기 | 2 |
| | | 모음자의 이름 알기 | 2 |
| | | 모음자 찾기 | 1 |
| | | 모음자 읽기 | 2 |
| | | 순서에 맞게 모음자 쓰기 | 2 |
| | | 모음자 놀이하기 | 2 |
| 4. 글자를 만들어요 | [2국02-01] 글자, 낱말, 문장을 소리 내어 읽는다. [2국03-01] 글자를 바르게 쓴다. [2국05-01] 느낌과 분위기를 살려 그림책, 시나 노래, 짧은 이야기를 들려주거나 듣는다. | 글자에서 자음자와 모음자 찾기 | 2 |
| | | 글자에서 모음자가 있는 곳 찾기 | 1 |
| | | 글자의 짜임 알기 | 2 |
| | | 글자 읽고 쓰기 | 2 |
| | | 여러 가지 모음자 알기 | 1 |
| | | 이야기를 듣고 낱말 읽기 | 2 |
| 5. 다정하게 인사해요 | [2국01-01] 상황에 어울리는 인사말을 주고받는다. [2국01-06] 바르고 고운 말을 사용하여 말하는 태도를 지닌다. [2국05-05] 시나 노래, 이야기에 흥미를 가진다. | 인사한 경험을 떠올려 말하기 | 2 |
| | | 인사할 때의 마음가짐 알기 | 2 |
| | | 알맞은 인사말 알기 | 2 |
| | | 상황에 맞는 인사말 하기 | 2 |
| | | 바르게 인사하기 | 2 |
| 6. 받침이 있는 글자 | [2국02-01] 글자, 낱말, 문장을 소리 내어 읽는다. [2국03-01] 글자를 바르게 쓴다. [2국04-04] 글자, 낱말, 문장을 관심 있게 살펴보고 흥미를 가진다. | 글자를 바르게 써야 하는 까닭 알기 | 2 |
| | | 받침이 있는 글자의 짜임 알기 | 2 |
| | | 받침이 있는 글자 읽기 | 2 |
| | | 받침이 있는 글자 쓰기 | 2 |
| | | 받침이 있는 글자로 놀이하기 | 2 |
| 7. 생각을 나타내요 | [2국02-01] 글자, 낱말, 문장을 소리 내어 읽는다. [2국03-02] 자신의 생각을 문장으로 표현한다. [2국03-05] 쓰기에 흥미를 가지고 즐겨 쓰는 태도를 지닌다. | 문장에 어울리는 낱말 넣기 | 2 |
| | | 그림을 보고 문장 만들기 | 2 |
| | | 그림의 상황을 문장으로 말하기 | 2 |
| | | 그림에 어울리는 문장을 쓰고 읽기 | 2 |
| | | 문장을 소리 내어 읽기 | 2 |
| 8. 소리 내어 또박또박 읽어요 | [2국02-02] 문장과 글을 알맞게 띄어 읽는다. [2국04-03] 문장에 따라 알맞은 문장 부호를 사용한다. | 띄어 읽으면 좋은 점 알기 | 2 |
| | | 문장 부호의 이름 알고 쓰기 | 2 |
| | | 문장 부호의 쓰임 알기 | 2 |
| | | 문장 부호에 따라 띄어 읽는 방법 알기 | 1 |
| | | 문장 부호에 맞게 띄어 읽기 | 2 |
| | | '이야기 읽기 극장' 하기 | 2 |
| 9. 그림일기를 써요 | [2국03-04] 인상 깊었던 일이나 겪은 일에 대한 생각이나 느낌을 쓴다. [2국01-05] 말하는 이와 말의 내용에 집중하며 듣는다. | 하루 동안 일어난 일 말하기 | 2 |
| | | 그림일기 읽기 | 2 |
| | | 그림일기 쓰는 방법 알기 | 2 |
| | | 겪은 일을 그림일기로 쓰기 | 2 |
| | | 그림일기에서 잘된 점 말하기 | 2 |
| 합계 | | | 92 |

## 재구성 후

| 단원 | 성취기준 | 학습 요소 |
|---|---|---|
| 1. 바른 자세로 읽고 쓰기 | [2국01-05] 말하는 이와 말의 내용에 집중하며듣는다. | 경청의 필요성에 대해 알아보기 |
| | | 경청하는 방법 알아보기 |
| | | *눈(눈으로) 말(말하는 사람을 바라보며) 기(기다려 주는 마음으로) 온(온 몸으로 듣는다) |
| 3. 다 함께 아야어여 | [2국03-01] 글자를 바르게 쓴다. [2국04-01] 한글 자모의 이름과 소릿값을 알고 정확하게 발음하고 쓴다. | ㅏ, ㅗ, ㅜ, ㅡ, ㅣ 이름과 소릿값 알기 |
| | | ㅑ, ㅕ, ㅛ, ㅠ 이름과 소릿값 알기 |
| | | 10개 단모음으로 만들 수 있는 낱말 찾고 읽고 바르게 쓰기 |
| 2. 재미있게 ㄱㄴㄷ | [2국04-01] 한글 자모의 이름과 소릿값을 알고 정확하게발음하고 쓴다. [2국03-01] 글자를 바르게 쓴다. [2국05-03] 여러 가지 말놀이를 통해 말의 재미를 느낀다. | ㄱ~ㅎ까지 자음자의 이름 알아보고 자음자 이름의 특징 알아보기 |
| | | ㄱㄲ 자음자의 이름과 모음이 합쳐졌을 때 나는 소리 알기 |
| | | ㄴㄷㄸ 자음자의 이름과 모음이 합쳐졌을 때 나는 소리 알기 |
| | | ㅁㅂㅍㅃ자음자의 이름과 모음이 합쳐졌을 때 나는 소리 알기 |
| | | ㅅㅈㅊ ㅉ자음자의 이름과 모음이 합쳐졌을 때 나는 소리 알기 |
| | | ㅇㅎㄹ자음자의 이름과 모음이 합쳐졌을 때 나는 소리 알기 |
| 4. 글자를 만들어요 | [2국02-01] 글자, 낱말, 문장을 소리 내어 읽는다. [2국03-01] 글자를 바르게 쓴다. [2국05-01] 느낌과 분위기를 살려 그림책, 시나 노래, 짧은 이야기를 들려주거나 듣는다. | 자음자와 모음자(ㅏ,ㅓ,ㅗ,ㅜ,ㅡ,ㅣ)가 결합한 글자 쓰기 |
| | | 자음자와 모음자(ㅑ, ㅕ, ㅛ, ㅠ)가 결합한 글자 읽고 쓰기 |
| | | 기본 음절표 이해하고 읽기 |
| | | ㅏㅣ 단어 공부하기 |
| | | ㅓㅣ 단어 공부하기 |
| | | ㅗㅣ 단어 공부하기 |
| | | ㅜㅣ 단어 공부하기 |
| | | 기본 음절표에서 낱말 찾아 쓰기 |
| | | 복잡한 모음 ㅐㅔ소릿값 알고 바르게 쓰기 |
| | | 복잡한 모음 ㅖㅒ소릿값 알고 바르게 쓰기 |
| | | 복잡한 모음 ㅚㅟ소릿값 알고 바르게 쓰기 |
| | | 복잡한 모음 ㅝ ㅢ소릿값 알고 바르게 쓰기 |
| | | 복잡한 모음 ㅙㅞㅘ소릿값 알고 바르게 쓰기 |
| | | 복잡한 모음 단어 공부하기 |
| | | 받침 없는 동화 '나도 사자가 무서워'읽기 |
| 6. 받침이 있는 글자 | [2국02-01] 글자, 낱말, 문장을 소리 내어 읽는다. [2국03-01] 글자를 바르게 쓴다. [2국04-04] 글자, 낱말, 문장을 관심 있게 살펴보고 흥미를 가진다. | 대표 받침 ㅁ소릿값 알고 단어 읽고바르게 쓰기 |
| | | 대표 받침 ㅂ소릿값 알고 단어 읽고 바르게 쓰기 |
| | | 대표 받침 ㅇ소릿값 알고 단어 읽고 바르게 쓰기 |
| | | 대표 받침 ㄱ소릿값 알고 단어 읽고 바르게 쓰기 |
| | | 대표 받침 ㄴ소릿값 알고 단어 읽고 바르게 쓰기 |
| | | 대표 받침 ㄹ소릿값 알고 단어 읽고 바르게 쓰기 |
| | | 대표 받침 ㄷ소릿값 알고 단어 읽고 바르게 쓰기 |
| | | 대표받침 단어 읽고 쓰기 |
| 5. 다정하게 인사해요 8. 소리 내어 또박또박 읽어요 | [2국01-01] 상황에 어울리는 인사말을 주고받는다. [2국01-06] 바르고 고운 말을 사용하는 태도를지닌다. [2국05-05] 시나 노래, 이야기에 흥미를 가진다. [2국02-02] 문장과 글을 알맞게 띄어 읽는다. [2국04-03] 문장에 따라 알맞은 문장 부호를사용한다. | 띄어 읽으면 좋은 점 알기 |
| | | 문장 부호의 이름 알고 쓰기 |
| | | 문장 부호의 쓰임 알기 |
| | | 문장 부호에 맞게 띄어 읽기 |
| | | 인사한 경험 떠올리며 그림책 '또박또박 반갑게 인사해요' 읽고 상황에 맞는 인사말 알기 |
| | | 동화 '이가 아파서 치과에 가요' 읽기 |
| | | 교과서에서 읽고 싶은 글 골라 읽기 |
| 7. 생각을 나타내요 9. 그림일기를 써요 | [2국02-01] 글자, 낱말, 문장을 소리 내어 읽는다. [2국03-02] 자신의 생각을 문장으로 표현한다. [2국03-05] 쓰기에 흥미를 가지고 즐겨 쓰는 태도를 지닌다. [2국03-04] 인상 깊었던 일이나 겪은 일에 대한 생각이나 느낌을 쓴다. [2국01-05] 말하는 이와 말의 내용에 집중하며 듣는다. | 문장에 어울리는 낱말 넣기 |
| | | 그림을 보고 문장 만들기 |
| | | 그림의 상황을 문장으로 말하기 |
| | | 그림에 어울리는 문장을 쓰고 읽기 |
| | | 문장을 소리 내어 읽기 |
| | | 하루 동안 일어난 일 말하기 |
| | | 그림일기 읽기 |
| | | 그림일기 쓰는 방법 알기 |
| | | 겪은 일을 그림일기로 쓰기 |
| | | 그림일기에서 잘된 점 말하기 |
| | | 겪은 일을 그림일기로 쓰기 |
| | | 겪은 일을 그림일기로 쓰기 |
| | | 겪은 일을 그림일기로 쓰기 |
| 합계 | | |

**1학년 1학기 국어과 교육과정 연간 지도계획 재구성 전과 후**

# 1학기 국어과 교사 수준 교육과정 되돌아보기

생성 >> 되돌아보기 >> 실천된 교육과정 돌아보기

학기 단위 교사 수준 교육과정을 구성하고 실천한 후 되돌아보기 단계에서는 다음과 같은 내용을 고려하여 성찰할 수 있다.

- 운영 시수 확인하기
- 실천된 수업 돌아보기
- 학생에게 얼마나 실현되었는지 돌아보기
- 교사의 성장 돌아보기
- 실행·생성 단계 평가하기

'실천된 수업 돌아보기', '교사의 성장 돌아보기' 관점에서 교육과정을 되돌아보았다. 특히 국어과는 중점 과제인 '한글 교육 강화'와 직접적인 관련이 있는 교과인 만큼 개인적으로 교사의 성찰이 가장 많이 일어난 사례이기도 하다.

1학기 동안 국어과 교육과정을 운영하면서 교사의 역량에 대해 많은 생각을 하였다. 교사의 역량 부족 때문에 2명의 학생을 낮은 한글 해득 수준인 채 2학년으로 진급시키는 과정에서 교과에 배정된 한글 교육 시수가 절대적으로 부족하며, 내용 또한 매우 압축적이어서 한글 해득 수준이 낮은 학생들에게는 맞지 않음을 알게 되었기 때문이다. 그래서 올해는 입학 초기 적응 활동에 한글 교육 시수를 증배하였으며, 『찬찬 한글』교재를 국어 시간에 활용하여 단계적인 한글 교육을 실천했다. 그 외에도, 아침 활동 및 자투리 시간을 활용하여 주기적으로 한글 낱자와 소리를 연결하는 활동을 하였다. 매 수업마다 아이들의 한글 해득 수준을 확인하려고 노력하였으며 그것을 토대로 다음 차시 수업과 과제를 준비하였다. 그 결과 1학기 말에 실시된 '한글 낱자의 모양과 소리 연결 짓기' 평가에서 100% 도달률을 확인할 수 있었다.[102]

아이들의 한글 해득 수준을 높이기 위해서 현장에서는 좀 더 실질적인 지도 사례가 있는 연수가 필요하다. 참으로 다행인 것은 한글 지도의 실천적인 방법과 관련된 원격 연수가 개설되고 도서가 출간되고 있다는 것이다.

---

102) 하지만 여름방학이 지나면 다시 한글 낱자와 모양과 소리를 연결 짓지 못하는 학생이 더러 있다. 따라서 2학기에 초에는 이에 대한 복습이 반드시 필요하다.

# 단원 단위 교사 수준 교육과정 실천 사례

실행 >> 교육과정 실천하기 >> 설계된 교육과정 실천하기

다음은 전문적학습공동체에서 동료 교사들과 공동설계를 통해 단원을 재구성하고 실천한 단원 단위 교사 수준 교육과정 실천 사례이다. 연간 교수·학습 계획 수립 후, 실행 과정에서 단원 단위의 재구성은 가장 쉽게 실천될 수 있다는 장점이 있다. 다음은 1학년 1학기 수학 2단원의 재구성 사례이다.

## 1) 단원 단위 교사 수준 교육과정 설계, 전문적학습공동체와 함께 해 보기

> **“**
> 전문적학습공동체와 함께 하는 공동설계로 단원 단위의 교사 수준 교육과정 설계,
> **수업 고민으로부터 출발하라!**
> **”**

수학과 2단원 단원 단위의 교사 수준 교육과정 운영 사례는 '중점 과제 3. 친구와 어울려 놀며 공감능력 키우기'와 관련된 수학과 성취기준 '교실 및 생활 주변에서 여러 가지 물건을 관찰하여 직육면체, 원기둥, 구의 모양을 찾고, 그것들을 이용하여 여러 가지 모양을 만들 수 있다'를 연간 교수·학습 계획에 반영하고 평가와 연계하여 실천하였다. 연간 교수·학습 계획 수립과 실천 단계에서 '수업자의 고민'과 '전문적학습공동체에서 함께 하는 공동설계'[103]로 차시 순서와 학습 내용이 많이 변경되었다.

1학년 1학기 수학 '2단원 여러 가지 모양'은 중점 과제를 반영하여 친구와 어울려 놀며 공감능력을 키울 수 있는 놀이 활동으로 단원을 재구성하였다. 중점 과제를 반영하고자 하는 수업자의 의도뿐 아니라, 다년간의 경험에서 나온 수업자의 고민도 영향을 미쳤다. 혼자 하는 고민은 그 해답을 찾기 어렵다. 수업에 대한 고민도 마찬가지이다. 그래서 전문적학습공동체에서 함께 단원을 재구성하여 실천해 보았다.

---

103) 공동설계는 말 그대로 여러 명의 교사가 서로의 실천적 지식을 공유하면서 단원이나 수업을 함께 설계하는 것을 말한다. 학교 안 전문적학습공동체에서는 수업자의 고민으로부터 출발하는 것이 좋다. 수업자의 고민에 담긴 교육철학과 역량은 자발적이고 의미 있는 수업 설계를 유도할 수 있기 때문이다.

## 2) 교육과정 구성하기 - 교사의 고민으로부터 시작하기

### (1) 고민 1: 좀 더 흥미를 가질 수 있게 할 수는 없을까?

1학년 수학 2단원 여러 가지 모양의 성취기준은 '교실 및 생활 주변에서 여러 가지 물건을 관찰하여 직육면체, 원기둥, 구의 모양을 찾고, 그것을 이용하여 여러 가지 모양을 만들 수 있다'이다. 2009 개정 교육과정 3년, 2015 개정 교육과정 1년을 운영하는 동안, 이 성취기준에 대한 학생들의 도달도는 높은 편이었다. 1학년 수학 어느 단원보다 내용적으로 쉬운 단원이기 때문이다. 그래서 그런지 학생과 교사 모두 지루해하는 단원으로 재미를 못 느끼는 편이었다. 여기서 '재미가 없다'라는 것은 새로운 것을 배우기보다는 이미 알고 있는 것을 한 번 더 보고 간다는 생각이 드는 단원이라는 뜻이다.

### (2) 고민 2: 각 모양의 특징을 설명하는 말을 쉽게 하려면 어떻게 해야 할까?

교과서에서 각 모양의 특징을 설명하는 말들은 다음과 같다. '평평한 부분', '기둥 모양', '둥근 부분', '뾰족한 부분', '반듯한 부분', '굴러간다', '굴러가지 않는다', '쌓을 수 있다', '쌓을 수 없다'.

교과서대로 가르치다 보면 '모양을 설명하는 말'로 학생들이 설명할 기회가 적다. 각 모양의 특징을 설명하는 표현을 이용하여 학생들이 모양에 대한 특징을 말해 보는 경험을 많이 하게 해 주고 싶었다.

| 차시 | 재구성 전 학습 내용 | 재구성 후 학습 내용 |
|---|---|---|
| 1 | - 여러 가지 모양 찾기(교실에서 모양 찾기 이름 정하기) | - 교실에서 찾은 여러 가지 모양 분류하기<br>　(떴다 모양 패밀리) |
| 2 | - 여러 가지 모양 알아보기(모양의 특징 알아보기) | - 분류한 모양의 이름 짓기 |
| 3 | - 여러 가지 모양 만들어 보기 | - 집에서 가지고 온 모양으로 여러 가지 게임하기<br>- 모양 쌓기 놀이(높이 튼튼히)하기 |
| 4 | - 놀이수학: 모양 찾기 놀이하기<br>　(같은 모양의 물건 말하기) | - 달리기 게임하기<br>- 피구게임하기 |
| 5 | - 얼마나 알고 있나요 | - 여러 가지 모양으로 봄동산 꾸미기<br>('통합 2. 도란도란 봄동산 단원 마무리하기' 차시와 통합) |
| 6 | - 탐구수학: 마을을 만들어 볼까요 | |
| 7 | - | - 수학익힘책으로 평가하기 |

1학년 1학기 수학과 2단원 재구성 전과 후

## 3) 교육과정 실천하기 - 실제 수업 장면 들여다보기

단원의 재구성은 큰 흐름만을 설계하며 되도록 활동 내용을 줄이는 것이 좋았다. 수업을 하다 보면 학생들의 수준과 흥미에 따라 즉흥적으로 활동을 바꿔야 하기 때문이다.

### (1) 1~2차시

모양 찾는 모습

찾은 모양 보여 주기

1차 모양 분류 결과

2차 모양 분류 하기

2차 모양 분류 결과

3차 소거 결과

투표하는 장면

**\<수업 준비\>**
책상 배치(ㄷ자 모양), 교사가 의도한 모양 교실에 두기

**1. 공부할 문제 바로 제시**
 - 2단원에서 배울 모양의 기준 제시하기(위, 아래, 옆에서 볼 수 있고, 손으로 들 수 있다)

**2. 우리 교실에서 여러 가지 모양 찾기**
 - 우리 교실에서 찾을 수 있는 여러 가지 모양 찾기

**3. 찾은 모양 1차 분류하기**
 - 차례대로 나와서 교실 바닥에 분류하기(학생의 생각대로)
※ 총 6가지 모양으로 무리 지음. 6가지 무리에 빨강, 주황, 노랑, 초록, 보라 이름을 붙여 줌.
   아이들에게는 6가족이 모였다고 소개함.

**4. 찾은 모양 2차 분류하기**
 - 6가지 무리를 3가지 무리로 분류한다면?(여섯 가족을 세 가족으로 만들기)

| |
|---|
| 주황+빨강 - 동그라미 모양이 있어서 |
| 초록+분홍 - 평평한 부분이 있어서 |
| 초록+노랑 - 평평한 부분이 있어서 |
| 노랑+초록 - 평평한 부분이 있어서 |

**5. 2차 모양 분류 결과 보고 모양 소거하기**
 - 분류는 했지만 이건 세 가지 모양에 속하지 않는 물건 찾기
 - 모양의 특징을 자연스럽게 설명하게 됨.

**6. 도전 과제 제시하기**
 - '도넛 모양'은 어느 모양 가족에 속하는가?
\<결론\> 도넛 모양은 둥근 부분도 있고, 평평한 면은 없다. 동그라미 모양을 볼 수 있다. 어느 가족에 넣어야 한다면 달모양에 넣어야 한다고 함.

**7. 모양의 이름 짓기**
 - 두레가 각각 의논해서 세 가지 모양 이름 후보 3개 지음(두레별로 교실 코너에 모이게 해서 의논
   하게 함)
 - 두레가 지은 모양 이름 발표하기
 - 모양 이름 투표하기

**\<결과\>**
네모 상자 모양, 둥근 기둥 모양, 달 모양
※ '두레'는 분단임. '사랑두레', '배려두레', '우정두레'로 이름 지음

## (2) 3~4차시

**책상 높이까지 모양 쌓기**

**모양 달리기 하는 모습**

**달 모양으로 피구하는 장면**

**정리하기**

**<수업 준비>**
전 차시에서 배운 네모 상자 모양, 둥근 기둥 모양, 달 모양 집에서 3개씩 가지고 오기

**1. 공부할 문제 제시**
- 여러 가지 모양으로 '튼튼히 높이 쌓기', '달리기 시합하기', '피구 게임하기' 놀이 하기

**2. 튼튼히 높이 쌓기 게임하기**
- 코너에 모둠별 장소 지정하기
- 교실에서 이 게임을 위한 모양 가지고 와서 쌓기(높이는 책상 높이, 단 교사가 책으로 바람을 5번 일으킬 때 무너지지 않아야 함)
- 모둠별로 돌아가면서 순회지도. 왜 그 물건을 선택했는지 질문함

**3. 달리기 시합하기**
- 달리기 주자는 자신이 선택한 모양
- 출발선에서 모양을 밀기(두레별로 대결하게 함)

※ 학생들의 미는 기술에 따라서 결과가 달라짐. 오류가 생김. 폼보드 2개를 이어 비탈면을 만든 다음 모양을 비탈면에서 떨어뜨리는 달리기 시합으로 바꿈.

**4. 피구 게임하기**
- 피구 게임 규칙 설명(원을 만들고 모둠이 들어가서 친구들이 굴리는 물건을 피하는 게임)
- 모양 선택하게 하기(둥근 기둥 모양과 공 모양 선택)
- 둥글게 앉고 모둠 4명이 들어가서 피하도록 함.

**5. 정리하기**
- 각 게임에서 세 가지 모양을 선택한 이유 말하기
- 각 모양의 특징 정리하기
  • 달 모양과 둥근 기둥 모양의 공통점과 차이점 정리
  • 1번 게임(튼튼히 높이 쌓기)에 가장 적합하지 않은 모양은?
- 공 모양, 이유 나누기

## (3) 5~6차시 + 통합1차시

봄동산 만들기

**<수업 준비>**
네모 상자 모양, 둥근 기둥 모양, 달모양 준비

**1. 공부할 문제 제시**
- 세 가지 모양으로 '봄동산'을 꾸미기(통합 학교2. 도란도란 봄동산 '마무리 활동하기'에 차시 배정)

**2. 모둠별로 활동하고 발표하기**
- 각 모둠별로 자신이 만든 모양에 대한 설명하기(예: 달모양 1개와 둥근 기둥 모양 1개로 나무를 만들었습니다.)

## 교사의 단원 재구성 의도 되돌아보기

생성 >> 되돌아보기 >> 실천된 교육과정 돌아보기

단원 단위의 교사 수준 교육과정을 구성하고 실천한 후 되돌아보기 단계에서는 다음의 관점으로 성찰할 수 있다. 5가지 모든 관점에서 성찰이 이루어졌다.

- 수업 설계 과정에서 잘된 점과 잘못된 점 생각하기
- 흥미가 담긴 문제(상황)을 구성하여 제시하였는지 살펴보기
- 재구성 의도와 다르게 진행된 돌발 상황 생각하기
- 학생들의 사고가 활발한 탐구활동이 이루어졌는지 생각하기
- 교사 자신과 학생들의 성장 정도를 평가하고 기록하기

1~2차시 수업의 구성은 매끄럽고 자연스러웠다. 교실에서 물건을 찾아 학생들 나름의 분류 기준으로 분류하게 하고 그 분류 기준을 세 가지로 좁히니 성취기준에서 바라는 직육면체, 원기둥, 구 세 가지 모양으로 분류가 되었다. 교사가 준비한 의도된 물건이 있기는 했지만 일상생활 속에서 여러 가지 물건은 이 세 가지 모양이 기본으로 변형되어 있음을 직관적으로 느끼게 할 수 있었다.

3~4차시의 놀이를 활용한 직육면체, 원기둥, 구의 특징을 알게 하는 활동은 90%가 학생활동 중심이었다. 10%는 교사가 후속 정리를 해 주는 흐름이다. 다만 아쉬운 점이 있다면 달리기 시합은 반드시 폼 보드와 같은 넓은 널빤지를 비탈면으로 해야 한다는 것이었다. 물건을 밀어서 달리기 시합을 하면 학생들의 힘과 밀기 기술에 따라서 그 결과가 달라지기 때문이다. 널빤지를 이용했을 때는 구와 원기둥이 달리기의 1, 2위를 다투었다.

5~6차시는 '학교 2. 도란도란 봄 동산'의 마무리 활동과 통합하여 운영하였다. 통합교과와 연계한 점은 좋았으나 기존의 '성 만들기', '모양 마을 만들기', '놀이터 만들기'보다는 흥미도가 떨어지는 것을 관찰할 수 있었다. 봄 동산과 관련된 나비, 새싹, 꽃 등을 세 가지 모양만으로 만드는 것이 어렵게 느껴지는 듯했다.

평가는 각 차시에서 관찰평가를 통해 실시하였으며 단원평가로 1차시를 배정하여 수학익힘책을 이용했다. 본 단원의 경우, 학생 활동 중심으로 수업이 진행되었기에 관찰 평가가 필요했고 활동 이후 배운 내용에 대한 이해도를 알아보기 위해 단원 평가도 실시하였다.

---

## 차시 단위 교사 수준 교육과정 실천 사례

실행 >> 교육과정 실천하기 >> 설계된 교육과정 실천하기

### 1) 수업 이후 따로 평가가 아닌 수업 중 평가하기

> **교육과정-수업-평가의 일체화는 단위 차시 수업에서 교사의 역할을 최소화하고 학생 활동을 최대화시켰을 때 가능하다.**

평가의 목적은 학생들의 성취기준 도달도를 높이기 위한 것으로, 즉각적이고 지속적인 피드백을 통한 학생들의 성장이다. 그리고 그것을 기록으로 남김으로써 교사의 반성적 성찰을 도울 수 있다.

학생들의 성취 수준을 파악하기 위해서는 한 차시 수업에서 교사의 역할을 최소화

하고 학생들의 학습 활동을 최대화해야 한다. 교사는 그 모습을 관찰하고 기록하고 피드백해야 하기 때문이다. 좋은 수업이란 교사의 목소리보다는 학생들의 시끌벅적한 목소리가 한데 어우러진 시끄러운 수업이다. 교사는 관찰자, 사고의 물꼬를 트는 질문하는 자가 되어야 한다.

다음은 그러한 노력을 반영하여 차시 단위의 교사 수준 교육과정을 구성하고 실천한 사례이다.

## 2) 차시 단위 실천 사례 1

### (1) 교육과정 구성하기 - 한글 제자 원리를 이해하고 가르치기

1학기 국어과 2~3단원에서 도달해야 할 성취기준은 다음과 같다. 교사의 해석과 번역을 가미한 내용이다.

---

문법[2국04-01] 한글 자모의 이름과 소릿값을 알고 정확하게 발음하고 쓴다.

읽기[2국02-01] 글자, 낱말, 문장을 소리 내어 읽는다.

- 무엇을 → 한글 자모의 이름과 소릿값('소릿값' 먼저, '이름'은 나중에 서술되어야 한다.)
- 어떻게 → 소릿값과 이름(기존 성취기준 순서를 바꿈)을 알고 정확하게 발음하고 쓰기
- 목적은 → 읽기에 흥미를 가지고(추가) 글자, 낱말을 소리 내어 읽기 위해서

---

작년까지만 해도 한글 낱자를 가르칠 때 한글 낱자의 이름을 먼저 가르쳤다. 그리고 교과서에 나오는 낱말들을 소개하고 읽고 몇 번 써 보는 정도로만 가르쳤다. 그 결과 '과자'와 '사자'를 보고 읽을 수 있어도 '자랑'할 때 '자'는 읽지 못하는 문제가 발생했다.

한글은 글자 그대로 소리가 나므로 파닉스[104]가 필요하지 않다는 주장이 있는데 이는 잘못된 말이다. 한글은 음절 수준에서는 글자 그대로 소리가 나지만, 두 음절이 만나는 순간 많은 음운현상이 발생하여 글자 그대로 소리가 나지 않는 경우가 많다. 작년 국어교육과정에서 한글 교육을 하면서 이것을 뒤늦게야 깨닫게 되었다. 1학년 아이

---

104)  발음 중심 어학 교수법.

들의 언어발달 정도도 개인차가 나기 때문에 책을 어느 정도 읽어 주기만 해도 낱자의 소릿값을 스스로 깨치는 아이가 있는 반면, 그렇지 못한 아이도 많다는 것을 간과하고 가르친 것이다.

그래서 성취기준 '한글 자모의 이름과 소릿값을 알고~'를 '한글 낱자의 소릿값과 이름을 알고~'로 바꾸어 서술하는 것이 옳다는 생각이 들었다. 'ㄱ'을 가르칠 때 먼저 [그]라고 소리가 난다는 것을 가르치고 '기역'이라는 이름을 가르쳐 주는 것이 '한글 읽기'에 도움이 되기 때문이다. 한글 교육에 있어 쓰기보다는 정확한 읽기가 우선 되어야 한다. 여기서 [의라는 모음 성분을 제대로 발음하기보다는 영어에서 강세가 없는 음절에 오는 '약모음'처럼 발음하여 소릿값을 가르쳐 주는 것이 좋다. 한글 자모의 소릿값을 정확히 구별하여 소리 낼 수 있다면 자모를 결합하여 글자를 읽는 방법을 가르쳐야 한다. 먼저 음절 수준의 글자를 정확하게 읽도록 한 뒤 두 음절이 만나되 글자와 소리가 변하지 않는 낱말을 우선 가르친다.

### (2) 교육과정 실천하기 - 수업 시간에 한 번은 전원 평가하기

올해는 한글 자모의 소릿값을 먼저 배우고 이름을 가르쳤다. 그리고 각 자모의 소릿값을 합쳐 글자를 읽을 수 있도록 하였으며, 그 이후 글자와 소리가 같은 두 음절 이상의 낱말을 제시하여 읽기 연습을 하였다. 읽는 것이 되는 아이들은 국어 공책을 활용하여 쓰기를 연습하도록 하였다. 이때 단순한 칸 공책이 아닌 국어 쓰기 공책을 이용하여 글자의 짜임에 맞게 낱말을 쓰도록 안내하였다. 『찬찬 한글』에서 제시하는 엘코닌 박스(음절 상자)를 활용할 수도 있다.

『찬찬 한글』 교재의 엘코닌 박스(음절 상자)

입학 초기 적응 활동에서 한글 자모의 소릿값을 배우도록 했기 때문에, 4월 국어 교과시간에 2, 3단원은 통합하여 낱자의 소릿값과 이름 알기에 중점을 두어 수업을 진행하였다. 그리고 각 낱자에 기본 모음을 결합하여 소리가 나는 원리를 가르치고 글자를 읽고 쓰도록 하였다. 음절 상자를 이용하면 낱자를 듣고 쓰는 연습을 할 수 있다. 가령, '감자'라는 낱말을 듣고 쓸 때 교사는 [그], [ㅏ], [음], [즈], [ㅏ]라고 음소를 불러 주고 쓰도록 한 뒤 어떤 낱말인지 학생들이 읽어 보도록 할 수도 있다.

한편, 한글 해득 수준이 높은 학생은 같은 흐름의 수업을 지루해할 수 있으므로 다양한 놀이 중심의 평가 활동으로 차시를 구성해야 한다. 한글 낱자 칩을 이용한 글자 만들기, 카프라를 이용한 낱자·글자 만들기, 한글 암호 풀기 학습지 등을 활용할 수 있다.

'4단원 글자를 만들어요'는 29차시로 구성하여 낱말을 정확하게 소리 내어 읽을 수 있도록 지도하였다. 다음은 4단원 6-13차시 수업의 흐름이다. 26명을 대상으로 수업을 진행하다 보니 한 차시만으로는 시간이 부족하여 대부분 연 차시로 배정하였다. 4단원 16-25차시 복잡한 모음 배우기도 거의 같은 흐름으로 수업을 구성하였다.

| 낱자의 소리와 이름 소리 내어 읽기 | - 한글 모음자 몸으로 나타내며 읽기<br>- 한글 자음자 소리와 이름말하고 손가락으로 순서에 맞게 쓰기:조음의 특징에 따라 순서대로 가르치기<br>- ㄱㅋㄲ / ㄴㄷㅌㄸ / ㅁㅂㅍㅃ / ㅅㅈㅊㅉㅆ / ㅇㅎㄹ<br>- "그그 기역, 크크 키읔, 끄끄 쌍기역" 순으로 자음자의 소릿값의 특징에 따라 총 19자를 소리 내어 읽고 쓰도록 하였다. 때에 따라서는 교사가 PPT자료로 한글 낱자를 보여주고 그것을 소리와 함께 이름을 말하도록 함 |
|---|---|
| 낱말 공부하기 | - 교재 『찬찬 한글』에 제시된 낱말 같이 읽기: '교사 시범 따라 읽기 → 교사와 함께 읽기 → 스스로 읽기' 순서로 낱말 읽기를 연습한다.<br>- 낱말의 뜻 알아보기: 1학년 아이들은 낱말의 뜻을 정확히 이해하지 못하는 경우가 많다. 따라서 교사는 사전에 각 낱말을 어떻게 설명할 것인지를 고민해야 한다. 낱말의 의미를 모르는 아이들이 꽤 있다는 사실을 기억하자. |
| 무의미 낱말 공부하기 | - 무의미 낱말 읽기: 교사에게 확인 받기 단계에서 적극 활용한다. 각각의 글자 소리를 아는지 그림으로 외워서 읽는지를 판별할 수 있다. |
| 읽을 수 있는 낱말과 읽을 수 없는 낱말 구별하기 | - 읽을 수 없는 낱말에 별표하기: 관찰을 통해서 학생들의 수준 파악하기 |
| 읽기 연습하기 | - 읽기 연습하기<br>• 읽기 연습하기 횟수를 정해 주어야 한다. 공책에 읽기 연습하기 횟수를 동그라미하고 읽은 후 그 동그라미에 체크를 하는 방법을 활용한다.<br>• 수준이 높은 학생은 쓰기 과제 제시 |
| 교사에게 확인 받기 (평가하기) | - 읽기에 자신 있는 사람 앞으로 나와서 검사받기: 아이들을 두 줄로 세워 한 줄은 읽기에 자신 있는 사람, 한 줄은 자신이 없는 사람으로 구별하고 읽기에 자신이 없는 사람은 다른 친구들이 검사 받는 모습을 보고 읽기를 연습하도록 하였다. |

**국어 4단원 6-13차시를 위해 구성한 차시 단위 교사 수준 교육과정 흐름 - 『찬찬 한글』교재 활용**

### (3) 되돌아보기

한글 지도를 할 때 중요한 것은 읽기에 흥미를 가질 수 있도록 하는 것이다. 하지만 우리 반 아이들의 관심과 요구는 뒤로 미뤄 둔 채 내가 구성한 수업의 계획을 들이밀면서 "얘들아, 따라와"라고 외친 경향이 짙다. 되돌아보면 따라오는 것을 버거워하는 2~3명 아이들의 얼굴 표정이 떠오른다. 솔직히 나는 그것을 무시했다. 결국 작년과 마찬가지로 뒤처진 아이를 또 만들어 내고 있는 것이다. 하지만 자괴감에 빠지기보다는 이것을 어떻게 극복할 것인가를 고민한다.

전체를 대상으로 한 지도에서 따라오지 못하는 아이들은 한글 교육을 위한 그들만의 교육과정이 필요하다. 이를 위해서는 수업 중 학생 개개인에 대한 평가가 필요하다. 성취수준을 평가하고 피드백한 결과를 바탕으로, 좀 더 질 높은 교육과정과 수업을 설계할 수 있기 때문이다. 수업 중 아이들의 성취 수준과 반응을 하는 것, 이것이야말로 교사가 의미를 부여한 교사 수준 교육과정 실천으로만 가질 수 있는 기쁨이 아닐까?


## 3) 차시 단위 실천 사례 2

### (1) 교육과정 구성하기 - 그림으로 덧셈과 뺄셈의 상황 제시하여 문제 해결하기
1학기 수학과 3단원 덧셈과 뺄셈의 성취기준은 다음과 같다.

---

[2수01-05] 덧셈과 뺄셈이 이루어지는 실생활 상황을 통하여 덧셈과 뺄셈의 의미를 이해한다.

- 무엇을 → 덧셈과 뺄셈의 의미를

- 어떻게 → 덧셈과 뺄셈이 이루어지는 실생활을 상황을 통하여

- 목적은 → 덧셈과 뺄셈의 의미를 이해하고 식으로 나타내기

---

2015 개정 교육과정이 2009와 달라진 점 중의 하나가 수학 교과서에서 글자가 많이 생략되었다는 점이다. 문제 상황을 글로 나타내기보다는 그림으로 나타내어 아이들이

그 문제 상황을 파악하고 해결할 수 있도록 하였다. 국어과 교육과정과 발을 맞추고 있다는 생각이 든다.

### (2) 교육과정 실천하기 - 설명하고 형식화하고 그 과정을 평가하기

수학과 3단원의 식으로 된 문제는 이미 선행학습이 되어 있는 거의 대부분의 학생들이 잘 해결한다. 암산으로 가능한 아이들, 손가락으로 문제를 해결하는 아이들 모두 해결 방법과 소요 시간은 달라도 계산 결과가 모두 9 이하의 수이기 때문에 식으로 된 문제 상황은 빠르게 해결하였다. 하지만 그림으로 된 문제 상황을 파악하는 것은 조금 달랐다. 그래서 덧셈과 뺄셈의 의미를 이해시키기 위해 교과서에 제시된 다양한 그림 상황과 평가 학습지에서 추출한 그림 상황을 실생활 상황과 연계하여 학생들에게 PPT를 만들어 제시하였다.

첫 단계는 그림만 보고 덧셈인지 뺄셈인지를 파악하도록 하였다. 그리고 그 이유를 설명하도록 하여 덧셈과 뺄셈 상황을 설명할 때 자주 사용되는 어휘들을 깨닫게 하였다. 예를 들어 '모두 몇 명', '더 주었다', '먹었다'. '남은 것은', '몇 개 더 많은가' 등이다. 이것은 차후 그림 문제 상황이 아닌 문장으로 문제 상황을 제시하였을 때 덧셈과 뺄셈을 파악하는 데 도움을 줄 수 있다.

그리고 덧셈식과 뺄셈식을 쓰도록 하였다. 수학에서 '식'[105]의 개념은 정확하게 가르쳐야 한다. 특히 '등호'의 개념은 1학년 아이들에게 어려운 개념이다. 1단원에서 수의 개념과 숫자를 정확하게 쓰도록 하였다면, 3단원에서는 덧셈과 뺄셈 기호, 등호를 정확하게 쓸 수 있도록 가르쳐야 한다. 그래서 국어 쓰기 공책을 이용하여 덧셈식과 뺄셈식을 쓰도록 지도하였다.

학기를 마치고 깨닫게 된 점은 1학년 담임교사들이 국어 쓰기 공책을 교육과정 운영에 적극 활용하면 좋겠다는 것이다. 수학에서 덧셈과 뺄셈 문제를 해결하는 방법은 '수 세기', '그림으로 나타내기' '식'이 있다. 국어 쓰기 공책의 칸을 활용하면, 덧셈과 뺄셈 문제를 그림으로 나타내게 할 때 쉽게 표현할 수 있다.

3단원의 차시 단위 수업의 흐름을 나타내면 다음과 같다.

---

105)  식은 숫자, 문자, 기호를 써서 이들 사이의 수학적 관계를 나타낸 것이다. 1학년 아이들의 경우 덧셈식과 뺄셈식을 가르치면 등호를 빼고 식을 쓰는 경우가 많다.

| 그림 보고 덧셈인지 뺄셈인지<br>구별하기 | - 수학책, 수학익힘책, 전자 저작물의 평가지에서 제시된 그림 문제 상황을 PPT 자료로 제시하기<br>- 어떤 상황인지 설명하기 |
| --- | --- |
| 그림으로 나타내기 | - 쓰기 공책에 수세기판( ▭ ) 그림으로 나타내기 |
| 식으로 나타내기<br>(평가하기) | - 쓰기 공책 한 칸에 숫자와 기호를 바르게 써서 식으로 나타내기: 아이들의 공책을 매번 검사하기 |
| 문제 해결하기<br>(평가하기) | - 문제 해결하고 식 읽기: '□ 더하기/빼기 ○는 △과 같습니다', '□와 ○의 합/차는 △과 같습니다' |

수학 3단원 차시 단위 교사 수준 교육과정

수학 1단원 9까지의 수 　　　수학 3단원 덧셈과 뺄셈 　　　수학 5단원 50까지의 수

### (3) 되돌아보기

　1학년 수학은 수의 기본적인 개념과 사칙연산 중, 덧셈과 뺄셈의 기본 개념을 잡는 시기인 만큼 개념형성이 중요하지만 함께 계산 능력을 키우는 학습도 병행하는 것이 좋다. 3단원의 차시 수업은 같은 흐름을 반복하여 지도하였다. 그리고 마지막 시간에는 변화 있는 되풀이로 아이들이 직접 그림 문제 상황을 만들고 친구들이 만든 문제를 해결하는 방법으로 구성하였다. 교사는 방법만 설명하고 시범을 보여 주었다. 아이들끼리 서로 배움을 주고받는 시간을 마련하였다. 교사는 그 모습을 관찰하고 피드백하며 기록한다. 그 기록을 바탕으로 다음 차시 수업을 구성한다.

　차시 단위 교사 수준 교육과정의 되돌아보기는 아래의 관점에 따라 성찰할 수 있다.

　- (교사) 수업 후 새롭게 알게 된 것 생각하기
　- (교사) 다음 수업에 반영할 것 생각하기
　- (학생) 성취기준에 도달하였는지 생각하기
　- (학생) 배운 것을 삶에서 실천하도록 노력하기

차시 단위 교사 수준 교육과정에서 교사는 수업 중이나 끝난 후에 수업을 성찰하기 마련이다. 하지만 수업이라는 것이 교사와 학생이 서로 배움을 주고받는 과정이라고 본다면 학생도 성찰의 주체가 되어야 한다. 학생은 수업 후 새롭게 알게 된 것을 생각하고 배운 것을 삶에서 실천하도록 노력해야 한다. 교사는 수업 중에서 학생들로 하여금 새롭게 알게 된 것을 여러 가지 방법으로 표현해 볼 수 있는 기회를 주어야 한다. 배움 자체가 흥미가 된다면 학생은 스스로 배운 것을 삶에서 실천할 것이다. 그런 학생을 키우는 교사가 되고 싶다. 나는 우리 아이들이 한글 낱자를 배우는 방법으로 다른 언어를 공부하기 바란다. 그리고 실생활에서 수학적 문제 상황을 해결하기 위해 그림과 식을 활용할 수 있기를 바란다. 새롭게 알게 된 점이 차시에서 배운 단순한 지식이 아닌 '삶의 지혜'가 되기를 바란다.

## 실천된 교육과정 무엇으로 어떻게 되돌아볼까?

생성 >> 되돌아보기 >> 실천된 교육과정 돌아보기

교육과정 생성의 관점에서 교육과정 실행에 대한 평가는 다음과 같은 질문에 초점을 두고 되돌아볼 수 있다.

> **교육과정 생성의 관점에서 교육과정 실행에 대한 평가[106]**
>
> - 초등학교 학년군 시간 배당 기준을 바탕으로 적정 시간을 운영하였는가?
> - 학습 촉진을 위한 평가가 실시되어 학생의 성장 중심으로 기록되었는가?
> - 교실에서 생성된 경험들은 무엇인가? 생성을 위한 교사와 학생들의 활동은 적절하였는가?
> - 국가 수준 교육과정은 교사 수준 교육과정의 생성에 어떤 영향을 주었는가?
> - 실제로 생성된 교육과정이 학생들에게 주는 영향은 적절하였는가?

앞서 학기, 단원, 차시 단위의 교육과정 실천 사례에서 제시한 되돌아보기 관점을 포괄하는 질문들이다. 위의 관점으로 실천된 교육과정을 돌아보기 위해서는 교사가 생성한

---

106) 발달 단계에듀쿠스 저, 『교사 수준 교육과정』, 북랩, 2018, p.203.

교사 수준 교육과정이 필요하다. 생성된 교사 수준 교육과정이란 무엇을 뜻하는 것일까?

첫째, 나이스(NEIS)에서 생성된 연간시수이다. 학기 초 생성된 연간시수계획표와 배당 시간은 같을지 몰라도 매주 각 교과별 시수는 조금씩 수정된다. 수정된 주별 시수를 점검하다 보면 각 교과별 교육과정과 창의적 체험활동이 실질적으로 잘 이루어졌는가를 되돌아볼 수 있다.

둘째, 주간학습계획이다. 연간 교수·학습 계획을 바탕으로 주간학습계획을 매주 생성할 때, 연간평가계획에 의거한 평가 시기를 표시하여 실질적인 평가가 이루어질 수 있었다. 하지만 실천하는 과정 중에 주간학습계획 또한 수정되는 경우가 생기곤 하였다. 학생들의 성취 수준이 교사의 기대만큼 도달되지 않아 교과 배정 시수를 늘여야 하는 경우가 발생하였기 때문이다. 매주 주간학습계획을 생성할 시간적 여유와 단위 차시 수업에 대한 동학년 간의 충분한 협의 시간이 필요하다는 것을 느꼈다.

셋째, 교사가 생성한 교육과정 기록물로는 온라인 기록물과 주간학습계획에 기록한 교사의 성찰기록물이 있다. 1학년 학부모들은 자녀의 학교생활을 매우 궁금해한다. 그래서 자녀의 수업 중 활동 모습을 찍은 사진, 교사의 판서 결과물 등을 찍어 '학교 이야기'라는 제목으로 온라인 기록물을 생성해 아이들의 학교생활을 공유했다. 이러한 기록물은 학부모에게는 자녀의 학교생활을 엿볼 수 있는 기회가 되었고 교사에게는 그날 수업 내용의 기록물로 실질적인 교육과정 운영을 위한 점검 도구가 되어 주기도 한다. 주간학습계획에 기록한 교사의 성찰 기록물은 다음 주간학습계획에 반영이 되며 한 학기 동안의 기록물은 실천된 교육과정을 되돌아볼 때 중요한 점검 수단이 된다.

넷째, 학생들의 성장 포트폴리오이다. 중점 과제 '다양한 표현활동으로 창의성 높이기'가 교육과정 속에서 어떻게 실천되었는지, 또한 그것이 학생 수준 교육과정으로 어떻게 실현되었는가를 확인할 수 있는 중요한 점검 도구 중의 하나이다. 아이들의 공책 또한 실천된 교육과정 되돌아보기의 중요한 점검 도구이다.

| 구분 | | | | | 시수 점검하기 |
|---|---|---|---|---|---|
| 영역 | | 주요 활동 | | 1학기 | |
| 자<br>율<br>활<br>동 | 자치<br>적응<br>(대인관계 능력) | 적응활동 | - 입학 초기 적응 활동<br>(한글 교육 20차시 포함) | 60 | 20차시 한글 교육이 국어과 교육과정 운영에 많은 도움을 주었음. 3월 2~4주 동안 매주 4~5시간 배정하여 매일 한글 낱자 지도가 이루어질 수 있도록 하는 것이 좋음. |
| | 행<br>사<br>(대인관계 능력) | 행사활동 | - 입학식(3)<br>- 방학식(2)<br>- 개학식(2)<br>- 과학탐구대회(1)<br>- 봄현장체험학습(1)<br>- 산청가족한마당(1)<br>- 가을문화체험학습(1)<br>- 성장발표회(1)<br>- 종업식(1) | 7 | 행사는 거의 변동 없이 운영되었음. |
| | 창<br>의<br>적<br><br>주<br>제 | 학교특색<br>교육 | - 발명교육, 창의체험의 날 | 10 | 학교특색교육과 연계하여 시수를 1학기에 집중적으로 배정함으로써 교과 교육과정 운영이 정상적으로 이루어짐. |
| | | 식품안전 및<br>영양 식생활 교육 | - 영양교육 | 3 | 영양 교사의 영양교육이 교육과정 속에서 실질적으로 이루어짐. |
| | | 보건교육 | - 보건교육 | 0 | 1학기에는 배정이 안 되었으나 실질적으로 2차시를 진행함. 2학기 배정 시수 조정. 1학년의 특성상 의무적으로 해야 하는 보건교육(칫솔질, 치아 홈 메우기, 불소도포) 시수 보장해야 함. |
| | | 학급특색<br>교육 | - 놀이 활동 강화 | 5 | 월 1교시 활용. 덕목 교육 중심의 '행복교실' 프로그램과 병행하여 주기적으로 실시함. 2학기에도 반영함. |
| | | | - '행복교실' 프로그램 | 5 | |
| | | | - SW 체험<br>(소프트웨어 선도학교) | 0 | 1학년의 발달적 특성상 2학기에 집중 배정함. |
| | | | - 환경교육 | 2 | 통합교과 '여름' 에너지 관련 수업과 통합하여 실시함. |
| | | | - 표현활동 강화(비주얼 싱킹) | 5 | 저학년용으로 개발된 교재를 활용하였으나 학생들의 흥미도가 낮은 편임. 2학기 교재 연구가 더 필요함. |
| | 자율활동 소계 | | | 97 | |

1학년 창의적 체험활동 시수 점검하기

# 학생 수준 교육과정 무엇으로 어떻게 되돌아볼까?

생성 >> 되돌아보기 >> 학생 수준 교육과정 돌아보기

학생 수준 교육과정을 돌아보기 위해서는 학생들의 학습 결과물을 점검하는 것이 가장 좋은 방법이다. 이를 위해 성장 포트폴리오와 학생들의 공책을 누가기록물로 모았다. 또 한 가지 매 차시 학생들이 '수업 중, 자기 평가'를 할 수 있는 시간을 확보하기 위해 노력하였다. 수업에서 교사가 가르치고자 하는 바가 많으면 아이들을 볼 수 없다. 아이들이 빠지고 교사가 계획한 수업 활동만 있는 수업은 주객이 전도된 수업이며 교사는 그 속에서 실현된 학생 수준 교육과정을 확인할 수 없다. 여기서 '자기 평가'란 수업 중에 자신이 배운 바를 '자신의 언어로 표현'하는 것이다. 이는 매 차시 수업의 정리 단계에서 이루어질 수 있다. 이러한 평가를 위해 수업의 정리 단계에서 '알(고 싶은 점)궁(궁금한 점)나(나의 생각과 느낌)' 또는 '중(중요하게)배(배우고)깨(깨달은 점)'를 발표하도록 하였다. 고학년의 경우, 이것을 공책 기록물로 누가 기록하게 한다면 그 자체가 실현된 학생 수준 교육과정의 결과물이 될 것이다.

교사의 온라인 기록물

성장 포트폴리오(A3 파일)

학생들의 공책

# 교사의 성장, 무엇을 보고 알까?

생성 >> 되돌아보기 >> 교사의 성장 돌아보기

『아이들이 열중하는 수업에는 법칙이 있다』의 저자 무코야마 요이치는 '교육은 사실로서 말해야 한다.'라고 말한다. 교사 수준 교육과정을 체계적으로 실천하기 전 나의 교육은 사실이 아닌 허상처럼 느껴졌었다. 그 이유는 그 속에 거짓이 섞여있기 때문이었다. 앞의 사례는 1학년 1학기 교육과정을 설계하고 실행하며 생성한 사례이다. 의미를 부여하여 설계하고 직접 실천하는 과정을 통해 무엇보다 교육과정에 대한 나의 전문성이 깊어짐을 느꼈다. 교육과정에 대한 전문성이란 '나의 교육과정'에 대해 누군가에게 목표, 내용, 방법, 평가 측면에서 하루 종일 이야기할 수 있게 되었다는 말이다. 그 이야기 속에는 경험적 사실을 근거로 하는 나의 생각이 가미되어 있다. 사실을 근거로 하기 때문에 나의 생각에는 설득력이 더해진다. 이는 햇살 선생님의 '우리들은 1학년' 교육과정 사례가 대한민국 1학년 선생님들의 교육과정 운영에 하나의 작은 조언이 될 수 있다는 희망으로 다가온다. 즉, 앞의 사례 자체가 교사 수준 교육과정에서 '교사의 성장'임을 이야기하고 싶다.

# 선샘의 시가 있는 교실

- 권회선 선생님 이야기

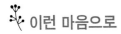 이런 마음으로

**바람꽃**

권회선

큰 바람이 오려나 봅니다
저 산등성이에 뽀얀 바람꽃이 피었습니다

뜨거웠던 여름의 끝자락에 내린 약비에
저어쪽 숲길은 갈맷빛으로 짙어지고
아이들 배움에도 단맛이 오릅니다
메마른 선샘에 약비가 내려앉으면
달고 시원한 샘물이 퐁퐁 솟아오를 것입니다

지금은 작고 약하지만
큰 바람 품은 어여쁜 바람꽃들이
이제 곧 갈라진 땅을 두드리고 선샘을 채울 것입니다

이제 정말 큰 바람이 오려나 봅니다
저어 산등성에 바람꽃이 송글송글 피어나면
늘품 안은 작은 바람꽃들의
곰살궂은 이야기가 큰 바람 속에 들려올 것입니다
작은 바람꽃들의 구순한 이야기가 기다려집니다

- 약비: 메마른 가뭄 뒤에 내리는 비
- 갈맷빛: 짙은 초록색
- 선샘: 땅속으로 스며들었던 빗물이 다시 솟아나는 샘
- 바람꽃: 큰바람(태풍)이 일어나려고 할 때 먼 메(산)에 구름같이 끼는
  뽀얀 기운
- 곰살궂다: 성질이 부드럽고 다정스럽다

## 우리 반을 소개합니다

### 우리는

우리 꿈동이들은 뛰어 놀기를 좋아하며 웃는 모습이 특히 매력적입니다.
이야기하는 것도 매우 좋아합니다.

### 우리 학교는

대성 초등학교는 삼천포에 있는 전교생 200명의 꿈이 자라는 중간 규모의
학교입니다.
2학년 2반은 남학생 10명, 여학생 7명 모두 17명의 꿈동이들이 자라는 곳입니다.
삼천포 도서관과 낮은 담 하나를 사이에 두고 이웃하고 있습니다. 쉬는 시간이
되면 우리 꿈동이들은 사잇문을 통해 도서관으로 마실 나가기도 한답니다.

책, 친구, 꿈을
사랑하는 어린이

### 선생 권희선 선생님은

· 아이들과 시를 읽고 시를 쓰면서 살고 있습니다.
· 학생 독서 동아리 시집 「토박이말 바람꽃」, 「내 머리한테 미안하다」, 「엄마랑 안 맞아」, 2019 학급 시집
  「나는 잔소리 안 해요」를 발간했습니다.
· 우리말인 토박이말에 관심을 가지고 살았습니다. 말이 사람 삶의 기본이듯 우리말을 지키는 것은 우리
  겨레의 삶을 지키는 것이라고 믿고 있습니다.

## 선샘 권회선 선생님의 교육 철학

### ❀ 3월이 나에게로 왔다

교직에 들어선 후 늘 맞이했던 3월, 혹자는 '매년 맞이하는 3월이 뭐 그리 새로울까?' 할 수도 있지만 23번째의 3월을 맞는 지금도 나는 이 3월이 낯설고 고되고 그러면서도 한편으로는 설렌다. 그렇게 3월이 또 다시 나에게로 왔다.

### ❀ 아이들은 누구나 샘을 가지고 있다

"콩씨를 가려 성한 것만 밭에 심고 상해서 온전하지 못한 것들은 뒤 안에 내다 버렸습니다. 비 개인 어느 날 뒤뜰에서 그 못난 콩씨들이 일제히 싹을 틔워 올리는 장관을 보았습니다. 다 살아 있었습니다". 이철수 선생님의 「싹들노래」이다. 나는 이 시를 읽을 때마다 가슴이 찌릿찌릿하다. 나도 모르게 버린 콩씨들이 어디서 자라고 있는가 싶어 주위를 두리번거리면서 어느새 이 구절은 내 교직 생활의 중심이 되어 주고 있다.

나는 어떤 교사일까? 나는 교사라는 말보다 갈침이, 혹은 스승이라는 말을 좋아한다. 언젠가부터 아이들의 마음 한구석에 선샘을 파 주는 갈침이가 되고 싶었다. 선샘은 참우리말로 땅속으로 스며들었던 빗물이 되솟아나는 샘이다. 교사는 아이들을 끌고 가는 지시자가 아니라 아이들 마음 밭을 적시는 약비가 되어 주어야 한다. 약비는 뜨거운 가뭄이 지나간 뒤에 내리는 약이 되는 비를 말한다.

아이들과 지내다 보면 나도 모르게 깜짝 놀라는 경우가 있다. 바로 잠재적 교육과정이라고 불리는 것들이다. 국어를 좋아하는 선생님의 반 아이들은 국어 성적이 좋고, 저학년의 경우는 선생님의 말투나 표정을 그대로 따라하는 경우까지도 본다. 아이들은 스펀지 같다. 무엇이든 빨아들이고 필요할 때 그것들을 다시 뿜어내기도 한다.

행정업무와 긴 출퇴근 시간으로 갈라진 내 마음 밭에 달콤하고 시원한 샘을 숏아나게 하는 것은 물론 아이들이다. 이 시대의 선생님들은 나름 힘든 속사정이 있지만 그래도 아이들과 함께 있을 때가 행복하고 아이들을 볼 수 있어 기쁘다고 한다. 아이들이 성장하듯 교사도 아이들 곁에서 성장한다. 교사에게는 아이들이 잠재적 교육과정인 것 같다.

아이들과 지내면서 아이들의 많은 가능성을 보곤 한다. 아이들은 누구나 맑고 시원한 샘을 가지고 있다. 아이들의 마음 밭을 적실 선샘을 파고 싶어 시작한 것이 책 읽어 주기 수업이었고 책 읽어 주기 수업을 통해 조금씩 나아간 것이 시 쓰기 수업이었다. 꾸준히 진행해 오던 시 쓰기 수업이 시집 만들기로 결실을 맺은 것은 경상남도교육청과 교육부가 마련한 인문책쓰기 사업에 선정되어 사업비를 지원받으면서부터이다.

4년간 아이들과 열심히 시집을 만들었다. 우리말 가르치기부터 시집 읽기, 한 책 읽기 독서 토론, 시 쓰기와 같은 기본적인 활동이었다. 어찌 보면 따분하고 힘들 것 같은 활동들이기도 하기에 이게 될까 싶었던 적도 많았다. 특히 '유튜브와 SNS에 익숙한 아이들에게 이런 활동들이 박물관에서나 볼 수 있는 유물로 보이지는 않을까?' 하는 걱정이 앞서기도 하였다. 하지만 열심히 고르고 가려 아이들에게 읽어 준 시집과 이야기들이 시나브로 아이들 마음 밭을 적시면서 책 읽기가 싫다고, 시 쓰기는 도대체 뭘 하라는 거냐고 불평을 하던 아이들 마음 밭에서 어느 순간 퐁퐁 시가 솟아오른 것을 보면서 나도 놀라고 아이들도 놀랐지만 다른 한편으로 나는 신념을 가지게 되었다. 모든 아이들은 샘을 가지고 있다는 것을. 늘 2월과 3월은 이 샘을 파는 준비 단계, 즉 교육과정 설계의 시간이 된다. 그래서 2, 3월이 나는 늘 고되고 그러면서도 설렌다.

## ✚ 학기(학년) 단위 교사 수준 교육과정

| 단계 | 영역 | 항목 | 내용 |
|---|---|---|---|
| 설계 | 교육철학 나누기 | ① 교육과정 읽기 | - 2015 개정 교육과정, 경남 교육과정 편성·운영 지침, 학교 교육과정을 살펴보고 학급 운영의 시사점 얻기 |
| | | ② 목표 수립을 위한 생각 나누기 | - 2학년 선생님과 의논하고 나의 교육철학을 녹여 '나누고 꿈꾸는 어린이'로 어린이상 결정 |
| | | ③ 교육목표 및 중점 과제 세우기 | - 학년 교육목표 및 중점 과제 세우기, 학급별 교육목표 및 중점 과제 세우기, 학급 특색교육은 독서교육, 의사소통교육, 진로교육과 연계하여 지도함 |
| | 교육과정 구성하기 | ④ 성취기준 및 맵핑자료 읽기 | - 각 단원별 성취기준 맵핑자료 읽기로 재구성의 방향 정하기, 각 교과의 내용 체계표 읽기로 교육과정 내용 선정의 기준 마련하기, 각 교과별 성취기준 번역과 해석을 통해 교육과정에 반영할 점 정리하기 |
| | | ⑤ 중점 과제 관련 성취기준 선정하기 | - 선정된 3가지 중점 과제 관련 각 교과별 성취기준 선정하기, 학급 소개판과 교실 앞판에 중점 과제와 바라는 어린이상을 붙이고 학생들에게 일 년 학급살이에 대해 설명하고 공유하는 시간 가지기 |
| | | ⑥ 연간 교수·학습 계획 수립하기 | - 나이스(NEIS)로 연간 교수·학습 계획 수립하기, 단원의 차시 조정, 단원 간 순서 조정, 단원 내 학습제재 조정하기, 학생 발달 단계를 고려하여 학습 내용과 수준 결정하기 |
| | | ⑦ 연간 평가계획 및 평가기준안 작성하기 | - 중점 과제를 중심으로 학생의 성장을 돕는 연간 평가계획 수립, 평가기준안 작성하기 |
| | | ⑧ 점검하기 | - 교사 수준 교육과정에 대한 자기 점검하기 |
| 실행 | 교육과정 실천하기 | ⑨ 설계된 교육과정 실천하기 | <독서 교육><br>- 책 읽어 주기, 한 책 읽기로 독서 습관 형성<br>- 국어 시간 삼천포 도서관 활용 수업<br><br><의사소통 교육><br>- 학기 초 감정카드를 활용한 감정 수업으로 의사소통력 향상<br>- 교과 연계 놀이 활동, 독서 놀이, 인성 놀이로 공동체 의식 함양<br>- 놀이를 활용한 수학 수업으로 의사소통력 향상<br><br><진로 교육><br>- 독서를 통해 다양한 직업에 대해 이야기 나누기<br>- 시집 쓰기와 출판 기념회를 통해 자신의 적성 찾아보기<br>- 통합교과의 진로 영역과 관련 도서를 함께 읽으며 나에 대해 알아보기 |
| 생성 | 되돌아보기 | ⑩ 실천된 교육과정 돌아보기 | - 수업활동 되돌아보며 기록하기<br>- 시집을 통해 시 쓰기 정리하기 |
| | | ⑪ 학생 수준 교육과정 돌아보기 | - 시 쓰기에 대한 학생들의 소감 작성하기<br>- 출판 기념회와 일 년 학급살이 돌아보기 시간을 통해 생각 나누기<br>- 학습 지원 대상 아동에 대한 점검 및 2학기 대책 수립하기 |
| | | ⑫ 교사의 성장 돌아보기 | - 나만의 교육철학 세우기 및 시행착오와 부족한 점 찾기<br>- 교육과정 문해력 향상 및 교사 수준 교육과정 구현하기 |
| | | ⑬ 점검하기 | - 한 학기 교육과정을 마무리 지으며 수정·보완할 점 찾기<br>- 설계된 교육과정의 시행착오 정리해 보기 |

# 꿈동이들과의 설레는 만남을 위하여 교육과정 읽기부터 시작하기

설계 >> 교육철학 나누기 >> 교육과정 읽기

교사 수준 교육과정을 설계하기 위해서 학급의 교육목표와 중점 과제를 정해 보라고 하면 새내기 선생님들, 아니 경력 10년 차 정도의 선생님도 "선생님, 무엇을 중점 과제로 삼아야 하는 거지요?" 이렇게 물어보며 막막해한다. 그러면 선생님들께 먼저 국가 수준, 지역 수준의 교육과정과 학교 수준의 교육과정을 찬찬히 읽어 볼 것을 권한다. 학급교육목표에는 교사의 가치와 철학, 학급 학생들에게 필요한 역량이 들어가야 하지만 이런 것들도 국가 수준과 지역 수준, 학교 수준의 교육과정이란 큰 틀에서 이루어지기 때문에, 국가 수준과 지역 수준의 교육과정을 읽어 보아야 한다. 교육과정상의 핵심역량과 추구하는 인간상은 학급에서 바라는 어린이상이나 중점 과제를 정하는 데 도움이 된다. 교육과정을 살피다 보면 한해 학급살이에 도움이 될 많은 시사점들을 찾을 수 있고 교육과정의 큰 흐름도 파악할 수 있다. 해마다 학년이 달라지는 초등의 경우, 모든 학년의 교육과정을 꿰차고 있기 어렵기 때문에 이 과정이 꼭 필요하다.

| 2015 개정 교육과정의 '추구하는 인간상' | 자주적인 사람 | | 창의적인 사람 | | 교양 있는 사람 | 더불어 사는 사람 |
|---|---|---|---|---|---|---|
| 2015 개정 교육과정의 '핵심 역량' | 자기관리 역량 | 지식 정보 처리 역량 | 창의적 사고 역량 | 심미적 감성 역량 | 의사소통 역량 | 공동체 역량 |
| 경상남도 교육청의 '추구하는 인간상' | 함께 배우며 미래를 열어가는 민주시민<br>1. 더불어 살아가는 공동체 의식을 지닌 건강하고 도덕적인 사람<br>2. 소통과 공감으로 새로운 지식과 가치를 창출하는 사람<br>3. 올곧고 바람직한 자아를 실현하고 국가와 사회발전에 이바지하는 사람 | | | | | |
| 대성초등학교 교육과정에서 바라는 어린이상 | 건강인 | | 창의인 | | 지혜인 | 바름인 |
| 학급에서 바라는 어린이상 | 꿈이 있는 어린이 | | 창의적인 어린이 | | 책을 사랑하는 어린이 | 친구를 사랑하는 어린이 |
| 중점 교육활동 | 진로활동<br>체육, 놀이활동 | | 예술활동<br>과학, 정보활동 | | 독서활동<br>예술활동<br>기초학력 | 토론활동<br>의사소통활동<br>모둠활동 |

**교육과정 읽기를 통한 학급살이 설계하기**

# 1) 교육과정 설계하기 - 국가 수준 교육과정 읽기

2015 개정 교육과정에서는 '교과 전문가로서의 교사가 학교 특성과 학생의 발달수준에 맞게 교육과정을 재구성하고 교수학습방법을 구안하여 맞춤형 수업을 하게 하기 위하여, 교과목의 학년군별 목표 달성을 위한 지도 내용의 순서, 비중, 방법 등을 조정하여 운영할 수 있다'고 밝히고 있다. 이는 학급의 실태나 교사의 가치와 철학에 비추어 교육과정을 교사 수준으로 재구성하여 가르칠 수 있음을 시사한다. 다음과 같이 국가 수준 교육과정을 읽으면서 학급살이에 필요한 것들을 찾아보았다.

| 순 | 영역 | 국가 수준 교육과정 | 교사 수준 교육과정 구성을 위한 시사점 |
|---|---|---|---|
| 1 | 추구하는 인간상 | - 자주적인 사람, 창의적인 사람, 교양 있는 사람, 더불어 사는 사람 | - 학급에서 바라는 어린이상과 학급교육목표 선정에 참고 |
| 2 | 핵심 역량 | - 자기관리 역량, 지식정보처리 역량, 심미적 감성 역량, 의사소통 역량, 공동체 역량 | |
| 3 | 창의적 체험활동 지침 개선 | - 단위학교의 편성·운영 자율권을 주어 학교의 특색을 살리는 방향으로 4가지 영역의 선택과 집중이 가능하도록 개선 | - 학급 교육목표 중 진로 교육 강화 |
| 4 | 한글 교육 강화로 27차시에서 68차시로 확대 운영 | - 공교육의 책무성 강화 및 기초학력 향상이 목적<br>- 교육과정 편성 운영 기준: 각 교과의 기초, 기본요소들이 체계적으로 학습되도록 편성 운영하되 국어 사용능력과 수리 능력의 기초 부족한 학생들을 대상으로 기초 학습 능력향상을 위한 별도 프로그램 편성 운영 가능 | - 한글, 셈하기 교육 강조<br>- 독서를 통한 읽기, 쓰기 교육 강조<br>- 수학 연산 영역 시수 증배 |
| 5 | 교육 효과를 높이기 위한 학기별, 학년별 집중 이수 가능 | - 학기당 이수 교과수 감축을 통한 학습부담 경감과 학습의 질 개선이 목적 | - 성취기준을 바탕으로 단원 재구성과 프로젝트 수업 실시 |
| 6 | 교육과정의 탄력적 운영 | - 교과 전문가로서의 교사가 학교 특성과 학생의 발달수준에 맞게 교육과정을 재구성하고 교수학습방법을 구안하여 맞춤형 수업을 하게 하기 위하여, 교과목의 학년(군)별 목표 달성을 위한 지도 내용의 순서, 비중, 방법 등을 조정하여 운영할 수 있음 | - 학생 수준에 맞게 단원의 순서나 지도시기를 재구성하여 지도 가능, 공교육 정상화 촉진 및 선행교육 규제에 관한 특별법에는 위배되지 않게 함 |

**국가 수준의 교육과정 읽기**

## 2) 교육과정 설계하기 - 지역과 학교 수준 교육과정 읽기

국가 수준의 교육과정을 읽고 교과별 내용 체계 및 성취기준을 확인한 다음 지역과 학교 수준의 교육과정도 살펴보았다. 지역 수준의 교육과정은 교과 중점 역량, 그 교과에서 길러야 할 중심 기능이나 내용 체계 등을 알려 주고 있어 국가 수준 교육과정보다 좀 더 구체적이다. 그래서 교육 내용을 재구성하고 학교교육과정과 연계하여 실제 창의적 체험활동이나 행사를 잡는 데 도움이 되었다. 학교 수준의 교육과정에서 해당 학년과 관련된 내용을 확인하고 행사 활동과 프로젝트 주제나 시기 등을 고려하여 구체적인 연간활동 계획표를 작성할 수 있었다.

| 순 | 과목 | 지역 수준의 교육과정 | 교사 수준 교육과정 구성을 위한 시사점 |
|---|---|---|---|
| 1 | 바른 생활 | - 교과 중점 역량, 공동체 역량, 자기관리 역량, 의사소통 역량<br>- 되돌아보기, 스스로 하기, 내면화하기, 관계 맺기, 습관화하기로 대표되는 실천기능 중점 지도<br>- 평가: 실천중심, 경험과 활동을 대상으로 인격적 성장을 기술하는 방식, 가정과 학교생활이 연계되도록 평가 | - 실천기능 위주로 학습 내용 재구성<br>- 가정과 연계된 실천중심으로 수행평가 실시 |
| 2 | 슬기로운 생활 | - 교과역량: 창의적 사고 역량, 지식정보처리 역량, 의사소통 역량<br>- 관찰하기, 무리짓기, 조사하기, 예상하기, 관계망 그리기로 대표되는 탐구기능 신장이 중점<br>- 현장체험학습, 창의적 체험활동과 연계하여 지도 | - 현장체험학습과 관련한 재구성 및 연계지도<br>- 학교 교육목표의 다양한 체험과 연관하여 체험내용 추출(본교 교육과정의 텃밭 가꾸기 연계) |
| 3 | 즐거운 생활 | - 교과역량: 심미적 감성 역량, 창의적 사고역량, 의사소통 역량<br>- 더불어 놀이하기, 표현하기, 감상하기의 기능 익히기<br>- 놀이와 표현활동 중심의 배움중심수업<br>- 경남의 민속놀이와 전래동요를 수업과 연계 | - 경남에 전해져 오는 아이들의 민속놀이로 교육과정 재구성(통합교과) |
| 4 | 국어 | - 교과역량: 비판적·창의적 사고역량, 자료·정보 활용역량, 의사소통 역량, 공동체·대인관계 역량, 문화 향유역량, 자기성찰·개발 역량<br>- 행복한 책 읽기, 한글 교육 강화, 상대 존중하는 언어습관, 한 책 읽기<br>- 배움의 내용과 과정 중심으로 평가 | - 학급의 독서교육 강화: 한 책 읽기, 시집 읽기, 시 쓰기 활동(학교 교육활동인 '꼬마 시인들의 시화전'과 연계하여 전개)<br>- 학교 옆에 있는 삼천포 도서관 적극 활용 |
| 5 | 수학 | - 교과역량: 문제해결역량, 창의·융합역량, 의사소통 역량, 정보처리 역량, 태도 및 실천 역량<br>- 체험중심의 수학학습이 되도록 수학 문화관 및 수학체험센터 활용<br>- 과정 중심의 수시평가 실시, 종합적인 수학학습 평가 | -셈하기 지도 시간 증배(학급)<br>- 놀이 중심 수학(짝, 모둠활동)으로 의사소통능력 향상 |
| 6 | 창의적 체험 활동 | - 교과역량: 자기관리 역량, 지식 정보처리 역량, 창의적 사고 역량, 심미적 감성 역량, 의사소통 역량, 공동체 역량<br>- 다양한 자치활동으로 민주시민 교육<br>- 독서·생태환경 교육<br>- 진로에 대한 다양한 체험<br>- 마을교사와 연계한 진로 체험 준비하기 | - 학교 중점 교육활동인 생태교육, 독서교육 연계하여 학급 교육과정 재구성<br>- 학기말 학교교육과정의 드림페스티벌(진로체험)과 연계 |

**지역과 학교 수준의 교육과정 읽기**

# 일 년 학급살이, 어떤 모습일지 큰 그림을 그리기

설계 >> 교육철학 나누기 >> 목표수립을 위한 생각 나누기

2월에 시작하는 교육과정의 설계는 일 년 학급살이의 설계도를 그리는 전체적인 계획 단계에 해당된다. 긴 항해를 위해 배의 특성과 항로를 잘 파악한 배의 출항은 불안보다는 안정감을 주듯이 일 년을 알차게 설계한 교육과정을 가지고 있는 교사 역시 마찬가지가 아닐까 생각한다. 물론 이 과정은 계획 단계이기 때문에 학생의 특성이나 예상했던 성취기준의 난이도와 실제 학생 수준이 달라서 수정되고 다시 계획되는 과정을 수시로 거치기도 하였다. 같은 2학년의 교육과정이라도 학생과 학교의 요구, 학부모, 교사의 가치관이 바뀌면 다음 해에 똑같이 적용되기 어렵다. 그래서 교육과정은 다시 수정되고 설계된다. "아이들이 바뀌기 때문에 교사 수준 교육과정 역시 늘 바뀌어야 한다"는 진리를 언제나 느끼고 있다.

학급의 교육목표와 중점 과제를 정하기 위해 우선 1년간 학급살이를 통해 기르고 싶은 어린이 모습이나 학급의 모습을 그려보고 동료 선생님들과 생각 나누기를 하였다. 학급 어린이들의 흥미나 정서, 기초 학력 실태, 교사의 철학이나 역량도 함께 생각해 보면서 학급살이 설계가 조금 더 구체적이고 명확해지는 것을 느낄 수 있었다.

이 단계는 앞서 교육과정 읽기의 지식, 교사의 실제적 경험과 가치에 의해 복합적인 머릿속 그림(Mental Planning)이 끊임없이 그려지는 시간이다. 그러므로 고경력 교사와 저경력 교사와의 소통이나 전문적학습공동체의 활동이 부가되면 좋은 결과가 예상되는 단계이기도 하다. 그렇지만 올해는 새로 옮긴 학교여서 교사들 모두 서먹한 분위기에서 같은 학년의 선생님과 주로 소통했을 뿐 나만의 고민에 빠진 시간이었던 것 같아 아쉬움이 남는다.

| 1. 생각하기 | 2. 생각 나누기 |
|---|---|
| - 내가 바라는 어린이 모습<br>- 교육과정에 담고 싶은 내용과 방법<br>- 중점적으로 추진하고 싶은 교육 내용<br>- 우리 반 특색활동 | - 2학년 교사들이 바라는 아이들의 모습<br> • 권 교사: 독서, 진로<br> • 구 교사: 의사소통력, 기초 기본습관 형성 |

**일 년 학급살이 어떻게 펼칠까?**

| 3. 학급 실태 및 학교 특성 파악 | 4. 교사의 가치와 철학, 역량 더하기 |
|---|---|
| - 호기심이 많고 한글 미해득 학생이 없음<br>- 편식이 적고 기초체력이 우수함<br>- 닭장, 텃밭 등 생태적 교육 환경 조성되어 있음<br>- 교과 활동시간에 삼천포 도서관 이용 가능 | - 독서교육, 우리말 교육에 관심이 많음<br>- 글쓰기에 대한 지도 경험이 많음 |

**일 년 학급살이 그려 보기**

## 일 년 학급살이의 목적지, 학급 교육목표와 중점 과제 정하기

설계 >> 교육철학 나누기 >> 교육목표 및 중점 과제 세우기

학년이 바뀌어 아이들을 만나면 나는 작은 소망을 가져 본다. 우리 꿈동이들은 서로 사랑하며 살았으면 좋겠다는 것이다. '나'를 사랑하고 '책'을 사랑하고 '친구'를 사랑하는 꿈동이들이면 좋겠다는 소망에 내 개인적 욕심을 더한다면 국제화 시대에 다양한 문화들 속에서도 민족의 자긍심을 가지고 우리말을 사랑하는 꿈동이들, 즉 민족의 정체성이 있는 아이들로 자랐으면 좋겠다는 것이 나의 바람이고, 교육에 대한 나의 가치관이기도 하다.

그래서 교육목표를 독서를 통한 앎, 우리 말살이를 통한 삶, 민족의 주체성을 지닌 학생들의 꿈으로 잡았다. 그 교육목표를 달성하기 위한 중점 과제는 독서교육, 의사소통교육, 진로교육으로 정했다. 이러한 학급의 교육목표와 중점 과제는 1년 학급살이의 배움(교과 활동)과 마음 다지기(생활 교육)의 큰 나침반이 되었다.

'꿈꾸고 나누는 꿈동이'로 자라게 하기 위해 마음 밭에 시를 뿌리기로 하였다. 창의적 체험활동을 '책 읽어주기'로 정하여 다양한 시집을 꾸준히 읽어주고 국어과 교육과

정 단원 내 재구성 수업으로 자극적인 시각 매체, 지나친 스마트폰 게임 등으로 갈라진 꿈동이들의 마음 밭에 시 쓰기를 위한 약비를 뿌리기로 하였다. 그 약비가 적시고 갈 꿈동이들의 마음 밭 선샘에서 퐁퐁 달콤하고 시원한 시들이 쏟아지길 기대하면서 일 년 학급살이의 닻을 올렸다.

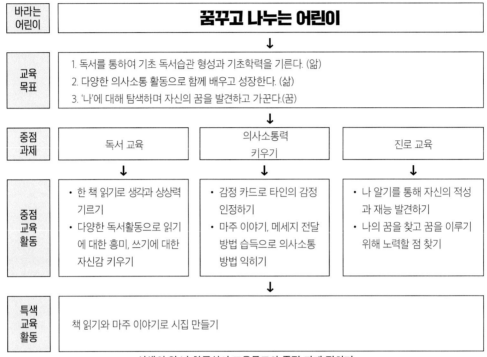

선샘의 일 년 학급살이 교육목표와 중점 과제 정하기

## 중점 과제를 바탕으로 나만의 교육과정 구성하기

설계 >> 교육철학 나누기 >> 성취기준 및 맵핑자료 읽기, 중점 과제와 관련된 성취기준 찾아보기

꿈동이들과 함께 할 교육과정을 구성하기 위해 우선 2학년의 과목별 성취기준 및 맵핑자료를 읽어 보았다. 이것들을 살피면서 성취기준 간의 종적 관련성 혹은 횡적 관련성 찾기, 1학년 성취기준과의 중복, 심화 여부 등을 살피고 중점 과제인 독서, 의사소통 교육, 진로 교육 활동과 관련된 성취기준도 같이 찾아보았다.

중점 과제별 성취기준을 정리하면서 의사소통 능력과 관련된 것이 많다는 것을 알 수 있었다. 저학년 단계에서는 자신의 생각을 친구들과 이야기나 놀이 형태로 소통해 보는 활동이 많다. 이러한 과정에서 의사소통 역량이 요구되고 저학년 시기부터 시작된 의사소통력은 모든 학습의 기초이며 민주시민교육의 역량이 된다는 시사점을 얻을 수 있었다.

| 중점 과제 | 중점 과제 관련 성취기준 |
|---|---|
| 독서 교육 | [2국01-02] 일이 일어난 순서를 고려하며 듣고 말한다.<br>[2국02-03] 글을 읽고 주요 내용을 확인한다.<br>[2국02-04] 글을 읽고 인물의 처지와 마음을 짐작한다.<br>[2국02-05] 읽기에 흥미를 가지고 즐겨 읽는 태도를 지닌다.<br>[2국05-02] 인물의 모습, 행동, 마음을 상상하며 그림책 시나 노래, 이야기를 감상한다. |
| 의사소통 교육 | [2국01-03] 자신의 감정을 표현하며 대화를 나눈다.<br>[2국01-04] 듣는 이를 바라보며 바른 자세로 자신 있게 말한다.<br>[2국02-04] 글을 읽고 인물의 처지와 마음을 짐작한다.<br>[2국03-02] 자신의 생각을 문장으로 표현한다.<br>[2국05-03] 여러 가지 말놀이를 통해 말의 재미를 느낀다.<br>[2국05-04] 자신의 생각이나 겪은 일을 시나 노래, 이야기 등으로 표현한다.<br>[2수01-05] 덧셈과 뺄셈이 이루어지는 실생활 상황을 통하여 덧셈과 뺄셈의 의미를 이해한다.<br>[2수01-10] 곱셈이 이루어지는 실생활 상황을 통하여 곱셈의 의미를 이해한다.<br>[2수02-03] 교실 및 생활 주변에서 여러 가지 물건을 관찰하여 삼각형, 사각형, 원의 모양을 찾고, 그것들을 이용하여 여러 가지 모양을 꾸밀 수 있다.<br>[2수03-08] 구체물의 길이를 재는 과정에서 자의 눈금과 일치하지 않는 길이의 측정값을 '약'으로 표현할 수 있다.<br>[2수05-01] 교실 및 생활 주변에 있는 사물들을 정해진 기준 또는 자신이 정한 기준으로 분류하여 개수를 세어 보고, 기준에 따른 결과를 말할 수 있다.<br>[즐01-03] 나의 몸을 창의적으로 표현하고, 활발하게 움직일 수 있는 놀이를 한다.<br>[즐03-04] 가족 구성원이 하는 역할에 대해 놀이를 한다.<br>[슬04-04] 여름방학 동안 하고 싶은 일과 해야 할 일을 계획한다.<br>[즐04-04] 여름에 할 수 있는 여러 가지 놀이를 한다 |
| 진로 교육 | [2국03-02] 자신의 생각을 문장으로 표현한다.<br>[슬01-04] 나의 과거와 현재 모습을 통해서 재능과 흥미를 찾고, 이에 근거하여 미래의 모습을 예상한다.<br>[즐01-04] 나의 흥미와 재능 등을 표현하는 공연·전시 활동을 한다. |
| 동아리 활동 | - 한 책 읽기와 한 책 읽고 독서 토론하기 (학급 특색활동과 연계) |

**중점 과제 관련 성취기준 선정하기**

# 시가 있는 교실을 위한 교수 학습 계획 세우기

설계 >> 교육과정 구성하기 >> 연간 교수·학습 계획 수립하기

2학년은 1학년에 비하여 학교생활과 학습 면에서 정서적으로 안정되어 있고 학습 주제에 대한 집중력과 흥미가 높다. 낯설기만 했던 1학년 때의 환경과 학습의 스트레스에서 조금은 벗어나 1학년보다 심화되긴 하였으나 반복되어 있고, 다양한 놀이로 구성되어 있는 교육과정에 흥미를 느낀다. 학년(군)별로 진행되는 체육대회나 동아리 활동 등 학교 행사에도 집중력과 높은 흥미를 보이는 학년이다.

하지만 기초학력이 요구되는 국어와 수학과의 경우는 조금 다르다. 수학 영역에서는 단순히 수를 읽고 세는 활동에서 자릿값을 이해하고 사칙연산에 들어가야 하므로, 연산에 대한 기본 이해와 연산 기능을 습득해야 한다. 따라서 다양한 문제 유형과 지속적인 문제 풀기기가 필요한 시기라서 자칫 수학에 대한 흥미를 잃어버리게 될 수도 있다.

또한 한글을 익히고 소리 나는 대로 읽을 수는 있으나 텍스트 이해력이 부족하여 문맥의 뜻을 헤아리지 못할 때가 많다. 국어 역시 대체로 소리 나는 대로 쓰기 때문에 정확하게 쓰거나 자신의 생각과 감정을 문장으로 나타내는 능력이 부족하다. 국어과 듣기, 말하기, 읽기, 쓰기 영역은 초등학교 3학년에 거의 완성 단계를 보이기 때문에 이 때 글쓰기 지도를 하면 큰 효과를 누릴 수 있다. 하지만 이것 역시 2학년 과정에서의 꾸준한 실력 쌓기가 뒷받침되었을 때 가능하다.

또한 심리나 정서상으로는 아이들은 모두 자신을 나타내고 싶어 한다. 늘 조잘조잘 자신의 얘기를 하곤 한다. 이러한 특성을 고려하여 국어와 수학과의 배당 시수를 늘렸다. 수학과의 경우 놀이수학과 차시별 형성평가를 강화하여 수업 시간에 바로바로 피드백하고 단원별 평가 결과를 가정에 시험지와 같이 보내서 부모님 확인을 받아오게 함으로써 학생의 수학 실력에 대한 점검을 강화하였다. 또한 전체적으로 교수 학습 계획을 세우면서 국어과 1단원의 내용을 재구성하여 시 쓰기 수업을 하면 좋겠다는 시사점을 얻었다.

학교 행사와 단원의 학습 내용을 고려하여 단원 순서와 과목 간 연계지도 계획도 수립하였다. 국어과의 경우 중복되는 성취기준이 많아 재구성에 용이하였다. 통합 교과의 첫 단원인 '1. 나의 몸'에 포함된 진로 영역은 진로 관련 책 읽어 주기 활동과 시 쓰기 수업의 심미적 감성 역량을 키우면서 자신의 꿈에 대한 생각 나누기와 친구 칭찬하기 등으로 중점 과제인 진로교육을 강화할 수 있었다.

| 순 | 책 제목 | 작가 | 수업 이야기 |
|---|---|---|---|
| 1 | 치킨 마스크 | 우쓰기 미호 | 자신이 가지고 싶은 마스크 말하기 |
| 2 | 백점빵 | 배욱찬 | 자신이 잘하는 재능으로 빵 만들어 나누어 주기 |
| 3 | 괴물들이 사는 나라 | 모리스 샌닥 | 자신만의 방을 만들어 친구들과 고민 털어놓기 |
| 4 | 행복한 청소부 | 모니카 페트 | 자신이 행복해 하는 일에 대해 이야기 나누기 |
| 5 | 무슨 꿈이든 괜찮아 | 프르체미스타프 베히터로히츠 | 자신의 꿈에 대해 이야기 나누기 |

그림책 읽기를 통한 진로 교육

| 재구성 전 | | | | | | 재구성 후 | | | | | |
|---|---|---|---|---|---|---|---|---|---|---|---|
| 학년 | 성취기준 | 단원 | 학습내용 | 쪽수 | 보조쪽수 | 학년 | 성취기준 | 단원 | 학습내용 | 쪽수 | 보조쪽수 |
| 2 | | 1. 시를 즐겨요 | 시를 여러 가지 방법으로 읽기 | 6~11 | | 2 | | 2. 자신 있게 말해요 | 단원도입, 다른 사람 앞에서 말한 경험 떠올리기 | 26~31 | |
| 2 | | 1. 시를 즐겨요 | 여러 가지 방법으로 시 읽고 단원 학습 계획하기 | 6~11 | | 2 | | 2. 자신 있게 말해요 | 다른 사람 앞에서 말한 경험 떠올리기, 단원 학습 계획하기 | 26~31 | |
| 2 | 문학[2국05-02] 인물의 모습, 행동, 마음을 상상 | 1. 시를 즐겨요 | 장면을 떠올리며 시 읽기 | 12~15 | 6 | 2 | 듣기말하기[2국01-04] 듣는 이를 바라보며 바른 자세로 자신 있게 말한다. | 2. 자신 있게 말해요 | 바른 자세로 자신 있게 말하는 방법 알아보기 | 32~35 | 12~13 |
| 2 | 하며 그림책, 시나 노래, 이야기를 감상한다. | 1. 시를 즐겨요 | 시를 읽고 떠오르는 장면 그리기 | 12~15 | 6 | 2 | | 2. 자신 있게 말해요 | 바른 자세로 자신 있게 자기소개하기 | 32~35 | 12~13 |
| 2 | | 1. 시를 즐겨요 | 시의 표현, 장면, 자신의 경험을 떠올려 시 속 인물의 마음 상상하기 | 16~19 | 7~8 | 2 | | 2. 자신 있게 말해요 | 여러 사람 앞에서 해야 하는 상황 떠올리기 | 36~38 | 14~16 |
| 2 | 읽기[2국02-05] 읽기에 흥미를 가지고 즐겨 읽 | 1. 시를 즐겨요 | 시 속 인물의 마음 상상하며 시 읽기 | 20~22 | 9~10 | 2 | 읽기[2국02-05] 읽기에 흥미를 가지고 즐겨 읽는 태도를 지닌다. | 2. 자신 있게 말해요 | 한 가지 상황을 정해 친구들에게 발표하기 | 36~38 | 14~16 |
| 2 | 는 태도를 지닌다. | 1. 시를 즐겨요 | 시 속 인물의 마음 상상하며 노래하기 | 20~22 | 9~10 | 2 | | 2. 자신 있게 말해요 | 글을 읽고 자신의 생각 정리하기 | 39~42 | |
| 2 | | 1. 시를 즐겨요 | 시 낭송 준비하기 | 23~25 | | 2 | | 2. 자신 있게 말해요 | 친구들 앞에서 바른 자세로 자신 있게 발표하기 | 39~42 | |
| 2 | | 1. 시를 즐겨요 | 친구들 앞에서 시 낭송하기 | 23~25 | | 2 | | 2. 자신 있게 말해요 | 좋아하는 음식을 친구에게 소개하는 글쓰기 | 43~45 | |
| 2 | | 1. 시를 즐겨요 | 1단원 정리하기-친구들과 좋아하는 시 소개하기 | 23~25 | | 2 | | 2. 자신 있게 말해요 | 좋아하는 음식을 친구에게 소개하기 | 43~45 | |
| 2 | | 2. 자신 있게 말해요 | 단원도입, 다른 사람 앞에서 말한 경험 떠올리기 | 26~31 | | 2 | | 1. 시를 즐겨요 | 들려주는 시를 듣고 나누기 만든기·쌤 팬드(쌤) | 6~11 | |
| 2 | | 2. 자신 있게 말해요 | 다른 사람 앞에서 말한 경험 떠올리기, 단원 학습 계획하기 | 26~31 | | 2 | | 1. 시를 즐겨요 | 여러 가지 방법으로 시 읽고 단원 학습 계획하기 | 6~11 | |
| 2 | 듣기말하기[2국01-04] 듣는 이를 바라보며 바른 자세 | 2. 자신 있게 말해요 | 바른 자세로 자신 있게 말하는 방법 알아보기 | 32~35 | 12~13 | 2 | | 1. 시를 즐겨요 | 장면을 떠올리며 시 읽기 | 12~15 | 6 |
| 2 | 로 자신 있게 말한다. | 2. 자신 있게 말해요 | 바른 자세로 자신 있게 자기소개하기 | 32~35 | 12~13 | 2 | 문학[2국05-02] 인물의 모습, 행동, | 1. 시를 즐겨요 | 시를 읽고 떠오르는 장면 그리기 | 12~15 | 6 |
| 2 | | 2. 자신 있게 말해요 | 여러 사람 앞에서 해야 하는 상황 떠올리기 | 36~38 | 14~16 | 2 | 마음을 상상하며 그림책, 시나 노래, 이야기를 감상한다. | 1. 시를 즐겨요 | 시의 표현, 장면, 자신의 경험을 떠올려 시 속 인물의 마음 상상하기 | 16~19 | 7~8 |
| 2 | 읽기[2국02-05] 읽기에 흥미를 가지고 즐겨 읽 | 2. 자신 있게 말해요 | 한 가지 상황을 정해 친구들에게 발표하기 | 36~38 | 14~16 | 2 | 읽기[2국02-05] 읽기에 흥미를 가지고 | 1. 시를 즐겨요 | 시 속 인물의 마음 상상하며 시 읽기 | 20~22 | 9~10 |
| 2 | 는 태도를 지닌다. | 2. 자신 있게 말해요 | 글을 읽고 자신의 생각 정리하기 | 39~42 | | 2 | 즐겨 읽는 태도를 지닌다. | 1. 시를 즐겨요 | 시 속 인물의 마음 상상하며 노래하기 | 20~22 | 9~10 |
| 2 | | 2. 자신 있게 말해요 | 친구들 앞에서 바른 자세로 자신 있게 발표하기 | 39~42 | | 2 | | 1. 시를 즐겨요 | 시 낭송 준비하기 | 23~25 | |
| 2 | | 2. 자신 있게 말해요 | 좋아하는 음식을 친구에게 소개하는 글쓰기 | 43~45 | | 2 | | 1. 시를 즐겨요 | 친구들 앞에서 시 낭송하기 | 23~25 | |
| 2 | | 2. 자신 있게 말해요 | 좋아하는 음식을 친구에게 소개하기 ★평가[2국01-04] | 43~45 | | 2 | | 1. 시를 즐겨요 | 1단원 정리하기-우리반의 시화전 | 23~25 | |
| 2 | | 3. 마음을 나누어요 | 단원 도입, 마음을 나타내는 말 알기 | 46~51 | | 2 | | 1. 시를 즐겨요 | 1단원 정리하기-우리반의 시화전 | 23~25 | |
| 2 | | 3. 마음을 나누어요 | 마음을 나타내는 말 알기, 단원 학습 계획하기 | 46~51 | | 2 | | 3. 마음을 나누어요 | 단원 도입, 마음을 나타내는 말 알기 | 46~51 | |
| 2 | 듣기말하기[2국01-03] 자신의 감정을 표현하며 대화 | 3. 마음을 나누어요 | 마음을 나타내는 말을 사용해 마음 표현하기 -1- | 52~57 | 18~19 | 2 | | 3. 마음을 나누어요 | 마음을 나타내는 말 알기, 단원 학습 계획하기 | 46~51 | |
| 2 | 를 나눈다. | 3. 마음을 나누어요 | 마음을 나타내는 말을 사용해 마음 표현하기 -2- | 52~57 | 18~19 | 2 | | 3. 마음을 나누어요 | 마음을 나타내는 말을 사용해 마음 표현하기 -1- | 52~57 | 18~19 |
| 2 | | 3. 마음을 나누어요 | 글에서 인물의 마음을 나타내는 말을 찾고 인물의 마음 이해하기 | 58~63 | 20~31 | 2 | | 3. 마음을 나누어요 | 마음을 나타내는 말을 사용해 마음 표현하기 -2- | 52~57 | 18~19 |
| 2 | 문학[2국05-02] 인물의 모습, 행동, 마음을 상상 | 3. 마음을 나누어요 | 인물과 비슷한 경험을 떠올려 보고 그때의 마음 말하기 | 58~63 | 20~31 | 2 | 듣기말하기[2국01-03] 자신의 감정을 표현하며 대화 | 3. 마음을 나누어요 | 글에서 인물의 마음을 나타내는 말을 찾고 인물의 마음 이해하기 | 58~63 | 20~31 |
| 2 | 하며 그림책, 시나 노래, 이야기 | 3. 마음을 나누어요 | 인물의 마음을 이해하며 연극 해보 보기 | 64~67 | 32~34 | 2 | 를 나눈다. | 3. 마음을 나누어요 | 감정카드로 친구의 감정 공감해주기 | 58~63 | |
| 2 | 를 감상한다. | 3. 마음을 나누어요 | 연극 연습 속 인물을 초대해 이야기 나누기 ★평가[2국05-02] | 64~67 | 32~34 | 2 | | 3. 마음을 나누어요 | 감정카드로 친구의 감정 공감해주고 소감 말하기 | 58~63 | |
| 2 | | 3. 마음을 나누어요 | 마음을 나타내는 말을 사용해 역할놀이 하기 -1- | 68~71 | | 2 | 문학[2국05-02] 인물의 모습, 행동, 마음을 상상하며 | 3. 마음을 나누어요 | 인물과 비슷한 경험을 떠올려 보고 그때의 마음 말하기 | 58~63 | 20~31 |
| 2 | | 3. 마음을 나누어요 | 마음을 나타내는 말을 사용해 역할놀이 하기 -2- | 68~71 | | 2 | 시나 노래, 이야기를 | | | | 34 |
| 2 | | 3. 마음을 나누어요 | 3단원 정리하기-인물의 행동 살피며 다양한 책읽기 | | | 2 | | | | | 34 |

**♣ 단원 순서 조절**

학교 행사나 단원 재구성, 프로젝트 수업 계획에 따라 단원의 순서를 조정하거나 연계 지도를 계획할 수 있다.

| 2 | | 4. 말놀이를 해요 | 단원 도입, 말의 재미 느끼기 | 72~77 | | | | | | | |
| 2 | | 4. 말놀이를 해요 | 말의 재미 느끼기 단원 학습 계획하기 | 72~77 | | | | | | | |
| 2 | | 4. 말놀이를 해요 | 끝말 잇기 놀이로 말놀이 하기 | 78~83 | 36~38 | 2 | | 8. 마음을 짐작해요 | 글쓴이의 마음을 생각하며 글을 읽은 경험 나누기, 단원 학습 계획 | 168~173 | |

교수학습 재구성 계획에 따라 연간 진도표를 엑셀로 정리하기

중점 과제 관련 성취기준을 선정하고 교수학습 계획수립에서 선정된 평가내용을 바탕으로 구체적인 학기 평가계획을 수립하고 설계하였다. 교육과정 내용과 성취기준, 학생의 수준과 특성을 파악하여 학년 간 협의를 거쳐 평가계획을 수립하고, 평가결과 처리와 활용 등을 고려하여 계획을 세웠다.

수립된 평가계획안을 바탕으로 평가기준안을 작성하게 되는데 실제 수업 중에 이루어질 수 있는 수행평가 과제를 개발하면서 '교육과정-수업-평가'가 일관성 있게 실행될 수 있도록 했다. 실제 수업 단계에서는 더 구체적인 수행평가 과제 개발이 필요하기 때문에 학기 중 수정과 보완을 거치기도 했다. 계획된 평가계획은 아래와 같이 엑셀 파일에 표시하여 책상 유리판에 넣어 두고 수업 준비 전 잠깐씩 점검해 보기도 하였다.

| 2 | | 3. 덧셈과 뺄셈 | 단원 도입 | 58~59 | 38 | |
|---|---|---|---|---|---|---|
| 2 | | 3. 덧셈과 뺄셈 | 덧셈을 해 볼까요 (1) | 60~61 | 39~40 | 수 모형 |
| 2 | | 3. 덧셈과 뺄셈 | 덧셈을 해 볼까요 (2) | 62~63 | 41~42 | 수 모형 |
| 2 | [2수01-05] 덧셈과 뺄셈이 이루어지는 실생활 상황을 통하여 덧셈과 뺄셈의 의미를 이해한다. | 3. 덧셈과 뺄셈 | 덧셈을 해 볼까요 (3) | 64~65 | 43~44 | 수 모형 |
| 2 | | 3. 덧셈과 뺄셈 | 여러 가지 방법으로 덧셈을 해 볼까요 | 66~67 | 45~46 | |
| 2 | [2수01-06] 두 자리 수의 범위에서 덧셈과 뺄셈의 계산 원리를 이해하고 그 계산을 할 수 있다. | 3. 덧셈과 뺄셈 | 뺄셈을 해 볼까요 (1) | 68~69 | 47~48 | 수 모형 |
| 2 | | 3. 덧셈과 뺄셈 | 뺄셈을 해 볼까요 (2) | 70~71 | 49~50 | 수 모형 |
| 2 | [2수01-07] 덧셈과 뺄셈의 관계를 이해한다. | 3. 덧셈과 뺄셈 | 뺄셈을 해 볼까요 (3) | 72~73 | 51~52 | 수 모형 |
| 2 | [2수01-08] 두 자리 수의 범위에서 세 수의 덧셈과 뺄셈을 할 수 있다. | 3. 덧셈과 뺄셈 | 여러 가지 방법으로 뺄셈을 해 볼까요 | 74~75 | 53~54 | |
| 2 | | 3. 덧셈과 뺄셈 | [놀이 수학] 수 카드 뽑기 놀이를 해 볼까요 | 76~77 | | 수 카드 |
| 2 | [2수01-09] □가 사용된 덧셈식과 뺄셈식을 만들고, □의 값을 구할 수 있다. | 3. 덧셈과 뺄셈 | 덧셈과 뺄셈의 관계를 식으로 나타내어 볼까요 | 78~79 | 55~56 | |
| 2 | | 3. 덧셈과 뺄셈 | □의 값을 어떻게 구할 수 있을까요 | 80~81 | 57~58 | |
| 2 | | 3. 덧셈과 뺄셈 | 세 수의 계산을 해 볼까요★평가2[2수01-08] | 82~83 | 59~60 | |
| 2 | | 덧셈과 뺄셈 | [얼마나 알고 있나요] | 84~85 | | |
| 2 | | 3. 덧셈과 뺄셈 | [탐구 수학] 알맞은 수를 찾아볼까요 | 86~87 | | |

연간학습지도 계획(엑셀)에 표시된 평가계획

| 단원명 | 영역 | 중점 과제 | 핵심성취기준 | 핵심 역량 | 평가 유형 | 평가 시기 |
|---|---|---|---|---|---|---|
| 1.알쏭달쏭 나 | 나 | 진로<br>교육 | [2즐01-04] 나의 흥미와 재능 등을 표현하는 공연·전시 활동을 한다. | 창의적<br>사고 역량 | 수행평가<br>(관찰) | 3월<br>2주 |
| 2.봄이 오면 | 봄 | 독서교육 | [2즐02-01] 봄의 모습과 느낌을 창의적으로 표현한다. | 심미적 감성<br>역량 | 수행평가<br>(관찰) | 4월<br>3주 |
| 1. 이런 집 저런 집 | 가족 | 의사소통<br>교육 | [2즐03-04] 가족 구성원이 하는 역할에 대해 놀이를 한다. | 의사소통<br>역량 | 수행평가<br>(관찰) | 5월<br>3주 |
| 2. 초록이의 여름 여행 | 여름 | 의사소통<br>교육 | [2즐04-04] 여름에 할 수 있는 여러 가지 놀이를 한다. | 의사소통<br>역량 | 수행평가<br>(관찰) | 6월<br>3주 |

즐거운 생활 과정 중심 평가계획

지금까지 설계된 학기 수준의 교육과정 설계는 [표 7]을 활용하여 점검하는 과정도 필요하였다. 교육과정 설계 단계는 순서대로 진행되지만, 학급의 실태 파악과 생각 나누기, 교육과정 읽기와 생각 나누기 등이 동시에 일어나기도 하였다. 하지만 결국은 학급 교육목표와 중점 과제 선정이라는 고민 해결을 위한 활동이므로 깊은 고민의 대부분은 학급살이에 대한 내용으로 채워지고 진행되고 있음을 알 수 있었다. 설계 단계의 교육과정은 이후 펼쳐질 수업의 되돌아보기를 통해 실천 과정에서 계속 수정되었다.

## 선샘의 시가 있는 교실

실행 >> 교육과정 실천하기 >> 설계된 교육과정 실천하기

### 1) 교육과정 실천하기 - 시를 쓰기 위한 단원 재구성의 전체적인 모습

교육과정 설계 단계에서 맵핑자료를 읽고 교수학습 계획을 수립하면서 시 쓰기를 위해 국어 1단원을 재구성하기로 결정하였다. 단원 재구성 역시 '설계 → 수업 → 되돌아보기'의 과정을 거쳤다.

이 수업은 '시 쓰기를 위한 단원 내 재구성 사례'이다. 하지만 시를 쓴다는 것은 단원 내 8-9차시의 수업만으로 부족하며 특히 아직 읽기 능력도 부족한 저학년에게는 잘못하면 힘들고 고된 작업이 될 수 있다. 그래서 학기 초 창의적 체험활동의 학급특색활동과 연계하여 책 읽어 주기를 먼저 시작하였다. 특히 재미있고 공감 가는 시를 꾸준히 읽어 주면서 시에 아이들의 감성을 노출시키는 활동을 의도적으로 계획하여 지도하였다.

선샘의 시가 있는 교실 이야기는 '교육과정 읽기 → 교육과정 구성관점 및 의도 반영 → 단원 내 교사 수준 교육과정 구성 → 교육과정-수업-평가 일체화 → 되돌아보기' 순으로 전개된다.

- **교육과정 읽기:** 교과역량을 파악하고 성취기준을 지식, 기능, 태도 측면에서 어떻게 가르치고 무엇을 어떻게 평가할 것인지를 생각하는 단계이다.
- **교육과정 구성관점 및 의도 반영:** 학생, 환경, 교사 측면의 구성관점으로 교육과정 구성의도를 반영하고자 하였다. 특히 본교는 도서관이 바로 옆에 위치하고 있고 점심시간이나 교과 활동 시간에 사잇문을 통해 실내화를 신고 도서관으로 이동할 수 있으므로 지리적 장점인 도서관을 적극 활용하였다.
- **단원 내 교사 수준 교육과정 구성:** 성취기준과 교육과정 구성관점을 바탕으로 해석과 번역의 작업을 거쳐 재구성하였다.
- **교육과정-수업-평가 일체화:** 교육과정을 기본으로 펼쳐진 배움에 대한 학생들의 성장과 앎을 피드백하고자 하였다.
- **되돌아보기:** 학생 수준 교육과정, 교사 수준 교육과정을 견주어 보고 교사의 성장과 학습의 성과물을 챙겨봄으로써 다음 수업의 참고 자료로 활용하고자 하였다.

## 2) 교육과정 실천하기 - 단원 재구성을 위한 교사의 교육과정 문해력 키우기

### (1) 단원 내 재구성을 위한 교육과정 읽기
① 단원명: 1. 시를 즐겨요.
② 교과역량: 문화향유역량
③ 성취기준 해석하기

| 문학[2국05-02] | 인물의 모습, 행동, 마음을 상상하며 그림책, 시나 노래, 이야기를 감상한다. |
|---|---|
| 읽기[2국02-05] | 읽기에 흥미를 가지고 즐겨 읽는 태도를 지닌다. |
| 문학[2국05-04] | 자신의 생각이나 겪은 일을 시나 노래, 이야기 등으로 표현한다. |

④ 무엇을 가르칠 것인가? 문학작품 감상하는 방법, 경험을 시로 표현하는 방법

⑤ 어떻게 가르칠 것인가? 맥락 이해, 표현, 전달하기, 상상하기

⑥ 어떤 평가를 할 것인가?(수행평가) 시의 느낌 살려 시화 꾸미기, 시를 듣고 시 속의 인물 마음 상상하기, 시 낭송하기, 수업 과정에서 즐겨 읽는 태도와 적극성(정의적 요소 평가)

## (2) 시를 쓰기 위해 성취기준 살피기

위에 열거한 세 가지 성취기준의 공통점은 문학작품으로 접근하여 가르칠 수 있다는 것이다.

예부터 좋은 글쓰기의 기본은 다독(多讀), 다작(多作), 다상량(多商量)이라고 하였다. 문학작품을 읽고 끝나는 것이 아니라 인물의 생각이나 모습을 상상하거나 내 경험과 결부시켜 감상하다 보면 작품의 깊은 맛을 충분히 느낄 수 있다. 또한 시에서 느낀 깊은 감동은 시를 읽는데 그치지 않고 새로운 창작의 에너지가 되기도 한다. 즉, 많이 읽다 보면 많이 생각하게 되고 많이 생각하다 보면 새로운 창작을 하게 되는 것이다. 아이들의 글쓰기 수업도 이런 원리를 따라가다 보면 일 년이란 시간이 흘렀을 때 제법 생각과 글의 무게가 자리를 잡아 가는 것을 느낄 수 있다.

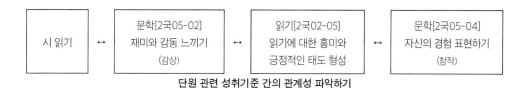

단원 관련 성취기준 간의 관계성 파악하기

감상과 창작의 자연스러운 연결고리 속에서 학생들이 시를 스스로 느끼고 표현할 수 있도록 1단원을 재구성하였다. 학생들의 발달 단계와 학습 역량을 고려할 때, 자발적인 창작은 다소 어려움이 따르기에 각 단계에서 학생들의 성장을 끌어올릴 교사의 의도적인 감상 기회 제공, 활동 단서 제공으로 활동의 유연성을 높이고자 하였다.

| 학생 | 환경 | 교사 |
|---|---|---|
| 발달 단계 능력과 수준<br>흥미와 태도 | 지역적 특성, 학교 환경 | 철학과 가치, 역량 |
| - 직관적 사고의 발달 시야가 넓지 못하고 물활론적 사고를 하는 경우가 있음<br>- 읽기 영역에서 개인차가 있음, 긴 글을 쓰는 데는 어려움이 따름<br>- 칭찬 받기를 좋아하고 인정받고 싶어 하며 의사표현에 있어 솔직한 편임 | - 삼천포 도서관과 인접해 있음<br>- 학급당 인원수가 적고 텃밭과 닭장이 있어 생태적 교육 환경이 잘 조성되어 있음 | - 독서교육에 대한 흥미가 많으며 좋은 문학작품은 아이들의 심성발달에 큰 영향을 끼친다고 생각함<br>- 글쓰기 지도 역량이 높으며 시 쓰기와 문예작품 지도 경력이 많음 |

시 쓰기 수업을 위한 교육과정 구성의 관점

## (3) 교육과정 구성 유형[107] 결정하기 - 교과와 창의적 체험활동의 통합 연계 지도

시를 쓴다는 것 역시 창작의 과정이므로 저학년 학생에게는 쉬운 활동이 아니다. 또한 시라는 창작물을 위해선 독서습관 형상과 꾸준한 독서가 필요하다. 그래서 국어 1단원은 재구성하고 창의적 체험활동과 연계하여 지도하였다.

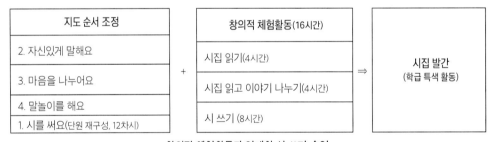

창의적 체험활동과 연계한 시 쓰기 수업

'1. 시를 즐겨요' 단원을 국어과 배움 과정의 처음이 아닌 중간 과정에 편성하였다. 또한 창의적 체험 활동의 동아리 활동을 책 읽기로 정하여 시 쓰기 역량을 기르기 위해 교과와 창의적 체험 활동의 연계 지도를 꾀하였다, 다양한 시집 읽기라는 충분한 마중물을 붓고 나서 시 쓰기라는 표현 과정으로 학생들을 이끌어 내고자 하는 교사

---

107) 교육과정 구성은 교과 내 재구성과 교과 간 재구성으로 나눌 수 있다. 교과 간 재구성은 보통 주제 통합 중심 재구성으로 이루어진다. 즉, 두 개 이상의 교과 간 성취기준 및 다양한 관점을 바탕으로 재구성되는 것이다.

의 의도된 재구성 과정이다. 창의적 체험 활동 중 동아리 활동 16차시와 국어과 1단원을 재구성한 12차시를 통하여 시집 발간이라는 열매를 얻고자 하였다.

### ⑷ 성취기준 간의 위계성을 고려한 단원 지도 순서 바꾸기

시 쓰기는 단순히 1시간 안에 이루어질 수 있는 활동이 아니다. 많은 독서와 생각하는 힘이 길러져야 하는 고된 창작의 과정이다. 한 단원 내용의 위계성만 고려하여 재구성하면 실패하기 쉽다. 특히 2학년 학생들은 심신이 어리고 국어과 쓰기 능력 기본이 형성되어 가는 과정이므로 더욱 그러하다. 그래서 국어과에서 시 쓰기와 관련 있거나 시 쓰기 능력의 바탕이 될 수 있는 성취기준을 단원에서 먼저 뽑아 순서대로 나열하여 보았다. 물론 학생들의 인지 발달 단계, 교육과정이 이루어지는 시기, 타 교과와의 연계 등도 같이 고려하여 단원의 지도 순서를 의도적으로 다음과 같이 조정하였다.

| 단원 | 2. 자신 있게 말해요 | 3. 마음을 짐작해요 | 4. 말놀이를 해요 | 1.시를 즐겨요 |
|---|---|---|---|---|
| 성취기준 | 듣기·말하기 [2국01-04] 듣는 이를 바라보며 바른 자세로 자신 있게 말한다. 읽기[2국02-05] 읽기에 흥미를 가지고 즐겨 읽는 태도를 지닌다. | 듣기·말하기 [2국01-03] 자신의 감정을 표현하며 대화를 나눈다. 문학 [2국05-02] 인물의 모습, 행동, 마음을 상상하며 그림책, 시나 노래, 이야기를 감상한다. | 문학 [2국05-03] 여러 가지 말놀이를 통해 말의 재미를 느낀다. 문법 [2국04-04] 글자, 낱말, 문장을 관심 있게 살펴보고 흥미를 가진다. | 문학 [2국05-02] 인물의 모습, 행동, 마음을 상상하며 그림책, 시나 노래, 이야기를 감상한다. 읽기 [2국02-05] 읽기에 흥미를 가지고 즐겨 읽는 태도를 지닌다. 문학[2국05-04] 자신의 생각이나 겪은 일을 시나 노래, 이야기 등으로 표현한다. |

**시 쓰기를 위한 성취기준의 재배열**

교과서에 전개된 1단원의 학습 내용은 2학년이 되어 처음 접하는 단원이기에 쓰기나 표현보다는 읽기에 관심을 가지고 즐겁게 감상하는 단계까지만 펼쳐져 있다. 관련 성취기준은 '문학[2국05-02] 인물의 모습, 행동, 마음을 상상하며 그림책, 시나 노래, 이야기를 감상한다. 읽기[2국02-05] 읽기에 흥미를 가지고 즐겨 읽는 태도를 지닌다'이다.

표현 관련 성취기준인 '문학[2국05-04] 자신의 생각이나 겪은 일을 시나 노래, 이야기 등으로 표현한다'는 6단원에서 찾을 수 있다.

하지만 시 수업을 위해 성취기준 재배열 과정이 필요하여 위의 표처럼 국어과 성취기준을 유목화하고 분류하여 다시 재배열하였다. 일단 '읽기에 대한 흥미 형성' → '그림책, 시나 노래, 이야기의 감상능력 기르기' → '말놀이를 통한 말의 재미 알기'와 같이 관련 성취기준을 시 쓰기라는 목표를 위해 재배열한 것이다.

학생들이 시에 좀 더 쉽게 다가갈 수 있도록 '2단원 자신 있게 말해요'를 먼저 지도하였다. 2단원에서 자신과 자신이 좋아하는 음식을 소개하는 활동을 통해 학기 초 친교나 적응활동을 같이 연계하여 지도할 수 있었다. 책 띠지 만들기에서는 다양한 시집을 읽고 시집 띠지 만들기를 통해 시가 무엇인지 맛보는 단계를 우선 가졌다. '3. 마음을 짐작해요'에서는 인물의 모습, 행동, 마음을 상상하며 그림책, 시나 노래, 이야기를 감상하는 능력을 기르고자 하였다. '4. 말놀이를 해요' 단원에서는 시에서 반복적 표현이 주는 말의 재미 등을 미리 맛보게 하여 시 쓰기 수업에 말의 재미를 더하기 위한 표현법으로 지도하였다.

여기에서의 시는 압축미와 운율감을 살린 문학적 시 쓰기가 아니다. 학생들의 경험을 나타내어 보는 여러 가지 활동 중의 하나로, 단지 시라는 짧은 글의 형식을 빌려 시도한 것으로 이해할 수 있다. 물론 이 시라는 짧은 글쓰기는 이후 본격적인 쓰기나 문학의 표현활동을 위한 또 다른 거름이 될 수 있다. 이를 위해 교사는 의도적 계획을 담아 학습 내용을 다음과 같이 재구성할 수 있다.

# 시 쓰기를 위한 단원 재구성

| 주제 | 차시 | 재구성 후 | 재구성의 관점 |
|---|---|---|---|
| 단원 도입 | 1 | - 시 읽어 주고 이야기 나누기 | - 학생 수준에서 이해하기 쉬운 내용으로 접근하여 시에 재미와 친숙함을 느끼는 기회를 제공하고자 함<br>- 지리적 이점을 이용하여 실외로 도서관 활용 수업을 하였으므로 학교 도서관에서 많은 종류의 시집을 보여주고 있어 활동에 도움이 됨<br>- 마음에 드는 시를 시화로 꾸미면서 시의 정서적 특징(연, 행)과 문학적 특징(반복, 운율)을 자연스럽게 이해시키고자 함 |
| 감상 하기 | 2-3 | - 마음에 드는 시를 골라 시화로 꾸미기 | |
| 감상 하기 | 4-5 | - 한 책 읽기<br>- 시집 읽고 마음에 드는 시를 골라 마음에 드는 이유, 재미있는 시 속 인물의 마음 성상하기, 친구들의 생각과 비교해 보기 | - 창의적 체험활동 등의 시간의 책 읽기 활동과 더불어 국어 시간에도 다양한 시집을 직접 읽어 보게 함으로써 시 읽기의 흥미를 느끼는 기회를 제공하고자 함<br>- 같은 시집을 읽어도 마음에 드는 시가 다르고 같은 시라도 시기에 따라 마음에 드는 이유가 서로 다름을 이해하여 감상의 다양성과 깊이를 느끼는 기회를 제공하고자 함 |
| 시 쓰기 | 6-7 | - 한 책 읽기<br>- 시집 읽고 마음에 드는 시를 골라 마음에 드는 이유, 재미있<br>- 친구가 고른 시를 듣고 재미있는 표현이나 시 속 인물의 생각이나 느낌 말해 보기 | |
| 시 쓰기 | 8 | - 마음에 드는 시에서 따오르는 비슷한 경험 말하기, 경험을 살려 시 쓰기 | - 미주 이야기(대화)를 통한 의사소통과 심미적 감성의 함양을 의도함 |
| 시 쓰기 | 9-10 | - 경험을 살려 시 쓰기, 자신의 시 발표하고 친구들과 이야기 나누기 | - 경험을 표현하는 여러 가지 활동 중의 하나로 시 쓰기 활동을 하게 하고 언어 표현도 동시에 기르고자 함 |
| 시 낭송 하기 | 11-12 | - 시 낭송하기, 친구들의 시 듣고 재미있는 표현 찾기 | - 시인, 아나운서 등 미래 직업 체험의 기회도 되도록 동시에 가치 있게 하여 진로체험 교육도 병행 실시함<br>- 자신의 작품을 발표함으로써 말하기 능력을 향상시키고자 하였으며 진로와 교육도 함<br>- 아이에서 발표하여 성취감을 맛보는 기회를 제공하고자 하였으며 학교 교육과정상 월 1회 운영되는 진교생 만나의 시간을 활용하고자 계획함 |

↓

| 주제 | 차시 | 재구성 전 |
|---|---|---|
| 단원 도입 | 1-2 | - 단원 도입<br>- 여러 가지 방법으로 시 읽기<br>- 단원 학습 계획하기 |
| 감상 하기 | 3-4 | - 경험을 떠올리며 시 읽기<br>- 시를 읽고 떠오르는 장면 그리기 |
| 감상 하기 | 5-6 | - 장면을 생각하며 시 읽기<br>- 시의 표현 살펴 시인, 자신의 경험을 떠올려 시 속 인물의 마음 성상하기 |
| 경상 하기 | 7-8 | - 시 속 인물의 마음 성상하며 시 읽기, 노래 부르기 |
| 시 낭송 하기 | 9-10 | - 시 낭송 준비하기<br>- 시 낭송하기<br>- 단원 정리 |

## 3) 교육과정 실천하기 - 선샘의 시가 있는 교실 들여다보기

교사에게 수업은 삶이고 생활이다. 그래서 나의 삶인 수업 이야기에 아이들의 이야기인 아이들 시를 넣어 선샘의 시가 있는 수업 이야기를 서술하였다.

### (1) 1-3차시: 꿈동이들, 시를 만나다(시 감상하기 단계)

변덕스러운 봄바람에 날씨가 다소 싸늘하다. 때 늦은 감이 있지만 추위를 많이 타는 나는 겉옷을 챙겨 입고 삼천포 도서관의 어린이 도서실에 들어섰다. 알록달록 예쁜 책상에 따끈한 온돌방이 보인다. 도서관 나들이에 약간 들뜬 아이들의 발걸음도 빨라진다. 제일 재미있는 만화책을 고르려 총총히 앞서가던 범준이는 귀신 이야기책을 꺼내 들고 선샘에게 다가온다.

"○○아, 잠깐만! 여러분, 선생님이 시 읽어 줄게요. 다들 모이세요."

"아~ 선생님이 말씀하시던 그 시, 읽어 주실 거예요?"

"야~ 근데 시가 뭐야?"

약간 실망한 빛도 보이지만 학급 인원이 총 17명이라 따끈한 온돌방에 옹기종기 모여 앉기에 그리 비좁지 않다. 선생님의 시 읽기가 시작된다. 시집 제목은 최종득 선생님의 「찐드기샘, 쫀득샘」이다.

"선생님, 이런 게 시였어요? 정말 재미있네요."

"선생님, 저도 그런 경험 있어요."

아이들은 편하게 앉아 시를 듣고 경쟁하듯이 자신의 경험들을 끄집어내며 이야기꽃을 피운다.

1학년 때 시를 본 것 같기도 하지만 이렇게 재미있는 것인지는 몰랐다며 다들 다소 상기된 표정들이다. 선생님 시를 듣고 나서 자신이 읽고 싶은 시집을 골라 들고 온 아이들은 보물섬에서 보물을 찾아오는 표정들이다. 시집을 빨리 선택하지 못한 학생들은 선택한 학생들을 부러운 듯 쳐다본다.

시 수업을 하기 위해 시의 재미와 시의 형식적 특징을 이해하는 시간을 먼저 가진다. 아직 어린 저학년 학생들에게 시가 뭔지 설명하기보다 직접 읽고 골라보게 함으로써 시 읽기의 즐거움부터 가르치고 싶었다.

아이들은 시집을 골라 읽고 시집에서 가장 마음에 드는 시를 골라 시화로 꾸몄다. 물론 아이들에게 시의 형식적 모습, 즉 행과 연이 있다는 것, 시는 어려운 것이 아닌 자신의 경험에서 나와야 하고 솔직해야 한다는 것은 아직 말하지 않았다. 시집을 읽으면서 스스로 느끼고 깨닫기를 바라는 마음에서…. 그리고 아이들은 솔직하게 쓴 시를 더 재미있게 듣고, 그 시를 듣고 이야기를 나눌 때 더 많은 공감을 하였다.

| 도서관 수업 | 시화 꾸미기 |

:: 길라잡이 ::

시를 감상하고 마지막 단원에 시화 꾸미기를 하는 경우가 많다. 하지만 시 쓰기를 처음 시작하는 저학년 학생들에게 시의 형식적 특징과 시가 무엇인지 말로 설명하기보다 먼저 시를 읽어 보게 하는 것이 좋다. 그런 다음 마음에 드는 시를 골라 그 시를 읽었을 때 들었던 자신의 생각과 느낌을 살려 시화로 꾸며 보게 하면 시의 내용적 특성과 형식적 특성을 자연스럽게 이해하게 할 수 있다.
완성된 시화를 교실에 게시하여 서로 읽어보게 하면서 이야기를 나누면 시 읽기에 대한 학생들의 관심과 흥미도가 높아진다.

## ① 평가 및 피드백

- 성취기준: 문학[2국05-02] 인물의 모습, 행동, 마음을 상상하며 그림책, 시나 노래, 이야기를 감상한다.

| 순 | 평가 내용 | 평가 영역 | 평가 척도 (◎, ○, △) | 평가방법 |
|---|---|---|---|---|
| 1 | 인물의 마음을 상상하며 시의 내용에 어울리는 장면을 시화로 표현한다. | 기능 | | 작품 평가 |
| 2 | 친구의 시화를 보고 알맞은 감상평을 간단하게 작성할 수 있다. | 태도 | | 관찰 평가 |

:: 길라잡이 ::

경험을 살린 시 쓰기는 보통 '시 맛보기 → 경험 떠올리기 → 경험 재구성하기 → 시 쓰기'의 단계를 거쳐 지도하면 좋다. 1-3차시는 시 맛보기인 감상 단계이다.

## ② 도서관 수업 후 아이들이 쓴 시

<table>
<tr><td style="text-align:center">시 듣기<br>정○○</td><td style="text-align:center">시 읽기<br>김○○</td></tr>
<tr><td>

우리 선생님이<br>
시 읽어줄 때<br>
재미있는 것만 들려준다

시집 이름은<br>
쫀드기샘, 찐드기샘

재미있는 시집<br>
다 읽어 주셨다

하지만 빨리 끝나서<br>
아쉬웠다

그래도 누워 들으니

푹신하고 달콤했다

</td><td>

어제 도서관에서 시를 읽었다<br>
나는 기분이 좋다<br>
선생님이랑 같이 책 읽으니까<br>
좋다

나는 책을 잘 읽었다<br>
그래서 선생님이 머리를 쓰담해<br>
주셨다<br>
사탕도 하나 주셨다<br>
맛있었다

선생님이랑 같이 읽으니까 좋다<br>
따뜻한 느낌이 났다 좋았다

</td></tr>
</table>

### (2) 4~7차시: 꿈동이들, 시를 마음에 품다(함께 감상하기 단계)

3년 동안 아이들과 시 쓰기를 해 왔기에 아이들이 직접 쓴 시를 많이 가지고 있다. 학생들에게 그 시집을 보여 주면서 학급에서 한 책 읽기를 시작하였다. 짧은 시집이기 때문에 전체가 돌려 읽는 데에는 3일 정도가 걸렸다. 아침 시간, 방과 후 시간, 틈틈이 책을 읽고 나서 1단원 4차시에 아이들은 그 시집에서 가장 마음에 드는 시를 하나 골라서 친구들 앞에서 발표하였다. 한 친구가 일어나서 마음에 드는 시의 제목을 말하면 같은 시를 고른 친구들이 같이 일어난다. 한 친구가 그 시를 읽고 그 시를 고른 이유와 재미있는 표현을 말한다. 같이 일어난 친구들도 차례대로 시를 고른 까닭과 재미있는 표현을 말한다. 같은 시를 골라도 좋아하는 이유와 재미있다고 고른 표현은 모두 다르다. 아이들은 그것이 무척 신기한 것 같았다. 한 책 읽기의 시 외에도 교과서를 보면서 교과서에 나온 시를 읽고 느낌 나누기도 같이 하였다.

　감상 나누기가 익숙해진 6-7차시에는 또 다른 시집을 같이 읽고 나서 그 시집에서 마음에 드는 시를 골라 재미있는 표현 찾기, 마음에 드는 이유 쓰기 이외에도 주인공의 마음 말해보기 활동을 하나 더 추가하였다. 그리고 그 시와 관련된 자신들의 경험들을 자유롭게 이야기해 보게 하였다. 경험과 관련된 감정 말하기 활동도 더불어 자연스럽게 진행 되었다. 시 쓰기나 생활 교육 면에서 학생들이 자신의 감정을 잘 파악하는 활동은 참 중요하다.

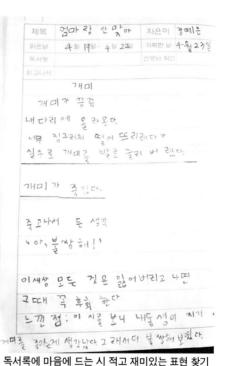

시집 읽고 마음에 드는 시 골라보기　　　　독서록에 마음에 드는 시 적고 재미있는 표현 찾기

:: **길라잡이** ::

　시집을 읽고 자신의 마음에 드는 시를 골라 마음에 드는 표현, 인상적이고 강렬한 표현 등을 적어 보고 친구들과 감동 나누기를 해 본다. 발표를 할 때 자신이 고른 시가 나오면 같은 시를 고른 친구들이 자리에서 다 같이 읽어나 그 시가 마음에 드는 까닭이나 재미있는 표현을 돌아가며 말해 보게 한다.

## ① 평가 및 피드백

- 성취기준: 읽기[2국02-05] 읽기에 흥미를 가지고 즐겨 읽는 태도를 지닌다.

| | 평가 내용 | 평가<br>영역 | 평가 척도<br>(◎, ○, △) | 평가<br>방법 |
|---|---|---|---|---|
| 1 | 다양한 시를 읽고 시 속에 나오는 인물의 마음을 상상하여 말할 수 있다. | 지식 | | 관찰<br>평가 |
| 2 | 진지한 태도로 시를 읽고 도서관을 올바르게 이용한다. | 태도 | | |

:: **길라잡이** ::

시를 읽고 개인적 감상으로 끝내지 말고 친구들과 이야기하고 나눠 보는 시간(사회적 독서)도 중요하다. 이 차시는 감상하기 심화 단계로 감상을 통해 경험 떠올리기와 경험 재구성하기가 순환적으로 이루어지도록 교사의 의도된 발문과 지도가 필요하다.

## ② 감정카드 활용 수업, 이렇게 하면 좋다

어린 학생일수록 자신의 감정을 언어로 표현하지 못하거나 자신의 감정이 어떤 것인지 파악하지 못하는 경우가 많다. 이런 경우 감정 카드가 매우 유익하다. 친구끼리 싸움이 나거나 고민이 생길 때 감정카드에서 자신의 감정을 뽑아 이야기하게 하면 문제 사건을 파악하거나 해결 방법을 쉽게 찾을 수 있다. 특히 자기중심적인 저학년의 특성상, 남의 이야기나 감정에 소홀한 경우가 많아, 감정카드를 활용한 감정 인정하기 활동을 하면 교우 간 사이가 좋아지고 좀 더 남을 인정하고 배려하려는 모습을 보이게 된다.

:: **공감 대화하기** ::

- 감정카드를 펼쳐 놓는다.
- 모둠원들이 이야기할 순서를 정하고 한 명이 기억에 남는 일을 하나 이야기한다. "우리 집에서 키우던 강아지가 죽었어."
- 듣고 있던 모둠원들이 돌아가며 감정카드를 하나씩 들고 공감해 준다. '슬프다 카드'를 들고 "강아지가 죽어서 참 슬프시겠습니다!"라고 공감해 준다.
- 자신의 감정과 일치하면 "예"라고 말하며 감정카드를 가져간다. 자신의 감정과 일치하지 않으면 "아니오"라고 얘기한다.
- 돌아가며 모둠원들이 감정을 공감해 주고 공감할 감정이 없으면 "패스"를 외친다.
- 처음에 자신의 경험을 이야기한 사람은 자신이 친구들에게 받은 감정 카드 중에서 3개를 골라 과거, 현재, 미래의 감정을 정리한다. "강아지가 죽어서 슬프고 지금도 보고 싶지만 강아지와 좋은 시간을 기억하면 힘들 때 마음의 위로가 되기도 합니다." (이 활동은 저학년은 힘들어하므로 생략해도 된다.)

▶ 이때 이야기하는 모둠원들에게 서로 높임말을 사용하도록 하였다. 처음 공감 대화를 시작하는 아이들은 이 상황이 이상하고 어색하며 자칫 우습다고 생각할 수도 있다. 그래서 서로 반말을 하다 보면 오히려 싸우게 되기도 한다. 대화를 하면서 내가 친구의 감정을 무시하면 나도 무시받을 수 있음을 이해하게 하는 것이 중요하다.

▶ 감정카드 수업을 하고 나면 PMI 기법이나 간단한 일기 형식으로 소감을 발표하고 정리하는 시간을 가지는 것이 내면화에 도움이 되었다. 감정수업으로 끝나지 않고 1년 동안 마음 다지기 활동(생활 지도)에 적용하였다.

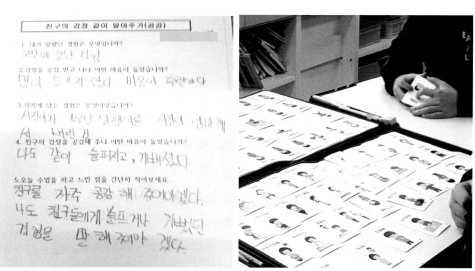

감정카드로 공감대화 나누기

③ 시를 읽고 떠오른 경험으로 시 쓰기

<table>
<tr><td>너 지금 뭐 하니?</td><td>미안하다, 동생아</td></tr>
<tr><td>김윤정</td><td>이○○</td></tr>
</table>

| 너 지금 뭐 하니?<br>김윤정 | 미안하다, 동생아<br>이○○ |
|---|---|
| 동생이 헤엄치다가<br>갑자기 우뚝 멈춘다 | 동생이랑 목욕하다<br>갑자기 오.줌. 마.려.워! |
| 배시시 웃는 모습이<br>영 수상하다 | 동생 몰래, 거품 몰래,<br>사르르- |
| 신나게 물장구치니<br>노란 거품이 두둥실 | 동생이 하는 말<br>"우와, 물이 더 따뜻해졌어" |
| → 시집에서 읽은 시 | → 내 경험으로 쓴 시(경험 재구성) |

④ 나 돌아보기, 감정 알기로 시작하는 시 수업

| 낚시<br>이○○ | 짝사랑<br>이○○ |
|---|---|
| 나는 낚시를 못한다<br>내가 아빠를 닮았다<br>아빠도 낚시를 못한다 | 어린이집 다닐 때<br>좋아하는 사람이 있었다 |
| 나는 낚시 잘하는 방법을<br>아빠한테 물었는데<br>역시나 아빠는 모른다 | 그 친구는 항상 좋았다<br>고백하고 싶어도<br>부끄러워 못했다 |
| 답답했다<br>마치 수학문제가 안 풀릴 때랑<br>똑같은 마음이다 | 이름이⋯ 정치석이다 |
| | 아이! 나 몰라<br>생각만 해도 부끄럽다<br>초등학교 2학년이나 되었는데도<br>부끄럽다 |

시 지도에서 아이들과 처음으로 하는 작업은 '나 돌아보기, 감정 알아보기'가 좋다. 자신이나 타인의 단순한 행동과 말 한마디 속에도 다양한 감정이 숨어 있다는 것을 알고 감정이 어떠한 것인지를 살펴보는 것이 어휘력과 사고력 확장에 도움이 된다. 시를 쓸 때 자신의 일을 일기 쓰듯 쭉 쓰고 그 뒤에 그 상황에서 가졌던 자신의 감정이나 자신의 생각을 적어 보게 한다. 또한 감정을 찾지 못할 경우 그 상황이 마치 무엇과 비슷한지를 떠올려 적어 보게 하는 것이 좋다.

「낚시」라는 동시도 3연에서 학생이 가졌던 감정, 그 감정이 마치 어떤 상황과 닮았는지를 찾아보게 하였다. 단순한 일상의 나열보다 생각이나 감정을 찾아가면 시의 완성도가 높아진다. 또한 자신의 삶을 돌아보는 시간을 학생들이 스스로 가지게 되면서 배움은 학생들 삶 속으로 들어가게 된다.

「짝사랑」이라는 시도 부끄럽다는 감정에 대한 이야기를 시작으로 지어진 동시이다. 감정을 생각하면 경험이 떠오르고 경험 다시 겪어 보기를 통한 시의 창작 과정이 시작될 수 있다. '감정 떠올리기 → 경험 떠올리기 → 경험 다시 겪어 보기 → 시 쓰기'의 과정을 거칠 수 있다.

### (3) 8-10차시: 꿈둥이들, 시인이 되다(경험 떠올리기와 재구성하기로 시 쓰기 단계)

처음에는 비슷하게 써 보기부터 시작하는 것이 좋다. 그러다가 시의 형식이 갖추어지면 자신의 경험으로 자신의 이야기를 적는 과정을 거쳐야 한다.

8차시, 아이들에게 이제 시를 적어 보자고 했더니 다들 깜짝 놀란다. 아직은 자신이 없다고 걱정을 한다. 그동안 창의적 체험 활동과 국어 시간, 아침 독서 시간에 시집을 읽으면서 독서록에 적어둔 시를 살펴보고 자신의 경험과 비슷한 시를 하나 골라 비슷하게 적어보라고 하였다. '모방은 창작의 어머니'임을 알고 있기에 학생들의 독서록에 적힌 시 중에서 하나를 골라 관련된 경험을 서로 이야기하게 하였다. 의도된 발문으로 학생들의 경험을 자극하고 확산시키면서 그 경험으로 쓸 수 있는 시의 내용도 간단하게 설명하였다. 설명을 들은 아이들의 표정은 금세 환해졌다.

짧은 글이어서 그런지 금세 다 썼다고 아이들이 독서록을 들고 나왔다. 그중 몇 편을 친구들 앞에서 발표하게 하였다. 친구들의 시를 듣고 난 나머지 학생들은 고개를 끄덕이며 시를 적기 시작하였다. '자신의 경험을 이용하여 시를 쓴다'는 말이 이제는 완전히 이해가 되는 듯하였다.

아침에 출근을 하였더니 예림이가 이를 닦으면서 생각난 시가 있다고 아침 독서 시간에 시를 쓰고 있었다. 다른 몇 명 아이들도 자기 전 생각 난 시가 있다고 선샘에게 보여 주었다. 아이들이 자신들의 마음 밭에서 시원한 물줄기를 찾으려고 얇은 흙구덩이를 계속 두드리고 있는 것 같았다.

9-10차시에는 『붕어빵과 엄마』라는 시집에서 나온 시를 한 편 읽어 주었다. 제목은 「죽었다 살아난 뱀」이었다. 죽은 줄 알고 살아 있는 뱀을 안고 다녔던 친구 얘기를 듣고 아이들은 너도 나도 웃음꽃을 피우며 비슷한 자신의 경험을 이야기하기 시작했다. 친구들의 다양한 경험을 바탕으로 최근 자신의 경험을 떠올려 그 내용을 시로 써 보게 하였다.

우리 꿈동이들이 이제는 제법 시인의 모습이 드러나는 듯하다. 친구들이 적은 독서록을 서로 바꾸어 읽고 가장 마음에 드는 시를 하나 골라보게 하면서 공동 퇴고 과정을 거치기도 하였다.

### ① 경험을 살린 시 쓰기 1

받아쓰기 급수표

주○○

받아쓰기 급수표 안들고 와
엄마한테 쫓겨났다

밖에 있다 와 피곤했다

잠도 왔다

슬펐다

➡

받아쓰기 급수표

주○○

받아쓰기 급수표를 안 들고 와서
나가라! 엄마가 쫓아냈다
밖에 내쫓겨 문 앞에서 울었다

밖에 있으니 피곤했다
밖에는 아무도 안 나온다
엄마는 나를 배신했다

누나들은 절대 안 나온다
우리 아빠는 폰을 안하면 잠만 잘 거다
우리 큰 누나도 아빠처럼 폰 할 거다

그래서 나 혼자 문 열고
들어갔다

내 편은 엄마뿐인데
오늘은 엄마가 너무 밉다

시 쓰기가 제일 어렵다는 훈영이가 자신의 경험을 살려 적은 시이다. 이 시는 처음에는 3연 정도였으나 교사의 피드백과 다시 생각하기인 퇴고 과정을 거치면서 5연의 시로 완성되었다.

---

:: **길라잡이** ::

시 쓰기에서 학생들이 적어 온 시를 보고 교사가 하는 피드백이 중요하다. 경험 떠올리기와 재구성하기를 유도하는 교사의 발문과 피드백에 따라 시의 완성도가 결정된다. 하지만 여기서 주의할 것은 과도한 끼어들기는 자칫 아이들 시가 아닌 교사의 시가 되게 할 수도 있다는 점이다. 이것을 유의하고 적당하게 개입하고 유도하여야 한다. 한 차시 안에 시 완성이 어려운 학생들에게 무리하게 강요하면 안 된다. 생각나는 대로 조금만 적어두고 다음 시간에 다시 이야기해 보는 것도 좋은 방법이다.

---

## ② 경험을 살린 시 쓰기 2

아빠 방귀 냄새

김○○

아빠 방귀는
너무 냄새난다

아빠 몰래
내 코를 잡는다

그래도 너무 냄새가 난다
그래서 코가 방귀가 된 것 같다

시를 써도 냄새가 난다


엄마는 조리사

오○○

엄마는 유치원 조리사다

조리사는 밥을 하고
설거지를 한다

조리사는 참 힘든 것 같다
특히 설거지가 힘들 것 같다

우리 엄마는 손이 퉁퉁 부어오른다
얼마나 힘들면
손가락들이 하마 몸만 하다

마치 거미가 집을 만들다
지쳐서 기절하듯
집에 오면 벌러덩 눕는다
꼼짝 안 하고 누워만 있다

아이들의 시에는 늘 가족이 등장한다. 가족과 친구는 아이들에게 너무나 소중한 존재이다. 같은 가족의 이야기라서 비슷한 듯하지만 펼쳐지는 이야기는 모두 다르다. 왼쪽의 시처럼 단순한 가족 소개나 경험한 하루 일과의 나열이 흔한 전개이다. 하지만 이 단계가 끝나고 시 쓰기가 좀 더 깊어진다. 오른쪽의 시처럼 자신의 생각과 느낌이 녹아든 시로 발전할 수 있다. 생각과 경험이 가슴과 머릿속에서 익어지며 새로운 시가 창작되는 것이다.

### (4) 11~12차시: 꿈동이들, 시를 노래하다(시 발표하기 단계)

시 쓰기 수업이 끝나고 옆 반을 초대해 작은 시 낭송회를 가졌다. 아이들에게 자신이 쓴 시 중에서 제일 마음에 드는 시를 골라 보고 읽거나 외워서 발표하게 하였다. 시를 다 낭송하고 나서는 시를 들은 청중들과 시를 지은 학생 간에 시에 대한 질문을 주고받는 시간을 가졌다.

아이들은 시를 듣고 웃기도 하고 공감하기도 하면서 즐거워했다. 특히 훈영이의 시 「받아쓰기 급수표」를 듣고는 엄마한테 쫓겨나는 것은 생각만 해도 무섭다고들 하면서 웅성거렸다. 총 17명이라 시간이 많이 걸리지 않았지만 아이들 모두 무대에 서 보는 경험을 통해 떨리고 즐거운 시간이었다고 하였다.

시 낭송회가 끝나고 나서는 시를 들은 각자의 소감, 시를 발표해 본 소감을 발표하는 시간을 가지며 단원 수업을 마무리하였다.

시 읽는 모습                시에 대해 묻고 답하기

단체 사진

### ① 평가 및 피드백

- 성취기준: 문학[2국05-04] 자신의 생각이나 겪은 일을 시나 노래, 이야기 등으로 표현한다.

| | 평가 내용 | 평가 영역 | 평가 척도 (◎, O, △) | 평가 방법 |
|---|---|---|---|---|
| 1 | 겪은 일을 시로 생생하게 표현하였는가? | 지식, 기능 | | 작품 평가 |
| 2 | 시의 느낌이 살아나게 크고 또렷한 목소리로 시를 발표하였는가? | 태도 | | 관찰 평가 |
| 3 | 친구가 들려주는 시를 귀 기울여 들었는가? | 태도 | | |

## 실천된 교육과정, 어떻게 꽃피고 열매 맺었을까?

생성 >> 되돌아보기 >> 실천된 교육과정 돌아보기

### 1) 교육과정 실천 돌아보기 - 2학기 실천을 위한 점검사항

한 학기 교사 수준 교육과정을 점검하는 시간도 교사 수준 교육과정의 중요한 한 부분이다. 수업이 끝나고 간단하게 교무수첩이나 교과서에 적어둔 메모, 상담일지를 뒤적이며 일 년 학급살이를 정리하는 시간이 필요하다. 한 학기가 끝나고 아래의 관점으로 교육과정 설계와 실천을 돌아보았다.

- 나이스상에서 전개된 과목별 수업 시수 확인하기
- 중점 교육목표 중에서 실천이 미흡하였던 부분과 그 이유 살피기
- 생활 지도나 교과 지도에서 어려움을 보였던 학생의 특성 살피고 원인 진단하기
- 중점 교과(국어, 수학)에서 어려움을 보인 학생들의 학습 더딤 대책 세우기
- 설계한 내용과 다르게 실천된 교육 내용 살펴보고 시행착오의 원인 찾아보기
  예: 전교생을 대상을 하는 시 낭송회를 2학년 학생들과의 시 낭송회로 바꾸었다. 학교 사정상 시간을 내기가 어려웠고 학생들의 무대 공포증이 너무 커서 같은 학년 친구들과 나누기로 하였다. 그런데 이것이 더 좋은 효과가 났다. 같은 나이라서 시를 들으면서 공감대가 컸고 오히려 집중이 더 잘되었다. 쏟아지는 아이들의 질문과 답변 속에서 벅찬 공감과 감동을 느낄 수 있었다.

## 2) 교육과정 실천 돌아보기

### ⑴ 시 쓰기는 아이들의 삶을 어떻게 성장시켰을까?

> - 시 쓰기는 나에게 청소기였다. 내 몸속의 모든 말을 빨아 들여 종이 위에 내뱉었기 때문이다.
> - 시 쓰기는 나에게 이 닦기였다. 처음에 쓸 때는 귀찮지만 쓰고 나면 개운해지기 때문이다.
> - 시 쓰기는 나에게 벽돌 부수기였다. 시라는 벽돌을 부수고 쓰고 나면 속이 시원하기 때문이다.
> - 시 쓰기는 나에게 오빠의 여드름이었다. 왜냐하면 오빠의 여드름처럼 쓸 게 많았기 때문이다.

전체적인 되돌아보기가 끝난 다음 학생 수준 교육과정에 대한 점검도 필요하다. 학생 수준 교육과정은 학생이 만든 학습 결과물이나 실천 등이 주요 내용이 된다. 그중 학생들의 배움이 삶과 어떻게 연관되고 실천되는지에 대한 고민을 주로 하게 되었다. 특히 시 쓰기는 기존의 시 짓기가 아닌 삶을 이야기하는 시 쓰기 수업이어야 함을 늘 염두에 두고 있던 터라 시 쓰기가 국어 수업뿐 아니라 전 교과와 마음 다지기(생활지도)에서도 어떤 효과가 있는지를 되돌아보게 되었다.

아이들의 시는 아이들의 삶이다. 아이들의 경험과 고민, 생각이 시를 통해 표현된다. 시 쓰기를 하면서 아이들은 자신들이 가진 작은 고민들이 실타래처럼 풀리기도 하고 때론 가슴에 쌓아 두고만 있다가 털어 놓으니 시원하다고도 한다. 수업 시간에 쓰고 버리는 시가 아니라 시집으로 내게 되면 아이들은 자신들의 이야기를 두고두고 읽어 볼 기회를 가진다. 시집을 뒤적이면서 친구들의 삶에도 관심을 가지기 시작한다.

시집을 내고 출판 기념회를 가지며 시를 쓴 소감을 들어 보았다. 꼬마 시인들의 소감이 제법 의젓하다. 시를 쓴 소감을 직유법으로 표현하게 하였는데 전달성과 표현력이 좋다. '시 쓰기는 나에게 청소기였다. 내 몸 속의 모든 말을 빨아들여 종이 위에 내뱉었기 때문이다'라고 한 학생의 소감이 인상적이다. 평소 말이 없고 순하기만 한 줄 알았지만 그 가슴속에도 제법 꺼내고 싶었던 이야기가 많았던 것이다.

아이들은 자신의 삶을 시 쓰기라는 배움으로 가져와서 스스로의 삶을 돌아보고 친구 삶의 모습에도 관심을 가지게 되었다. 그러면서 의사소통 역량과 자기 관리 역량을 가지게 된다.

| 시집 표지 | 학생 소감문 | 출판 기념회 |

## (2) 교사는 어떻게 성장하였는가?

한 학기 수업을 정리하면서 되돌아보는 교사의 성장은 다음과 같다. 우선 저학년 대상으로 하는 시 쓰기 수업에 대해 나름의 지도 방법 정리와 자신감을 얻었다. 저학년 아이들과 시를 쓰는 것은 처음이어서 '이것이 가능할까?'라는 의문이 들었던 것도 사실이다. 하지만 시 쓰기를 위한 기반 조성, 즉 책 읽어 주기와 관련 성취기준의 위계성을 고려한 단원 재구성으로 아이들의 시가 완성되어 가는 것을 보면서 교사가 의도적인 계획을 가지고 성취기준에 따라 학습 내용을 구성한다면 모든 것이 가능하다는 것을 알게 되었다.

이번 시 쓰기 수업은 아이들에게도 첫경험이었지만 나에게도 저학년과는 처음으로 시도하는 시 수업이어서 의미가 있었던 시간이었다. 두 번째 교사의 성장은 학생의 성장에 대한 신념이다. 아이들은 자연스럽게 신체적, 지적 성장을 이루고 있다. 하지만 담임교사의 관심과 실천이 주어진 의도된 1년은 학생들의 가능성의 한계를 더 높일 수 있다는 것을 느끼게 되는 시간이었다. 매일 시를 읽고 책을 읽어 주면서 저학년일수록 교사의 관심 속에서 기초적 학습 태도와 책 읽기 습관의 실천이 얼마나 중요한가를 느끼게 되는 시간이었다. 선생님과 방문했던 도서관을 어색해하던 아이들의 처음 모습이 떠오른다. 한 학기가 끝났을 때 시집을 고르고 시를 적는 모습이 제법 익숙하고 능숙해 보인다. 행정업무로부터 탈피하여 아이들 곁으로 돌아갈 수 있는 진정한 가르침의 자유가 대한민국 선생님들에게 주어지는 그날이 기다려진다.

## 나와 친구를 사랑하며 함께 성장하는 아이들 그리고 두 선생님의 한마음 이야기

**- 손윤지, 김미정 선생님 이야기**

### ❊ 이런 마음으로

다음 두 선생님과의 대화 내용처럼 혼자서 나만의 교육과정을 구성하고 실천하는 것은 쉽지 않습니다. 물론 여러 해의 경험을 바탕으로 멋지게 자신의 철학과 가치를 담아 설계하고 실천하는 선생님들도 많이 계십니다. 3학년 사례는 아직 혼자서 헤쳐 나가기 어려워하는 새내기 선생님께서 선배 교사와 함께 교사 수준 교육과정 구성하는 과정을 정리한 것입니다. 교육과정 구성 방법과 내용은 두 사람의 대화 형식으로 정리하였고, 실제 교육과정 실천은 국어과 수업이야기를 담았습니다.

두 선생님의 이야기가 선생님들의 교사 수준 교육과정 구성과 실천에 도움이 되길 희망합니다!

### ❊ 우리 함께 해요!

**미정:** 새내기 때 이런 생각을 했었어요. '우리 교사들에게도 인턴 기간이 있으면 어떨까?' 혼자서 교육과정과 수업 그리고 생활 교육까지 모두를 감당하기엔 교육대학을 갓 졸업한 새내기에겐 너무 힘들어서, 선배 교사의 교육과정과 수업을 보고 배울 수 있는, 그러면서 수업도 하고 아이들과 함께할 수 있는 준비 시간이 있다면 얼마나 좋을까 하는 생각을 참 많이 했었어요. 선생님은 어때요?

**윤지:** 그럴 수 있으면 정말 좋겠어요. 저도 잘하고 싶은데 제가 아직 많이 부족하다는 생각이 들어요. 교육과정 재구성을 잘해서 새 학년 저와 함께할 아이들과의 일 년이 의미 있었으면 좋겠어요.

**미정:** 선생님의 새 학년 교육과정 구성에 제가 함께하면 어떨까요? 혼자보단 둘의 생각과 마음을 모은다면 더 나은 교육과정을 구성할 수 있지 않을까요?

**윤지:** 함께하면서 도와주시면 저는 좋겠습니다. 더 열심히 잘할 수 있을 거 같아요.

**미정:** '손윤지 선생님의 교육과정'을 만들고 실천하는 데 조금이라도 보탬이 될 수 있다면 저도 영광이겠습니다. 우리 함께 해요!

**우리는**

회원초등학교 3학년 2반입니다.
남학생 13명, 여학생 13명
스물여섯 모두가 우리 반의 주인입니다.

**우리 학교는**

빛나는 땅 창원, 그중에서도
따뜻한 바다가 보이는
아름다운 자연과 예술을 품은
마산 회원구 무학산 아래 있습니다.
75년의 역사를 간직한
우리 회원동의 가장 멋진
행복한 꿈나무들이 자라는 곳입니다.

나와 친구를
사랑하며
함께 자라는 우리

**손윤지 선생님은**

- 수업은 아이들이 주체가 되어 스스로 가슴 뛰는 순간을 만들어 가는 것이라 생각합니다.
- 물음표를 가지고 끊임없이 배우고 경험하여 아이들과 함께 성장하는 교사, 아이들과 사랑하며 꿈꾸는 친구 같은 선생님이고 싶습니다.

**김미정 선생님은**

- 수업에 대한 생각과 고민이 많은 수석교사입니다.
- 교육을 생각하는 에듀쿠스 선생님들과 늘 행복한 고민을 나눕니다.
- 수업이 아이들과 교사 모두에게 의미 있는 배움으로 앎과 삶이 하나 되기를 희망합니다.

# ✛ 학기(학년) 단위 교사 수준 교육과정

| | | | |
|---|---|---|---|
| **설계** | 교육철학 나누기 | ① 교육과정 읽기 | - 2015 개정 교육과정, 경남 교육과정 편성·운영 지침, 학교 교육과정을 살펴보고 계속하여 필요할 때 읽을 수 있도록 준비<br>- 학교 교육과정은 충실하게 읽기 |
| | | ② 목표 수립을 위한 생각 나누기 | - 동학년 선생님들과 협의한 결과: 기초와 기본에 충실하기, 학교 특색과 연계한 독서 교육, 독서 교육과 연계한 인성교육, 학년 프로젝트 주제는 '창원'으로 설정 |
| | | ③ 교육목표 및 중점 과제 세우기 | - 2019학년도 손윤지 선생님 교육과정의 주제<br>'나와 친구를 사랑하며 함께 성장하는 어린이' |
| | 교육과정 구성하기 | ④ 성취기준 및 맵핑자료 읽기 | - 교과서와 성취기준 함께 살펴보기<br>- 맵핑자료로 늘 참고할 수 있도록 준비하기 |
| | | ⑤ 중점 과제 관련 성취기준 선정하기 | - 되돌아가기 과정을 거쳐 중점 과제 및 중점 성취기준 선정하기<br>• 중점 과제 1. 삶을 만나는 온작품읽기<br>• 중점 과제 2. 함께 성장하는 '우리'<br>• 중점 과제 3. 창원을 만나는 회원뚜벅이 |
| | | ⑥ 연간 교수·학습 계획 수립하기 | - 중점 성취기준을 바탕으로 교과별 내용 재배열, 단원 순서 조절, 시간 증감 등으로 구체적인 교수·학습 계획 세우기<br>- 중점 성취기준이 없는 교과의 교수·학습 계획 세우기 |
| | | ⑦ 연간 평가계획 및 평가기준안 작성하기 | - 학생의 성장을 돕는 연간 평가계획 세우기<br>- 평가기준안 작성하기 |
| | | ⑧ 점검하기 | - 교사 수준 교육과정 구성에 대한 자기 점검하기 |
| **실행** | 교육과정 실천하기 | ⑨ 설계된 교육과정 실천하기 | <삶을 만나는 온작품읽기><br>- 『만복이네 떡집』과 함께한 온작품읽기로 중점 성취기준 도달<br>- 기초 학습 능력 향상 및 올바른 읽기 습관 기르기<br><br><함께 성장하는 '우리'><br>- 비폭력 대화의 습관화로 모둠활동 시 협력적 태도 기르기<br>- 교과 연계 놀이활동, 독서놀이, 인성놀이로 공동체 의식 함양하기<br><br><창원을 만나는 회원뚜벅이><br>- 창원 사람들의 생활모습을 살펴보며 우리 고장의 삶 이해하기<br>- 수업과 연계한 다양한 형태의 과정 중심 평가 실시<br>- 학생들의 성취기준 도달 정도를 파악하여 피드백하기 |
| **생성** | 되돌아 보기 | ⑩ 실천된 교육과정 돌아보기 | - 수업활동 되돌아보며 기록하기<br>- 수업활동 결과물 수집 및 정리하기 |
| | | ⑪ 학생 수준 교육과정 돌아보기 | - 글쓰기에 대한 자신감 및 쓰기 능력 향상<br>- 공동체 의식 및 협력적 태도의 함양 |
| | | ⑫ 교사의 성장 돌아보기 | - 나만의 교육철학 정립<br>- 교육과정 문해력 향상 및 교사 수준 교육과정 구현 |
| | | ⑬ 점검하기 | - 한 학기 교육과정을 마무리 지으며 수정·보완할 점 찾기 |

# 새로운 시작을 준비, 교육과정 읽기

설계 >> 교육철학 나누기 >> 교육과정 읽기

**윤지:** 선생님, 3학년을 맡게 되었습니다. 선생님과 함께 저의 교육과정을 만들어 아이들과 함께 할 생각을 하니 맘이 설렙니다. 제가 미리 뭘 준비하면 좋을까요?

**미정:** 먼저 선생님이 기대하고 바라는 아이들의 모습과 교실의 모습(교실에서 수업하는 모습, 아이들의 생활 모습)을 마음속에 그려보면 좋겠네요. 아이들이 1년 동안 어떤 모습으로 성장했으면 하는지, 선생님이 아이들에게 해 주고 싶은 것은 무엇인지 그 생각들을 교육과정에 담아 실천할 수 있도록 이상적인 큰 그림을 그려보면 좋겠습니다. 그리고 교사 수준 교육과정을 이해하고 실천할 수 있도록 『교사 수준 교육과정』과 『2015 개정 교육과정』을 읽어 보면 좋겠습니다.

**윤지:** 네, 교육과정도 읽어 보고 2019학년도 제가 꿈꾸는 우리 교실도 마음속에 그려 보겠습니다.

교육과정 읽기 자료

**미정:** 선생님의 교사 수준 교육과정을 구성하기 전에 국가 수준 교육과정, 지역과 학교 수준의 교육과정을 충실히 읽어 공통성과 다양성을 바탕으로 우리 아이들의 앎과 삶을 담을 수 있도록 준비하면 좋겠습니다.

**윤지:** 네, 열심히 읽으며 준비하도록 하겠습니다.

**미정:** 실은 바쁜 시기에 이러한 교육과정 문서를 충실히 읽기는 쉽지 않아요. 읽는다고 다 기억되는 것도 아니고요. 우선 우리가 읽어야 할 교육과정 문서가 무엇인지를 알고 활용할 교육과정 자료에는 어떤 것들이 있는지를 구별하여 필요할 때 찾아 읽을 수 있도록 준비하는 과정으로 이해해도 될 듯합니다.

**윤지:** 찾아 두고 틈틈이 읽어보고 언제라도 읽을 수 있도록 잘 챙겨 두겠습니다.

학년 부장님께서 새 학년 교육과정 편성을 위한 협의회를 하자고 하셔서 이야기 나누고 오겠습니다.

## 교사 수준 교육과정 구성을 위한 생각 나누기

설계 >> 교육철학 나누기 >> 목표 수립을 위한 생각 나누기

**미정:** 동학년 선생님들과 이야기 많이 나누었나요? 어떤 내용으로 이야기 나누었나요?

**윤지:** 이런저런 이야기를 많이 나누었습니다. 부장님께서 자연스럽게 진행을 잘하셔서 대략의 교육과정 구성을 위한 준비를 했습니다.

**미정:** 구체적인 이야기가 궁금한데요.

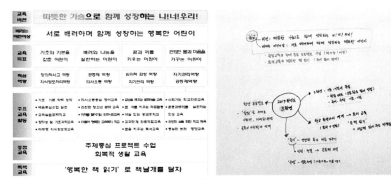

동학년 협의회 시간의 이야기들

**윤지:** 선생님들과 이야기 나누면서 간단하게 정리한 것입니다.

학년 특성에 대한 이야기로 시작했습니다. 다양한 교과를 처음 접하게 되는 3학년, 아직 많이 어린 3학년이기에 기초와 기본에 충실하자는 이야기와 학습 태도와 관련한 이야기도 많이 했습니다. 3학년이 되어 모둠 활동을 많이 하게 될 텐데 그 방법과 태도 연습이 필요하다는 것입니다. 물론 국어와 수학 교과의 기초와 기본 학습에 대한 중요성도 선생님들께서 강조하셨습니다.

그리고, 학교 중점 교육 과제인 프로젝트 학습을 무엇으로 할 것인지도 고민했습니다. 부장님께서 지난해에도 3학년 담임을 하셔서 학년 교육과정 내용 중 몇 가지 주제를 소개해 주셨고 그중 우리 지역 '창원'을 주제로 정하였습니다.

또, 학교 특색교육인 책 읽기는 독서 단원과 연계하여 보다 알차게 운영하자고 하셨고요. 독서 교육이 단순한 책 읽기로 끝나지 않도록 인성 교육과 연계하여 학급 운영의 전반적인 밑바탕이 될 수 있도록 학급 문화를 만들어 가자고 이야기했습니다.

**미정:** 협의회에서 중요한 이야기를 많이 나누었네요.

**윤지:** 네, 부장님께서 작년에 3학년 담임을 하셔서 교육과정에 대한 이해가 깊은 덕에 쉽게 이야기가 진행되었어요.

저는 선생님들과 이야기 나누면서 우리 교사들의 고민거리가 거의 같구나 하는 생각이 들었어요. 그리고 중요한 건 제가 미처 생각하지 못했던 것들을 여러 선생님들과 이야기하면서 알게 되었고요. 선배님들 덕분에 중요한 것들을 놓치지 않게 되어 협의회가 참 의미 있었습니다.

## 손윤지 선생님 교육과정 세우기

설계 >> 교육철학 나누기 >> 교육목표 및 중점 과제 세우기

**미정:** 이제 선생님의 2019학년도 교육목표와 중점 과제 세우기를 해야겠네요.

**윤지:** 네, 제가 꿈꾸는 교실을 위해 무엇을 어떻게 해야 할지 생각해 봐야겠습니다. 학년 선생님들과 협의한 내용을 바탕으로 학교에서 주신 교육과정 구성 틀에 내용을 넣으면서 제가 우리 반 아이들과 일 년을 어떤 목표를 향해 어떻게 나아가야 할지 고민하고 정리해 보겠습니다.

| 바라는<br>어린이상 | **나와 친구를 사랑하며 함께 성장하는 어린이** |
|---|---|
| 학급<br>교육<br>목표 | ☑ 기초와 기본학습 능력을 갖춘 어린이<br>☑ 나와 친구를 사랑하는 어린이<br>☑ 자신의 꿈을 찾아 미래를 위해 노력하는 어린이<br>☑ 건강한 몸과 마음을 가꾸는 어린이 |

| | | |
|---|---|---|
| 중점<br>과제 | 교과<br>활동 | - 매일 아침 선생님과 함께 하는 독서 시간<br>- 조별학습을 통한 토의 토론으로 배움중심수업 실현<br>- 기초학습부진아 대상 1:1 학습 지도 |
| | 창의적<br>체험활동 | - 학년 초기 적응활동기간 기초기본생활 습관 형성<br>- 동아리 활동으로 자신의 장기를 찾고 학습의지를 고양<br>- 미래의 나의 모습 그리기 등을 통한 진로교육 강화 |
| | 회복적 생활교육 | - 친구의 장점 찾기 프로젝트 활성화<br>- 매일 부모, 친구, 사제 간 인사 나누기 지도로 예절 생활 정착<br>- 안아주는 교육을 통해 심리적 안정과 정서 함양 |
| 학급특색<br>교육활동 | 놀이교육을 통한 올바른 사회성 함양 | |

**교육목표 및 중점 교육활동 계획**

저는 우리 반 아이들이 따뜻한 사람으로 함께 성장하기를 기대합니다. 따뜻한 사람은 친구도 사랑할 줄 알고, 무엇보다 자신을 사랑할 수 있는 사람이라 생각합니다.

2019학년도 3학년 2반 어린이들은 '나와 친구를 사랑하며 함께 성장하는 어린이'가 되었으면 좋겠습니다.

우리 반의 경우 전반적으로 두루 잘 어울리며 서로 도와주는 분위기이지만 아직까지는 '우리'보다는 '나'를 더 중요하게 생각하며 서로에게 어떤 말이 상처로 다가오는지 모르는 경향이 있습니다. 신체 활동에 대해 왕성한 의지가 있으며 활동적으로 몸을 쓰는 데 행복을 느끼는 모습을 보입니다.

우리 반의 이러한 특성을 고려하여 책 읽기 활동과 다양한 신체 놀이 활동을 중점 과제로 정했습니다. 한 학기 한 권 책 읽기를 통해 기본 학습 능력을 갖추며 상대방을 배려하는 말과 행동을 하는 방법을 배우고, 놀이 교육을 통해 친구들과 바르게 소통하는 방법을 알고 마음을 나누며 올바른 관계를 형성할 수 있으면 좋겠습니다. 또한 다양한 동아리 활동을 중점 과제로 정하여 자신의 흥미와 재능을 발견하고 미래 나의 모습을 상상하여 그려 보는 이미지 트레이닝을 통해 자신의 꿈을 찾아 가꿀 수 있는 기회를 가져 보도록 할 계획입니다.

즐거운 아침맞이 활동으로 친구들, 선생님과의 미션 인사 나누기를 통하여 아이들이 오고 싶은 교실을 만들고, 친구들의 장점 찾기 프로젝트를 통하여 친구들을 존중하고 사랑하는 학급이 될 수 있도록 교육과정을 구성하고 운영하고자 합니다.

**-윤지 생각**

**미정:** 수고 많으셨어요. 지금까지가 교사 수준 교육과정 설계 단계에서 교육철학 나누기로, 교육목표 및 중점 과제 세우기는 마무리가 되었네요.

**미정:** 멋진 목표를 세웠으니 이젠 본격적인 교육과정 내용을 구성해야겠네요.

**윤지:** 네, 아이들과 함께 저도 성장하길 기대합니다. 그럼 이젠 뭘 해야 할까요? 아이들과 함께 할 교과서 내용은 대략 살펴보았습니다.

**미정:** 미리 준비를 잘하고 계시네요. 혹시, 성취기준은 확인해 보셨나요?

**윤지:** 아니요. 성취기준은 미처 읽어 보지 못했습니다.

**미정:** 그럼, 이제 읽으면 되지요. 우리 함께 읽어 봐요. 성취기준을 교육과정 문서에서 찾아 보면 교과, 학년(군)별로 되어 있기에 3학년의 내용을 찾아 읽으려면 조금 복잡합니다. 그래서 해당 학년 성취기준과 교과서 내용을 비교하며 읽을 수 있도록 학년 학기별 맵핑자료로 만들어 둔 것이 있어요. 이 자료는 교육과정과 교과서 내용을 연결해 볼 수 있으며 성취기준이 교과서로 어떻게 만들어져 있는지 알 수 있게 되어 있습니다. 제가 우리 학교 홈페이지에 올려 두었는데 출력하여 읽어 보세요. 경상남도 교육청 '수업 나눔터'에도 탑재되어 있습니다.

**윤지:** 네, 출력하여 읽어 보겠습니다.

**미정:** 맵핑자료는 국어, 수학, 사회, 과학, 도덕 5개 교과의 내용만 정리되어 있어요. 예체능 교과와 영어과는 교육과정 성취기준을 읽어 보시고, 내용 체계표를 함께 읽어 보시면 쉽게 이해할 수 있을 것입니다.

### 2015 교육과정 국어과 교육과정 맵핑 자료

**3학년 1학기**

| 단원 | 성취기준 | 교과서 살펴보기 주요 학습 내용 또는 활동 | 국어 | 국어활동 | 차시 |
|---|---|---|---|---|---|
| 독서 단원. 책을 읽고 생각을 나누어요 | 읽기[4국02-05] 읽기 경험과 느낌을 다른 사람과 나누는 태도를 지닌다.<br>문학[4국05-05] 재미나 감동을 느끼며 작품을 즐겨 감상하는 태도를 지닌다. | • 누구와 읽을지 정하기 • 읽고 싶은 책 정하기<br>• 책에 나오는 그림과 표지를 보고 책 내용 예상하기 | 8~19쪽 | | 독서 준비 |
| | | • 궁금한 내용을 질문으로 만들기 • 질문에 대한 답을 찾아 가며 책 읽기 | 20~21쪽 | | 독서 |
| | | • 책 내용 확인하기 • 생각 나누기(선택 1/2/3) 활동 하기 • 정리하기 | 22~29쪽 | | 독서 후 |
| 1. 재미가 톡톡 | 문학[4국05-01] 시각이나 청각 등 감각적 표현에 주목하며 작품을 감상한다.<br>읽기[4국02-05] 읽기 경험과 느낌을 다른 사람과 나누는 태도를 지닌다. | • 단원 도입 • 느낌을 살려 사물 표현하기 • 단원 학습 계획하기 | 30~35쪽 | | 1~2 |
| | | • 시에 나타난 감각적 표현 알기 | 36~39쪽 | 6~7쪽 | 3~4 |
| | | • 이야기를 읽고 감각적 표현 알기 | 40~49쪽 | 8~14쪽 | 5~6 |
| | | • 이야기에 대한 생각과 느낌 나누기 | 50~61쪽 | | 7~8 |
| | | • 느낌을 살려 시 낭송하기 • 단원 정리 | 62~65쪽 | | 9~10 |
| 2. 문단의 짜임 | 읽기[4국02-01] 문단과 글의 중심 생각을 파악한다.<br>쓰기[4국03-01] 중심 문장과 뒷받침 문장을 갖추어 문단을 쓴다. | • 단원 도입 • 설명하는 글에서 가장 중요한 문장 찾기 • 단원 학습 계획하기 | 66~69쪽 | | 1 |
| | | • 글의 내용 확인하기 • 문단의 뜻과 형식적 특징 알기 | 70~73쪽 | | 2~3 |
| | | • 글의 내용 확인하기 • 문단의 중심 문장과 뒷받침 문장 구분하기 | 74~77쪽 | 16~17쪽 | 4~5 |
| | | • 중심 문장을 생각하며 뒷받침 문장 쓰기 | 78~81쪽 | 18~20쪽 | 6~7 |
| | | • 중심 생각이 잘 드러나게 간단한 문단 쓰기 | | | |
| | | • 문단 만들기 놀이 하기 • 단원 정리 | 82~85쪽 | | 8~9 |
| 3. 알맞은 높임 표현 | 듣기·말하기[4국01-01] 대화의 즐거움을 알고 대화를 나눈다.<br>문법[4국04-04] 높임법을 알고 언어 예절에 맞게 사용한다. | • 단원 도입 • 높임 표현을 사용한 경험 말하기 • 높임 표현을 사용하는 경우 알기<br>• 단원 학습 계획하기 | 86~91쪽 | | 1~2 |
| | | • 높임 표현을 사용하는 방법 알기 | 92~95쪽 | 22~23쪽 | 3~4 |
| | | • 언어 예절에 맞는 높임 표현 알기 • 알맞은 높임 표현을 사용해 따라 하기 | 96~101쪽 | 24~38쪽 | 5~6 |
| | | • 웃어른께 말씀 전하기 놀이 하기 • 높임 표현을 사용한 역할놀이 하기<br>• 단원 정리 | 102~107쪽 | | 7~8 |
| | 쓰기[4국03-04] 읽는 이를 고려하며 자신의 마음을 표현하는 글을 쓴다. | • 단원 도입 • 마음을 전한 경험 나누기 • 단원 학습 계획하기 | 108~113쪽 | | 1 |

**2015 개정 교육과정 맵핑자료**

# 선생님만의 교육 중점 과제 다시 세우기

설계 >> 교육과정 구성하기 >> 중점 과제 관련 성취기준 선정하기

**윤지:** 성취기준 읽기가 그리 쉽지 않은데요.

**미정:** 그렇죠. 성취기준만 읽다 보면 쉽게 이해하기 어려워요. 수업이 머릿속에서 그려지지 않을 때도 많고요. 그럴 땐 교과서도 함께 참고하면 됩니다. 교과서 개발자들은 성취기준에 도달할 수 있도록 학년 수준을 고려하며 엄청 고민해서 교과서를 집필했겠죠. 그러니 교과서 내용을 보면 성취기준이 쉽게 이해되기도 합니다. 물론 그렇다고 교과서 중심으로만 수업해야 한다는 건 아니고요.

**윤지:** 그렇게 읽으면 성취기준이 좀 쉽게 다가올 것 같습니다.

**미정:** 성취기준을 읽는 데 도움이 되는 자료가 하나 더 있네요. 2015 개정 교육과정에서 성취기준과 함께 개발된 '평가기준'입니다. 평가기준은 교육과정 성취기준에 도달한 정도를 상/중/하로 나누어 진술한 것입니다. 평가 활동에서 학생들이 어느 정도의 수준에 도달했는지 판단을 돕기 위한 실질적인 기준의 역할을 할 수 있도록 개발한 것입니다. 수업과 평가는 동시에 이루어지므로 성취기준만으로 수업을 설계하기 힘들 때는 평가기준을 잘 읽어 보면 쉽게 이해되기도 합니다.

| 교육과정 성취기준 | | 평가기준 |
|---|---|---|
| [4국01-01]<br>대화의 즐거움을 알고 대화를 나눈다. | 상 | 서로의 감정과 경험을 공유하는 대화의 즐거움을 알고 다양한 상황에서 능동적으로 대화를 나눌 수 있다. |
| | 중 | 서로의 감정과 경험을 공유하는 대화의 즐거움을 알고 대화를 나눌 수 있다. |
| | 하 | 자신의 감정과 경험을 말하며 대화에 참여할 수 있다. |
| [4국01-02]<br>회의에서 의견을 적극적으로 교환한다. | 상 | 회의에서 타당한 합의에 이를 수 있도록 다양한 의견을 조율하면서 적극적으로 의견을 교환할 수 있다. |
| | 중 | 회의에서 다른 사람의 의견을 경청하면서 의견을 적극적으로 교환할 수 있다. |
| | 하 | 회의에서 자신의 의견을 말할 수 있다. |
| [4국01-03]<br>원인과 결과의 관계를 고려하며 듣고 말한다. | 상 | 원인과 결과의 관계를 올바르게 고려하며 듣고 원인과 결과가 분명히 드러나게 재구성하여 말할 수 있다. |
| | 중 | 원인과 결과의 관계를 고려하며 듣고 원인과 결과가 드러나게 말할 수 있다. |
| | 하 | 원인과 결과의 관계를 일부 고려하여 듣고 말할 수 있다. |

교육과정 성취기준과 평가기준

**미정:** 선생님, 성취기준 한 번 더 읽어 보실래요? 이번에 그냥 읽기가 아니라 선생님이 세운 교육목표를 생각하며 중점 성취기준을 몇 개 선정하면서 말입니다.

**윤지:** 중점 성취기준은 왜 선정해야 할까요?

**미정:** 계획과 실천이 함께 가기 위함이죠. 앞서 세운 선생님의 교육목표를 달성하고자 중점 교육활동 계획을 세웠을 텐데, 그 구체적 실천을 위해서지요.

우리는 모든 성취기준을 충실하게 수업하고 평가해야 하지만 쉽지 않은 일입니다. 그래서 교육목표를 충실히 도달하기 위해 중요한 성취기준을 몇 개 선정해 보는 것이지요.

**윤지:** 그럼, 교과마다 중점 성취기준은 몇 개나 선정해야 할까요?

**미정:** 개수가 중요하진 않아요. 선생님께서 기대하는 교육목표를 도달할 수 있는 성취기준을 선정하면 됩니다. 선생님께서 '기초와 기본학습 능력을 갖춘 어린이'를 목표로 세웠다면, 국어과에서 기초와 기본 학습 능력을 갖추기 위해서는 여러 성취기준 중에 어느 성취기준이 중요할까요? 영역으로 고민을 시작해 볼 수도 있죠. 듣기·말하기 영역에선 어느 성취기준이 내가 생각하는 기초와 기본 학습 능력을 키울 수 있는가, 또 쓰기 영역에서는….

**윤지:** 아, 그러네요. 저는 쓰기 영역에서는 '중심 문장과 뒷받침 문장을 갖추어 문단을 쓴다'를 중점 성취기준으로 정하면 될 것 같아요. 우리 3학년 수준에서는 자신의 생각을 중심 문장으로 명확하게 표현하고, 그 생각을 뒷받침할 수 있는 여러 개의 문장으로 문단을 쓸 수 있는 능력이 필요하다고 생각됩니다. 여러 중점 교육활동과 프로젝트 학습 진행을 위해서도 자신의 생각을 글로 표현하는 능력이 뒷받침된다면 좋을 것 같아요.

그리고 문학 영역의 '재미나 감동을 느끼며 작품을 즐겨 감상하는 태도를 지닌다.'를 중점 성취기준으로 정하면 좋을 것 같아요. 올바른 읽기 습관을 길러 기초와 기본 학습 능력을 갖추는데도 도움이 되고, 책 읽기의 즐거움을 알고 경험을 친구들과 다양하게 나눌 수 있다면 중점 교육활동을 통한 배움이 훨씬 풍부해질 것 같기도 해요.

**미정:** 선생님께서 모둠 활동을 위한 태도와 방법의 학습에 대해서도 강조하고 싶다고 말씀하셨는데, 그와 관련된 내용도 교육과정 내용으로 구성하여 수업에서 풀어 가면 좋겠습니다. 다른 시간에 특별히 연습하기보다는 교과 내에서 충실히 한다면 더 의미 있겠죠. 교육목표와 중점 과제를 생각하면서 성취기준을 다

시 읽고 중점 성취기준을 선정해 보세요. 국어과는 성취기준을 읽으면 좀 쉽게 와닿을 텐데 다른 교과는 그렇지 않을 수도 있어요. 그럴 때는 교과서도 함께 펼쳐 놓고 성취기준과 연결시키면서 본다면 쉽게 이해될 거예요.

**윤지:** 네, 선생님. 제가 세운 교육목표와 중점 과제를 생각하면서 천천히 성취기준을 읽고, 중점 성취기준을 정해 보겠습니다.

**<국어과 중점 성취기준>**

[4국01-01] 대화의 즐거움을 알고 대화를 나눈다.
[4국02-05] 읽기 경험과 느낌을 다른 사람과 나누는 태도를 지닌다.
[4국03-01] 중심 문장과 뒷받침 문장을 갖추어 쓴다.
[4국05-05] 재미나 감동을 느끼며 작품을 즐겨 감상하는 태도를 지닌다.

3학년 1학기, 국어과 중점 성취기준

**윤지:** 선생님, 문제가 좀 생겼어요.

**미정:** 무슨 문제인가요?

**윤지:** 제가 중점 성취기준을 선정하기 위해 성취기준을 천천히 읽다 보니 중점 과제를 좀 바꾸었으면 하는 생각이 들어요. 수정해도 될까요? 뭘 많이 바꾸겠다는 건 아니고요.
제가 세운 교육목표에 도달하고자 막연히 해 보고 싶은 활동을 중심으로 중점 과제를 선정했었는데 다시 성취기준을 읽다 보니 교육과정 중에서 그 목표를 달성시켜 줄 더 좋은 내용과 방법들이 있었어요. 시작 전에 미리 꼼꼼히 읽어 보고 목표 세우기를 했더라면 좋았을 텐데 하는 반성도 되었습니다.

**미정:** 그럼요. 우리가 세운 계획은 필요에 따라 수정해야 한다고 생각해요. 아이들의 상황에 따라서 또는 주변 환경에 따라서도 필요하다면 수정해야겠지요. 교육 과정 운영 중에도 더 나은 방법이 있다면 바꾸어야 합니다. 지금처럼 교육과정 구성을 시작하는 단계라면 충분히 선생님의 더 좋은 생각을 반영하여 수정하면 됩니다.
이러한 '되돌아가기'가 보다 알찬 교육과정을 위해 필요하다고 생각됩니다. 되돌아가서 수정하고 다시 만들고 이런 과정들도 만들어 가는 교육과정인 거죠.

이렇게 되돌아가는 과정이 선생님의 교육과정을 더욱 풍성하고 단단하게 만들 것입니다. 올해는 여기에서 되돌아가기 과정을 거치지만 내년에는 이 단계에서 되돌아가지 않겠죠. 그러면서 교육과정을 구성하는 우리들의 전문성도 신장될 것입니다.

**미정:** 윤지 샘, 파이팅!

| 바라는<br>어린이상 | 나와 친구를 사랑하며 함께 성장하는 어린이 | | |
|---|---|---|---|
| 학급<br>교육<br>목표 | ☑ 건강한 몸과 마음을 가꾸는 어린이<br>☑ 나와 친구를 사랑하는 어린이<br>☑ 기초와 기본학습 능력을 갖춘 어린이<br>☑ 자신의 꿈을 찾아 미래를 위해 노력하는 어린이 | | |
| 중점<br>과제 | 삶을 만나는<br>온작품읽기 | - 좋은 그림책 들려주기를 통해 바른 심성 기르기<br>- 한 학기 한 권 읽기로 기초 학습 능력 기르기 | |
| | 함께 성장하는<br>'우리' | - 비폭력 대화를 통해 협력적 태도 기르기<br>- 함께 하는 인성놀이로 공동체의식 기르기 | |
| | 창원을 만나는<br>회원뚜벅이 | - 창원의 문화유산을 체험해 보며 애향심 기르기<br>- 창원 사람들의 생활 모습을 살펴보며 우리 고장 삶 이해하기 | |
| 학급특색<br>교육활동 | 함께! 즐겁게! 놀이로 배우는 '우리' | | |

수정하여 완성한 2019학년도 교육목표 및 중점 과제

**윤지:** 제가 세운 학급 교육목표를 다시 읽다 보니 목표의 순서에도 의미 있는 흐름이 있어 순서를 조정했습니다. 먼저 학생들이 건강한 몸과 마음을 가꾸고 나와 친구를 사랑하며 행복하게 학교생활을 해 나갈 수 있는 환경을 조성하고, 그 후에 기초와 기본학습 능력을 갖추어 자신의 꿈을 찾아 노력할 수 있도록 목표의 순서를 수정한다면 자연스럽게 순차적으로 목표를 달성할 수 있을 것 같습니다.

중점 과제를 1년 동안 어떻게 실천할 것인지 구체적으로 계획하고 그림을 그려 보니 학년 교육목표 및 학급 특색교육과 연관성이 조금 부족하다는 생각이 들었고 놓친 부분도 몇 가지 보였습니다. 그리고 중점 과제도 교과 활동, 창체 활동으로 구분했었는데 중점 과제가 의미 있는 주제가 되었으면 좋겠다는 생각이 들어 수정해 보았습니다. 책 읽기 활동이 학교 특색 및 학년 중점 교육과 연계된 만큼 조금 더 깊이 다뤄질 필요가 있다고 생각되어 중점 성취기준을 충분히 학습할 수 있는 관련 활동들을 추가했습니다. 학생들이 온작품읽기를 통하여 한 권의 책을 깊이 읽으며 아이들의 삶과 만날 수 있도록 하고 좋은 그림책 들려주기를 통해 바른 심성을 기를 수 있도록 하여 더욱 책과 가까워질 수 있는 계기가 되었으면 합니다.

그리고 비폭력 대화를 통해 일상생활 및 교과 시간에 다른 친구의 의견을 존중하고 경청하면서 대화할 수 있도록 하여 모둠활동 시 협력하는 태도를 기르도록 하면 좋을 것 같습니다. 학급 특색 교육활동인 놀이교육을 교과와 비교과 전반에 걸쳐 다양하게 적용하여 놀이를 통해 학생들이 흥미를 가지고 수업을 꾸려 가고 인성놀이, 전통놀이를 통해 공동체 의식을 기를 수 있도록 했습니다.

중점 성취기준을 선정하며 학급의 기본 운영 방향과 중점 과제가 학생들의 수준에 알맞게 설정되었는지, 저의 교육목표를 잘 담고 있는지 다시 한 번 고민해 볼 수 있는 시간이었습니다.

---

**중점 과제 1. 삶을 만나는 온작품읽기**

[4국02-05] 읽기 경험과 느낌을 다른 사람과 나누는 태도를 지닌다.
[4국05-05] 재미나 감동을 느끼며 작품을 즐겨 감상하는 태도를 지닌다.
[4국05-04] 작품을 듣거나 읽거나 보고 떠오른 느낌과 생각을 다양하게 표현한다.
[4국03-01] 중심 문장과 뒷받침 문장을 갖추어 문단을 쓴다.

**중점 과제 2. 함께 성장하는 '우리'**

[4국01-01] 대화의 즐거움을 알고 대화를 나눈다.
[4국02-05] 읽기 경험과 느낌을 다른 사람과 나누는 태도를 지닌다.
[4국04-04] 높임법을 알고 언어 예절에 맞게 사용한다.
[4도02-02] 친구의 소중함을 알고 친구와 사이좋게 지내며, 서로의 입장을 이해하고 인정한다.

**중점 과제 3. 걸어서 창원을 만나는 회원 뚜벅이**

[4사01-01] 우리 마을 또는 고장의 모습을 자유롭게 그려 보고, 서로 비교하여 공통점과 차이점을 찾아 고장에 대한 서로 다른 장소감을 탐색한다.
[4사01-03] 고장과 관련된 옛이야기를 통하여 고장의 역사적인 유래와 특징을 설명한다.
[4사01-04] 고장에 전해 내려오는 대표적인 문화유산을 살펴보고 고장에 대한 자긍심을 기른다.
[4국02-05] 읽기 경험과 느낌을 다른 사람과 나누는 태도를 지닌다.
[4국03-01] 중심 문장과 뒷받침 문장을 갖추어 문단을 쓴다.
[4도03-01] 공공장소에서 지켜야 할 규칙과 공익의 중요성을 알고, 공익에 기여하고자 하는 실천 의지를 기른다.

중점 과제 관련 성취기준

**윤지:** 선생님, 또 문제가 생겼습니다. 중점 과제를 중심으로 중점 성취기준을 선정하고 보니 국어, 사회, 도덕 교과의 성취기준으로 한정되었습니다. 다른 교과는 어떻게 해야 할까요?

**미정:** 그렇죠. 중점 성취기준은 중점 과제와 관련이 있는 교과와 도구 교과를 중심으로 선정되기 때문입니다. 선생님의 질문에 대한 답으로 전담인 제가 지난 2학기 도덕 교육과정을 구성한 이야기를 소개하겠습니다.

---

### - 3학년 도덕 전담 교사의 중점 성취기준 선정 이야기 -

담임이 아닌 교과 전담 교사로서 수업하는 것은 쉽지 않으며, 수업자 자신의 만족도도 낮다.

아이들의 삶과 앎이 연계되는 — 삶 속에서 앎, 앎을 통한 삶 — 수업을 한다는 것은 교과서에서 제시되는 가장 일반적인 내용으로 어느 누가 해도 되는 그런 수업은 아니라고 생각한다. 아이들과 교사의 비전을 담은 학급 문화를 바탕으로 아이들 삶의 상황과 맥락에서 적절한 내용과 방법을 찾아 수업 장면으로 옮겨와서 의미 있는 앎이 될 수 있도록 하는 수업이어야 한다고 생각한다. 그러나 전담 교사의 수업은 단단한 학급 문화를 바탕으로 할 수 없다.

도덕 전담 교사는 일주일에 1시간 수업으로 아이들을 만난다. 공휴일이나 학교 행사라도 있게 되면 2주에 한 번 만나기도 한다. 어느 요일, 어느 1시간에 만나는 아이들이 어떤 마음이며 어떤 상황인지 수업이 시작되기 전까지는 거의 알지 못할 때가 많다. 생활 속에서 가치와 덕목의 실천이 주가 되는 교과인데 그 실천을 지속적으로 관찰할 수 없는 것도 수업을 계획하고 진행하면서 늘 아쉬운 점이다.

그러기에 담임 선생님처럼 학생에 대한 이해를 바탕으로 철학과 가치를 담아 목표를 세우고 중점 과제를 계획하는 것은 쉽지 않다. 그렇다고 교과서에서 제시되는 내용과 순서로 아이들에게 의미 없이 다가갈 순 없기에 한 학기의 배움이 하나의 스토리가 될 수 있도록 구성하여 실천하고 있는 사례를 간단하게 소개하고자 한다.

3학년 2학기 도덕과는 3개의 성취기준으로 수업을 한다.

> [4도01-02] 시간과 물건의 소중함을 알고 자신이 시간과 물건을 아껴 쓰고 있는지 반성해 보며 그 모범 사례를 따라 습관화한다.
> [4도03-01] 공공장소에서 지켜야 할 규칙과 공익의 중요성을 알고, 공익에 기여하고자 하는 실천 의지를 기른다.
> [4도04-01] 생명의 소중함을 이해하고 인간 생명과 환경 문제에 관심을 가지며 인간 생명과 자연을 보호하려는 태도를 가진다.

성취기준과 내용 체계표를 바탕으로 학습 내용 요소를 정리하면, '시간 관리와 절약, 공익과 준법, 생명 존중과 자연애'이다. 성취기준 셋 중에서 가장 먼저 무엇으로 수업을 시작하면 좋을까, 어느 성취기준이 중점 성취기준이 되면 좋을까 생각해 본다. 물론 교과서 순서대로 수업해도 되지만 아이들에게 세 주제들이 생활 속에서 연결된다면 더 의미 있는 배움이 될 것이기 때문이다.

'생명 존중과 자연애'가 그 시작이라면 좋겠다는 생각을 했다. 그래서 '[4도04-01] 생명의 소중함을 이해하고 인간 생명과 환경 문제에 관심을 가지며 인간 생명과 자연을 보호하려는 태도를 가진다'를 중점 성취기준으로 선정했다.

생명의 소중함과 자연에 대한 관심을 충분히 이해하고 실천한다면, 물건을 아껴 쓰는 것과 시간을 관리하고 절약하는 것도 자연스럽게 연결될 것이고, 공익과 많은 사람들이 함께 모이는 곳에서 사람과 자연을 위해 어떤 규칙이 필요하고 지켜져야 할 것인가에 대한 생각과 실천도 자연스럽게 연결될 수 있을 것이기 때문이다. 물론 평가도 중점 성취기준을 중심으로 계획해야 할 것이다.

새로운 주제로의 이동과 흐름도 자연스럽겠지만, 시간 관리와 절약, 공익과 준법 생활이 단순한 실천이 아니라 '생명 존중과 자연애'까지 연결되는 사고의 확장도 의미 있기 때문이다.

아이들이 물건을 현명하게 아껴 쓰는 것이 단순한 절약이 아니라 자연을 보호하고 생명을 존중할 수 있는 의미 있는 인간의 행동으로 생각하고 실천할 수 있도록 하고자 한다.

**- 미정 생각**

# 선생님 교육과정의 열두 달 설계하기

설계 >> 교육과정 구성하기 >> 연간 교수·학습 계획 수립하기

**미정:** 3학년 선생님들과 함께 계획하고 운영하는 교육활동에는 무엇이 있나요?

**윤지:** 3학년에서 함께 계획하고 진행하기로 한 것은 사회과 '걸어서 창원을 만나는 회원뚜벅이 프로젝트'입니다. 그리고 학교 특색 교육인 '온작품읽기'와 그림책 읽어 주는 선생님이 있어요.

**미정:** '걸어서 창원을 만나는 회원뚜벅이 프로젝트'는 학년 선생님들과 함께 고민해야겠네요.

**윤지:** 네, 학년 선생님들과 성취기준을 추출하여 대략 프로젝트를 먼저 계획했습니다. 학년 부장님께서 지난해도 3학년을 하셔서 좀 쉽게 계획할 수 있었어요. 보여드릴게요.

**미정:** 그럼, 온작품읽기는 어떻게 해요?

**윤지:** 온작품읽기는 3학년이 모두 같은 책을 한 권 선정하여 독서 단원과 연계하여 지도하기로 했어요. 학년 프로젝트 학습과 온작품읽기는 학교 중점 교육과 특색 교육이어서 3월 학교 전체 전문적학습공동체의 날에 학년 계획을 함께 나누기로 한 건 아시죠?

**미정:** 네, 그럼 학년에서 함께 하기로 한 활동은 대략의 계획이 세워졌고, 손윤지 선생님 교육과정의 핵심적인 알맹이가 될 연간 교수·학습 계획을 이제 세워 볼까요?

**윤지:** 중점 성취기준을 정하긴 했는데, 이 성취기준은 다른 성취기준과는 무엇이 어떻게 다르게 운영되어야 할까요?

**미정:** 크게 다르게 계획하여 운영될 필요는 없습니다. 다만 선생님이 좀 더 고민하여 계획하고 평가까지 연계하는 것, 충분하게 선생님의 교육목표에 도달할 수 있도록 하는 것이겠지요.

예를 들면, 선생님께서 중점 성취기준으로 국어 쓰기 영역에서는 '중심 문장과 뒷받침 문장을 갖추어 문단을 쓴다'를 선정하고는 어떻게 지도할까 고민이 되겠지요. 성취기준이 포함된 단원이 2단원과 8단원이라면 내용을 살펴보며 언제 어떻게 지도할까를 고민하게 되겠죠.

**윤지:** '언제와 어떻게'가 어떤 의미일까요?

**미정:** 언제는 시기의 조정에 대한 생각입니다. 제가 국어 수업을 할 때 교과서를 보면 첫 단원과 마지막 단원이 문학 관련 내용이었어요. 여기 3학년 맵핑자료에서도 읽을 수 있듯이 1단원 성취기준이 '읽기 [4국02-05] 읽기 경험과 느낌을 다른 사람과 나누는 태도를 지닌다'입니다. 이제 새 학급에서 친구와 선생님을 만나서 낯설고 아직 서먹한 시간일 때 문학 작품에 대한 읽기 경험과 느낌을 나누기는

쉽지 않을 것입니다. 그래서 저는 문학 관련 단원은 아이들이 친구들과 좀 친해지고 나서, 서로의 경험을 충분히 이해할 수 있는 관계가 되었을 때 수업하도록 시기를 조정했습니다. 만남으로 서먹할 땐 7단원인 '반갑다, 국어사전'처럼 약간 건조한 단원도 괜찮겠죠. 아님, 듣기 말하기 영역의 자신을 소개하는 말하기나 바르게 듣기 태도와 관련된 성취기준이 있으면 활용해도 좋을 것 같아요.

**윤지:** 네, 저도 문학이 1단원인 것이 좀 힘들었어요. 그래서 대충한 적도 있어요.

**미정:** 우리가 교과서를 완전히 버리고 성취기준만 보고 내용을 구성하여 수업한다는 건 어려운 일입니다. 하지만, 성취기준을 중심에 두고, 잘 만들어진 교과서의 내용을 바탕으로 배움 시기를 조정하고 우리 아이들에게 더 적합한 내용으로 조금씩 수정한다면 그것이 교사 수준 교육과정의 시작이라 할 수 있겠죠. 이러한 과정이 반복되다 보면 교과서 대신 성취기준 중심으로 교육과정을 구성할 수 있는 역량도 갖게 될 것입니다.

**윤지:** 그럼, 이제 '어떻게'는 어떤 의미인가요?

**미정:** 어떻게는 구체적인 실천 방법과 목표와의 관련성에 대한 문제입니다.

대략의 시기 조정과 함께 성취기준 중심으로 단원 학습 계획을 세우게 되는데, 2015 개정 교육과정의 교과서는 우리가 수업해야 할 시수보다 적게 개발되어 있습니다. 살펴보면 3학년 국어 시수는 연간 204시간, 학기로 나누면 102시간입니다. 그러나 교과서는 독서 단원을 제외하고 대략 90시간 내외로 구성되어 있어 우리 교사들이 자유롭게 계획할 수 있도록 되어 있습니다. 또 앞서 이야기한 것처럼 2개의 문학 관련 단원을 묶어서 구성하게 되면 또 여분의 시간도 나오게 될 거예요. 이렇게 시간을 확보하여 선생님께서 중점 성취기준으로 정하고 아이들에게 의미 있게 지도하고 싶었던 글쓰기, 특히 강조하여 지도하고 싶은 문단쓰기를 지도하시면 되겠지요. 일상생활에서의 글, 일기, 편지 쓰기 등등 또 다른 교과와 연계한 글쓰기도 좋습니다.

**윤지:** 국어과를 어떻게 설계하면 좋을지 생각이 떠오르네요. 중점 성취기준을 중심에 두고 고민을 시작하여 단원을 정리하면서 시기를 조정하고 확보된 여분의 시간으로 중점 성취기준과 관련된 학습활동을 충분히 할 수 있도록 계획하면 될 것 같아요.

**미정:** 우리가 교육과정 요소 중 결재를 받아야 할 내용은 연간 수업진도표(연간 교수·학습 계획), 연간 시수표, 평가계획입니다. 연간 시수표는 정리하셨을 테고, 연간 수업진도표 즉 연간 교수·학습 계획을 세우면 될 것 같습니다.

**윤지:** 연간 시수는 국가 수준 교육과정의 기준 시수와 학교 교육과정을 바탕으로 정리하였습니다. 시수를 바탕으로 시간표도 정리되었습니다. 이젠 연간 교수·학습 계획을 세우면 되겠습니다.

| 단원지도 순서 | 성취기준 | 단원 순서 재배열 의도 |
|---|---|---|
| 3. 알맞은 높임 표현 | 듣기·말하기[4국01-01] 대화의 즐거움을 알고 대화를 나눈다.<br><br>문법[4국04-04] 높임법을 알고 언어 예절에 맞게 사용한다. | - 학년 초 긍정적인 학급 분위기를 조성하기 위하여 대화의 즐거움을 알고 친구들과 적극적으로 대화하며 활발히 상호작용할 수 있도록 함.<br>- 친구와 바르게 소통하는 방법을 알고 상대방을 배려하며 말하는 습관을 기르도록 함.<br>- 공감, 존중, 경청 중심의 비폭력 대화방법을 익혀 모둠활동 시 대화를 통해 적극적으로 협력할 수 있는 분위기를 형성함. |
| 2. 문단의 짜임 | 읽기[4국02-01] 문단과 글의 중심 생각을 파악한다.<br><br>쓰기[4국03-01] 중심 문장과 뒷받침 문장을 갖추어 문단을 쓴다. | - 기초와 기본 학습능력의 향상을 위하여 다양한 글을 읽고 글의 중심문장을 파악하는 방법을 익힘.<br>- 자신의 생각을 중심문장으로 명확하게 표현하고 그 생각을 뒷받침할 수 있는 문장을 함께 갖추어 쓰는 연습을 통해 한 해 동안 진행할 프로젝트 학습의 기초를 닦음. |
| 8. 의견이 있어요 | 읽기[4국02-01] 문단과 글의 중심 생각을 파악한다.<br><br>읽기[4국02-02] 글의 유형을 고려하여 대강의 내용을 간추린다.<br><br>쓰기[4국03-01] 중심 문장과 뒷받침 문장을 갖추어 문단을 쓴다. | - 충분한 쓰기 경험을 제공하여 다양한 상황에 대한 자신의 의견을 짜임새 있는 한 편의 글로 표현할 수 있도록 함.<br>- 다음 단원의 온작품읽기와 연계한 다양한 쓰기 활동들을 원활히 진행할 수 있도록 쓰기에 대한 흥미와 자신감을 함양. |
| <독서 단원> 책을 읽고 생각을 나누어요 | 읽기[4국02-05] 읽기 경험과 느낌을 다른 사람과 나누는 태도를 지닌다.<br><br>문학[4국05-05] 재미나 감동을 느끼며 작품을 즐겨 감상하는 태도를 지닌다. | - 독서단원의 시수를 증배하고 10. 문학의 향기 단원과 통합하여 운영함으로써 온작품읽기를 위한 충분한 시수를 확보함.<br>- 학교 특색 교육 및 학년 중점 교육과 연계된 온작품읽기를 학기 중 집중 운영하여 효율적으로 중점 교육목표에 도달할 수 있도록 함.<br>- 온작품읽기를 통해 질 높은 읽기의 경험을 제공하여 읽기의 즐거움을 느낄 수 있도록 하며 바른 읽기 습관을 기르도록 함. |
| 10. 문학의 향기 | 문학[4국05-05] 재미나 감동을 느끼며 작품을 즐겨 감상하는 태도를 지닌다.<br><br>읽기[4국02-05] 읽기 경험과 느낌을 다른 사람과 나누는 태도를 지닌다. | |
| 4. 내 마음을 편지에 담아 | 쓰기[4국03-04] 읽는 이를 고려하며 자신의 마음을 표현하는 글을 쓴다.<br><br>읽기[4국02-03] 글에서 낱말의 의미나 생략된 내용을 짐작한다.<br><br>문법[4국04-02] 낱말과 낱말의 의미 관계를 파악한다. | - 온작품읽기와 연계하여 책을 읽은 후, 등장인물 및 작가에게 자신의 마음을 표현한 편지를 써보도록 함. |

국어과 단원 지도 계획 - 단원 순서 재배열 의도

# 성장을 돕는 평가계획 세우기

설계 >> 교육과정 구성하기 >> 연간 평가계획 및 평가기준안 작성하기

**윤지:** 연간 교수·학습 계획을 세우고 나니 평가계획은 크게 고민하지 않아도 될 것 같습니다. 제가 중점 성취기준을 선정하고 그 목표를 향해 수업시간에 열심히 지도한다면 평가도 당연히 그 내용으로 수업 중에 하면 될 것 같아요.

**미정:** 그렇죠. 열심히 수업한 내용을 평가하는 것, 결과를 위한 평가가 아니라 학생들의 성장을 돕기 위한 과정 중심 평가라면 가장 중요하게 생각하는 내용으로 자연스럽게 평가하면 될 것입니다.

**윤지:** 그동안 수업 계획과 별개로 평가계획을 세웠었는데 이렇게 쉽게 연계하여 하면 되는 것을 왜 미처 생각하지 못했는지 모르겠어요.

**미정:** 저 또한 마찬가지예요. 수업은 수업대로 평가는 평가대로 생각을 했었어요. 수업과 평가의 본질을 생각하고, 문서로의 계획이 아닌 수업과 평가의 실질적이고 실천적인 관점에서 본다면 아주 간단한 일인데요.

**윤지:** 그런데 평가계획은 동학년 선생님들과 협의하여 수립해요. 학년의 평가계획을 바탕으로 제가 나름 할 수 있는 중점 성취기준에 대한 평가를 고민하도록 하겠습니다.

| 순 | 영역 | 성취기준 | 교과역량 | 관련 단원 |
|---|---|---|---|---|
| 1 | 듣기·말하기 | [4국01-01] 대화의 즐거움을 알고 대화를 나눈다. | 의사소통 역량 | 3-1-3. 알맞은 높임표현 |
| 2 | 읽기 | [4국02-01] 문단과 글의 중심 생각을 파악한다. | 자료·정보 활용 역량 | 3-1-2. 문단의 짜임 |
| 3 | 쓰기 | [4국03-01] 중심 문장과 뒷받침 문장을 갖추어 문단을 쓴다. | 자료·정보 활용 역량 | 3-1-8. 의견이 있어요. |
| 4 | 문학 | [4국02-05] 읽기 경험과 느낌을 다른 사람과 나누는 태도를 지닌다. | 문화 향유 역량 | 3-1-독서. 책을 읽고 생각을 나누어요. |
| 5 | 문법 | [4국03-04] 읽는 이를 고려하며 자신의 마음을 표현하는 글을 쓴다. [4국04-02] 낱말과 낱말의 의미 관계를 파악한다. | 공동체·대인관계 역량 | 3-1-4. 내 마음을 편지에 담아 |

학년 협의회를 통한 3학년 1학기 국어 평가계획

**윤지:** 중점 성취기준과 연계된 독서 단원과 10단원은 문서상의 계획을 세워 평가하기에 기록으로 남지만, 그렇지 않은 단원은 수업하면서 성취기준에 도달하는 수준을 이해하고 판단하며 피드백 할 수 있도록 평가할 내용과 방법을 간단하게 정리해 보았습니다. 문서상의 계획으로 남는 평가는 아니지만 아이들의 성장과 저의 수업 반성을 위해 정리한 내용입니다.

| 성취기준 | 학습 주제 | 평가 내용 및 방법 |
|---|---|---|
| 듣기·말하기[4국01-01] 대화의 즐거움을 알고 대화를 나눈다.<br><br>문학[4국05-05] 재미나 감동을 느끼며 작품을 즐겨 감상하는 태도를 지닌다.<br><br>쓰기[4국03-01] 중심 문장과 뒷받침 문장을 갖추어 문단을 쓴다. | 떡과 관련된 경험 떠올리기<br>표지 살펴보며 내용 예상하기 | 책의 제목과 관련된 자신의 경험에 대하여 대화의 예절을 지켜 적극적으로 이야기를 나눌 수 있는지 관찰평가한다. |
| | 궁금하거나 더 하고 싶은 이야기 질문 만들고 생각 주고받기 | 책을 읽고 작품에 대해 궁금한 점을 질문으로 만들어 묻고 답할 수 있는지 관찰평가한다. |
| | 특별한 능력을 가진 떡 이름 짓기 | 산출물을 활용하여 자신만의 특별한 능력을 가진 떡을 그리고 떡에 알맞은 이름을 지을 수 있는지 평가한다. |
| | 주인공의 마음 변화를 파악하여 마음 날씨 그래프로 나타내기 | 주인공의 마음 변화를 그래프로 나타내고 그래프의 변화에 대하여 친구들과 이야기 나누는 과정을 관찰하여 평가한다. |
| | 정지 장면으로 표현하고 맞추며 놀이하기(평가계획) | 모둠별 정지 장면 표현하기 활동을 하며 대화 예절을 지켜 협력적으로 참여하였는지 상호평가 한다. |
| | 『만복이네 떡집』이 '장군이네 떡집'으로 바뀐 이유 짐작하여 글쓰기 | 『만복이네 떡집』이 '장군이네 떡집'으로 바뀐 이유를 짐작하고 중심 문장과 뒷받침 문장을 갖추어 한 편의 글을 쓸 수 있는지 평가한다. |
| | 인상 깊은 장면 역할극으로 표현하기 | 모둠 친구들과 협력하여 역할극 대본을 작성하는 과정, 대사와 행동을 통해 장면을 표현하는 태도 등을 관찰평가 한다. |

중점 성취기준에 대한 평가계획

# 실행을 위한 마지막 점검하기

**미정:** 이제 선생님의 교육과정 설계가 다 정리되었네요.

**윤지:** 혼자가 아니어서 훨씬 쉽게 여기까지 올 수 있었습니다. 고맙습니다. 알찬 계획으로 아이들과 새 학년을 시작하려하니 많이 설렙니다.

**미정:** 저도 기대가 됩니다. 선생님, 이제까지 정리한 선생님의 교육과정을 점검표를 보면서 한 번 확인해 보세요. 혹시 놓치거나 빠진 부분이 없는지 마지막 점검을 해 보면 더 좋겠습니다.

**윤지:** 네, 이런 마지막 점검도 필요하겠네요.

**미정:** 그동안 정말 수고 많으셨고, 축하합니다. 선생님 교육과정 구성에 함께하며 저도 많이 배웠네요.

이젠 이 설계를 바탕으로 아이들과 열심히 하실 일만 남았네요. 설계하는 과정에서 '되돌아가기'한 것처럼 아마 실제 실천에선 더 많은 되돌아가기의 과정이 필요할 것입니다. 설계 과정에서 고민했던 상황과 맥락은 교실 현장에서 또 다른 모습으로 드러날 것이니까요. 그때마다 힘을 내시고 아이들과 함께 고민하면서 멋지게 적용해 보세요.

# 교육과정 실천, 국어 수업을 소개합니다

실행 >> 교육과정 실천하기 >> 설계된 교육과정 실천하기

새로운 시작은 언제나 '설렘'이다. 주어지는 교육과정이 아닌 내가 직접 아이들과 함께 해 보고 싶었던 내용과 방법으로 구성한 교육과정을 직접 실천하려니 두렵기도 하지만 빨리 시작하고 싶었다. 나의 교육과정 실천 이야기는 아주 복잡하면서 긴 이야기이기에 여기에서는 의미 있게 진행하였던 국어과 중점 성취기준 중 '[4국03-01] 중심 문장과 뒷받침 문장을 갖추어 쓴다.', '[4국05-05] 재미나 감동을 느끼며 작품을 즐겨 감상하는 태도를 지닌다' 이 두 성취기준을 수업으로 전개한 이야기를 소개하고자 한다.

나의 교육목표와 중점 성취기준을 수업을 통해 어떻게 풀어내야 할까, 잘 풀어낼 수 있을까 고민이 되었다. 국어 단원 순서를 재조정하여 학생들이 중심 문장과 뒷받침 문장을 갖추어 하나의 짧은 문단을 써 보는 쓰기 활동을 충분히 연습하고, 온작품읽기를 통해 이러한 쓰기의 경험을 조금 더 깊이 있게, 그리고 아이들의 삶의 이야기와 관련지어서 쓰고 나눠 볼 수 있으면 좋겠다는 바람을 가지고 수업을 진행하였다.

가장 먼저 한 것은 중점 성취기준을 효과적으로 달성할 수 있는 작품을 선정하는 일이었다. 작품을 고민하던 중, 학생들이 직접 고른 책이라면 조금 더 흥미를 가지고 몰입하여 읽을 것 같다는 생각에 도서 선정을 아이들에게 맡겨 보기로 하였다. 동학년 선생님들과의 협의를 통하여 3학년 학생들의 수준에 알맞은 도서를 4권 정도 추려내었고 학생들이 직접 투표를 통하여 도서를 선택하였다.

온작품읽기 도서 선정을 위해
직접 투표하는 아이들

3학년 온작품읽기 도서
선정 결과

투표 결과 득표를 제일 많이 한 『만복이네 떡집』이 작품으로 선정되었다. 『만복이네 떡집』은 3학년 학생인 만복이의 학교생활과 습관들이 솔직하고 재미있게 그려져 3학년 학생들의 흥미와 관심을 끌기에 알맞고 중점 성취기준을 포함한 국어과 문학 영역의 성취기준을 만족할 만한 요소가 많았다.

무엇이든 잘하고 싶고 친구들과 친해지고 싶지만 자꾸만 마음과는 다르게 심술을 부리게 되는 만복이의 말과 행동에서 아이들은 자신의 모습을 발견하게 되고 책과 함께 자연스럽게 자신들의 이야기에 푹 빠지게 되었다. 아이들이 마음껏 자신들의 이야기에 몰입할 수 있고, 자신들의 이야기를 꺼내어 나눌 수 있도록 수업을 만들어 나가고 싶었다.

## 1) 읽기 전, 어떤 이야기가 펼쳐질까?

아이들과 처음 온작품읽기를 시작하던 날, 책을 한 권씩 나눠 주며 앞으로 독서 단원과 국어 10단원을 교과서가 아닌 『만복이네 떡집』으로 공부하게 될 것이라고 이야기하니 아이들은 "야호!" 환호성을 질렀다. 학생들은 자신만의 책이 생겼다는 것에 큰 의미를 가지고 있는 듯, 책을 이리저리 눈으로 열심히 살피며 애지중지 보물 다루듯 어루만졌다.

아이들과 함께 제목부터 읽어 보았다. 아이들에게 '떡'은 친근하면서도 많은 이야기를 하고 싶게 만드는 소재였다. '떡'하면 생각나는 자신들의 경험을 떠올려 보자고 했더니 여기저기서 떡 이야기가 봇물처럼 쏟아졌다. 한 아이는 "친구네 집이 떡집을 하는데 이사했다고 이사 떡으로 시루떡이랑 송편을 갖다 줬어요"라고 했다. 그 아이의 말을 들은 또 다른 아이는 "어! 저는 송편 직접 만들어 먹었어요. 엄마랑 할머니가 추석 때 송편 예쁘게 빚으면 예쁜 아이 낳는다고 했어요"라며 이야기를 이어 갔다. 대부분의 아이들은 떡에 관련된 각자 나름대로의 경험들이 있었고 아이들에게 떡은 달콤하고 먹으면 기분을 좋게 해 주는 그런 음식이었다.

떡에 대한 경험을 나눈 후 책표지 구석구석을 살펴보기로 하였다. 책 표지에는 남자아이가 책가방을 메고 떡집 앞에서 미소를 지으며 서 있는 그림이 그려져 있었다. 아이들은 남자 아이 이름이 만복이고 만복이 할머니가 떡집 장사를 하는 것 같다고 했으며, 어떤 아이는 맛있는 냄새에 이끌려 간 남자아이가 만복이네 떡집에 도착했고 그 떡집의 단골이 되었다고 하였다. 다른 아이는 만복이 엄마가 하는 떡집인데 만복이가 떡을 다 먹어 버려서 손님들이 아무도 떡을 사가지 못하는 이야기일 것 같다고 하였다.

제목과 표지에 대해 이야기를 나누는 내내 교실에서는 아이들의 웃음소리가 멈추지 않았다. 아이들이 책을 읽기 전, 자신의 경험을 나누는 것만으로도 그 속에서 재미를 찾고 다른 친구들의 이야기에 공감하며 맞장구치는 것을 보면서 중점 성취기준에 한 걸음 다가간 듯하였다. 다음 수업에 대한 기대감이 더욱 커졌다.


## 2) 읽는 중, 만복이 만나기

학생들이 국어 공부를 하며 읽었던 교과서에 제시된 글들은 길어야 4페이지가 넘지 않는다. 50페이지가 넘는 한 권의 책을 어떻게 읽혀야 할지 그 방법에 대한 고민이 많았다. 그래서 처음에는 아이들이 책에 대한 부담을 덜 느낄 수 있도록 선생님과 함께 책을 읽어나가도록 하였다. 실물화상기를 이용하여 아이들과 함께 한 줄 한 줄씩 읽으며 인물의 성격이 잘 드러나는 부분에서는 멈춰서 이야기를 나눠 보기도 하고, 인물의 마음을 짐작해 보기도 하였다. 학생들은 생각했던 것보다 더 적극적으로 책에 빠져들었고 따로 주제를 가지고 이야기하는 시간을 주지 않았음에도 불구하고 누군가는 만복이 편이 되고 누군가는 초연이 편이 되어 인물들의 입장을 대변하기도 하였다.

책을 반쯤 읽은 후 책의 내용을 깊이 들여다보는 활동을 진행하였다. 글 속에서 재미와 감동을 찾아 서로 공유해 보며 문학 [4국05-05] 성취기준에 가까워질 수 있는 차시이다. 이야기가 반쯤 전개되었을 때, 책 읽기를 멈추고 책의 내용이나 등장인물들에게 생기는 궁금증을 질문으로 만들어 적어 보도록 하며 적극적인 읽기를 통해 자기 나름대로 작품 속에서 흥미 있고 궁금한 부분을 찾을 수 있는지 평가하였다.

모둠 친구들의 질문을 활동판에 모아 가며 비슷한 종류의 질문끼리 묶어 보도록 하였더니 놀랍게도 비슷한 질문이 거의 나오지 않았다. 책 내용에 대한 질문들도 학생들마다 가지각색이었고 등장인물들에게 생기는 궁금증들도 천차만별이었다. 어떤 아이는 모둠 친구에게 '넌 대체 이게 왜 궁금해?'라는 질문을 던지기도 하였다. 대부분의 책 속에는 주인공과 주요 사건들이 확연히 구분되어 있지만 학생들은 저마다 관심이 가는 인물들도 다르고 중요하다고 생각되는 사건들도 다르다는 것을 알았다. 모둠별로 모은 질문에 대하여 자신이 대답해 줄 수 있는 질문을 골라 돌아가며 답을 나누었다. 모두들 자신의 대답이 맞다고 발끈! 하며 우기는 모습들을 보면서 하나의 책이지만 그 책이 학생들한테 던지는 물음표와 해답은 수백, 수천 가지가 될 수도 있겠다 싶었다.

이렇게 교사도 아이들도 사람마다 생각과 느낌의 차이가 있음을 알게 되고 차이를 인정하고 다름을 존중하는 법을 배우며 함께 성장해 나가는 것이 아닐까.

책에 대한 궁금증을
질문으로 만들기

모둠 활동판 게시물

질문을 나누고 답하는 아이들

각자 책에 대한 궁금증을 나름대로 해소하고 나서 다시 책으로 돌아왔다. 이번에는 한 권의 책을 짝과 함께 번갈아 읽기로 하였다. 책을 가까이에서 보며 소리 내어 읽으니 선생님이 읽어줄 때와는 사뭇 다른 분위기였다. 교실은 제각각 책 읽는 소리로 시끌벅적한 듯했으나 아이들의 눈과 귀는 온전히 책에 집중하고 있었다. 이야기가 한참 재밌어질 때쯤 책 읽기를 멈추었다. 아이들은 너무 아쉬워했지만 수업 활동에 대한 기대감을 가지게 하면서 동시에 이번 차시 평가에 몰입하여 참여할 수 있게 하는 가장 적절한 시점이었다.

이야기 속에 등장하는 다양한 떡들과 그 떡이 가진 특별한 능력에 대해 읽은 다음 자신만의 특별한 능력을 가질 수 있는 떡을 직접 그려 보고 이름을 지어 보는 시간을 가졌다. 이미 책을 읽으며 떡이 등장했을 때, 떡에 온 마음을 빼앗겼던 아이들은 단숨에 뚝딱뚝딱 떡을 만들었다. 많은 아이들이 평소에 스스로가 조금 부족하다고 생각했던 부분을 극복할 수 있는 떡이나 자신이 아주 좋아하는 것들을 충분히 해 볼 수 있는 떡들을 그렸다. 반면에 떡을 쉽게 그리지 못하고 고민이 많은 학생들도 있었다. 가지고 싶은 특별한 능력이 없거나 고민을 오래 하는 학생들에게는 학교생활을 하면서 또는 친구들과 놀면서 아쉬웠던 점이 없는지 자신을 한 번 더 돌아볼 수 있게끔 하거나 자신이 무엇을 할 때 가장 행복한지 생각해볼 수 있도록 하였다. 그랬더니 이내 고민을 마치고 떡을 완성하였다. 축구를 잘 하게 되는 떡, 엄마를 웃을 수 있게 하는 떡, 아침에 눈이 번쩍 뜨이는 떡 등을 보면서 학생들이 완성한 떡에는 학생들의 삶이 고스란히 담겨 있는 것을 알 수 있었다. 학생들이 작품과 자신을 끈끈히 연결해 볼 수 있는 차시였다.

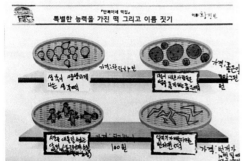

나만의 특별한 능력을 가진 떡 만들기 1

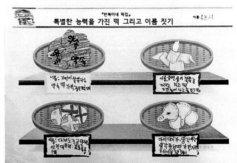

나만의 특별한 능력을 가진 떡 만들기 2

　　이전 차시들의 내용이 책의 중심 소재와 내용에 집중할 수 있는 활동이었다면 이번에는 인물의 마음에 초점을 맞춰 그 상황에서 왜 그렇게 행동하였는지 생각해 볼 수 있는 내용으로 수업을 이어 갔다. 이야기의 중반부터 끝까지를 모둠 친구들과 돌아가며 읽은 후 만복이의 마음이 시간이 흐름에 따라 어떻게 변하였는지 그래프로 그려 보기로 하였다. 실제로 많은 아이들이 등장인물들의 기분과 마음이 어떤지 공감할 수 있지만 그런 감정을 세세하게 말 또는 글로 표현하는 것을 어려워하기 때문에 보통 "인물의 마음이 어땠을까?"를 물어보면 "슬퍼요", "기뻐요"로 답하는 경우가 많다. 그래서 말로 표현하지 않고 해가 쨍쨍한 날씨부터 천둥번개가 치는 날씨까지 다양하게 표현해 보기로 하였다. 모둠별로 그래프가 그려진 활동지를 나눠 주고 그래프의 가로축에는 만복이의 행동이나 마음이 변하게 된 몇 가지 사건들을 간추려 4~6가지 적도록 하였다. 그러한 사건이 일어났을 때 만복이의 마음이 어땠을지 상상해 보며 해가 쨍쨍하여 마음이 맑은 날부터 천둥번개가 쳐서 마음이 흐리고 어두운 날까지 마음의 날씨를 세로축에 점을 찍어 표현하고 점을 찍은 곳에는 어떤 마음인지 간단히 포스트잇에 적어 붙였다.

　　그 후 모둠별로 앞에 나와 발표해 보며 이야기의 흐름에 따라 변화된 만복이의 마음을 날씨로 표현하고 이야기할 수 있는지 평가하였다. 인물의 마음을 날씨로 나타내는 활동 자체는 큰 어려움이 없었으나 모둠활동 초반에 마음의 변화가 생길 만한 사건을 몇 가지 골라내는 것에 의견충돌이 많았다. 아이들 각자가 생각하는 마음의 크기에 차이가 있었기 때문이다. 그런 모둠의 경우에는 모둠 친구 중 한 명이 만복이가 되고 다른 친구들이 그 사건에 관한 질문을 하여 이야기를 주고받으면서 만복이의 처지와 기분을 다시 한 번 느껴 보도록 하였더니 금방 의견이 모아지고 활동이 원활히 진행되었다.

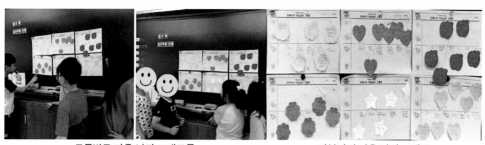

모둠별로 마음 날씨 그래프를          만복이의 마음 날씨 그래프
발표하는 아이들                  결과물

### 3) 읽은 후, 만복이와 더 가까워지기

지금까지 학생들은 한 권의 책을 선생님, 짝 그리고 모둠 친구들과 호흡을 맞춰 함께 읽어보았다. 이번에는 이야기의 처음부터 끝까지를 혼자 집중하여 읽는 시간을 가지기로 하였다. 혼자서 조용히 책을 다시 읽어 보며 이전에 무심코 지나쳤던 부분을 새로 발견하기도 하고 가장 인상 깊었던 장면에서는 잠시 멈춰 여러 번 읽어 보기도 하며 또 한 번 이야기 속으로 푹 빠지는 아이들의 모습을 보았다. 평소 학급에서 기록해 오던 공책에 내 마음을 두드린 한 문장을 간단히 적을 수 있도록 하였다. '혼자 읽기'는 천천히 곱씹으며 자신의 마음을 끌어당긴 문장을 하나씩 찾아 마음에 품을 수 있는 시간이었다.

나의 마음을 두드린 문장을 모둠 친구들과 공유하고 그 내용을 바탕으로 우리 모둠의 마음을 두드린 장면을 하나씩 선정하여 정지 화면으로 나타내고 맞추는 놀이를 통해 생각의 범위를 '나'에서 '우리'로 넓혀 보았다. 놀이와 체험을 좋아하고 몸을 움직이는 것에 가장 적극적으로 참여하는 우리 반 학생들에게 놀이와 함께하는 읽기의 경험은 책과 가까워질 수 있는 좋은 방법이었다. 표현할 장면에 등장하는 인물 또는 사물의 역할을 하나씩 정하고 선생님의 신호에 맞춰 정지 장면으로 표현한다. 다른 모둠은 어떤 장면을 표현한 것인지 떠올려 정지 화면을 맞추는데, 장면이 구체적으로 잘 드러나지 않아 어려운 경우에는 선생님이 정지 장면 속 어깨를 살짝 건드리면 대사를 말하거나 움직일 수 있도록 하였다.

놀이에서 잘된 점과 아쉬운 점에 대하여 돌아가며 말하기를 해 보며 친구들이 장면을 잘 파악할 수 있도록 잘 표현했는지, 정지 화면 맞추기 놀이의 전 과정에 협력하여 참여하였는지를 상호평가하였다. 모두가 최선을 다해 참여한 활동이었기 때문인지 아주 솔직하고 객관적인 시각으로 자신과 친구들을 평가하는 것을 볼 수 있었다. 표현할 장면을 선정하는 과정에서 갈등이 있는 모둠도 있었지만 대화를 통해 서로의 의견을 존중하고 들어주면서 하나로 나아가는 모습에서 많이 성장한 아이들을 볼 수 있었다.

<table>
<tr><td>인상 깊은 장면을<br>정지 장면으로 표현하는 아이들</td><td>모둠별로<br>정지 장면을 표현하고 맞추는 아이들</td></tr>
</table>

이번 차시는 학기 초 선정한 중점 성취기준인 쓰기[4국03-01]와 문학[4국05-05], 두 가지에 함께 도달할 수 있는 수업을 진행해 보고자 했다. 중점 성취기준 도달을 위한 단원 재구성에서 가장 핵심이 되는 차시이다. 앞 단원에서 중심 문장과 뒷받침 문장을 갖추어 하나의 짧은 글을 쓰는 방법 쓰기를 익힌 아이들에게 온작품과 관련된 쓰기의 경험을 제공하여 자신의 생각이 잘 드러나는 글을 써 보도록 하였다.

『만복이네 떡집』의 결말은 아이들에게 많은 의문점과 생각거리를 던져 준다. 이 작품의 내용 중에서 아이들마다 의견이 가장 분분한 부분이다. 학생들이 처음 모둠 친구들과 돌아가며 읽기를 통해 이야기를 끝까지 다 읽고 가장 많이 하는 말이 "선생님 책이 이렇게 끝나요?", "선생님 만복이네 떡집 2편도 있어요?"였다. 그도 그럴 것이 원래는 『만복이네 떡집이었던 곳이 '장군이네 떡집'으로 바뀌는 장면이 나타나고 그 후에 뭔가 또 다른 사건이 일어날 것 같은 분위기 속에서 이야기가 마무리되기 때문이다. 다시 혼자 집중하여 읽는 시간을 가지고 나서야 아이들이 알았다는 듯 고개를 끄덕이며 미소를 지었다. '왜 만복이네 떡집이 장군이의 떡집으로 바뀌었을까?' 아이들이 충분히 몰입할 수 있으면서도 자신의 의견을 자유롭게 쓰기에 적절한 주제였다.

중심문장과 뒷받침문장을 갖추어 자신의 의견을 알맞은 이유와 함께 글쓰기를 하였다. 항상 글쓰기의 시작을 어려워하여 머뭇머뭇 거리던 아이들이 글을 쭉쭉 써 내려갔다. 웅성웅성하던 교실이 연필이 사각사각 소리로 단숨에 가득 찼다. 그만큼 아이들은 글쓰기에 몰입하고 있었다. 글을 시작하지 못하고 있는 학생들에게 만복이가 평소 장군이와 사이가 어땠는지, 장군이는 어떤 학생이었는지 등을 질문하며, 만복이에게 가려져 잘 몰랐던 장군이에게 관심을 가지고 다시 책을 읽어 볼 수 있게 하였더니 시간은 좀 더 걸렸지만 글을 완성할 수 있었다.

모두의 작품을 한 명씩 앞에 나와 소개하는 것에는 어려움이 있었기 때문에 모둠 친구들에게 각자의 글을 소개하고 상호평가를 하도록 하였다. 아이들은 친구들의 의견을 들으며 고개를 끄덕여 공감해 주고 한마디씩 거들어 주었다. 모둠별 소개가 끝난 후 교실을 자유롭게 돌아다니며 결과를 나누었다.

중심 문장과 뒷받침 문장을 갖추어 글을 쓰는 아이들

아이들이 완성한
한 편의 글 1

아이들이 완성한
한 편의 글 2

　글쓰기 경험을 나누고 나서, 모둠별로 인상 깊은 장면을 선정하고 역할극으로 표현해
보는 활동을 했다. 6개 중 4개 모둠이 지난 차시에 정지화면으로 나타내었던 장면을 선
택하였다. 아이들은 정지 화면 맞추기 놀이 때와는 달리 대사도 마음껏 이야기할 수 있
고 행동도 다양하게 표현할 수 있다는 것에 가장 열띤 반응을 보였다. 장면을 선정한 후,
역할을 정하고 대본을 직접 작성하였다. 3학년 학생들의 수준을 고려하여 한 역할당 1~2
문장의 대사를 적을 수 있도록 하였다. 교실의 여러 가지 물건들을 소품으로 사용해 가
며 아이들은 열정적으로 준비하고 연습하며 감독하였다. 아이들이 이리 저리 바쁘게 움
직이며 스스로 수업을 만들어가고 역할극 준비 내내 '까르륵 깔깔깔' 웃음소리가 끊이지
않는 것을 보면서 아이들이 정말 배움 속에서 즐거워하고 있다는 것을 느낄 수 있었다.

　모둠별로 역할극을 발표하고 역할극에서 좋았던 점이나 잘되었던 점에 대해서 이야
기해 보며 아이들이 표현한 장면에 대해 충분히 이야기를 나누었다. 가장 실감나게 잘
표현한 모둠에게는 "앵콜! 앵콜!"을 외치며 뜨거운 반응을 보이기도 하였다. 깜짝 놀랄
정도로 대사와 행동, 표정까지 구체적으로 세세하게 표현하는 것을 보고 아이들이 정
말 등장인물들에게 애정을 가지고 활동에 몰입했다는 것을 알 수 있었다.

모둠별로 역할극 대본 완성하기

인상 깊은 장면 역할극으로 표현하기

# 실천된 교육과정, 학생 수준 교육과정 되돌아보기

생성 >> 되돌아보기 >> 실천된 교육과정 돌아보기

**미정:** 한 학기 동안 수고 많으셨어요. 선생님이 직접 구성한 교사 수준 교육과정으로 한 학기를 보낸 소감이 궁금한데요.

**윤지:** 음…. 참 좋았습니다.

시작할 땐 어렵지 않을까 부담되고 고민도 많이 되었는데 실제 아이들과 실천하면서 아이들이 재미있어 하며 잘 따라 주어서 저도 좋았습니다.

**미정:** 중점 성취기준을 중심으로 설계하여 실천한 국어 수업 이야기를 읽으니 선생님과 아이들이 어떤 마음으로 어떻게 수업했는지 잘 알 수 있었어요. 아이들에게 오랫동안 기억될 수업이라는 생각이 들었습니다.

**윤지:** 아이들뿐만 아니라 제게도 아주 의미 있는 수업으로 오래 기억될 것 같습니다.

**미정:** 선생님께서 가장 먼저 생각하셨던 중점 성취기준인 국어과 '중심 문장과 뒷받침 문장을 갖추어 쓴다'의 실천이 아이들에게 어떤 의미가 있었을까요?

**윤지:** 국어 수업 이야기에도 적혀 있지만, 온작품읽기 수업 중에 쓰기 시간이었습니다. 평소 쓰기를 어려워하던 아이들이 글을 쑥쑥 써 가더라고요. 아이들이 몰입하여 즐겁게 써 내려갈 수 있었던 건 충분한 읽기 전, 중, 후의 활동이 있었기 때문이기도 하고, 그 전 단원에서 미리 '중심 문장과 뒷받침 문장을 갖추어 쓴다'를 충분히 연습했기 때문이었습니다. 제가 선정한 중점 성취기준이 어느 한 단원에서만 연습하고 드러나는 것이 아니라 모든 배움과 연결되었습니다. 이러한 배움의 연결들이 아이들에게 의미 있고 즐거운 시간이었다고 생각합니다.

배움의 연결은 아이들에게만 일어나는 것은 아니었습니다. 제가 수업을 위해 조금씩 공부했던 수업 방법, 성취기준에 대한 이해, 과정 중심 평가 등 저의 배움에서도 연결이 일어났습니다.

**미정:** 그렇죠. 철학과 가치를 담은 선생님의 교육과정은 좋은 수업으로, 선생님이 원하는 수업으로, 아이들에게 의미 있는 배움으로 연결된 것입니다.

선생님, 모둠 활동 방법과 태도 기르기도 중요하게 생각하셨는데 어떻게 실천하셨나요?

**윤지:** 국어 수업에서 3단원을 먼저 한 이유가 모둠 활동에서의 대화 방법을 익히기 위함이었어요. 중점 교육활동에도 '비폭력 대화로 협력적 태도 기르기'를 넣었

고요. '나 전달법, 나 대화 방법을 계속해서 강조하고 모둠 세우기 활동을 놀이를 통해 적극적으로 실천하다 보니 모둠 활동 참여 태도는 바르게 길러져 수업 진행에 많은 도움이 되었습니다.

배움의 연결과 수업의 즐거움이 있을 수 있었던 건 그렇게 수업할 수 있도록 미리 교육과정을 읽고 고민하여 구성한 교사 수준 교육과정이 있었기 때문이었습니다. 형식적인 문서 제출을 위해 만든 교육과정이 아니라 우리 반 아이들, 제가 의도한 교육목표를 향해 갈 수 있도록 구성한 저만의 교육과정이 있었기 때문에 이렇게 성장할 수 있었던 것 같습니다.

**미정:** 교과 전담 교사로 여러 반을 수업하다 보면 학급마다 다름이 느껴져요. 그 다름이 '학급 문화'가 아닐까요? 아이들의 성향도 중요하지만 담임 선생님과 함께 만들어 온 학급 문화는 수업 장면에서도 다양하게 드러나곤 합니다.

학급마다 다양한 색깔과 결로 표현되는 학급 문화 또한 교사 수준 교육과정의 의미 있는 생성이라는 생각이 듭니다.

선생님의 교육과정을 구성하고 실천하면서 무엇이 중요하다는 생각이 들었나요?

**윤지:** '목표 세우기'입니다. 지금까지 목표 세우기는 막연한 생각으로 의미 없이 이루어졌고 수업은 수업대로 그냥 했을 뿐이었어요. 선생님과 함께 교육과정을 읽으며 교육목표를 세우고 중점 성취기준을 선정하여 목표를 명확하게 한 후, 교육과정을 구성하고 실천하다 보니 그 목표가 지속적으로 강조되었습니다. 아이들과 함께 수업하면서 어느 방향으로 나아가야 할지 저 자신이 계속 점검하면서 강조하게 되고 그러다 보니 아이들도 저와 함께 열심히 하고 있는 모습을 볼 수 있었어요. 실천 방법에선 큰 차이가 없었지만 목표 세우기의 중요성은 실감하게 되었습니다.

## ✛이야기 하나, 윤지 선생님의 생각

학기를 준비하고 시작하는 2~3월은 언제나 눈코 뜰 새 없이 가장 바쁜 시기이다. 새로운 교실, 새로운 학생과 학부모, 새로운 동학년 등 모든 새로운 것들을 맞이하기 때문이다. 그중에서도 교직 경력이 얼마 되지 않은 새내기 교사에게 가장 어렵고 낯선 것은 새 학년 교육과정이다. 해마다 학기 초에 학급 교육과정을 세우고 나름대로 교육과정을 재구성하지만 그것을 실천으로 옮기고 계획대로 실행하는 것에는 많은 어려움이 있었다.

실제로 교과서 진도를 따라가는 것만으로도 시간이 부족하고, 계획한 활동들이 학급 학생들의 수준이나 특성에 잘 맞지 않는 경우가 많았기 때문이다. 또 지금까지 교사 수준 교육과정에 대한 이론적 배움의 기회는 많이 있었지만 막상 실천하려니 어떤 단계를 밟아 나가야 할지 몰라서 막막했던 것도 하나의 이유였다. 그래서 학기 초에 문서로 작성한 교육과정은 교육과정대로, 실제 수업은 수업대로 따로 이루어질 수밖에 없었다. 그러나 다행히 좋은 기회로 수석님의 도움과 안내를 받아 새 학년 교육과정을 구성할 수 있어 막막함보다는 설렘과 기대로 준비를 시작할 수 있었다.

나만의 교사 수준 교육과정을 만드는 것은 내가 기대하는 모습들을 그려 보는 것부터 시작되었다. 교육과정을 살펴보고 아이들은 한 해 동안 어떤 모습으로 성장하기를 바라는지, 수업은 어떻게 진행할 것인지 등을 구체적으로 그려보며 나의 교육철학을 세웠다. 학급의 중점 교육과제와 중점 성취기준을 선정하는 과정에서 학생들의 특성이나 학교 중점 교육활동에 대해서는 동학년 선생님들과의 협의를 통해 도움을 받기도 하였다. 또 수석님께 교육과정에 관한 어려운 점들을 여쭤보면서 여러 번의 수정을 거쳐 차근차근 나만의 교육과정을 설계하였다.

설계한 교육과정을 적용해 보면서 내가 구성한 교육과정을 아이들과 함께 수업으로 만들어 간다는 것이 얼마나 즐거운 일인지를 경험할 수 있었다. 모든 것들이 계획한 대로 진행되지는 않았지만 오히려 설계하면서 혼자 고민했던 부분들에 대한 해답을 아이들이 제시해 주어 하나씩 시원하게 풀어 나갈 수 있었던 순간도 있었고, 정해진 틀이나 교과서 내용에 얽매이지 않고 상황에 따라 아이들과 내가 조금씩 맞춰 나갈 수 있다는 점에서 수업이 매우 자유롭고 신선하기도 했다. 단원의 순서를 재배열하고 차시를 적절히 조정하였기 때문에 중복된 내용은 과감히 삭제하고 중점 성취기준 도달을 위한 핵심 내용을 다양한 활동으로 풀어낼 수 있어 배움의 흐름이 유기적이고 자연스러웠다.

무엇보다 가장 크게 와닿은 점은 학생들 또한 매 차시 학습을 통해 즐겁고 신나게 자신만의 것을 만들어 나간다는 것이었다. 온작품을 활용하여 학생들의 삶과 흥미에 맞게 재구성된 활동들은 끊임없이 생각을 자극하고 학생들에게 주어진 내용 그 이상의 것을 스스로 만들어 나갈 수 있는 힘을 주었다. 그리고 활동에 대한 평가를 통해 그러한 학생들의 반응이나 결과물에 대하여 그때그때 피드백을 해 줄 수 있었기 때문에 학생들 개개인에 대한 학습 도달 정도나 성장을 조금 더 쉽게 파악하여 다음 차시 학습에 대한 적절한 지원을 해줄 수 있다는 점이 의미 있었다.

한 번의 경험으로 교사 수준 교육과정을 완벽하게 이해하고 실현했다고 생각하지 않는다. 교육과정을 읽고 공부하는 것에서 출발하여 설계하고 실천한 후 다시 되돌아보는 지금에서야 교육과정이 어떤 것인지 어렴풋이 느낄 수 있다. 하지만 확실한 것은 이번 경험을 통해서 학생들도 나도 스스로 배웠고, 배우며 즐거워했고, 즐거움 속에서 성장해 나갔다는 것이다. 지금의 시작을 도약을 위한 발판으로 삼아 2학기에는 재구성의 범위를 넓혀 교육과정을 설계해 보려 한다. 다양한 교과의 중점 성취기준들을 엮어서 교육과정을 구성하여 학생들이 더욱 풍부한 활동으로 수업에 몰입하면서 교육목표에 쉽고 재밌게 도달할 수 있는 그런 나만의 교육과정을 연구하여 실천해 보고 싶다.

## ⁺이야기 둘, 미정 선생님의 생각

담임교사가 아니기에 가장 아쉬운 점은 함께할 우리 반이 없다는 것이다. 교사 수준 교육과정은 학급 단위가 아니어도 교사의 철학과 가치를 교과에 담아 설계하고 실천할 수도 있다. 하지만 여러 교과와 많은 시간을 함께하면서 만든 단단한 학급 문화를 바탕으로 하는 교사 수준 교육과정의 구성과 실천을 전담 교사는 감히 탐낼 수 없기 때문이다.

이러한 아쉬움을 손윤지 선생님의 교사 수준 교육과정 구성과 실천에 참여하며 달랠 수 있어 좋았다. 참 고마웠다. 내가 직접 실천하며 경험해 보진 못했지만 선생님의 구성과 실천 이야기를 함께하면서 많이 배우게 되었기 때문이다.

선생님의 철학과 가치를 담은 교사 수준 교육과정의 실천은 우리 학교가 단순히 지식만을 전수하며 미래 사회가 필요로 하는 인재를 길러내는 곳이 아님을 의미한다. 학교의 많은 아이들과 여러 선생님들은 다양하고 다채로운 삶의 이야기들을 만들어 가고 있다. 그 많은 이야기들은 인간의 인간다운 삶에 대한 의미 있는 이야기일 것이다.

# 윤지 선생님 교육과정을 되돌아보다

생성 >> 되돌아보기 >> 점검하기

교사 수준 교육과정을 실천한 후 되돌아보기 과정은 단순한 점검 과정은 아니다. 되돌아보면서 실천한 교육과정을 의미 있게 생성할 수 있고, 그 생성은 결과물로서의 의미가 아닌 다음 선생님의 교육과정을 설계하는 데 도움이 될 것이기 때문이다. 교사 수준 교육과정 생성 단계의 마지막 점검하기에 제시되는 질문에 대한 답을 해 보고자 한다.

## 1) 초등학교 학년군 시간 배당 기준을 바탕으로 적정 시간을 운영하였는가?

| 구분 | | 3학년의 학년군 운영 시수 | | | | | | |
|---|---|---|---|---|---|---|---|---|
| | | 교육부 기준 | 본교 시수 | 증감 증감 | 3학년(2019학년도) | | | |
| | | | | | 기준 | 운영시수 | 증감 | |
| 교과 | 국어 | 408 | 408 | - | 204 | 204 | - | |
| | 사회 | 204 | 204 | - | 102 | 102 | - | |
| | 도덕 | 68 | 68 | - | 34 | 34 | - | |
| | 수학 | 272 | 272 | - | 136 | 136 | - | |
| | 과학 | 204 | 204 | - | 102 | 102 | - | |
| | 체육 | 204 | 210 | +6 | 102 | 105 | +3 | 예체능 교육 강화 |
| | 음악 | 136 | 141 | +5 | 68 | 71 | +3 | |
| | 미술 | 136 | 141 | +5 | 68 | 71 | +3 | |
| | 영어 | 136 | 136 | - | 68 | 68 | - | |
| | 소계 | 1,768 | 1,784 | +16 | 884 | 893 | +9 | |
| 창의적 체험활동 | | 204 | 204 | - | 102 | 102 | - | |
| 학년(군)별 총시수 | | 1,972 | 1,988 | +16 | 986 | 995 | +9 | |

학교 교육과정에 의거 3학년 학생들의 예체능 교육을 강화하여 다양한 예술적 체험의 기회를 제공하고자 체육, 음악, 미술 교과를 각각 3시간씩 증배하여 운영하였다. 예체능 교과의 충분한 시수 확보 덕분에 학급 특색 교육활동 및 중점 과제를 여유롭게 진행할 수 있었다. 중점 과제인 온작품읽기와 연계하여 독서놀이를 다채롭게 시도해 볼 수 있었고 인성놀이, 전통놀이, 프로젝트 학습과 연계한 뮤직비디오 제작 등의 활동을 통해 긍정적인 학급 분위기를 형성하고 공동체 의식을 함양하는 데 많은 도움이 되었다.

## 2) 학습 촉진을 위해 평가가 실시되어 학생의 성장 중심으로 기록되었는가?

학년협의회에서 계획한 평가 이외에 아이들의 성장 정도를 기록하기 위한 추가적인 평가들을 차시마다 실시했다. 지금까지는 수업 후에 아이들의 이해 정도를 형성 평가의 형태로 실시하는 경우가 많았기 때문에 수업과 평가를 연계하여 실제 수업 중에 평가를 한다는 것이 익숙하지 않아 부담스럽게 느껴졌다. 하지만 수업시간에 함께 활동한 차시 내용을 중심으로 아이들 개개인이 처음 출발선에 비하여 어느 정도 향상되었는지 수시로 기록하다 보니 그 속에서 자연스럽게 평가가 이뤄졌다. 학습의 과정에서 일어나는 아이들 간의 상호작용이나 행동도 함께 기록하여 생각의 변화에 대한 이해와 개선에 평가의 초점을 맞추고자 하였다. 이러한 기록을 바탕으로 아이들 개개인에게 시기적절한 때에 필요한 정보를 제공할 수 있었고 각자가 해낸 양이나 수준은 모두 달랐지만 수업이 거듭됨에 따라 성장하는 모습을 보여주었다.

## 3) 교실에서 생성된 경험들이 무엇이며 생성을 위한 교사와 학생들의 활동은 적절하였는가?

학기 초 정한 우리 학급 교육목표와 중점 성취기준을 효과적으로 달성하기 위해『만복이네 떡집』을 작품으로 선정하여 국어 교과 내용을 재구성하였다. 학생들은 읽기 전, 읽는 중, 읽은 후 단계를 거치며 여러 가지 활동들을 수행하였고 그 과정 속에서 자신들만의 결과물을 만들어 내며 한 뼘 더 성장하였다. 책 속의 인물이 되어 직접 대본을 만들어 장면을 연기하기도 하고, 자신의 경험을 책 속에 담아서 책에 나오는 소재를 자기만의 것으로 새롭게 만들어 내기도 하였다. 인물의 마음을 날씨 그래프로 나타내기, 정지된 장면 맞추기 등 모둠 친구들과 함께 의견을 모아 가며 열심히 활동하는 과정 속에서 '나'를 넘어선 '우리'의 가치를 몸소 체득하는 기회 또한 얻을 수 있었다. 무엇보다 온작품읽기를 진행하면서 친구 또는 선생님과 함께 다양한 방법으로 책을 읽으며 읽기 경험을 쌓은 덕분에, 학기 초 보다 책에 대해 흥미를 가지기 시작하고 몰입하여 읽는 시간이 점점 더 늘어났다는 것이 가장 큰 변화이자 결과물이 아닐까 싶다.

수업을 진행하는 동안 성장하는 학생들의 모습을 열심히 눈으로 담고 사진으로 찍어 기록하였다. 학기를 마무리하며 결과물과 기록들을 되돌아보니 그 속의 학생들 모습이 너무나도 즐거워 보였다. 이러한 결과물들을 통해 학생들이 배움을 즐길 수 있을 만큼 성장해 왔음을 알 수 있었다.

## 4) 국가 수준 교육과정은 교사 수준 교육과정의 생성에 어떤 영향을 주는가?

학기 초, 교육과정 문서를 찬찬히 읽어 보는 것을 시작으로 나만의 교사 수준 교육과정을 위한 준비를 하였다. 막연히 어렵게만 느껴지던 교육과정의 큰 그림을 이해하고 나의 교사 수준 교육과정을 계획하기 위해 활용할 수 있는 교육과정 자료들을 찾기 위함이었다.

국가 수준 교육과정의 대략적인 흐름을 기준으로 우리 반 학생들의 수준과 특성을 고려한 교사 수준 교육과정의 구체적인 방법과 내용을 고민했다. 교육과정의 내용 체계표와 성취기준 맵핑자료를 함께 읽어 보며 아이들의 삶과 연결 지을 수 있으면서, 기초와 기본 학습능력을 함양할 수 있는 내용으로 고민하여 중점 성취기준을 선정하였다. 선정한 중점 성취기준을 바탕으로 어떻게 가르치고 어떤 평가를 할 것인지 그 구체적인 방향을 고민하는 데도 국가 수준 교육과정이 방향을 제시해 주는 나침반의 역할을 해 주었다.

## 5) 실제로 생성된 교육과정이 학생들에게 주는 영향은 적절하였는가?

교사 수준 교육과정을 계획하며 많은 고민들이 있었다. 교육과정을 통해 어떤 지식들을 습득해야 그 지식들이 실제로 아이들의 삶 속에서 활용될 수 있을지, 아이들에게 꼭 필요한 것들을 재밌고 즐겁게 배울 수 있는 방법은 어떤 것이 있을지 등 다양한 것들에 대한 고민이 끊임없이 계속 되었다. 고민에 대한 답은 교사 수준 교육과정을 실천하는 과정 속에서 자연스럽게 찾을 수 있었다.

온작품읽기와 함께 국어 수업을 진행하며 아이들은 책 속 다른 인물의 삶을 읽는 것에서 더 나아가 나의 삶과 연결하여 이해할 수 있게 되었고 책 읽기의 즐거움을 느끼고 즐길 수 있게 되었다. 올바른 책 읽기 습관을 가지고 꾸준히 책을 읽을 수 있는 힘이 생긴 것이다. 또한 온작품읽기와 연계한 국어수업은 어려웠던 쓰기 활동에 차근차근 도전해 볼 수 있는 기회도 되었는데, 단원의 순서를 재배열하여 학기 초에 글을 쓰는 연습을 충분히 한 후, 책과 관련된 쓰기 활동을 통해 단계적으로 접근하였더니, 학기가 끝날 즈음, 많은 학생들이 쓰기에 대한 부담감을 극복하고 즐겁게 글을 쓸 수 있게 되었다. 책 한 권을 읽고, 맛보고, 깊게 탐색해 보는 여러 활동을 통해 여러 방면으로 함께 성장하게 된 것이다. 이러한 작은 변화들이 출발점이 되어 아이들에게 더 큰 변화를 만들어 갈 수 있는 힘이 되기를 바란다.

## ❀ 우리, 함께 해서 행복했습니다!

> 배운다는 것은 자기를 낮추는 것입니다.
> 가르친다는 것은 다만 희망에 대하여 이야기하는 것입니다.
> 사랑한다는 것은 서로 마주보는 것이 아니라 같은 곳을 함께 바라보는 것입니다.
>
> - 쇠귀 신영복

**미정:** 신영복 교수님의 글을 보면 사랑한다는 것은 같은 곳을 바라보는 것이라 했습니다. 아이들과 같은 곳을 바라보고 희망을 이야기하며 걸어가는 것, 교사로서 행복한 일이며 사랑을 실천하는 일이라는 생각이 듭니다.

**윤지:** 선생님, 감사합니다. 덕분에 아이들과 행복한 한 학기를 보낼 수 있었습니다.

**미정:** 고맙습니다. 같은 곳을 바라보는 선생님과 함께 걸을 수 있어 행복했습니다.

# 꿈과 행복을 이어 주는 무지개 빛깔 교실 이야기

**- 이지영 선생님 이야기**

## 🌿 이런 마음으로

해마다 맡은 학년과 학급이 달라지고, 심지어 학교가 달라질 때에도 챙기는 물건 중에서 가장 많은 비중을 차지하고 있는 책들이 있다. 그것은 신규 시절부터 모으고 수업 연구 때마다 꺼내 보는 수업 연구에 관한 책들이다. 이제는 빛마저 바래서 버릴 법도 하지만, 책갈피마다 때 묻은 흔적이 있고 그 흔적 곳곳에서 나의 손길이 느껴져 버리지 못하고 항상 챙겨 가는 나의 교직 생활의 보물 1호이다. 그 책의 양만큼 나의 수업 연구에 대한 열정은 감히 자랑할 만하다고 말하고 싶다.

매년 새롭게 만나는 아이들에게 가장 많은 시간 동안 영향을 줄 수 있는 수업에 대한 관심과 열정이 남다르다. 교사 본연의 임무인 수업 연구의 열정은 그동안 수업을 한 후 나타난 아이들의 반응과 아이들의 성장 일기를 통해 확인할 수 있었고, 그러한 결과는 어느덧 교사 수준 교육과정 실천으로 이어졌다.

교사 수준 교육과정의 실천 모습은 교사마다 다양하게 나타날 수 있다. 여기에서는 4학년 1학기 교사 수준 교육과정을 구성하고 국어, 수학, 사회를 중심으로 실천한 사례를 소개하고자 한다.

## 우리는

고성 상리초등학교 4학년입니다.
7명의 여학생이
정답고 미소 가득한 얼굴로
행복한 학교생활을 하고 있습니다.

## 우리 학교는

고성 상리면에 위치하며
전교생 54명의 작은 시골 학교입니다.
학교 주변이 낮은 산들로 둘러싸여 있고,
학교 바로 뒤에는 연꽃 공원이 있어
자연과 맞닿은 아름다운 풍경 속에서
몸과 마음이 건강한 아이들이 생활하고 있습니다.

## 이지영 선생님은

· 주어진 일을 긍정적으로 생각하고 교사로서 꿈꾸며 도전하는 열정 많은 교사입니다.
· 아이들이 주인공인 수업, 아이들이 행복할 수 있는 수업에 대해 연구하고 고민하고 있습니다.
· 서로 사랑하고 꿈꾸는 아이들이 주인공이 되는 수업을 만들고자 노력합니다.
· 아이들을 위해 존재하는 교사, 아이들과의 추억 속에 향기를 남기기 위해 고민하는 교사가 되고 싶습니다.

## 교직의 터닝 포인트!
## 작은 학교로 옮기다

교직 경력 16년 차! 첫 발령지 5년을 제외하고 차를 타도 5분 거리, 걸어서도 5분 거리의 집 근처 큰 학교에서 아이들 그리고 책상과 걸상으로 가득 찬 곳에서 부대끼며 생활하였다. 나의 교직생활을 돌아보면 다인수 학급의 경영자로 나름 많은 아이들을 위해 교육과정과 수업, 생활지도를 연구하고 아이들에게 좋은 영향을 주는 선생님이 되고자 노력하며 지냈다고 자부할 수 있다.

하지만 학급당 많은 아이들을 지도하다 보니, 아이들에게 사랑보다는 통제로, 때로는 가까움보다는 거리를 둔 채로 대하는 선생님 모습에서 크게 벗어나지 못한 것도 사실이다. 혹 웃음을 보였다간 우리 반의 규칙과 통제가 무너질 것 같은 압박감에 웃음도 책상 아래에서, 혹은 뒤돌아서 칠판을 보며 해결하고 넘어간 적도 있었다. 많은 아이들을 지도하고 통솔하기 위한 정당화된 방법과 행동이라고 나름대로는 생각하였다.

15년을 그렇게 보내고 도시 지역 만기가 되어 옮긴 곳이 바로 경남 고성 상리초이다. 그동안의 절제와 통제된 선생님의 모습에서 조금이나마 벗어나고 싶은 마음에 읍의 큰 학교보다는 면 소재지의 작은 학교 근무를 희망하였다.

그리하여 만난 지금의 우리 반! 너무나 흔한 표현이지만 우리 반은 일곱 빛깔 무지개 반이었다. 2월 학급 담임 배정을 받을 때만 해도 6명의 여학생만 있는 반이었다. 6명의 아이들을 1년 동안 사랑하고 사랑받을 대상으로 확인하며 혼잣말로 '이왕이면 7명이 되어 무지개 빛깔이면 좋겠다'라고 말했었다. 그 바람이 현실로 이루어진 3월 4일 첫날! 시업식을 하는 날 1명의 여학생이 전학 와서 우리 반은 무지개 반으로 완성되었다.

무지개 빛깔 반은 그렇게 나에게 다가왔다. 1층으로만 이어진 작은 학교! 그 속에 여학생 7명으로 이루어진 우리 상리초 4학년 무지개 빛깔 반! 그 행복한 교실 이야기를 교사 수준 교육과정으로 풀어내고자 한다.

# ✧ 학기(학년) 단위 교사 수준 교육과정

| | | | |
|---|---|---|---|
| 설계 | 교육철학 나누기 | ① 교육과정 읽기 | - 발령 난 학교 환경 조사 후, 2015 개정 교육과정 총론, 해설집, 경남 교육과정 편성 운영 지침서, 학교교육과정 읽기 |
| | | ② 목표 수립을 위한 생각 나누기 | - 2018년에 이어 2번째 4학년 교사 수준 교육과정이라 작년 자료의 수정 보완점 찾기, 동학년이 없는 학년이라 생각 나누기는 생략 |
| | | ③ 교육목표 및 중점 과제 세우기 | - 4학년 발달 단계를 먼저 연구하고 지역, 학교 특색을 고려하여 상리초 4학년 아이들에게 심어 주고 싶은 중점 과제 3가지를 선정 |
| | 교육과정 구성하기 | ④ 성취기준 및 맵핑자료 읽기 | - 4학년 교사 수준 교육과정 2년 차 적용이라 작년도 피드백 자료 참고하여 성취기준과 맵핑자료 읽기 |
| | | ⑤ 중점과제 관련 성취기준 선정하기 | - 4학년 교육과정 성취기준을 살펴보면서 무지개 빛깔 이야기 교육목표에 맞는 중점 과제 관련 성취기준을 찾아서 선정 |
| | | ⑥ 연간 교수·학습 계획 수립하기 | - 나이스에서 다운 받은 연간 교수·학습 내용을 바탕으로 교과별 단원 배열, 중점 과제 관련 성취기준 단원 내 재구성, 중점 과제 관련 성취기준 평가 선정 |
| | | ⑦ 연간 평가계획 및 평가기준안 작성하기 | - 학생 수준을 고려해 교과별 주제로 교수학습 활동 재구성, 중점 과제 관련 성취기준을 평가 내용으로 선정 |
| | | ⑧ 점검하기 | - 교사 수준 교육과정 설계 단계의 교육철학 나누기, 교육과정 구성하기 점검 |
| 실행 | 교육과정 실천하기 | ⑨ 설계된 교육과정 실천하기 | - 국어과 배움 중점 과제 '친구와 소통하며 고운 마음 가지기'를 위해 재구성하였음. 친구와 소통하며 자신의 생각을 잘 전달하는 것을 목표로 하여 질문하고 토의 토론하는 방법의 하나인 하브루타를 적용<br>- 수학과 배움 중점 과제 '놀이하며 즐겁게 배우기'를 위해 수학 기초 능력 방안과 함께 수학에의 흥미를 잃지 않는 방법을 고안하여 놀이수학을 적용<br>- 사회과 배움 중점 과제 '협력하며 프로젝트 완수하기'는 우리 지역인 고성에서의 삶이 학습 주제가 될 수 있도록 지역화 책 만들기 프로젝트를 실행 |
| 생성 | 되돌아보기 | ⑩ 실천된 교육과정 돌아보기 | - 나이스에서의 법정 교과목과 시수 확인. 교과서 중심 수업과 교과 재구성을 균형 있게 실행 |
| | | ⑪ 학생 수준 교육과정 돌아보기 | - 국어 배움을 통해 친구와 소통하고 수학 공부에 있어서는 쉬운 단원부터 공부해서 흥미를 느꼈으며, 사회 프로젝트를 하면서 고성에 대해 잘 알게 됨 |
| | | ⑫ 교사의 성장 돌아보기 | - 7명이지만 한 명 한 명에 대해 더 자세히 보게 되고, 아이들에 대해 더 깊이 생각해 보게 되었음 |
| | | ⑬ 점검하기 | - 교사 수준 교육과정 설계, 실행, 생성 부분에 대해 되돌아보고 점검하며 계속해서 연구하고자 함 |

# 교육과정 읽기

2월은 참으로 복잡한 달인 것 같다. 고성으로 발령이 나 있지만, 2월 말까지는 전임교(진주)에서 근무해야 했다. 마음은 고성의 학교에 이미 가 있었지만, 몸은 아직도 진주의 학교에 묶여 있는 신세라고 할까, 몸과 마음이 하나 되지 못한 복잡한 상황에서 2019학년도 교사 수준 교육과정 실천을 위한 준비를 서둘러야 했다.

먼저 발령 난 학교의 누리집을 방문하여 학생 수, 학교 현황, 학교 주변 환경, 학구의 사정을 둘러보면서 학교의 환경에 대해 조사하였다. 처음 가는 학교라 마땅히 물어볼 만한 곳이 없어 학교 누리집 정보를 바탕으로 준비를 시작한 것이다. 상리초등학교의 교육목표, 특색 과제를 파악한 후, 2015 개정 교육과정도 다시 읽어 보았다.

2015 개정 교육과정 총론, 총론 해설집, 경상남도교육청에서 발행한 초등학교 교육과정 편성운영지침을 읽어 보면서 교육과정에 대해 다시 한 번 더 숙지하는 시간을 가졌다. 그리고 상리초등학교 누리집에서 다운받은 학교교육계획서를 꼼꼼히 읽어 보면서 학교 교육계획을 반영한 나만의 교사 수준 교육과정의 밑그림을 그려 보았다.

교육과정 읽기 자료와 읽는 모습

# 교육목표 및 중점 과제 세우기

설계 >> 교육철학 나누기 >> 교육목표 및 중점 과제 세우기

 교직 경력만큼 다양한 학년과 교과 전담을 담당했었다. 같은 것을 반복하는 것보다 다른 것을 추구하고 싶었고, 새 학년도에 만나는 새로운 아이들처럼 나도 늘 다른 모습의 선생님으로 보이고 싶은 성향 때문인 것 같다. 하지만 교사 수준 교육과정에 대해 공부하고 도움 자료집을 집필하면서 4학년에 대한 생각을 많이 해 보았고, 좀 더 전문적인 실천적 연구를 하고 싶어 작년에 이어 올해도 4학년을 희망했다.

 4학년은 너무 어리지도 사춘기에 접어들지도 않아서 선생님의 영향력이 아이들에게 가장 크게 미칠 수 있는 학년이라고 생각한다. 담임교사로서 아이들에게 선생님만의 교사 수준 교육과정을 실천하기 적합하고, 교사의 철학이 아이들에게 잘 전달될 수 있는 학년이라 생각했다. 신규 교사 시절 4학년 담임을 몇 번 하고, 작년에 다시 하면서 느낀 4학년 아이들은 자기중심적인 성향에서 벗어나 나름 도덕적 판단 기준이 조금씩 이타적으로 변해서, 타인에게 인정받고 싶어 한다. 그래서 이 시기의 아이들에게는 칭찬과 강화가 더 필요하다. 자아에 대한 인식이 형성되기 시작하여 자존심이 강해진 상태이기 때문이다. 또한, 친구들과의 상호 작용에서 상처를 받거나 동기를 부여받기도 한다. 그 속에서 사랑을 확인하고 더 나아가 자신을 드러내고 싶어 하기 때문이다.

 이러한 4학년 아동들의 발달 단계에 따른 특징과 상리초등학교의 환경에 맞추어 2019학년도에 만날 7명의 아이들과 함께 하고 싶은 나만의 교사 수준 교육과정을 정리하였다. 담임교사로서 아이들의 개별 상황을 파악한 후 내린 결정은, 아이들이 자신을 잘 파악해서 드러내는 방법을 익힌 후, 친구들 사이에서 소통하고 서로가 사랑할 수 있는 태도와 방법을 익히는 것이 무엇보다 중요하다는 것이었다. 이를 바탕으로 무지개 빛깔 반을 위한 교사 수준 교육과정의 교육목표 및 중점 과제를 선정하였다.

 무지개 빛깔 이야기를 위한 4학년 교육과정에서 기르고자 하는 어린이는 '나를 사랑하고 서로 존중하는 어린이'이다. 이를 이루기 위해 '배려와 나눔을 실천하는 능력을 키우는 어린이', '창의성을 갖추고 지혜로움을 가지는 어린이', '꿈을 갖고 미래를 가꾸어 가기 위해 노력하는 어린이'라는 교육목표를 설정하였다. 목표 달성을 위해 추진하고 싶은 중점 과제는 다음과 같다.

 첫째, '친구와 소통하며 고운 마음 가지기'이다. 자신에 대해 생각해 보는 시간을 가진 후, 친구의 생각을 경청하며 서로 소통하는 방법을 배우는 과정에서 서로를 이해하

는 태도를 길러 고운 마음을 가지게 하고 싶었다. 이를 위해 국어 배움에서 '하브루타 대화로 친구 마음 알아가기'와 '교육연극으로 감정 표현하기'를 교육활동으로 재구성하여 배움이 일어날 수 있도록 하였다.

둘째, '놀이하며 즐겁게 배우기'이다. 아이들이 실생활에서 겪을 수 있는 문제(상황)를 수학 배움 시간에 도입하여 수학도 흥미와 관심의 대상이 될 수 있다는 것을 아이들이 깨닫도록 하고 싶었다. 어렵고 힘들어서 공부하기 싫은 수학에서 놀이와 게임으로 즐겁게 공부할 수 있는 교과로의 신기한 변화가 일어나기를 기대하였다.

셋째, '협력하며 프로젝트 활동하기'이다. 북 아트 만들기를 하면서 성취감과 함께 공동체 역량을 키우고자 하였다. 학년 지역화 교육과정 내용 요소, 7명 소그룹 활동의 학생 중심, 삶의 문제를 다루는 흥미 중심, 여학생들이 좋아하는 활동에 사회과목의 특징을 가미하여 재구성된 프로젝트 활동으로 우리 고성에 대해 조사한 것을 북 아트로 정리하여 발표하는 수업을 설계하였다.

## 나를 사랑하고 서로 존중하는 어린이

| 교육 목표 | 배려와 나눔 | 창의성과 지혜 | 꿈과 미래 |
|---|---|---|---|
| | 배려와 나눔을 실천하는 능력을 키우는 어린이 | 창의성을 갖추고 지혜로움을 가지는 어린이 | 꿈을 갖고 미래를 가꾸어 가기 위해 노력하는 어린이 |
| 중점 과제 및 교육 활동 | 친구와 소통하며 고운 마음 가지기 <br><br> - 하브루타 대화로 친구 마음 알아보기 <br> - 교육 연극으로 감정 표현하기 | 놀이하며 즐겁게 배우기 <br><br> - 놀이와 게임으로 수학 공부하기 | 협력하며 프로젝트 활동하기 <br><br> - 북 아트로 정리하는 우리 고성 |

무지개 빛깔 반 교육목표 및 중점 과제

## 성취기준 및 맵핑자료 읽기

설계 >> 교육과정 구성하기 >> 성취기준 및 맵핑자료 읽기

무지개 빛깔 이야기 교육목표 및 중점 과제를 정한 후, 4학년 교육과정의 성취기준

과 맵핑자료를 읽어 보았다. 처음 시작하는 마음으로 교육과정에서 성취기준의 개념부터 다시 한 번 알아보았다. 성취기준이란 '국가 교육과정에 진술된, 교과를 통해 학생들이 배워야 할 지식과 기능, 수업 후 학생들이 할 수 있어야 하거나 또는 할 수 있기를 기대하는 능력을 나타내는 결과 중심의 도달점이자 교과의 내용을 적용하고 문제를 해결할 수 있는 수행능력을 나타낸 것이다.

이어서 2015 개정 교육과정의 4학년 성취기준을 읽어 보았다. 교사 수준 교육과정 구성을 위해서 성취기준을 살펴보고 확인하는 작업이 꼭 필요함을 염두에 두고 읽어 보았다. 성취기준과 함께 교과별 맵핑자료를 읽으며 학습 내용의 흐름을 파악하였다. 그 과정에서 우리 아이들이 경험할 수 있는 내용에 대해서 전체적으로 생각해 보았다. 어떤 경험이 성취기준 도달에 효과적이면서 아이들의 흥미를 제대로 반영할 수 있을 것인가에 대한 고민으로 자연스럽게 연결되었다.

### 2015 개정 국어과 맵핑 자료

4학년 1학기

| 단원 | 성취기준 | 교과서 살펴보기 | | | |
|------|---------|----------------|----|--------|------|
| | | 주요 학습 내용 또는 활동 | 국어 | 국어활동 | 차시 |
| 독서 단원,<br>책을 읽고<br>생각을<br>나누어요 | 읽기[4국02-05] 읽기 경험과 느낌을 다른 사람과 나누는 태도를 지닌다.<br>문학[4국05-05] 재미나 감동을 느끼며 작품을 즐겨 감상하는 태도를 지닌다. | •단원 도입<br>•읽을 책 정하기<br>•책 내용 예상하기 | 8-19쪽 | | 독서<br>준비 |
| | | •어려운 낱말 찾기<br>•낱말의 뜻을 찾아 가며 책 읽기 | 20-21쪽 | | 독서 |
| | | •책 내용 간추리기<br>•생각 나누기(선택 1/2/3)<br>•정리하기 | 22-29쪽 | | 독서<br>후 |
| 1. 생각과<br>느낌을<br>나누어요 | 문학[4국05-04] 작품을 듣거나 읽거나 보고 떠오른 느낌과 생각을 다양하게 표현한다.<br>읽기[4국02-05] 읽기 경험과 느낌을 다른 사람과 나누는 태도를 지닌다. | •단원 도입<br>•시를 읽고 생각이나 느낌이 서로 다른 까닭 말하기<br>•단원 학습 계획하기 | 30-35쪽 | | 1-2 |
| | | •시를 읽고 생각이나 느낌 나누기 | 36-39쪽 | 6-7쪽 | 3-4 |
| | | •이야기를 읽고 생각이나 느낌 나누기 | 40-45쪽 | 8-23쪽 | 5-6 |
| | | •일어난 일에 대한 의견 말하기 | 46-51쪽 | 24-26쪽 | 7-8 |
| | | •이야기를 읽고 의견 나누기<br>•단원 정리 | 52-63쪽 | | 9-10 |
| 2. 내용을<br>간추려요 | 읽기[4국02-02] 글의 유형을 고려하여 대강의 내용을 간추린다.<br>듣기·말하기[4국01-05] 내용을 요약하여 듣는다.<br>문학[4국05-03] 이야기의 흐름을 파악하여 이어질 내용을 상상하고 표현한다. | •단원 도입<br>•들은 내용 간추리기<br>•단원 학습 계획하기 | 64-69쪽 | | 1-2 |
| | | •글의 내용을 간추리는 방법 알기 | 70-74쪽 | 28-29쪽 | 3-4 |
| | | •이야기의 흐름에 따라 내용 간추리기 | 75-82쪽 | 30-40쪽 | 5-6 |
| | | •글의 전개에 따라 내용 간추리기<br>•단원 정리 | 83-87쪽 | | 7-8 |

2015 개정 교육과정 4학년 1학기 국어 맵핑자료

# 중점 과제 관련 성취기준 선정하기

설계 >> 교육과정 구성하기 >> 중점 과제 관련 성취기준 선정하기

4학년 교육과정의 성취기준을 살펴보면서 무지개 빛깔 이야기를 위한 중점 과제 '친구와 소통하며 고운 마음 가지기'와 '놀이하며 즐겁게 배우기', '협력하며 프로젝트 활동하기'와 관련된 성취기준을 다음과 같이 선정하였다.

| | |
|---|---|
| 친구와 소통하며 고운 마음 가지기 | [4국02-05] 읽기 경험과 느낌을 다른 사람과 나누는 태도를 지닌다. |
| | [4국01-06] 예의를 지키며 듣고 말하는 태도를 지닌다. |
| | [4국03-04] 읽는 이를 고려하며 자신의 마음을 표현하는 글을 쓴다. |
| | [4국03-03] 관심 있는 주제에 대해 자신의 의견이 드러나게 글을 쓴다. |
| | [4국01-02] 회의에서 의견을 적극적으로 교환한다. |
| | [4국01-04] 적절한 표정, 몸짓, 말투로 말한다. |
| 놀이하며 즐겁게 배우기 | [4수03-13] 주어진 각도와 크기가 다른 각을 그릴 수 있다. |
| | [4수01-09] 나누는 수가 두 자리 수인 나눗셈의 계산 원리를 이해하고 그 계산을 할 수 있다. |
| | [4수02-05] 평면도형의 이동을 이용하여 규칙적인 무늬를 꾸밀 수 있다. |
| | [4수05-01] 실생활 자료를 수집하여 간단한 그림 그래프나 막대 그래프로 나타낼 수 있다. |
| | [4수04-02] 규칙적인 계산식의 배열에서 계산 결과의 규칙을 찾고, 계산 결과를 추측할 수 있다. |
| | [4수04-01] 다양한 변화 규칙을 찾아 그 규칙을 수나 식으로 나타낼 수 있다. |
| 협력하며 프로젝트 활동하기 | [4사03-01] 지도의 기본 요소에 대한 이해를 바탕으로 하여 우리 지역 지도에 나타난 지리 정보를 실제 생활에 이용한다. |
| | [4사03-04] 우리 지역과 관련된 역사적 인물의 삶을 알아보고, 지역의 역사에 대해 자부심을 갖는다. |
| | [4사03-05] 우리 지역에 있는 공공기관의 종류와 역할을 조사하고, 공공 기관이 지역 주민들의 생활에 주는 도움을 탐색한다. |

중점 과제 관련 성취기준 추출

# 연간 교수·학습 계획 수립하기

설계 >> 교육과정 구성하기 >> 연간 교수·학습 계획 수립하기

　무지개 빛깔 이야기를 위한 학급 교육목표, 중점 과제, 중점 성취기준을 확인하고, 교육과정 맵핑자료를 보면서 연간 교수·학습 계획을 수립을 준비했다. 먼저, 나이스 (NEIS)에서 연간 교수·학습 내용이 담긴 엑셀 파일을 내려 받은 후, 교과 단원별 성취기준을 찾아서 입력하였다. 그리고 교과서 내용의 순차적인 단원 배열에서 벗어나 4학년 아동들에게 배움이 잘 일어날 수 있도록 단원 배열 순서를 조정하였다. 특히 국어, 수학 교과의 단원 순서가 교과서와 많이 다르게 바뀌었다. 단원 배열 순서를 바꾼 후, 단원 내 학습 내용을 재구성하는 작업을 하였다. 이때 연간 시수 확보를 위하여 되도록 시수는 그대로 두고, 순서와 내용을 재구성하여 학습 계획을 수립하였다.

　4학년 1학기 연간 교수·학습 계획을 수립하면서 무지개 빛깔 이야기가 반영된 중점 과제 3가지를 잘 녹여 낼 방안에 대해 고민을 많이 하였다. 친구와 소통하며 고운 마음 가지기, 놀이하며 즐겁게 배우기, 협력하며 프로젝트 활동하기를 통해 아이들이 더 성장하기를 바라며 교과 재구성에 대해 깊이 연구하였다.

　그 결과 국어에서는 하브루타 기법을 적용하여 친구와 소통하며 고운 마음을, 수학에서는 놀이하며 즐겁게 배우기를, 사회에서는 도교육청에서 나온 4학년 지역화 교재 대신 지역에 대해 직접 체험하며 배울 수 있도록 지역화 프로젝트 주제를 선정하였다. 이 프로젝트를 하면서 아이들이 친구들과 함께 협력하며 과제를 해결하고, 놀이와 함께 소통하는 방법을 익히게 하고 싶었다.

　무지개 빛깔 이야기를 위한 연간 교수·학습 계획 수립을 위해 먼저 각 과목별 단원 순서를 재구성하여 배열하였다. 국어에서는 4학년 1학기 국어 9단원 '자랑스러운 한글' 을 제일 먼저 가르치고자 하였다. 4학년을 작년에 해 본 경험에 비추어 한글에 대한 인식, 한글 창제의 소중함을 먼저 알고 국어 수업을 시작하였을 때 아이들의 태도가 사뭇 다름을 느꼈기 때문에 단원 배열에서 제일 첫 번째 단원으로 9단원 '자랑스러운 한글'을 정하였다. 그다음은 7단원 '사전은 내 친구'이다. 사전 찾기가 생각보다 어렵지만, 4학년이 되어도 글을 읽을 때 개념을 몰라 아이들은 물어보는 적이 많았다. 따라서 사전 찾기를 가르친 후 모르는 단어의 개념을 스스로 찾아보게 하려는 의도로 2번째 단원으로 선정하였다. 세 번째는 10단원 '인물의 마음을 알아봐요', 그 후 1단원 '생각과 느낌을 나누어요', 3단원 '느낌을 살려 말해요', 5단원 '내가 만든 이야기', 2단원 '내용을 간추려요', 4단원 '일에 대한 의견', 6단원 '회의를 해요', 8단원 '이런 제안 어때요'

순으로 4학년 1학기 국어과 단원을 재배열하였다.

독서 관련 단원은 1학기 전체에 걸쳐 선정한 온작품 읽기 5권의 내용을 바탕으로 지도하였다. 한글의 소중함을 알도록 하였고, 글을 읽고 느낌을 서로 공유거나 내용을 요약하여 나의 생각을 정리한 후, 학급 회의에 적극적으로 참여하는 방향으로 마무리하였다. 이처럼 친구와 소통하는 과정을 통해 고운 마음을 가지게 되는 중점 과제를 실현할 수 있는 방향으로 교육과정을 재구성하여 가르치고자 하였다.

| 변경 전 단원 순서 | 변경 후 단원 순서 |
|---|---|
| 1. 생각과 느낌을 나누어요 | 9. 자랑스러운 한글 |
| 2. 내용을 간추려요 | 7. 사전은 내 친구 |
| 3. 느낌을 살려 말해요 | 10. 인물의 마음을 알아봐요 |
| 4. 일에 대한 의견 | 1. 생각과 느낌을 나누어요 |
| 5. 내가 만든 이야기 | 3. 느낌을 살려 말해요 |
| 6. 회의를 해요 | 5. 내가 만든 이야기 |
| 7. 사전은 내 친구 | 2. 내용을 간추려요 |
| 8. 이런 제안 어때요? | 4. 일에 대한 의견 |
| 9. 자랑스러운 한글 | 6. 회의를 해요 |
| 10. 인물의 마음을 알아봐요 | 8. 이런 제안 어때요? |

국어 배움 단원 순서 변경

두 번째로 수학 배움이다. 수학은 논리적 사고의 흐름이 필요하고 단원 간 난이도 차이가 많이 나는 과목이라 단원 배열에 더욱 많은 고민을 하였다. 먼저 6단원 '규칙 찾기'를 하면서 수학이 우리 생활 가까이서 볼 수 있고 쉽게 다가갈 수 있는 교과임을 알 수 있도록 하였다. 5단원 '막대 그래프'를 공부하면서는 3학년 때 배운 그림 그래프와의 연관성을 강조하며 막대 그래프를 그려 보는 활동을 하였다.

그 후 계속되는 도형 관련 단원(2단원 '각도', 4단원 '평면도형')을 배우면서 실제로 그려보며 도형을 밀고 뒤집고 돌리는 활동을 통해 도형의 공간 감각을 재미있게 익히고 난 후, 1단원 '큰 수' 단원에서 큰 수를 읽고 쓸 수 있는 능력을 키워 주고자 하였다. 이를 바탕으로 3단원 '곱셈과 나눗셈'을 배우고 완전히 익혀 연산 능력에 대한 자신감을 가지도록 하였다.

4학년이 되면 학생들이 가장 어려워하는 과목이 수학이고, 그중에서도 곱셈과 나눗셈을 잘 하지 못해 고학년에 올라가면 수학을 포기하는 학생을 보아 온 경험에 비추어 우리 반 아이들은 곱셈과 나눗셈 등 연산 기능을 익히는 데 많은 시간을 투자하여 수학에 자신감을 가지도록 하는 것이 단원 순서를 변경해서 얻고자 한 목표였다.

| 변경 전 단원 순서 | 변경 후 단원 순서 |
|---|---|
| 1. 큰 수 | 6. 규칙 찾기 |
| 2. 각도 | 5. 막대 그래프 |
| 3. 곱셈과 나눗셈 | 2. 각도 |
| 4. 평면 도형 | 4. 평면 도형 |
| 5. 막대 그래프 | 1. 큰 수 |
| 6. 규칙 찾기 | 3. 곱셈과 나눗셈 |

수학 배움 단원 순서 변경

교육과정 맵핑자료에서 단원 순서 바꾸기 기록 모습

이렇게 단원 순서 배열을 재조정한 후, 중점 과제가 잘 나타날 수 있는 단원 내 재구성 작업을 하였다. 평가에 있어서도 올해 4학년 무지개 빛깔 이야기의 중점 과제인 '친구와 소통하며 고운 마음 가지기'와 '놀이하며 즐겁게 배우기', '프로젝트 활동 완수하기'와 관련된 성취기준 중심으로 이루어질 수 있도록 하였다.

| 학년 | 학기 | 과목 | 성취기준 | 단원 | 학습 내용 | 재구성 내용 및 중점 과제 평가 |
|---|---|---|---|---|---|---|
| 4 | 1 | 국어 | 문법 (5) 한글을 소중히 여기는 태도를 지닌다. 듣기말하기(6) 예의를 지키며 듣고 말하는 태도를 지닌다. | 9. 자랑스러운 한글 | 문자가 필요한 까닭을 안다 | 한글 필요성 알기 |
| 4 | 1 | 국어 | | 9. 자랑스러운 한글 | 문자가 필요한 까닭을 안다 | |
| 4 | 1 | 국어 | | 9. 자랑스러운 한글 | 한글을 만든 과정을 이해할 수 있다 | 드라마 보면서 한글 창제과정 알기 |
| 4 | 1 | 국어 | | 9. 자랑스러운 한글 | | |
| 4 | 1 | 국어 | | 9. 자랑스러운 한글 | 한글의 특성을 이해할 수 있다 | 교과서 내용 파악하기 |
| 4 | 1 | 국어 | | 9. 자랑스러운 한글 | 한글의 특성을 이해할 수 있다 | |
| 4 | 1 | 국어 | | 9. 자랑스러운 한글 | 한글을 소중히 여기는 마음을 가질 수 있다 | 영화 보면서 한글의 소중함 느끼기 |
| 4 | 1 | 국어 | | 9. 자랑스러운 한글 | 한글을 소중히 여기는 마음을 가질 수 있다 | |
| 4 | 1 | 국어 | | 9. 자랑스러운 한글 | 한글을 바르게 사용할 수 있다 | 옷, 간판 제작하기 한글 사용 내면화 |
| 4 | 1 | 국어 | | 9. 자랑스러운 한글 | 한글을 바르게 사용할 수 있다 | |
| 4 | 1 | 국어 | | <독서 단원> | 읽을 책을 정하고 내용을 예상할 수 있다 | 온작품읽기 책 정하기 |
| 4 | 1 | 국어 | 문법(1) 낱말을 분류하고 국어사전에서 찾는다. 읽기(3) 글에서 낱말의 의미나 생략된 내용을 짐작한다. 문법(2) 낱말과 낱말의 의미 관계를 파악한다. | 7. 사전은 내 친구 | 낱말의 뜻을 짐작할 수 있다 | 사전에 대해 알아보고 사전 찾는 법 익히기 |
| 4 | 1 | 국어 | | 7. 사전은 내 친구 | 낱말의 뜻을 짐작할 수 있다 | |
| 4 | 1 | 국어 | | 7. 사전은 내 친구 | 사전에서 뜻을 찾아 낱말 사이의 관계를 안다 | 신문에 나온 낱말 찾아보기 신문에 나온 낱말 찾아보기 |
| 4 | 1 | 국어 | | 7. 사전은 내 친구 | 여러 가지 사전에서 낱말의 뜻을 찾을 수 있다 | |
| 4 | 1 | 국어 | | 7. 사전은 내 친구 | 여러 가지 사전에서 낱말의 뜻을 찾을 수 있다 | 평가 [4국04-01] |
| 4 | 1 | 국어 | | 7. 사전은 내 친구 | 낱말의 뜻을 사전에서 찾으며 글을 읽을 수 있다 | 교과서 내용 중에서 낱말 뜻 사전으로 찾아보기 |
| 4 | 1 | 국어 | | 7. 사전은 내 친구 | 낱말의 뜻을 사전에서 찾으며 글을 읽을 수 있다 | |
| 4 | 1 | 국어 | | 7. 사전은 내 친구 | 나만의 낱말 사전을 만들 수 있다 | 나만의 낱말 사전 찾기 |
| 4 | 1 | 국어 | | 7. 사전은 내 친구 | | |
| 4 | 1 | 국어 | | <독서 단원> | 국어사전을 활용하며 책을 읽을 수 있다 | 사전 찾기 하며 책 읽기 |

연간 교수·학습 계획 수립하기 - 국어

# 연간 평가계획 및 평가기준안 작성하기

설계 >> 교육과정 구성하기 >> 연간 평가계획 및 평가기준안 작성하기

2015 개정 교육과정에서는 교과서 위주의 강의 전달식 수업을 지양하고 학생들에게 유의미한 학습 경험을 제공하기 위한 학생 참여형 수업을 지향한다. 따라서 교사들은 해당 교과 교육과정 성취기준이 반영되어 학생들의 자발적인 배움이 일어나는 수업을 계획하여 전개해야 하며, 그러한 수업내용 전개와 더불어 평가도 함께 일어날 수 있는 교육과정, 수업, 평가의 일체화가 이루어져야 한다.

무지개 빛깔 이야기 교육과정의 연간 평가계획 및 평가기준안 작성에 앞서 평가기준의 개념을 살펴보았다. 평가기준이란 학습 정도를 판단하기 위해 성취기준에 도달한 정도를 '상/중/하'로 구분하여 학생들이 무엇을 알고 있고, 할 수 있는지를 기술한 것을 의미한다. 기본적으로 평가기준은 해당 성취기준에서 기대하는 지식, 기능, 태도 등을 학생들이 어느 정도 성취하였는가를 판별하는 데 활용된다. 학생의 수준을 고려하여 다양한 주제로 재구성된 교수 학습 활동을 계획하고 실천에 활용될 수 있는 연간 평가 계획, 평가 기준안으로 수립하였다.

| 성취기준 | 교과 역량 | 관련 단원 | 평가내용 | 평가 방법 |
|---|---|---|---|---|
| [4국04-01] 낱말을 분류하고 국어 사전에서 찾는다. | 자료 정보 처리 역량 | 7. 사전은 내 친구 | 낱말의 기본형과 국어 사전에 나오는 낱말의 뜻을 쓰고, 낱말 잇기 놀이하기 | 실기 |
| [4국05-04] 작품을 듣거나 읽거나 보고 떠오른 느낌과 생각을 다양하게 표현한다. | 창의적 사고 능력 | 10. 인물의 마음을 알아봐요 | 만화 주인공 캐릭터를 이용하여 만화로 나타내기 | 실기 |
| [4국02-05] 읽기 경험과 느낌을 다른 사람과 나누는 태도를 지닌다. | 의사소통 능력 | 1. 생각과 느낌을 나누어요 | 글을 읽고 자신의 의견을 말하고 다른 사람의 의견 정리하기 | 구술 |
| [4국01-06] 예의를 지키며 듣고 말하는 태도를 지닌다. | 의사소통 능력 | 3. 느낌을 살려 말해요. | 글을 읽고 대상에 따라 다르게 말하고 들어보기 | 구술 |
| [4국03-03] 관심 있는 주제에 대해 자신의 의견이 드러나게 글을 쓴다. | 창의적 사고 능력 | 4. 일에 대한 의견 | 관심 있는 주제에 대해 자신의 의견을 적어보기 | 서·논술형 |
| [4국01-06] 예의를 지키며 듣고 말하는 태도를 지닌다. | 의사소통 능력 | 6. 회의를 해요 | 학급회의 절차와 참여자의 역할 이해하기 | 서·논술형 |

**연간 평가계획 수립하기**

| 단원 | 4-1-1. 생각과 느낌을 나누어요 | 평가 방법 | 구술 |
|---|---|---|---|
| 평가 영역 | 읽기 | 교과서 쪽수 | 46~51 |

| 학습 주제 | 글을 읽고 자신의 의견을 말하고 다른 사람의 의견 정리하기 |
|---|---|
| 성취 기준 | [4국02-05] 읽기 경험과 느낌을 다른 사람과 나누는 태도를 지닌다. |
| 역량 | 비판적·창의적 사고 역량 |
| 정의적 영역 | (인성) 자신의 이익보다 다른 사람의 생명의 소중함을 느낄 수 있는 의견을 말한다.<br>(도전의식) 다양하고 창의적인 아이디어로 자신의 의견을 말한다. |
| 평가 문항 | 뉴스를 읽고 일어난 일에 대한 자신의 의견을 말하고, 친구가 말한 의견 중 마음에 드는 의견을 정리해 봅시다. |

| 예시 답안 | | |
|---|---|---|
| 내 의견 | 요즘은 자신만을 생각하는 마음이 커서 다른 사람의 위험에 도움을 주는 일들이 많이 없는데 중학생 형들이 이렇게 응급처치를 하여 할아버지를 도와주는 일이 대단하다. 나에게 이런 일이 일어났다면 나는 무서워서 아무것도 못했을 것 같다. | |
| 친구 이름 | 의견 | |
| ◇◇◇ | 중학생들이지만 용기가 대단하다고 함 | |
| ○○○ | 아직 어리니까 주위에 있는 어른들에게 빨리 도움을 구했으면 좋겠다고 함 | |
| □□□ | 자기도 추웠을 텐데 옷을 벗어 주는 용기가 대단하다고 함 | |

| 성취 수준 | 상 | - 뉴스를 읽고 일어난 일에 대한 정확한 내용을 알고, 창의적인 사고로 자신의 생각을 표현하고 친구의 의견을 비판적으로 생각하여 정리한다.<br>- 다양하고 창의적인 아이디어로 자신의 의견을 말한다. |
|---|---|---|
| | 중 | - 뉴스를 읽고 일어난 일에 대한 대강의 내용을 알고, 자신의 생각을 표현하고 친구의 의견을 정리한다.<br>- 다양하고 창의적인 아이디어로 자신의 의견을 말하려고 노력한다. |
| | 하 | - 뉴스를 읽고 일어난 일에 대한 내용을 단순하게 파악하고, 모둠 친구의 도움을 받아 자신의 생각과 친구의 의견을 정리한다.<br>- 자신의 의견을 표현하는 데 두려움을 가지고 있다. |

**평가기준안 수립하기**

# 설계 부분 점검하기

이렇게 설계된 무지개 빛깔 이야기 교사 수준 교육과정을 아래의 체크리스트에 따라 점검해 보고 효율성을 따져 보았다.

| 절차 | 평가 관점 |
|---|---|
| 교육철학<br>나누기 | ① 국가·지역·학교 수준 교육과정을 기반으로 구성하였는가? |
| | ② 학생의 발달 단계 및 흥미를 고려하여 학급 교육목표와 중점 과제를 수립하였는가? |
| | ③ 교육 환경 및 교사의 철학과 가치를 충분히 반영하였는가? |
| 교육과정<br>구성하기 | ④ 초등학교 학년군 시간 배당 기준을 바탕으로 적정 시간을 편성하였는가? |
| | ⑤ 학년(학기) 성취기준을 바탕으로 연간 교수·학습 계획 및 평가계획을 수립하였는가? |
| | ⑥ 교육과정 구성관점을 고려하여 연간 교수·학습 계획 및 평가계획을 수립하였는가? |
| | ⑦ 평가가 학습의 과정으로 학생의 성장을 도울 수 있도록 계획되었는가? |
| 나만의<br>교사 수준<br>교육과정의<br>특색은? | |

**교사 수준 교육과정 점검하기**

교육철학 나누기부터 점검하였다. 이 단계에서 국가, 지역 학교 수준의 교육과정 읽기를 열심히 하였다. 그런 후 올해 맡게 될 상리초등학교 4학년 학생의 발달 단계와 특성을 고려하여 무지개 빛깔 반만의 학급 교육목표를 정했고, 중점 과제 3가지를 선정하였다. 그러한 과정에서 고성 상리면의 교육 환경을 고려하였고 나만의 철학과 가치를 녹여 냈었다.

두 번째의 교육과정 구성하기 단계를 점검하였다. 학교교육과정 시간 배당 기준 시수를 지켜서 과목별 편성하였고, 2015 개정 교육과정의 성취기준과 맵핑자료를 읽어 본 후, 연간 교수·학습 계획과 평가계획을 수립하였다. 그러한 과정에서는 교육과정 구성관점인 학생의 수준 및 발달 단계, 지역적 특성 및 학교 환경, 교사의 철학과 가치 및 역량, 학부모의 요구 및 시대적 변화를 반영하려고 노력하였다.

4학년 무지개 빛깔 이야기 교사 수준 교육과정 실천을 위해 '친구와 소통하며 고운 마음 가지기', '놀이하며 즐겁게 배우는 것', '협력하며 프로젝트 활동하기'를 중점 과제로 정하였고, 교육과정, 수업, 평가에 어떻게 녹여 낼 것인가를 고민하였다.

그동안 많은 수업 연구를 한 경험에도 불구하고 1학기 전체를 대상으로 교과의 전 단원을 고려하며 재구성하는 것은 작년에 이어 두 번째이지만 아직도 낯선 경험이었다.

먼저 중점 과제를 적용할 교과별 특징에 맞는 수업 주제를 생각해 보았다. 국어는 '친구와 소통하며 자신의 생각을 잘 전달하는 것'을 목표로 질문하고 토의·토론하는 방법인 하브루타를 적용하여 재구성하였다. 수학은 두 번째 중점 과제인 '놀이와 함께 즐겁게 배우는 것'을 목표로 놀이를 수학 전 단원에 적용하여 재구성·실천하였다. 사회는 세 번째 중점 과제인 '협력하며 프로젝트 활동하기'를 목표로 '우리 고성'이라는 사회 단원 내 프로젝트 재구성을 통해 북 아트로 결과물을 만들어 내는 활동을 했다. 우리가 살고 있는 지역 사회를 실제로 계획, 답사, 정리하는 과정 속에서 직접 체험하며 지역 사회에 대한 이해를 할 수 있었다.

## 1) 국어 배움은 친구와 나의 생각 알아보며 소통하기

하브루타의 핵심은 '질문하고 토론하라'이다. 주어진 주제에 대한 본질을 정확히 파악하고 이해해야 질문을 만들 수 있으며, 이 질문에 대한 답을 찾기 위해 서로의 생각을 나누고 토의·토론하는 과정에서 함께 문제를 해결하고, 자신만의 생각을 완성하게 된다. 이러한 하브루타의 특성을 아이들에게 인식시켜 주기 위해, 국어 단원별로 하브루타를 적용한 단원별 재구성을 하였고 하브루타 기법의 훈련이 반복될수록 아이들 생각은 깊어지고, 그 속에서 성장해 가도록 하였다.

글의 내용을 파악하기 위해 질문 유형을 내용 질문, 상상 질문, 적용 질문, 종합 질문의 네 유형으로 만들어 보는 연습을 하는 과정에서 아이들은 질문을 만들어 보는 것에 대해 어려움을 토로했지만 질문 만들기 학습지가 하나둘 쌓이는 과정에서 질문을 만들어 내는 아이들은 교사의 노력 이상으로 성장하는 것을 볼 수 있었다.

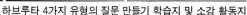

하브루타 4가지 유형의 질문 만들기 학습지 및 소감 활동지

학급 인원이 7명뿐이지만 다인수 학급에서처럼 우리 반 아이들도 서로의 생각을 잘 공유하지 못해 감정을 다치기도 하고, 상처를 받기도 하는 경우가 많았다. 그래서 말하기와 함께 친구의 생각을 듣는 훈련이 필요하다는 것을 느꼈다. 먼저 교사를 위한 하브루타 직무 연수와 독서를 통해 하브루타 기법을 공부하였고, 공부한 내용을 바탕으로 아이들과 함께 하브루타 기본 훈련 연습 시간을 가졌다.

하브루타 교사 연수 및 기본 훈련 모습

국어 4학년 1학기 10개 단원 중 하브루타 기법을 넣어 재구성한 사례를 소개하고자 한다. 먼저 9단원 '자랑스러운 한글'에서는 텔레비전 퀴즈 프로그램을 보면서 그림문자를 알아맞히는 것이 생각보다 힘들고, 글자가 필요함을 느끼는 것으로 단원 도입을 시작하였다. 그런 후 한글 창제에 관한 드라마와 영화의 영상을 보면서 한글을 만든 과정을 이해하였다. 교과서 지문으로 한글이 위대한 이유의 내용을 파악하는 골든벨을 풀고, 마지막으로 한글 사랑을 실천하는 옷과 가게 간판을 만들어 홍보를 하면서 한글을 소중히 여기는 태도를 가지게 하였다.

[자랑스러운 한글] 수업 활동 모습

　9단원에서도 한글에 대한 드라마, 영화를 본 후 4가지 유형의 질문을 만들어 보게 하였다. 여러 가지 유형의 질문을 처음으로 만들어 보면서 어떻게 풀어야 하는지에 대해 학생들이 생각할 수 있도록 하였다. 하브루타 질문 만드는 방법을 안내하기 전에 오바마 대통령의 기자 회견에서 한국 기자들에게 질문의 기회를 주었는데도 불구하고 한 명의 기자도 질문을 하지 못하는 장면을 보여 주었다. 질문을 못하는 우리나라 사람들의 태도에 대해 생각을 나눠 보고, 질문이 얼마나 중요한지 이해하는 시간을 가졌다. 그리고 서로의 생각을 질문하고 대답하는 방법, 물레방아 말하기 기법으로 짝을 바꿔 가며, 돌아가며 말하는 방법을 익히게 하였다.

　10단원 '인물의 마음을 알아봐요'와 1단원 '생각과 느낌을 나누어요'에서는 교과서에 나오는 만화, 시, 이야기를 이해하고 질문을 만들어 짝, 모둠 친구들과 질문을 선별하고, 서로 묻고 답하는 연습을 하면서 질문을 나누는 하브루타 기법 적용을 위한 다양한 방법을 익히는 시간을 가졌다.

하브루타 기본 훈련 모습 및 수업 활동

　3단원 '느낌을 살려 말해요' 수업에서는 교실에서 촬영한 아이들의 모습이 나타난 두 가지의 상황에 대해 살펴보며 질문을 만들어 동기유발을 하였다. 아이들은 교과서에 나오는 <가방 들어주는 아이> 드라마를 보면서 적절한 표정, 몸짓, 말투를 사용해서 자신의 느낌을 표현하였다. 그리고 교과서의 '생태 마을 보봉'이라는 글을 읽고 나오는 인물들에게 질문할 거리를 찾아보게 하였다. 아이들은 글을 읽고 그 글의 내용에 맞는 4가지 유형의 질문을 스스로 만들었다. 모둠 친구들과 돌아가며 질문을 읽어 보면서 마음에 드는 질문을 고른 후, 짝, 모둠, 전체 학생 순으로 질문하고 답하는 과정을 거쳤다. 생각하고 표현하는 힘이 반복되는 경험 속에서 아이들이 조금씩 커 가고 있음을 말, 표정, 듣는 자세, 모습에서 알 수 있었다.

하브루타 토론 유형 익히기, 짝, 모둠, 전체

| 국어<br>배움<br>상호<br>평가 | 국어 배움 평가는 교사 관찰 평가, 체크리스트, 상호 평가를 실시하였다. 평가자가 되어 서로의 생각을 말하고 표현하는 과정을 거쳤다. 장점과 단점, 수정·보완할 점을 점검하는 활동을 통해 자신에게 부족한 점을 알게 되고, 잘하는 점은 서로 칭찬하며 배움을 위한 성취동기가 되기도 하였다. |
| --- | --- |
|  |     |

## 2) 수학 배움은 친구와 놀며 수학 공부하기

초등학교 교사로서 초등학교 교육과정에서 가장 중요하게 생각하는 것은 책 읽기와 더불어 수학 기초 기본 학습 능력이다. 초등학교 때 수학에 대한 흥미와 자신감을 잃어버린다면 문제 해결 능력 및 자기 주도적 학습 능력이 길러지기 힘들다는 판단이 들었다. 그래서 우리 반 아이들에게 항상 수학 문제 해결 능력을 강조한다.

올해 무지개 빛깔 이야기 교사 수준 교육과정에서도 수학은 중요한 과목으로 강조되었다. 자신의 생각을 말과 글로 표현을 하는 데는 자신감이 있었지만, 3월 초 기초학력 진단평가에서 수학 과목에 부족함이 많음을 확인할 수 있었다, 그리고 그 부족함은 3월 첫 단원 평가 결과에서도 나타났다. 4학년 수학 학습에 어려움을 보일 것 같은 불안감에 수학 기초 능력 강화 방안에 대해 좀 더 심도 깊은 고민을 하였다. '수학적 기본 실력을 키우면서 흥미를 잃지 않는 방법이 뭐가 있을까?' 고민 끝에 놀이 수학으로 친구와 함께 놀며 수학 공부를 할 수 있도록 중점 과제 교육활동과 연계하여 지도하였다. 이를 통해 수학 수업에 놀이를 도입하여 학생들이 흥미와 집중하는 태도를 보임과 동시에 나아가 수학적 사고력도 키워 주고 싶었다. 아무런 의욕 없이 주어진 수학 문제를 풀게 하는 것보다 아이들이 수학문제 해결을 위해 몰입하는 모습을 보고 싶었기 때문이다.

수학의 단원 순서는 규칙 찾기, 막대그래프, 각도, 평면도형의 이동, 큰 수, 마지막으로 곱셈과 나눗셈의 순서로 재배열하였다. 각 단원 내 놀이 수학을 적용하여 재구성한 전체적인 틀은 개념형성 놀이학습과 개념응용 놀이학습으로 나눌 수 있다. 개념형성 놀이학습은 교육과정 분석을 통한 수학놀이 활동 중, 간단한 조작 활동, 이야기 등의 스토리텔링을 접목하여 개념 형성을 위해 하는 몸 풀기 놀이활동이라고 생각하고 적용하였다. 개념응용 놀이학습은 놀이 상황을 제시하고 그 속에서 문제를 수학적으로 해결하고 배운 수학의 개념을 적용·심화할 수 있는 게임, 놀이를 활용하여 수업에서 전개하였던 몇 단원을 사례로 소개하고자 한다.

첫 번째 단원인 6단원 '규칙 찾기'에서는 규칙적인 무늬가 있는 것(아파트 엘리베이터, 달력, 계산기, 화장실 타일)의 사진을 보여 주면서 우리 생활에 규칙이 많이 있다는 스토리텔링을 시작하였다. 그리고 규칙 찾기 개념 형성 학습지를 풀어 보면서 규칙에 대해 알게 하였고, 규칙 만들기 활동으로 규칙 찾기 심화 단계로 확장하는 경험을 하게 하였다.

4단원 '평면도형의 이동' 단원에서는 평면도형의 밀기, 뒤집기, 돌리기 등의 개념을 형성한 후, 개념 확인 땅따먹기 놀이를 하면서 평면도형의 개념을 확인해 보았다, 이어서 색종이 접기를 하며 무늬의 규칙성을 표현한 활동에서는 개념형성 놀이 활동으로 알게 된 원리를 적용하는 시간을 가졌다. 이러한 놀이 활동은 단순한 놀이나 미술 활동이 아니라 성취기준에 부합한 활동이다. 아이들에게 의미 있게 다가가며, 수학을 어렵고 싫은 과목이 아니라 흥미 있는 과목으로 생각하여 관심을 가질 수 있도록 도움을 주었다.

5단원 '막대그래프' 단원에서는 막대그래프를 그리는 방법을 익힌 후, 실생활에서 볼 수 있는 자료를 막대그래프로 나타내고 해석해 보는 주제로 수업을 전개하였다. 아이들의 생활과 관련된 좋아하는 아이돌 앙케트 조사, 한국인이 좋아하는 라면 순위 등을 인터넷으로 조사하여 막대그래프로 조사하는 놀이 활동을 하면서 아이들은 수학이 친숙하고 흥미로운 과목이라는 것을 느끼게 해 주었다.

2단원 '각도' 단원에서는 각도 알아맞히기 놀이를 하면서 친구가 그린 각도의 크기를 어림하고 가깝게 맞춘 사람이 점수를 얻게 되는 경험을 하였다. 아이들은 각 그리는 그림놀이를 하며 수학을 표현하는 경험을 가지고, 수학적 개념과 원리를 알도록 하였으며, 사고력의 폭도 넓힐 수 있게 지도하였다. 각도의 개념 응용 놀이학습으로 단원 마무리 활동에서 야구놀이를 하였다. 야구 경기를 하면서 바둑돌을 튕기며 생긴 각도를 재고, 야구 경기 룰과 같은 방식으로 1루, 2루, 3루를 지나 홈으로 들어오는 학생에게 1점을 부여하여 실제 야구 경기를 하는 것 같은 게임 활동을 하였다. 이러한 활동에서 수학이 우리의 삶과 분리될 수 없음을 알고, 우리의 생활 속에 수학이 있음을 느낄 수 있도록 하였다.

1단원 '큰 수' 단원에서는 다소 많은 숫자의 큰 수를 적고 읽으면서 수의 계열을 이해하고 수의 크기를 비교하는 내용을 주제로 하였다. 다섯 자리 수 이상의 숫자를 익혀 서로가 스피드 퀴즈를 직접 내고 친구가 낸 문제를 정해진 시간 안에 빨리 정확히 읽는 것만큼 포인트를 주는 활동을 하였다. 이러한 과정에서 아이들은 큰 수의 범위를 확인하고 놀이 활동에서 이기고자 하는 동기를 부여받아 빨리 읽는 방법을 스스로 터득하는 것을 보여 주었다. 게임이나 놀이가 학습에의 동기부여와 함께 자발적 성취감을 위한 노력을 향상시킨다는 것을 다시 한 번 확인하였다.

3단원 '곱셈과 나눗셈' 단원은 4학년 1학기 수학의 마지막 단원이다. 결국 아이들은 연산이 나오면 연산의 딜레마인 계산 연습 앞에서 좌절한다. 그래서 곱셈과 나눗셈의 학습 기간은 3주 정도 길게 확보하였다. 3학년의 곱셈과 나눗셈부터 다시 복습하고 학습지와 함께 수학 시간에 연산 연습 활동을 차분히 진행하였다. 계산에 어느 정도 익숙해진 후, 부루마블 게임을 하면서 곱셈과 나눗셈의 계산에 대한 자신감을 가지게 하였다.

| 단원 | 단원 관련 수학놀이 | 수학놀이 활동 내용 |
|---|---|---|
| 6. 규칙 찾기 | 나만의 규칙적인 무늬 꾸미기 | 타일, 가방, 옷에 넣을 규칙적인 무늬 만들어 꾸미기 |
| 5. 막대그래프 | 앙케트 조사하기 | 친구들이 관심 가지고 있는 것을 설문조사하고 그래프로 나타내어 발표하기 |
| 2. 각도 | 야구 경기하기 | 야구 경기 룰을 익혀 공을 던지고 이때 생기는 각의 크기를 구해서 맞추는 사람에게 포인트가 쌓임 |
| 4. 평면도형 | 도형나라 땅따먹기 | 여러 가지 도형의 땅을 게임해서 차지하고 많이 차지한 사람이 우승자가 됨 |
| 1. 큰 수 | 큰 수 스피드 퀴즈 | 큰 수를 문제를 내고, 다른 친구가 낸 문제를 1분 동안 정확하고 빨리 읽는 사람이 우승자가 됨 |
| 3. 곱셈과 나눗셈 | 곱셈 나눗셈 부루마블 | 곱셈과 나눗셈 문제가 있는 부루마블 게임하기 |

**수학 단원별 수학놀이 및 활동 내용**

앙케트 조사하기

나만의 규칙 무늬 꾸미기

각도 알아 맞추기

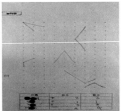
주어진 각도 그리기

각도 알아맞추기 야구 놀이하기

도형나라 땅따먹기

큰 수 스피드 퀴즈

곱셈 나눗셈 문제 풀기

곱셈 나눗셈 부루마블

### 3) 사회 배움은 우리 고성을 책으로 표현하기

사회 교육은 학습자들로 하여금 사회 인식을 바탕으로 사회 구성원의 자질을 기르도록 하는 교과이다. 사회생활 및 사회 현상에 대해 학습을 하며, 학습자들이 생활하고 있는 지역 사회가 중요하다는 점이 사회 교재에서 다루어져야 한다. 학생들이 살고 있는 지역 사회가 바로 학생들의 생활 경험의 장이자 경험 획득의 장이 되어야 하는데, 교과서 내용 그대로 다루면 아이들은 전혀 모르는 지역의 관심조차 없는 지식을 일방적으로 받아들이게 된다.

사회 교육과정이나 교과서가 전국적인 기준으로 만들어져 있고, 지역화 교재가 있어도 활용 범위가 좁아 어떤 과목보다도 재구성이 시급한 과목이 사회이다. 해마다 사회과는 과목별 재구성을 위해 토의 토론 수업, 백워드 수업 설계 등으로 단원 내 재구성 작업이 가장 많이 이루어졌다. 올해 만나는 고성 상리초 무지개 빛깔반 아이들에게도 지역화와 관련된 사회 배움을 재구성하여 실행하고 싶었다.

이를 위해, 세 번째 중점 과제인 '협력하며 프로젝트 완수하기'를 사회 배움에 적용하여 재구성하였다. 4학년 사회 교육과정을 '북 아트로 정리하는 우리 고성'이라는 주제로 재구성하여 프로젝트를 운영하였다. 무지개 빛깔 아이들의 경험과 삶을 학습 주제로 중점 과제인 나와 친구가 소통하여 미래의 행복한 고성인으로서의 자질을 갖출 수 있도록 하고 싶다는 바람으로 사회 수업을 실천하였다.

2015 개정 교육과정의 초등학교 사회 목표는 학생들이 주변의 사회 현상에 대하여 관심과 흥미를 가지며, 생활과 관련된 기본 지식과 능력을 습득하고, 이를 자신의 주변 환경이나 문제에 적용할 수 있는 적극적인 태도를 기르는 것이다. 그래서 우리 고성의 위치와 특성을 알아보는 1단원 '지역의 위치와 특성'을 먼저 배우고, 2단원 '우리가 알아보는 지역의 역사'를 통해 우리 고성 지역의 문화유산, 역사적 인물에 대해 조사를 하였다. 이어 3단원 '우리 고성의 공공기관'에 대해 조사하고 고성에서 발생할 수 있는 문제를 해결하려는 태도를 기르는 학습 순서로 단원을 배열하였다. 단원 내 재구성을 통하여 단원 내 수행과제를 북 아트로 나타내며 우리 고성에 대한 이해도, 체험 등의 활동을 거치면서 사회 학습의 흥미를 높여 학생들의 삶과 연계된 수업을 실천하였다.

'북 아트로 정리하는 우리 고성' 프로젝트는 4개의 실천 과정을 거쳤다. 먼저 준비 및 주제 설정 단계에서 학생의 경험을 이끌어 내어 주제를 작성하고, 활동 계획 및 수립 단계에서는 학습할 소주제, 학습 활동 팀을 구성하였다. 탐구 및 표현 단계에서는 탐구 방법에 따라 조사, 협의, 토의, 표현을 하며, 마지막으로 정리 및 평가 단계에서는 북 아트를 정리하고 발표 및 반성, 평가를 하였다.

먼저 1단원 '지역의 위치와 특성' 단원에서는 '지도의 기본 요소에 대한 이해로 우리 지역 지도에 나타난 지리 정보를 실제 생활에 활용한다'라는 성취기준에 의해 '우리 고성의 여행지도를 만들어라!'라는 주제를 가지고 프로젝트 수업을 실천해 보았다.

아이들은 지도의 기본 요소에 대한 이해를 먼저 한 후 프로젝트 계획서를 아이들 스스로 구성하면서 프로젝트 수업에 대한 설렘을 갖는 것 같았다. 하지만 7명이 하나의 지도를 완성해야 하는 과정에서 각자 역할에 대해 인지하면서도 여태껏 해 보지 못한 듯 임무 수행에 있어서 조금씩 틈이 보이기 시작하였고, 시간만 낭비하는 듯한 태도도 보였다.

이때 교사가 간접 개입하면서 지도 인쇄 등 도움 자료를 제공해 주고, 아이들의 흥미와 관심 유지 역할을 해 주니, 아이들은 어느새 스스로 협력 학습에 함께 동참하였다. 쉬는 시간에도 아이들은 시키지 않아도, 교실 바닥에 모여 고성 여행지도 만들기에 빠져 어느새 프로젝트 학습 활동의 매력을 알아 가는 것 같았다.

'우리 고성 여행지도'를 만드는 모습

우리 고성 여행지도 프로젝트 발표 및 평가, 반성의 시간

사회 프로젝트 수업을 한 후 반성 및 점검 활동지

1단원 '지역의 위치와 특성'의 두 번째 프로젝트 주제로 우리 고성의 중심지를 답사하고 보고서로 완성하는 것과 더불어 2단원 '우리가 알아보는 지역의 역사'에서 우리 지역의 문화유산과 역사적 인물 조사하는 프로젝트는 다양한 북 아트로 나타나게 하였다.

고성 사람들의 생활과 밀접하게 관련된 지역의 중심지에 대해 조사하여 보고서를 완성하는 과정에서 아이들은 자신들이 살고 있는 고성에서 교통, 상업, 행정, 관광의 중심지에 대해 알게 되었고, 특히 다양한 종류의 책으로 만들어 발표를 하면서 고성의 지역민으로서 기본적인 자질을 갖추게 되었다.

문화유산과 관련해서는 우리 고성에 있는 문화유산이 무엇이 있는지 인터넷으로 조사하는 활동을 하였다. 다양한 문화유산 중에서 현재 학교에서 익히고 있는 고성 농요가 고성 무형문화재임을 알게 되어 삶과 연계되는 진정한 배움이 사회 수업 시간에 일어남을 학생들이 경험할 수 있었다.

북 아트로 정리한 고성 프로젝트 산출물

3단원 '지역의 공공기관과 주민 참여'에서는 우리 지역 공공기관의 종류와 역할을 알아보고 주민 참여를 통해 지역 문제를 해결하는 방안을 알아보았다.

고성읍에 있는 여러 가지 공공기관부터 경상남도청의 역할을 인터넷 답사를 하며 알게 되었고, 우리 경남 지역의 문제를 해결할 수 있는 방법을 알게 되었다.

아이들은 고성이라는 우리 고장에 대한 이해와 함께 직접 답사, 조사 활동을 체험하면서 사회 학습의 흥미를 높였다. 또한 삶과 연계된 수업을 하면서 친근한 사회 현상을 경험하고 학습하였다. 단원 내 프로젝트 재구성에 의한 수업 활동으로 혼자만의 힘이 아닌 서로 협력하고 소통하는 과정에서 교사 수준 교육과정의 중점 과제가 잘 실현될 수 있었다.

| 사회<br>배움<br>평가 | 사회 배움은 관찰 평가, 체크리스트, 상호 평가를 실시하였다. 1단원의 프로젝트 활동 수행과정은 교사의 관찰 및 체크리스트 평가 외 단원별 내용 파악 골든벨을 하면서 내용 이해도를 확인하였다. 프로젝트 결과물에 대해 상호 평가하는 활동을 하면서 활동에 대해 좋았던 점, 아쉬웠던 점 등을 정리하였다. 공동체 활동을 하면서 자신에게 부족한 점을 알게 되었고, 다음 프로젝트 활동을 앞두고 조금씩 성장하는 모습으로 나타났다. |
| --- | --- |

## 학기 단위 교사 수준 교육과정 되돌아보기

**생성 >> 되돌아보기 >> 실천된 교육과정 돌아보기**

1학기 동안 실천된 무지개 빛깔 이야기 교육과정을 되돌아보았다. 먼저, 학기 초 나이스(NEIS)에 기록된 문서로서의 교육과정 구성에서 학년별 법정 교과목과 시수를 확인하였다. 무지개 빛깔 이야기는 학교교육과정에서 제시한 학년(군)별 배당된 운영 시수를 변화시키지 않고, 시수 내에서 교과 내, 단원 내 재구성을 하였으므로 법정시수에 맞게 운영되었다.

| 연간<br>수업 | 193 | 연간<br>수업<br>시수 | 학년 | 1학년 | 2학년 | 3학년 | 4학년 | 5학년 | 6학년 |
| --- | --- | --- | --- | --- | --- | --- | --- | --- | --- |
| | | | 1학기 | 469 | 469 | 529 | 529 | 589 | 589 |
| | | | 2학기 | 417 | 417 | 470 | 470 | 521 | 521 |
| | | | 계 | 886 | 886 | 999 | 999 | 1,110 | 1,110 |

학교 교육과정 수업시수

| 구분 | | 3·4학년군 운영 시수 | | | | | | | | |
|---|---|---|---|---|---|---|---|---|---|---|
| | | 교육부 기준 | 본교 시수 | 증감 증감 | 3학년(2018학년도) | | | 4학년(2019학년도) | | |
| | | | | | 기준 | 운영 | 증감 | 기준 | 운영 | 증감 |
| 교과 | 국어 | 408 | 416 | +8 | 204 | 208 | +4 | 204 | 208 | +4 |
| | 사회/ | 272 | 209 | +5 | 102 | 102 | | 102 | 107 | +5 |
| | 도덕 | | 68 | | 34 | 34 | | 34 | 34 | |
| | 수학 | 272 | 272 | | 136 | 136 | | 136 | 136 | |
| | 과학/ | 204 | 206 | +2 | 102 | 102 | | 102 | 104 | +2 |
| | 실과 | | | - | | | | | | |
| | 체육 | 204 | 212 | +8 | 102 | 106 | +4 | 68 | 68 | |
| | 예술 (음악/ | 272 | 140 | +2 | 68 | 70 | +2 | 68 | 68 | |
| | 미술) | | 140 | +2 | 68 | 70 | +2 | 68 | 68 | |
| | 영어 | 136 | 140 | +2 | 68 | 70 | +2 | 68 | | |
| 창의적 체험 활동 | | 204 | 208 | +4 | 102 | 104 | +2 | 102 | 104 | +2 |
| 학년(군)별 총 시수 | | 1972 | 2,011 | +29 | 986 | 1,002 | +16 | 986 | 999 | +13 |

학교 교육과정 연간 수업시수 중 4학년 교과별 시수

　두 번째로 운영된 단원이나 차시 수업을 되돌아보았다. 2015 개정 교육과정 각 과목별 맵핑자료를 바탕으로 교과서의 단원, 성취기준, 교과서 내 주요 학습 활동을 바탕으로 내용을 재구성하여 운영하였기에 누락된 단원이나 차시 수업은 없었다.

　중점 과제에 맞는 성취기준을 바탕으로 단원 내 재구성을 하였고 이에 따른 평가를 실시하여 단원이나 차시 수업에서 누락된 부분은 없었으나 2년 동안 실시하면서 나타난 활동에서의 차이점 등은 아래의 몇 가지로 나타났다.

　4학년 교육과정은 지역적 특성 및 학교 환경, 학급 아동들의 특성이 차이가 있기에 단원 배열과 단원 내 재구성 내용에서 차이를 두어야 한다는 것을 확인할 수 있었다. 또한 학생의 수준이 조금 다르고, 지역 실정에 바탕을 둔 학부모의 요구도 달라서 교사 수준 교육과정은 같은 4학년이어도 지역마다, 학교마다 달라야 한다는 것을 절실히 느꼈다.

## 빨주노초파남보 무지개 반 아이들 이야기

　그동안 많은 수업 연구를 하면서 알게 된 사실이 있다. 아이들은 교사가 생각하는 것보다 훨씬 더 폭발적인 반응을 보여 주었다. 아이들의 태도와 수업의 변화, 수업 연구 후 설문지의 내용을 보며 그러한 변화를 깨닫게 해 주었던 것이다. 이번의 교사 수준 교육과정을 계획, 운영하면서 아이들의 반응은 다인수 학급보다 강도가 높지 않았으나, 작은 떨림의 변화를 느낄 수 있었다. 수업 중 얼굴에 나타나는 미소를 통해 어느 정도 짐작은 했지만 그 떨림을 다음과 같은 아이들의 소감으로 느낄 수 있었다.

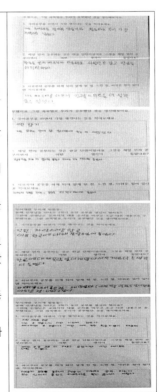

- 한글이 중요하다는 것을 먼저 배우고 난 후, 국어 공부를 하니 국어 시간에 집중할 수 있었다
- 하브루타가 3학년 때 해 봐서 알고 있는 것인 줄 알았는데 더 자세히 알게 되었고, 재미있는 활동이라고 느꼈다.
- 자랑스러운 한글을 먼저 배웠는데 한글에 대해 잘 알 수 있었고, 쉽다고 생각한 한글에 대해 몰랐던 것을 알게 된 것은 참 신기하게 느껴졌다.
- 하브루타를 할 때 내 생각을 말할 수 있어서 좋았고 더 하고 싶은데 많이 하지 못해 아쉬웠다.
- 하브루타를 하면서 친구의 생각을 알 수 있었고, 나와 생각이 다르다는 것을 알게 되었다.
- 하브루타 질문을 만들기 어려웠는데 선생님의 설명을 듣고 나니 쉬웠다. 그리고 질문 만들고 하는 것을 하면서 친구들이 어떻게 생각하는지 알 수 있어서 좋았고 더 많이 하고 싶은데 빨리 끝난 것 같다.
- 국어 공부를 하였지만 한글 가게 간판 만들기, 옷 만들기, 나만의 사전 만들기 등을 할 때가 가장 재미있었고 기억에 남는다.
- 한글 단원을 먼저 배우니까 다른 공부도 쉬웠던 것 같고, 한글을 아껴야겠다고 느꼈다.

**국어 배움에 대한 아이들의 소감문**

- 수학 공부할 때 순서를 쉬운 것부터 해서 조금 더 쉬워지는 느낌이 들었다.
- 4학년 선생님과 함께 해서 재미있는 것 같았다.
- 여러 가지 놀이 중에서 평면도형 밀기 게임이 재미있었다.
- 수학은 쉬운 것부터 공부했는데 이해가 잘 되었다.
- 수학 공부를 할수록 생활이 더 편리해지는 것 같다. 왜냐하면 수업 시간에 배웠던 게 생활에 나오기 때문이다.
- 수학 놀이 중에서 야구 게임이 가장 기억에 남는다. 친구들이랑 같이 해서 더 재미있었다.

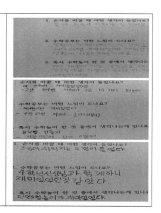

수학 배움에 대한 아이들의 소감문

- 고성군 여행지도 만들기가 가장 기억에 남는다. 친구들과 함께 만들었기 때문이다.
- 4학년 사회 공부를 하면서 지도나 보고서를 어떻게 만드는지 알게 되었다.
- 진주성을 답사한 후 보고서를 만들었다. 친구들이랑 의논하면서 같이 적는 게 좋았다.
- 4학년 사회를 공부하면서 내가 전문가가 된 것 같은 느낌을 받았다.
- 4학년 사회 시간이 재미있었고, 사회가 더 좋아졌다.
- 나는 만들기를 좋아해서 답사 보고서 만들기가 참 재미있었다. 사회 시간이 좋았다.
- 고성군 여행지도를 만들었는데 처음엔 우리가 잘 못해서 선생님한테 꾸중 듣고 나서 더 열심히 했다. 만들 때 힘들었지만 다 만들고 나니 인상 깊고 뿌듯했다.
- 사회 시간이 재미있고 계속 하고 싶다.
- 여행지도를 만들면서 우리 고성에 관광지가 이렇게 많다는 것을 알게 되었고 친구들과 같이 만들어서 재미있었다. 그리고 경상남도 인물 조사 보고서를 만들면서 우리 지역에 훌륭한 인물이 많다는 것을 알게 되었고 자랑스럽게 느껴졌다.

사회 배움에 대한 아이들의 소감문

# 무지개 빛깔 선생님 이야기 들어보기

생성 >> 되돌아보기 >> 교사의 성장 돌아보기

무지개 빛깔 교실 이야기는 수많은 수업 연구에 도전했던 나에게 또 다른 의미 있는 도전이었다. 교직 생활에 있어서 터닝 포인트, 수업 연구, 실행자의 입장에서 나의 교실을 다 보여 주는 커다란 도전을 염두에 두고 한 걸음씩 한 걸음씩 부끄럽고도 조심스럽게 1학기를 마무리 지었다.

우리 반 아이들은 이젠 익숙해져서 자신의 이름 앞에 색깔을 붙여서 말하기도 하는데, 1학기 교사 수준 교육과정을 진행하면서 그 색깔이 참으로 이상하게도 아이의 성향과 닮았다는 사실을 깨닫는 경우가 많아 매번 놀라웠다.

빨강색 ○○이는 정열적인 아이이다. 때론 예민하다 할 정도로 자주 아프고 신경을 쓰는 모습이 안쓰럽기도 하지만, 세심한 마음을 어루만져 주면 언제 그랬냐는 듯 다시 자신의 정열을 내뿜으며 학교생활을 하고 있다.

주황색 ○○이는 어중간하다는 이미지를 깨기 위해 자신을 드러내는 것을 좋아하는 주황색을 닮은 것 같다. 무대에서, 수업 활동에서도 항상 발표와 사회를 맡고 싶어 하는 적극성을 가진 아이이다.

노란색 ○○이는 자주 아프다. 몸이 허약한 점이 어쩌면 노란색과 닮은 것 같다고 생각하는 것도 너무 우스운 것인지도 모른다. 허약하지만 심지가 올곧아서 자신의 역할에 최선을 다하려는 이쁜 마음을 가지고 있어 선생님으로서 때론 엄마의 입장에서 맘이 많이 쓰인다.

초록색 ○○이는 초록색과 딱 닮았다. 언제나 싱글벙글 웃음 띤 건강한 얼굴로 우리 반에 활기를 심어 준다. 초록이가 없는 날엔 아이들도 교사인 나도 활기가 없음을 느낄 정도이다.

파란색 ○○이는 정말이지 넓은 바다 같은 아이이다. 우리 반 아이들도 한 목소리로 '파란이가 우리 반의 제일 큰언니 같다'고 말할 정도이다. 넓은 마음과 해박한 지식으로 수업에는 열정을, 교우 사이에는 여유를 느끼게 해 주어 없어서는 안 될 소중한 존재이다.

남색 ○○이는 다소 창의적인 발상과 남다른 생각으로 가끔 수업의 흐름을 끊기도 하지만 누구보다 여유로운 마음가짐으로 친구들의 인기를 전폭적으로 받고 있다. 가끔 교정이 필요한 행동에 대한 지도에도 교사와 친구들에 대한 믿음으로 받아들이는 모습이 참으로 이쁜 남색이다.

마지막으로 보라색 ○○이는 3월 4일 전학 온 마지막 학생이다. 가장 화려하고 이쁜 것이 자신의 색깔인 보라랑 참으로 잘 어울린다. 보라가 없었다면 우리 반은 무지개 반이 될 수 없었고, 보라가 있음으로 해서 예쁜 무지개 색깔을 발하고 있는 것이다.

이렇게 모인 무지개 빛깔 이야기는 교사인 나에게 벅찬 감동을 안겨 주었다. 그냥 1년에 한 번씩 하는 수업 연구의 한 페이지로 남을 수도 있었지만, 우리 반에 맞게 짜인 학기 단위의 큰 설계도를 따라가며 아름다운 무지개 빛깔을 빛나게 해 주었다고 생각한다.

다인수 학급에서는 못 느낀 아이들의 작은 변화, 작은 떨림을 무지개 빛깔 교실 이야기 교사 수준 교육과정을 실천하면서 느낄 수 있었다. 이러한 변화를 느끼게 해 준 아이들이 바로 지금의 우리 반 아이들이다. 자세히 보면 예쁜 풀꽃처럼, 아이들을 자세히 살펴보고, 자세히 느낄 수 있어서 정말이지 행복하고 남다른 의미로 새겨지는 일 년을 보내고 있다.

시간이 흘러 벌써 1학기가 끝났고 새로운 2학기를 준비하며 새로운 설렘을 느끼고 있다. 2학기도 교사 수준 교육과정을 실천하여 1년이 끝날 때 아이들과 교사인 나의 얼굴도 행복한 웃음이 피어나길 희망해 본다.

## 무지개 빛깔반 교사 수준 교육과정 점검하기

**생성 >> 되돌아보기 >> 점검하기**

2월부터 시작된 무지개 빛깔 이야기는 3월의 첫 만남부터 아니 시작된 2월부터 설렘으로 다가왔다. 작년에 이어 두 번째 4학년 교사 수준 교육과정을 계획·실행하면서 나름대로 점검의 시간을 2번 거치면서 교사 수준 교육과정에 대한 기준을 명확하게 잡을 수 있었던 것 같다. 처음의 마음을 끝까지 유지하긴 힘들었고 교사 수준 교육과정은 준비하는 부담감과 어려움도 컸지만 교사와 아이들에게 성장과 행복을 가져다준 것 같아서 다행이다.

교사 수준 교육과정 평가관점에 따라 점검해 본 올해의 무지개 빛깔 이야기는 후한 점수를 부여해 주고 싶다. 또한 2019년 4학년 1학기 교사 수준 교육과정을 통해 우리 무지개 빛깔 아이들이 친구와 소통하는 방법을 알게 되었고, 놀이로 즐거운 배움의 경험을 하였고, 친구들과 프로젝트를 수행하면서 서로 소통하고 협력하는 것을 배웠다는 것에 교사로서 보람을 느꼈다.

이렇게 행복과 보람이라는 결과를 안겨준 나의 교육과정을 정리해 보았다. 교육과정 읽기 책, 교사용 지도서, 수업 재구성 참고 책들, 2015 개정 교육과정 성취기준, 맵핑자료 등을 통해 만들어진 연간 교수·학습 계획, 평가계획까지 손때 묻은 자료들은 다음 학년도 교사 수준 교육과정 수립에 피드백 자료로 요긴하게 활용될 것이다.

작년에 이어 두 번째의 4학년 교사 수준 교육과정! 내년에도 교사 수준 교육과정 설계 실행, 생성의 과정을 반복하면서 교사의 노력과 아이들의 행복으로 누적된 자료들을 채워 가면서 더욱 깊은 전문성을 쌓고 싶다.

# 마법사 써니 선생님과 함께 떠나는 배움 여행

- 이선 선생님 이야기

## 🌿 이런 마음으로

교사가 되고 매년 맞이하는 새 학년, 새 학기 3월, 올해는 그 느낌이 더 남달랐다. 여러 선생님들과 교사 수준 교육과정을 공부하고 배워서 새롭게 적용해보는 첫 해이기 때문이다. 되돌아보면 나는 늘 좋은 수업, 재미있는 수업을 하고 싶어 했다. 그래서 매년 수업의 내용과 방법에 대해 나름대로의 많은 고민과 연구를 해 오면서 수업을 했다.

그동안은 늘 혼자서 내가 뿌린 수업의 씨앗이 싹을 틔우고 뿌리를 내리며 자라는 모습에 스스로 뿌듯해하면서 내달렸었다. 그러다 보니 매번 그 결과에 매달리며 연연했었고, 교사 생활 절반 이상을 늘 조바심 내며 지내느라 조금씩 지쳐 가고 있었다. 하지만 교사 수준 교육과정을 공부한 이제는 달라지고 싶었다. 누군가가 먼저 다가와 문을 두드리기 전에, 먼저 다가가서 내가 생각하고 만든 수업의 꽃과 열매를 함께 나누고 싶었다. 나와 만날 아이들과 내가 만들어 갈 교사 수준 교육과정, 다른 선생님이 생각하는 수업의 이야기를 함께 나누며 '배움 행복' 마법가루를 솔솔 뿌리며 즐거운 여행을 떠나 보고자 한다.

우리 반을 소개합니다

## 우리는

장유초등학교 5학년 1반입니다.
남학생 13명, 여학생 11명이
마법사 선생님과 즐겁고 행복하게
생활하고 있습니다.

## 우리 학교는

경상남도 김해시 장유에서
가장 오래된 학교이자
630여 명이 되는 학생들이
함께 공부하고 있는 학교입니다.
우리는 역사가 거의 100년에 가까운
장유초등학교 학생임에 자부심을 갖고
함께 배움을 즐기고 나누고 있습니다.

함께 배움을
즐기고 나누는
행복한 어린이

## 이선 선생님은

- 첫 발령부터 지금 이 순간까지 배움에 대한 열정을 가지고 끊임없이 노력하는 교사입니다.
- 교사의 배움 내용을 학생들에게 적용하고 전달하고자 다양한 교육 방법을 시도하고 있습니다.
- 기초·기본교육, 새로운 교육 방법이 균형을 이루어 적용될 수 있도록 학생들과 소통하고 공감하는 방법을 연구합니다.
- 교직에 머무르는 동안 아이들과 즐거운 마음으로 생활하고 아름답고 좋은 추억으로 남길 희망합니다.

## 마법사 이선 선생님의 교육 철학

### 배움과 가르침에 대한 기대를 갖고 만나다

#### 제일 먼저, 믿음

아이들과 만나는 3월의 첫날 꼭 하는 일이 있다. 내가 전지전능한 신은 아니지만 그와 비슷한 능력을 가진 '마법사'라면서 약간의 이벤트를 한다. 내 소개를 하고, 1년 동안 함께 잘 지내고 싶다는 말을 하면서 중간에 이런 말을 한다. "저기 교실 뒷문이 마법처럼 열릴 것이다"라고 말하면 아이들은 일제히 뒤돌아본다. 고학년인 아이들은 어이없다는 표정을 짓고, 저학년인 아이들은 무슨 일인가 싶어 궁금해했다. 그 순간을 놓치지 않고 아이들에게 너희들이 믿는다면 문이 열릴 것이라고 하면서 믿어야 한다고, 나를 믿어야 한다고 계속 이야기를 한다. 그렇게 대부분 두리번거리고 있을 때, 그중 눈치 빠른 아이가 일어나서 문을 연다. 그러면 몇몇 아이들은 이게 뭐냐고 실망하며 핀잔을 주지만 나는 오히려 내가 말한 대로 문이 열리지 않았냐며 당당하게 말한다. 그리고는 다시 "이제는 저 문이 다시 닫힐 것이다"라고 하면 이제는 누구라 할 것 없이 다른 아이가 벌떡 일어나 문을 닫는다. 아이들의 웃음소리가 들려온다. 그러면 성공한 것이다. 첫날의 긴장감은 눈 녹듯 녹아내리고 1년의 시작이 즐거워지는 것이다.

아주 작은 이벤트이지만 우리는 그렇게 교감을 나눈다. 선생님에 대한 기대와 서로에 대한 믿음의 첫 단추가 끼워진 것이다. 그제야 아이들과 각자 소개를 하고 1년간 만들어 갈 우리 반의 모습과 배움에 대한 이야기를 나눈다. 내가 부족한 것이 무엇인지, 뭘 좀 잘해 보고 싶은지, 선생님이 어떻게 가르쳐 주면 좋은지, 무엇을 배우면 좋을지 등에 대해서….

## 두 번째로는, 선택

아이들에게 나를 마법사 선생님으로 확실히 인지시키고 나면, 앞으로 1년 동안 배울 내용에 대한 이야기를 슬슬 펼칠 시간이 다가온다. 먼저 몇 가지 주제를 주고 아이들끼리 이야기할 시간을 충분히 주어야 한다. 처음이라 서먹할 테지만 이야깃거리는 심각하지 않고 관심을 충분히 끌 수 있는 것으로 준비한다. 그러면서 우리 반의 분위기를 관찰한다. 어떤 아이들과 1년 동안 함께 생활하게 될 것인지 전반적인 특징을 파악하는 것이다.

그렇게 아이들의 이야기를 충분히 듣고 나면, 2월 새 학년 준비 기간에 미리 생각해 놓은 아이들과 함께 올해 공부해 보고 싶은 주제들을 여러 가지 꺼내 놓아 본다. 배움에 대한 아이들의 기대를 한껏 끌어올려 놓는 것이다. 그리고서 아이들에게 자신들이 좋아하고 관심 있는 것을 선택하게 한다. 이는 아이들에게 선택권을 주는 것 같지만 실제로는 교사의 치밀한 준비하에 매력적으로 포장된 것을 아이들이 선택하게 하는 것이다. 그렇게 매력적으로 포장되는 것은 교사의 관심, 재능, 지식 등을 잘 펼칠 수 있는 것이어야 함을 잊지 말자.

## ✛ 학기(학년) 단위 교사 수준 교육과정

| | | | |
|---|---|---|---|
| **설계** | 교육철학 나누기 | ① 교육과정 읽기 | - 2015 개정 교육과정의 총론, 교과서, 지도서 읽기를 통한 성취기준 분석, 교육과정 편성·운영 지침, 학교 교육과정에서 중점적으로 기르고자 하는 내용을 파악하면서 강조되는 내용과 반드시 지도되어야 할 내용을 찾아냄 |
| | | ② 목표 수립을 위한 생각 나누기 | - 동학년 선생님과 함께 교육과정 살피기, 전문적학습공동체로 모여 배움을 나누고, 피드백을 통해 함께 철학과 가치를 공유함 |
| | | ③ 교육목표 및 중점 과제 세우기 | - 세상과 소통하고 삶과 연결하는 '배움 여행' 수업 속에서 학생들은 내 주변의 작은 문제부터 시작해 너의 문제를 살펴보고 더 나아가 우리의 문제를 살피고 해결해 가면서 함께 꿈꾸는 미래로 나아가고자 함 |
| | 교육과정 구성하기 | ④ 성취기준 및 맵핑자료 읽기 | - 각 교과의 맵핑자료를 살펴보면서 과목별 주요 학습 내용을 정리하고 꼭 지도해야 할 내용과 구체적인 배움 여행을 계획하기 위한 연결고리를 찾음 |
| | | ⑤ 중점 과제 관련 성취기준 선정하기 | - 중점 과제와 관련한 성취기준을 각 교과에서 찾고 정리를 함<br>- 배움 여행 과정 중에서 필요한 내용은 더 추가하고 불필요한 내용을 삭제하면서 실천할 수 있도록 함 |
| | | ⑥ 연간 교수·학습 계획 수립하기 | - 중점 과제를 실천하기 위한 연간 교수·학습 계획을 수립하면서 단원의 재배열이 필요한 교과는 과감히 실행에 옮김 |
| | | ⑦ 연간 평가계획 및 평가기준안 작성하기 | - 배움 여행을 실천하는 동안에는 수업 실시 후, 학생들의 학습 과정과 평가 결과를 분석하여 도달해야 할 목표와 현재 수준과의 차이를 알려주는 과정 중심 평가를 실시함 |
| | | ⑧ 점검하기 | - 배움 여행을 계획하여 실천하기에 앞서 내가 가는 여행길이 바른길인지, 빠진 내용은 없는지, 더 필요한 것은 없는지 반드시 확인을 해야 함 |
| **실행** | 교육과정 실천하기 | ⑨ 설계된 교육과정 실천하기 | - 교육과정의 실천과정에서는 학생들이 배움 활동에 열심히 참여하면서 배움 내용에 대한 궁금증과 요구사항이 더 늘어남<br>- 투입하는 자료가 늘어나 배움 시간을 더 확보해야 했고 교사의 안내와 도움이 특히 더 필요한 수업, 학생들끼리의 토의·토론 활동이 더 필요한 수업 등 여러 가지 상황이 발생하였음<br>- 변경된 사항을 연간 교수·학습계획 및 나이스(NEIS) 시스템에 반영하여 다음 프로젝트 운영 및 계획에서 참고함<br>- 학생들의 사고가 활발히 일어나는 여러 가지 장치(그림책, 토의·토론, 놀이 활동, 메이킹 활동) 등의 효과도 지속적으로 살피며 반영함<br>- 프로젝트 학습 속에서 배우는 내용이 실생활로 이어지도록 지속적으로 피드백을 함 |
| **생성** | 되돌아보기 | ⑩ 실천된 교육과정 돌아보기 | - 여행이라는 개념으로 수업에 접근하니 모두가 더 즐거웠던 배움 활동이었음 |
| | | ⑪ 학생 수준 교육과정 돌아보기 | - 학생들은 프로젝트에 참여하며 누구보다 적극적으로 자료를 찾아와 친구들과 나누었고 새롭게 알게 된 지식은 정리 활동을 통해 자신의 것으로 만드는 노력을 게을리 하지 않는 모습이었음 |
| | | ⑫ 교사의 성장 돌아보기 | - 교사는 수업에 대해 늘 고민하고 연구하는 자세를 가질 수 있었고, 실천 속에서 부족한 부분은 보충하면서 더욱 의미 있는 수업의 실행을 위해 노력함 |
| | | ⑬ 점검하기 | - 1학기 주제 중심 프로젝트 실천의 경험 속에서 2학기 프로젝트 수업에 대한 기대감이 높아졌고, 교사와 학생 모두 배움의 의지가 성장함 |

# 5학년 교육과정 무엇을 배울까?

설계 >> 교육철학 나누기 >> 교육과정 읽기

작년에 이어 올해도 나는 5학년 담임이다. 그러고 보니 교직 생활 중 거의 절반 가까이 5학년 담임을 맡았다. 그동안 5학년 아이들과 꽤나 잘 맞았던 것 같다. 이즈음의 아이들은 학교생활의 규칙을 잘 알고 있고, 학습에 대한 기대도 있으며, 필요할 때는 자신의 생각을 분명히 이야기하며 소통과 공감도 곧잘 하는 모습을 보인다. 발달 단계에 맞는 교육과정을 운영하고자 한다면, 아이들의 특성이 잘 반영되고 표현되며 만족할 수 있는 배움의 과정이 필요하다.

그래서 제일 먼저 해야 할 것이 바로 교육과정 분석, 즉 교육과정을 읽는 것이다.

특히 올해는 2015 개정 교육과정이 5·6학년에 적용되는 첫 해라 교육과정 총론과 교과 교육과정, 교과서와 교사용 지도서 읽기를 통해 성취기준 분석을 하였다. 또한 지역 수준의 초등학교 교육과정 편성·운영 지침과 학교 교육과정에서 중점적으로 기르고자 하는 내용을 자세히 파악하고자 하였다. 이 과정 속에서 강조되는 내용과 반드시 지도되어야 할 내용을 찾아내고 아이들의 앎과 삶이 반영되는 나만의 교사 수준 교육과정을 만들어 갈 준비를 하였다.

교육과정 읽기에 함께한 자료들

# '같이'의 가치를 믿고 함께 가는 길

설계 >> 교육철학 나누기 >> 목표 수립을 위한 생각 나누기

## ✦선생님들과 교육철학 나누기

요즘 동료 선생님들과 이야기를 나누어 보면 선생님들마다 각자 '새 학년 아이들에게 올해는 꼭 이것만은 지도해 보고 싶다'라는 자신만의 스토리를 가지고 계시다는 것을 알 수 있다. 하지만, 예전에는 '학급교육과정'이라는 이름으로 한 권의 문서를 기계적으로 만들었다. 주어진 틀에 대부분 그럴싸한 내용을 채워 넣거나, 학년 연구 선생님이 만들어 준 학급교육과정을 그대로 제출한 뒤, 실제 운영은 교과서 진도에만 급급한 수업 모습이 일반적이었다.

교사들마다 교육에 대해 생각하는 방향 및 목표가 다르고 학급의 아이들도 각각 다른 적성과 수준을 가지고 있는데 하나의 학급교육과정을 돌려가며 사용했다는 사실이 말이 되지 않는 것 같다. 교사들은 자신의 교육철학을 분명히 세우고 이를 바탕으로 자신만의 교사 수준 교육과정을 계획하고 운영하는 것을 주저하지 않아야 한다. 혹시 시작하기가 어렵고 방법을 모르겠다면 동학년 선생님, 동료 선생님들과 부지런히 만나서 자주 이야기를 나누어 보자. 거기에서 답을 구하자. '같이'의 가치를 발견할 수 있을 것이다.

대부분 학교가 그렇겠지만 5학년은 교사들이 선호하지 않는 학년이다. 고학년이라 가르쳐야 하는 내용이 많고, 수업을 마치는 시간도 늦고, 생활지도를 하는 데 어려움도 많지만 6학년처럼 가산점이 있는 것도 아니기 때문이다. 그래서 5학년 담임은 새로 전입한 교사들 중심으로 구성되는 경우가 많다. 그렇게 2월에 만난 우리 학년 구성은 조금은 어렵고 난해한 구성이었다. 처음 학년 부장을 맡은 교사, 타 시·군에서 전입한 교사 2명, 타 시·도에서 전입한 교사 1명, 신규 교사 1명, 그리고 전담 교사 2명이 만났다.

다들 처음 만나 어색했지만, 어색할 틈도 없이 올 한 해 5학년을 어떻게 잘 꾸려나갈지 걱정이 되었다. 교사들과의 어울림, 학생들과의 관계, 특히 작년 4학년일 때 생활지도 문제로 어려움이 있었던 학생의 지도에 대한 고민까지…. 여러 가지 걱정이 뒤섞여 있었다. 하지만 우리는 함께 문제를 해결하고 서로에게서 배울 점을 찾기 위해 노력하면서 즐거운 1년을 보내 보자고 서로의 마음을 모았다. 우리 아이들을 어떤 교육 내용과 방법으로 만나고 이야기 나누어야 할지, 그리고 어떻게 학교생활에도 적극적으로

참여하는 멋진 어린이들로 자라게 할지 한참 동안 고민을 나누었다. 가장 먼저 떠오른 생각이 동학년 교사들이 함께 공동연구를 하고 실천하면서 어려움을 나누고 더 좋은 교육 방법을 찾아가는 것이었다. 그래서 우리는 먼저 인성교육을 중심으로 하는 교사 공동체를 구성하였다. 공동체 활동을 통해 각자가 자신 있는 교육 내용과 방법을 소개하면서 배움을 나누고, 그 배움을 교실에서 실천하였다. 그 과정 속에서 교사와 아이들 모두 즐거움을 느끼며 피드백을 통해 함께 성장해 나가자고 마음을 모았다.

## 앎과 삶을 연결하는 배움 여행의 준비

설계 >> 교육철학 나누기 >> 교육목표 및 중점 과제 세우기

### 1) 왜 배움 여행인가?

평소 여행하는 것을 좋아하는 나는 한 해 동안 운영하는 교육과정이 여행과 비슷하다는 생각을 자주 한다. 아이들과 내가 함께 설계하고 경험하는 배움의 여정 말이다. 그래서 나만의 교사 수준 교육과정을 '배움 여행'으로 이름 짓고 교육과정의 설계, 실행, 생성 과정을 여행의 과정으로 풀어서 구성해 보았다.

### 2) 배움 여행을 떠나기 전 생각해 보기

**❓질문1** 당신은 어떤 여행을 준비하십니까?

본격적인 배움 여행을 떠나기 전에 가장 먼저 할 일은 올해 맡은 아이들의 수준과 흥미에 따라 배움의 방향을 설정하는 것이다. 거기에 따라 한 학기 전체를 프로젝트 수업으로 재구성해 볼 것인지, 한 단원 내에서 재구성해 볼 것인지, 주제를 정해 재구성해 볼 것인지를 생각해 본다. 또한 여러 가지를 경험해 보게 하는 교육 방법을 적용할 것인지, 하나의 주제를 깊이 있게 연구해 보는 방법을 적용할 것인지 등을 결정해야 한다.

이럴 때는 우리가 여행을 떠날 경우를 가정하여 생각해 보자.

제일 먼저 하는 일이 무엇인가? 누구랑 언제, 어디로 갈 것인가를 첫 번째로 생각한

다. 여행은 혼자 하는 여행일 수도 있고, 친구나 가족과 함께하는 여행일 수도 있다. 그 기간도 정해야 한다. 오랜 기간 동안 갈 것인지, 짧은 기간 동안 갈 것인지, 여행의 형태도 생각해야 한다. 계절에 따라 따뜻한 나라로 갈 것인지, 관광형 여행인지, 휴양지에서 쉬는 여행인지 등등 생각해 볼 것 등이 너무나 많다. 우리는 그 속에서 자신의 상황에 따라 최선의 결정을 한다. 잠시 가는 여행도 신중하게 따지고 생각할 것이 많은데 하물며 1년의 시간 동안 떠나야 하는 배움 여행인데 더욱 신중하게 준비해야 하지 않을까?

**❓질문2  어디로 여행을 가고 싶습니까?**

교사가 구상한 배움 여행에 대한 아이들의 관심을 끌어내고자 한다면 그 내용이나 방법이 '흥미를 통한 학습'이 아닌 배움 내용 그 자체가 흥미가 되는 '흥미로서의 학습'이 되게 만들어야 한다. 그러기 위해서는 먼저 아이들을 만나야 한다. 아이들은 현재 무엇에 관심이 있는지, 할 수 있는 것이 무엇인지, 어느 정도 할 수 있는지, 배움의 내용이 나의 삶과 어떤 관련이 있는지를 깨달을 수 있도록 해야 한다. 가장 좋은 방법이 무엇일까? 바로 배움의 주체인 아이들과 이야기를 나누는 것이다. 그러면서 방향을 찾고 계속 수정해 나간다.

**❓질문3  여행의 이유는 무엇입니까?**

여행을 가기 전 여행의 이유를 생각해 본 적이 있는가? '나는 어디로 여행을 가서 무엇을 보고, 무엇을 하고 싶은 걸까?'가 보통 여행의 이유라면, 아이들과 함께하는 배움 여행의 이유는 다르게 생각해 보아야 한다. 진짜 배움의 여행을 떠난다면, 그 속에서 아이들이 배우고 싶어 하는 것은 무엇인지, 여행의 과정에서 교사인 내가 아이들에게 전하고 싶고 알려 주고 싶은 것은 무엇인지를 깊이 고민해야 한다.

우선 아이들이 좋아하는 것에 관심을 갖고 그것을 알아차리도록 노력하자. 그리고 함께 배움 여행을 떠나기로 결정이 되었다면, 여행을 하되 교사가 원하는 대로 꼭 아이들을 이끌고 가려고 너무 애쓰지는 말자. 아이들은 자신들이 좋아하고 관심 있는 것에 몰입한다. 배움이 배움의 꼬리를 물고 그렇게 한 뼘 더 자라난다.

**❓질문4  여행에 필요한 짐은 잘 꾸렸나요?**

배움 여행을 떠나는 아이들을 위해 교사가 너무 많은 준비물을 챙겨 주거나 아이들에게 완벽하게 배울 준비를 해 올 것을 안내하지는 말자. 배움의 목표를 달성하기 위한 최소한의 준비물(학습 환경 마련, 학습 방법의 안내, 학습에 대한 마음가짐의 독려 등)로 떠나자. 잘못된 방향으로 갈 때는 바르게 가는 길을 알려 주고 아이들이 학습에 어려움을 느끼며 도움의 손길을 요청할 때 적극적으로 손을 내밀어 주면 된다. 불편함을 느끼는 순간, 아이들은 새로운 모험을 떠나기 위한 도전을 망설일 수 있기 때문이다.

**❓질문5** **출발하기 전 마지막 확인을 하셨나요?**

이제 배움 여행을 떠날 준비가 끝났다면 마지막으로 체크해 보자. 내가 계획한 여행지의 특징과 그곳에서 꼭 보고 알아야 할 내용이 무엇인지, 부족한 내용은 무엇인지 살펴보는 것이다. 이는 여행의 출발 전 꼭 거쳐야 할 단계이다. 또한 이 과정 속에서 배움 여행의 주체인 아이들에게서도 피드백을 함께 받도록 한다. 아이들이 배움 여행을 통해 배우고 싶은 것이 무엇인지, 느끼고 싶은 것이 무엇인지 알고 그렇게 여행을 떠날 준비를 마친다.


## 3) 배움 여행으로 자라날 우리 아이들

우리는 누구나 자신만의 인생 여행을 하고 있다. 아이들도 학교에서 배운 지식과 경험으로 자신의 인생을 계획하고 꿈을 키우며 살고 있다. 단순히 교과서 속 내용으로만 미래를 꿈꾸는 것이 아니다. 교사가 펼친 다양한 배움의 장에서 정보를 찾고, 이야기를 나누며, 만들고, 놀이하는 과정에서 성장해 가는 것이다.

아이들과 함께할 때는 일방적인 나의 이야기만 하지 말고, 아이들의 이야기를 들어 보자. 우리 반 아이들 한 명, 한 명이 가지고 있는 스토리가 다 다르다. 관찰과 대화를 통한 만남은 아이들에게서 배움에 대한 적극적인 흥미를 이끌어 낼 수 있을 것이다. 이것이야말로 2015 개정 교육과정에서 강조하는 개별 학생의 관심 및 적성과 진로를 고려한 교육과정, 학생 중심의 맞춤형 교육과정이 될 것이기 때문이다.

앎과 삶이 연결되는 배움을 위해서 우리 아이들과 지금 당장 학교 밖 여행을 떠나서 많은 경험을 하게 해 주고 싶지만 당장 그렇게 할 수는 없다. 대신 세상과 소통하고 삶과 연결하는 수업 속에서 배움을 이어 나갈 수 있을 것이다. 아이들은 배움 여행을 통해 경험하고 배우며 성장해 나갈 것이다. 배움 여행은 우선 내 주변의 작은 문제부터 하나씩 살펴보기를 시작해 너와 우리의 문제를 살피고 해결해 가면서 함께 꿈꾸는 미래로 나아가는 사회적 성장역량[108]을 길러 나가게 해 줄 것이다.

## 4) 배움 여행의 주인공들과 함께 떠나는 써니투어[109]의 목표와 계획 정하기

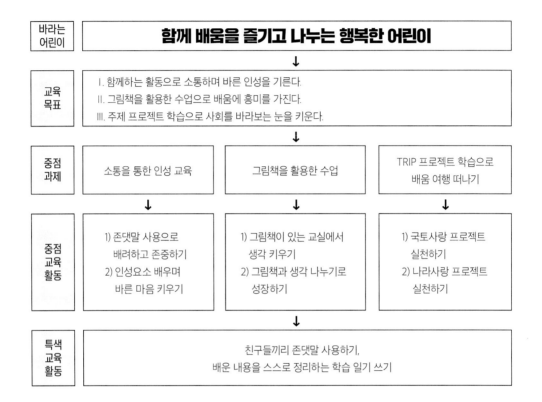

### (1) 여행지(중점 과제)의 선택

학년 교육목표와 우리 반 여행자들에 대한 관찰과 함께 나눈 이야기를 통해 1년 동안 써니가이드[110]와 배움 여행, 즉 써니투어로 만나볼 여행지는 3곳으로 정하였다.

---

108) 사회적 성장역량은 2015 개정 교육과정이 추구하는 미래핵심역량 6가지를 배움 여행 속에서 키워 나가는 역량으로 재정의한 것이다. 배움의 과정 속에서 다양한 경험을 하고 키운 역량의 결과를 인증받고 배움을 확인한다.
109) 배움 여행을 주관하는 여행사라는 뜻으로 써니투어로 명하였다.
110) 써니투어에서 배움의 여행자들을 안내하는 본 교사를 써니가이드라 명하였다. '마법사=써니가이드'.

**여행지1** 일단 함께하는 공간에서 배움 여행을 하는 우리는 서로를 배려하며 살아야 한다. 그래서 소통이 중요하고 그 속에서 바른 인성을 키워 나가는 것이 중요하다.

**여행지2** 우리 반 교실 환경 중에 으뜸은 바로 그림책이다. 교실에 준비되어 있는 많은 그림책들은 주제에 따라 수업 시간에 언제든지 읽으며 생각을 나누는 친구가 된다.

**여행지3** 교사 수준 교육과정에서는 학기 단위, 단원 단위, 주제 단위, 차시 단위의 배움 여행을 떠날 수 있지만 올해는 사회 주제 중심 재구성으로 배움 여행을 떠나 본다.

## 성취기준으로 배움 여행 계획을 위한 연결고리 찾기

설계 >> 교육과정 구성하기 >> 성취기준 및 맵핑자료 읽기

구체적인 배움 여행을 계획하기에 앞서 5학년 1학기 국어, 수학, 사회, 과학, 도덕 5개 교과의 맵핑자료를 살펴보면서 과목별 주요 학습 내용을 정리해 보았다. 이렇게 정리해 보니 1학기 동안 꼭 지도해야 할 내용이 어떤 것인지 한눈에 알아볼 수 있었고 구체적인 배움 여행을 계획하기 위한 연결고리도 쉽게 찾을 수 있었다.

| 과목 | 영역 | 5학년 1학기 주요 학습 내용 및 활동 |
|---|---|---|
| 국어 | 말하기<br>듣기 | 의견을 제시하고 조정하며 토의하기<br>상대의 상황을 이해하고 공감하며 듣기<br>절차와 규칙 지키고 근거를 제시하며 토론하기 |
| | 읽기 | 스스로 글을 찾아 읽고 글의 구조를 고려하며 글을 요약하기<br>글쓴이의 주장이나 주제를 파악하며 글 읽기 |
| | 쓰기 | 목적과 대상에 알맞은 자료와 형식으로 설명하는 글쓰기<br>체험한 일(여행)에 대한 감상이 드러나는 글쓰기 |
| | 문법 | 문장성분을 이해하고 호응 관계가 올바른 문장 구성하기<br>상황에 따라 다양하게 해석되는 낱말 이해하기 |
| | 문학 | 작품에 대한 이해와 감상을 다른 사람과 소통하기<br>문학 작품의 가치를 생각하며 문학 활동하기 |
| 수학 | 수와 연산 | 덧셈, 뺄셈, 곱셈, 나눗셈의 혼합 계산하기<br>약수, 공약수, 최대공약수/배수, 공배수, 최소공배수의 의미 알고 구하기<br>분수를 약분, 통분하여 분수의 덧셈과 뺄셈하기<br>분수와 소수의 크기 비교하기 |
| | 규칙성 | 두 양 사이의 대응 관계를 식으로 나타내고 탐구 비교하기 |
| | 측정 | 평면도형의 둘레의 길이와 넓이 구하기<br>넓이를 나타내는 단위를 알고 관계 파악하기 |

| 사회 | 지리 | 우리나라의 위치와 영역, 자연환경과 행정구역 알아보기<br>우리나라 인구, 도시, 산업, 교통발달 모습 탐구하기 |
|---|---|---|
| | 일반 사회 | 인권의 중요성과 인권 보장을 위한 노력 알아보기<br>헌법에서 보장하는 국민의 기본권과 의무 알아보기 |
| 과학 | 지구와 우주 | 태양계의 구성원과 특징 이해하고 행성과 별 구별하기 |
| | 생명 | 주변의 다양한 생물에 대해 알아보기 |
| | 운동과 에너지 | 고체, 액체, 기체에서 열의 이동 방법 이해하기 |
| | 물질 | 용해와 용액에 대해 알아보기 |
| 도덕 | 자신과의 관계 | 정직의 의미와 중요성 알고 실천하기<br>다양한 감정과 욕구의 올바른 표현 방법 알고 실천하기<br>긍정적인 태도의 중요성 알기 |
| | 타인과의 관계 | 사이버 공간에서 필요한 예절 알고 실천하기<br>다양한 갈등을 평화적으로 해결하는 방법 알고 실천하기<br>인권의 의미와 인권을 존중하는 삶의 중요성 이해하기 |

# 선택된 여행지(중점 과제)와 관련된 성취기준 선정하기

설계 >> 교육과정 구성하기 >> 중점 과제 관련 성취기준 선정하기

배움 여행 교육과정을 구성하기 위해 5학년의 과목별 성취기준 및 맵핑자료를 읽어 보았다. 더불어, 목표를 이루기 위해 중점 과제인 '소통을 통한 인성교육', '그림책을 활용한 수업', 'TRIP 프로젝트학습으로 배움 여행 떠나기'와 관련된 성취기준도 같이 찾아보았다.

중점성취기준은 향후 프로젝트학습 구성 및 평가계획 수립을 위한 기준이 될 것이다.

## 1) 여행지 1: 소통을 통한 인성교육

- [6국01-01] 구어 의사소통의 특성을 바탕으로 하여 듣기·말하기 활동을 한다.
- [6국01-07] 상대가 처한 상황을 이해하고 공감하며 듣는 태도를 지닌다.
- [6도01-01] 감정과 욕구를 조절하지 못해 나타날 수 있는 결과를 도덕적으로 상상해 보고, 올바르게 자신의 감정을 조절하고 표현할 수 있는 방법을 습관화한다.
- [6도04-01] 긍정적 태도의 의미와 중요성을 알고, 어려움을 극복하기 위한 긍정적 삶의 태도를 습관화한다.

## 2) 여행지 2: 그림책을 활용한 수업

- [6국05-02] 작품 속 세계와 현실 세계를 비교하며 작품을 감상한다.
- [6국05-01] 문학은 가치 있는 내용을 언어로 표현하여 아름다움을 느끼게 하는 활동임을 이해하고 문학 활동을 한다.
- [6국05-04] 일상생활의 경험을 이야기나 극의 형식으로 표현한다.
- [6국05-05] 작품에 대한 이해와 감상을 바탕으로 하여 다름 사람과 적극적으로 소통한다.
- [6미02-05] 다양한 표현 방법의 특징과 과정을 탐색하여 활용할 수 있다.


## 3) TRIP 프로젝트 학습으로 배움 여행 떠나기

- [6사01-01] 우리나라의 위치와 영역이 지니는 특성을 설명하고, 이를 바탕으로 하여 국토 사랑의 태도를 기른다.
- [6사01-02] 우리 국토를 구분하는 기준들을 살펴보고, 시도 단위 행정 구역 및 주요 도시들의 위치 특성을 파악한다.
- [6사01-03] 우리나라의 기후 환경 및 지형 환경에서 나타나는 특성을 탐구한다.
- [6국03-05] 체험한 일에 대한 감상이 드러나게 글을 쓴다.
- [6국01-04] 자료를 정리하여 말할 내용을 체계적으로 구성한다.
- [6국03-01] 쓰기는 절차에 따라 의미를 구성하고 표현하는 과정임을 이해하고 글을 쓴다.
- [6도04-01] 긍정적 태도의 의미와 중요성을 알고, 어려움을 극복하기 위한 긍정적 삶의 태도를 습관화한다.
- [6미02-05] 다양한 표현 방법의 특징과 과정을 탐색하여 활용할 수 있다.


## 배움 여행의 지도 준비하기

설계 >> 교육과정 구성하기 >> 연간 교수·학습 계획 수립하기

중점 과제 관련 성취기준을 살펴보았다면 이에 따라 연간 교수·학습계획을 수립한다. 중점 과제 1,2,3 모두 1년 동안 꾸준히 배움 여행을 떠나며 만나볼 내용이다. 특히 주제중심 프로젝트 학습으로 심도 있게 실천하기 위해 중점 과제 3인 'TRIP 프로젝트 학습으로 배움 여행 떠나기'의 사회과 연간 교수·학습 계획을 다음과 같이 재배열하여 실천하고자 한다.

| 단원명 | 성취기준 | 학습주제 | 차시 | 쪽수 | 재구성한 내용 |
|---|---|---|---|---|---|
| 2. 인권 존중과 정의로운 사회 | [6사02-01] 인권의 중요성을 인식하고 인권 신장을 위해 노력했던 옛사람들의 활동을 탐구한다. [6사02-02] 생활 속에서 인권 보장이 필요한 사례를 탐구하여 인권의 중요성을 인식하고, 인권 보호를 실천하는 태도를 기른다. | 단원 학습 내용 예상하기 | 1 | 86~89 | 여행하기에 좋은 계절에 맞추어 TRIP 프로젝트를 실행하기 위해 단원 순서 변경 |
| | | 인권이란 무엇인지 알아보기 | 2 | 90~93 | |
| | | 인권 신장을 위해 노력했던 옛사람들의 활동 살펴보기 | 3 | 94~97 | |
| | | 인권 신장을 위한 옛날의 여러 제도 알아보기 | 4 | 98~100 | |
| | | 인권이 침해된 사례 찾아보기 | 5 | 101~104 | |
| | | 인권 보장을 위한 노력 알아보기 | 6 | 105~107 | |
| | | 인권 보호를 생활에서 실천하기 | 7 | 108~110 | |
| | [6사02-05] 우리 생활 속에서 법이 적용되는 다양한 사례를 제시하고, 법의 의미와 성격을 설명한다. [6사02-06] 법의 역할을 권리 보호와 질서 유지의 측면에서 설명하고, 법을 준수하는 태도를 기른다. | 법이란 무엇인지 알아보기 | 8 | 111~113 | |
| | | 우리 생활 속에서 법 찾아보기 | 9~10 | 114~119 | |
| | | 법의 역할 알아보기 | 11 | 120~122 | |
| | | 법을 준수해야 하는 까닭 알아보기 | 12~13 | 123~129 | |
| | [6사02-03] 인권 보장 측면에서 헌법의 의미와 역할을 탐구하고, 그 중요성을 설명한다. [6사02-04] 헌법에서 규정하는 기본권과 의무가 일상생활에 적용된 사례를 조사하고, 권리와 의무의 조화를 추구하는 자세를 기른다. | 인권보장을 위한 헌법의 의미 알아보기 | 14 | 130~133 | |
| | | 헌법의 역할 알아보기 | 15~16 | 134~139 | |
| | | 헌법에 나타난 국민의 기본권과 의무 알아보기 | 17~18 | 140~146 | |
| | | 바람직한 권리와 의무의 관계 알아보기 | 19 | 147~149 | |
| | | 단원 학습 내용 정리 및 사고력 학습 | 20~21 | 150~155 | |
| 1. 국토와 우리 생활 | [6사01-01] 우리나라의 위치와 영역이 지니는 특성을 설명하고, 이를 바탕으로 하여 국토 사랑의 태도를 기른다. [6사01-02] 우리 국토를 구분하는 기준들을 살펴보고, 시도 단위 행정 구역 및 주요 도시들의 위치 특성을 파악한다. | 단원 학습 내용 예상하기 | 1 | 6~9 | TRIP 프로젝트 (여행이라는 의미를 더할 수 있는 **지리 영역** 선택) |
| | | 우리 국토의 위치 알아보기 | 2 | 10~12 | |
| | | 우리나라의 영역 알아보기 | 3 | 13~15 | |
| | | 우리 국토를 사랑하는 마음 표현해 보기 | 4 | 16~18 | |
| | | 자연환경에 따라 우리 국토를 어떻게 구분하는지 알아보기 | 5 | 19~21 | |
| | | 우리나라 행정구역의 위치 알아보기 | 6~7 | 22~25 | |
| | [6사01-03] 우리나라의 기후 환경 및 지형 환경에서 나타나는 특성을 탐구한다. | 우리나라의 지형 살펴보기 | 8 | 26~28 | |
| | | 우리나라 산지, 하천, 평야, 해안의 특징 알아보기 | 9~10 | 29~35 | |
| | | 우리나라의 기후 살펴보기 | 11 | 36~38 | |
| | | 우리나라 기온의 특징 알아보기 | 12 | 39~41 | |
| | | 우리나라 강수량의 특징 알아보기 | 13 | 42~46 | |
| | [6사01-04] 우리나라 자연재해의 종류 및 대책을 탐색하고, 그와 관련된 생활 안전 수칙을 실천하는 태도를 지닌다. | 우리나라의 자연재해 알아보기 | 14~15 | 47~53 | |
| | | 자연재해의 피해를 줄이기 위한 노력 알아보기 | 16 | 54~58 | |
| | [6사01-05] 우리나라의 인구 분포 및 구조에서 나타난 변화와 도시 발달 과정에서 나타난 특징을 탐구한다. [6사01-06] 우리나라의 산업 구조의 변화와 교통 발달 과정에서 나타난 특징을 탐구한다. | 우리나라 인구 구성의 변화 살펴보기 | 17 | 59~63 | |
| | | 우리나라 인구 분포의 특징 알아보기 | 18 | 64~66 | |
| | | 우리나라 도시 발달의 특징 알아보기 | 19 | 67~69 | |
| | | 우리나라의 산업 발달 모습 살펴보기 | 20 | 70~72 | |
| | | 우리나라의 교통 발달 모습 살펴보기 | 21 | 73~76 | |
| | | 인문 환경의 변화에 따라 달라진 국토의 모습 살펴보기 | 22 | 77~79 | |
| | | 단원 학습 내용 정리 및 사고력 학습 | 23~24 | 80~85 | |

사회과 연간 교수·학습 계획

# 배움 여행의 실천을 평가로 확인하기

**설계 >> 교육과정 구성하기 >> 연간 평가계획 및 평가기준안 작성하기**

이제 연간 교수·학습계획을 수립한 것에 따라 배움 여행의 큰 틀을 살펴보았다면, 우리 반 여행자들이 여행에 즐겁게 잘 참여하고 있는지, 꼭 배우고 가야 할 것들에는 무엇이 있는지, 여행자들이 잘 이해하지 못한 부분들이 있다면 어느 곳인지 확인하면서 여행을 포기하거나 뒤처지지 않고 지속할 수 있도록 가이드 지침서를 만들어야 한다.

이것은 여행가이드들이 반드시 해야 할 작업이다. 이는 여행자들의 수준에 맞게 교수·학습 활동을 계획하거나 실천하면서 또 다른 여행지를 선택하거나 즐거운 배움 여행을 이어 나갈 수 있도록 해 주는 중요한 작업이다.

| 관련 단원 | 영역 | 성취기준 | 평가 내용 | 도담이 역량 | | | 평가 방법 |
|---|---|---|---|---|---|---|---|
| | | | | 창의 | 배움 | 소통 | |
| 1. 국토와 우리 생활 | 지리 인식 | [6사01-01] 우리나라의 위치와 영역이 지니는 특성을 설명하고, 이를 바탕으로 하여 국토 사랑의 태도를 기른다. | 우리 국토를 사랑하는 마음을 다양한 방법으로 표현해 보기 | 창의적 사고 | 지식 정보 처리 | | 서술 |
| 1. 국토와 우리 생활 | 자연 환경과 인간 생활 | [6사01-03] 우리나라의 기후 환경 및 지형 환경에서 나타나는 특성을 탐구한다. | 우리나라 산지, 하천, 평야, 해안의 특징 알아보기 | | 지식 정보 처리 | 공동체 | 서술 |
| 2. 인권 존중과 정의로운 사회 | 법 | [6사02-01] 인권의 중요성을 인식하고 인권 신장을 위해 노력했던 옛사람들의 활동을 탐구한다. | 인권 신장을 위해 노력했던 옛 사람들의 활동을 살펴보기 | | 지식 정보 처리 | 공동체 | 서술 |

**연간 평가계획**

# 배움 여행을 떠나요! (주제 단위의 교사 수준 교육과정 실천)

**실행 >> 교육과정 실천하기 >> 설계된 교육과정 실천하기**

## 1) 배움 여행에 의미 부여하기

매년 새 학년 새 학기가 시작이 되면 해당 학년에서 연구하고 싶은 주 교과를 정한다. 나는 사회를 특히 좋아하는데 그중에서도 역사 영역에 관심이 많다. 그래서 주요 연구교과를 사회로 정할 때가 많다. 그런데 마침 2019년 올해는 1919년에 일어났던 3·1운동이 100주년 되는 해이다. 그래서 어느 해보다 아이들과 함께 그 역사적 의의를 공부해 보고 싶었다. 또한 올해 초부터 각종 인터넷, SNS, 언론 등에서는 이날의 의미를 우리 국민 모두가 함께 나누면서 그 의미를 더욱 새기고 있는 중이었기 때문에 아이들의 삶 속에 배움이 자연스럽게 녹아들 수 있을 것 같아 설레는 주제였다. 그래서 아이들과 이야기를 나누었다. 나는 아이들이 배움의 주체가 되는 것을 원했기 때문에 나의 뜻을 아이들에게 이야기를 했고 아이들도 이 주제에 관심을 갖고 공부해 보고 싶다고 하였다. 하지만 5학년 2학기에 배울 역사 영역의 내용을 1학기에 공부할 수는 없었다. 그러나 올해는 꼭 그 주제로 깊이 있는 공부를 해 보고 싶었기 때문에 그 의미를 살리기 위해 다시 '나라 사랑'이라는 주제로 1학기 교육과정을 재구성하기 위해 맵핑자료의 성취기준을 살펴보았다.

그런데 아무리 살펴보아도 2015 개정 교육과정의 5학년 1학기 사회에서는 그 의미를 연결할 수 있는 성취기준이 쉬 눈에 띄지 않았다. 재구성을 한다고 하더라도 억지로 끼워 맞출 수밖에 없는 노릇이었다. 그래서 다시 고민에 빠지게 되었다. 하지만 이대로 포기하고 싶지는 않았다. 다시 꼼꼼히 5학년 1학기 각 교과의 성취기준을 살폈다. 드디어 찾아냈다. 어떻게? '나라 사랑'이라는 큰 주제는 그대로 가되 여행이라는 의미를 더해서 재구성을 하였다.

5학년 1학기 사회에서는 크게 지리(우리국토의 지리인식, 장소와 지역, 자연환경과 인간생활, 인문환경과 인간생활)와 법(인권, 헌법, 기본권과 의무)을 배운다. 여기에서 여행이라는 의미를 더할 수 있는 내용으로 지리 영역을 선택했다. 그리고는 다른 교과를 살피던 도중 단비처럼 국어에서 기행문 단원을 만났다. 그래서 주 교과는 사회로 정하고 도덕, 국어, 미술을 함께 버무려 배움 여행을 떠나 보기로 하였다. 이것을 바로 '중점 과제 3'으로 실천할 내용이다.

그렇게 1학기에는 국토이해교육으로 배움 여행을 떠나며 나라 사랑의 마음을 키우고, 2학기에는 역사이해교육으로 배움 여행을 떠나며 나라 사랑의 마음을 키우기로 하였다.

그렇게 정한 배움 여행의 목적지를 향해 TRIP 프로젝트를 계획하였고 그 단계에 따라 재구성을 통해 1학기 프로젝트 주제는 '나와 너 그리고 우리의 국토 사랑 여행'으로 정하였다. 그러고 나서 각 교과의 성취기준 맵핑자료, 교과서, 지도서, 인터넷 자료 및 그림책 등에서 주제와 연결할 수 있는 내용을 찾아보았다. 그리고 촘촘히 연결을 시도해 보았다. 이는 마치 우리가 여행을 가기 전 여행책자, 지도, 인터넷 블로그, 여행사 프로그램 등을 살펴보는 것과 같다. 그 속에서 정보를 찾고 계획을 세우며 나의 여행 준비를 하기 때문이다. 배움의 여행 속에서 만날 다양한 자료와 재료는 배움의 즐거움을 주고 또 다른 배움을 위한 준비를 할 수 있게 하는 밑거름이 될 것이다.

TRIP 프로젝트에서 함께할 배움 자료들

## 2) 배움 여행은 같이 떠나요!

배움 여행으로 TRIP 프로젝트를 진행한다는 계획을 동학년 선생님들과 공유하였다. 참여하고 싶어 하는 선생님이 계셨고, 언제든지 프로젝트 내용을 공개할 것임을 알렸다. 수업계획이나 자료를 구성하는 데 함께하신다는 선생님도 계셨다. 이렇게 배움 여행은 혼자만의 여행 준비가 아니다. 함께 떠나는 여행인 것이다.

### (1) 교사의 준비

배움 여행을 준비하는 교사는 가장 먼저 수업가이드로서의 준비를 해야 한다. 그래서 가장 먼저 한 일이 우리나라 국토 이해와 우리나라 역사에 관련된 자료, 그림책 및 도서를 찾아 읽고 연수를 신청한 것이다. 그리고 동학년 선생님들과 함께 세운 학년 교육목표의 실천을 위해 교육지원청에서 추진하는 행복한 학습공동체에 지원하여 운영하였다. 또한 경상남도교육청에서 추진하는 인성 교육 교사 동아리에 지원하여 배움 속에서 인성 교육을 실천할 수 있도록 계획안도 마련하였다.

## (2) 교수·학습 환경 조성

배움 여행의 실천이 잘 이루어지기 위해서는 교실 환경을 마련하고 아이들에게 학습 방법에 대한 안내를 하여 미리 준비시켜 두어야 한다. 그래서 프로젝트 주제에 맞는 다양한 그림책을 마련해 학급 도서관에 비치해 두고 교실 환경 게시판에도 관련 자료를 게시하였다. 또한 프로젝트를 진행하며 아이들 간에 의견을 나누는 방법으로 브레인라이팅, 피라미드 토의, PMI 토론 등 여러 가지 토의·토론 방법을 꾸준히 공부할 수 있도록 칠판에 부착 자료로 게시하였다. 매주 금요일 학급 특색 아침 활동 시간에는 프로젝트 운영에 필요한 기본지식 함양을 위해 관련 동영상, 개발된 자료를 재구성한 읽기 자료 및 활동지를 활용한 교육활동을 꾸준히 전개하였다. 또한 학교 특색 활동의 일환으로 창의적 체험활동의 도서관 활용 수업 20시간 중, 10시간을 확보하여 프로젝트 학습의 주제와 관련된 도서(역사 그림책 등)를 읽고 독후 활동을 꾸준히 실천하도록 하였다.

이렇게 프로젝트 수행을 위한 제반 환경을 마련하고 나서 학급 교육목표와 중점 과제, 관련 성취기준, 교육과정 내용, 맵핑자료를 함께 보면서 프로젝트를 구체적으로 설계하였다.

## 3) TRIP 프로젝트와 함께 여행 준비하기

> **TRIP 프로젝트란?**
> 내 주변에서 일어나는 일을 떠올리고 그 속에서 배움의 내용을 찾고 친구들과 의견을 나누며 함께 자라나는 '앎과 삶의 이어 나가기'를 위한 TRIP 프로젝트는 사회적 성장 역량을 기르기 위해 여행을 떠난다는 의미이다.

### (1) 맵핑자료를 바탕으로 성취기준 읽기

TRIP 프로젝트의 1학기 주제인 '나와 너, 그리고 우리의 국토 사랑 여행' 실천을 위해, 중심 교과인 사회, 프로젝트에서 함께 실천할 교과인 국어, 도덕, 미술의 맵핑자료를 읽고 프로젝트 내용에 맞는 성취기준을 찾았다. 그 후, 성취기준에 따른 교육과정 내용이 어떻게 기술되어 있는지를 교과서에서 찾아보았다.

5학년 사회 맵핑자료 · 5학년 국어 맵핑자료 · 5학년 도덕 맵핑자료

▼

| 교과 | 단원 | 성취기준 | 교육과정 내용 | 차시 |
|------|------|---------|--------------|------|
| 사회 | 1. 국토와 우리생활 | 6사01-01 우리나라의 위치와 영역이 지니는 특성을 설명하고, 이를 바탕으로 하여 국토 사랑의 태도를 기른다.<br>6사01-02 우리 국토를 구분하는 기준들을 살펴보고, 시도 단위 행정 구역 및 주요 도시들의 위치 특성을 파악한다.<br>6사01-03 우리나라의 기후환경 및 지형 환경에서 나타나는 특성을 탐구한다. | - 우리국토를 사랑하는 마음 표현해 보기<br>- 자연환경에 따라 우리 국토를 어떻게 구분하는지 알아보기<br>- 우리나라 행정 구역의 위치 알아보기<br>- 우리나라의 지형 살펴보기<br>- 우리나라 산지, 하천, 평야, 해안의 특징 알아보기<br>- 우리나라의 기후 살펴보기<br>- 우리나라 기온의 특징 알아보기<br>- 우리나라 강수량의 특징 알아보기 | 11 차시 |
| 국어 | 7. 기행문을 써요 | 6국03-05 체험한 일에 대한 감상이 드러나게 글을 쓴다.<br>6국01-04 자료를 정리하여 말할 내용을 체계적으로 구성한다.<br>6국03-01 쓰기는 절차에 따라 의미를 구성하고 표현하는 과정임을 이해하고 글을 쓴다. | - 기행문을 쓰거나 쓴 경험 이야기하기<br>- 기행문의 특성 파악하기<br>- 여정, 견문, 감상이 드러나게 기행문 쓰기<br>- 여행지 안내장 만들기 | 8 차시 |
| 도덕 | 3. 긍정적인 생활 | 6도04-01 긍정적 태도의 의미와 중요성을 알고 어려움을 극복하기 위한 긍정적 삶의 태도를 습관화한다. | - 긍정적인 태도가 무엇이며 중요한 까닭알아보기<br>- 긍정적인 생각의 중요성 알아보기 | 2 차시 |
| 미술 | 2. 다양한 재료의 표현 | 6미02-05 다양한 표현 방법의 특징과 과정을 탐색하여 활용할 수 있다. | - 다양한 재료로 표현하기 | 2 차시 |

## (2) 중점 교육활동 선정하기

올 한 해 만나는 아이들에게 바라는 모습, 이를 위해 필요한 교육목표와 중점 과제를 선정하였다. 그리고 프로젝트 주제에 연결하고자 각 교과의 핵심 용어와 활동 내용을 추출하여 한눈에 보기 쉽도록 마인드맵으로 정리하였다. 기본 틀이 정해지니 한결 수월해졌다. 꼭 지도해야 할 중점 사항이 들어갔기에 내용의 재구성을 통해 살을 붙여 나가는 것도 크게 부담스럽지 않게 느껴졌다.

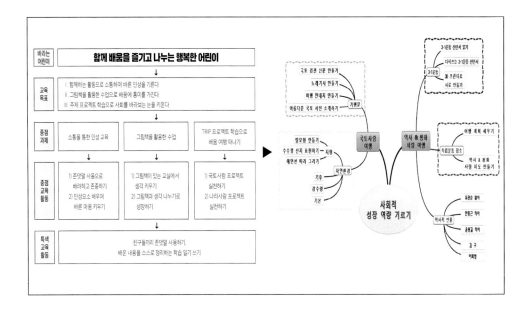

### (3) 관련 성취기준에 따라 프로젝트를 구안하고 교수·학습 계획 선정하기

5학년 1학기에는 국토이해 교육으로 배움 여행을 떠나며 나라 사랑의 마음을 키우고, 2학기에는 역사이해 교육으로 배움 여행을 떠나며 나라 사랑의 마음을 키우기로 교수·학습 계획을 세웠기에 흐름에 맞게 성취기준을 재배열하고 정리하였다.

| 국토 이해를 통한 나라 사랑 | | 역사 이해를 통한 나라 사랑 | |
| --- | --- | --- | --- |
| 1학기<br>프로젝트 | 나와 너, 그리고 우리의<br>국토 사랑 여행 | 2학기<br>프로젝트 | '3·1운동 100주년' 고마운 100년,<br>아름다울 100년의 여행 |

또한 프로젝트 수업에 중점적으로 활용할 기법으로는 그림책과 토의·토론 기법, 놀이 활동 및 메이킹 활동[111]으로 선정하였고 TRIP 프로젝트의 각 수업 실천 단계에 녹

---

111)  메이킹 활동은 수업 중에 배운 내용을 정리하는 기법 중의 하나로 랩북(Wrap Book) 만들기가 대표적이다.

여 내기로 하였다. 이를 위해 그림책은 학교 및 지역 도서관을 찾아 관련 도서를 검색하고, 인터넷 서점의 책 서평을 찾아서 읽고 직접 서점을 방문하여 내용을 살핀 뒤 책 목록을 정하였다. 토의·토론 기법은 해당 수업에 적용할 것만 준비하는 것이 아니라 알고 있으면 언제 어느 수업에서든 활용할 수 있도록 그 방법을 아이들에게 미리 틈틈이 지도하기로 하였다. 놀이 활동 및 메이킹 활동 또한 마찬가지로 수업시간 어디서든 활용할 수 있는 내용으로 준비하여 중간놀이 시간에 제시하고 함께 방법을 익혔다.

　TRIP 프로젝트 1학기 주제인 '나와 너, 그리고 우리의 국토 사랑 여행'의 배움 내용은 사회 1단원 '국토와 우리생활'에서 우리 국토의 위치와 영역, 자연 환경과 인문 환경 등 지리적 특성을 이해하고자 내용을 추출한 것이다. 또한 올바른 국토관을 세우고 더 나아가 국토를 사랑하는 마음과 바람직한 국토 발전에 대한 관심과 이를 실천하는 태도를 기르기 위해 우리 국토를 소개하는 그림책을 여러 권 선정하였고 우리가 배우는 내용을 설명할 대상으로 또래의 북한 친구를 선택하였다. 아이들의 배움 내용은 단순한 정리에 그치는 것이 아니라 랩북으로 만들고 그것을 자신이 직접 설명하는 안내자가 되어 보면서 우리 국토의 아름다움과 소중함을 알게 하였다. 또한 설명하기 활동으로 알게 된 부족한 부분은 친구들끼리 서로 보충해 주고 수정하게 하여 평가가 수업 과정 속에서 지속되도록 하였다.

| 1학기<br>프로젝트<br>주제 | "나와 너, 그리고 우리의 국토 사랑 여행" | 국토 이해 |
| --- | --- | --- |
| | | 나라 사랑 |

| Talk | 주제 이야기 | 우리나라 지도를 보며 가 본 곳과 가 보고 싶은 곳을 이야기하고, 우리나라를 소개하는 영상과 여행 경험을 이야기하며 우리 국토 이해에 대한 필요성을 느끼게 한다. |
| --- | --- | --- |
| Real life | 삶과 연결하기 | 여행 경험을 바탕으로 기행문의 특징과 쓰는 방법을 배우고 쓸 소재와 내용을 정한다. 우리나라의 자연 환경을 놀이 및 메이킹 활동 등의 다양한 방법으로 만나게 한다. |
| Interaction | 배움 나누기 | 우리 국토에서 의미 있는 곳, 갈 수 없는 곳을 알아보고 여행 관련 그림책을 읽은 뒤 여행 계획을 세워 본다. 북한에 살고 있는 또래 친구들에게 소개할 우리 국토 안내지를 만들어 본다. |
| Progress | 함께 성장하기 | 여행 박람회 준비를 통해 우리나라 국토를 소개할 수 있는 방법을 탐색해 본다. 교내외에서 우리나라 여행지를 알리는 박람회를 개최하여 홍보 활동을 전개하며 국토를 사랑하는 마음을 키운다. |

▼

| 배움<br>단계 | 차<br>시 | 학습 주제 및 재구성 배움 활동 | 중점<br>활동 | 관련<br>교과 |
|---|---|---|---|---|
| **T**alk<br>주제<br>이야기 | 1<br>/20 | 프로젝트 열기<br>- 우리나라 지도에 내가 가 본 곳을 색칠하고 친구들과 경험 나누기<br>- 우리나라 지도에 가 보고 싶은 곳을 다른 색으로 색칠하고 알고 싶은 점을 친구들과 이야기 나누기<br>• 우리 국토에 대해 알고 싶은 내용을 KWL차트를 활용하여 정리 | KWL차트 | 사회 |
| | 2<br>/20 | 우리나라를 소개하는 공익광고 보기<br>- 우리나라를 대표하는 상징물 생각해보기<br>- 상징물이 있었던 곳에 여행 간 경험 이야기하기<br>- 여행하면서 보고 듣고 느낀 점을 글로 쓰면 어떤 점이 좋은지 이야기하기 | 놀이<br>- 즉석사진 꾸미고 질문놀이로 확인하기 | 국어 |
| **R**aeal life<br>삶과<br>연결하기 | 3<br>/20 | 우리나라를 여행하고 나서 소개하는 방법 생각 해보기<br>⇒"기행문 쓰기"<br>- 기행문의 특성 파악하기<br>- 기행문에 들어가야 할 내용 생각하기 | 놀이<br>- 땅따먹기 놀이로 기행문의 구성 요소 알기 | 국어 |
| | 4<br>/20 | 우리나라 여행 경험 중 궁금했던 점 이야기 나누기<br>- 우리나라 여행이야기(기행문)에 쓸 우리나라 자연환경 정하기<br>• 브레인라이팅 토의로 우리나라의 자연환경에 대해 알고 싶은 것들을 적고 모둠 토론으로 정하기 | 토의·토론 | 사회 |
| | 5-6<br>/20 | 우리 국토에서 가장 의미 있는 두 곳을 만나 보고 사랑하는 마음 가지기<br>• 그림책 『비무장지대에 봄이 오면』 읽기<br>- 비무장지대의 위치, 자연 환경, 역사적 의미 알기<br>• 그림책 『독도는 외롭지 않아』 읽기<br>- 독도의 위치, 자연 환경, 역사적 의미 알기 | 그림책 | 사회 |
| | 7-9<br>/20 | - 자연 환경에 따라 우리 국토를 어떻게 구분하는지 알아보기<br>- 우리나라의 **지형** 살펴보기<br>- 우리나라의 **산지, 하천, 평야, 해안**의 특징 알아보기<br>- 우리나라의 **기후** 살펴보기<br>- 우리나라의 **기온, 강수량**의 특징 알아보기 | 메이킹 - 우리나라 땅 모형 만들기, 수수깡으로 산맥 표현하기 | 사회 |
| **I**nteraction<br>배움<br>나누기 | 10<br>/20 | 우리나라 여행 그림책 만나기<br>• 그림책 『안녕, 나는 경주야』 읽기<br>- 우리나라에서 가 보고 싶은 여행지를 최종적으로 선택하고 여행 계획 세우기<br>- 피라미드 토의로 여행 계획서 구성하기<br>- 같은 여행지를 선택한 친구들끼리 모둠을 만들고 여행지에서 볼거리, 먹 거리, 놀거리 등을 계획하기 | 그림책,<br>토의·토론 | 국어 |
| | 11<br>/20 | 우리 국토이지만 갈 수 없는 여행지 생각해 보기<br>- 비무장 지대, 북한<br>• 그림책 『평양에서 태양을 보다』 읽기<br>- 북한에 있는 친구에게 우리나라 여행지 소개 준비하기<br>- 한반도의 평화와 생태계 보전의 중요성을 생각하기<br>• 만장일치 토론으로 우리나라 소개 자료에 들어갈 내용 정하기 | 그림책<br>+<br>토의·토론 | 사회<br>+<br>국어 |
| **P**rogress<br>함께<br>성장하기 | 12<br>/20 | 여행지를 여행할 때 지켜야 할 공공예절 알아보기<br>• 그림책 『행복한 우리 가족』 읽기<br>- 여행지에서 공공예절이 지켜지지 않아 발생하는 문제 탐색하기<br>• 브레인라이팅 토의로 선택한 여행지에서 지켜야 할 공공예절 찾아보기 | 그림책,<br>토의·토론 | 도덕<br>+<br>사회 |
| | 13<br>/20 | 우리 국토의 아름다운 여행지 만나 보기<br>• 그림책 『하동 시골버스』 읽기<br>• (메이킹) 여행 박람회 준비하기<br>- 북한 친구들에게 소개할 우리 국토 최고의 여행지 선정하기 | 그림책, 메이킹<br>- 모둠에서 선택한 여행지 정보는 랩북으로 정리 | 사회<br>+<br>국어 |
| | 14<br>-16<br>/20 | 우리 국토 소개 자료 얼마 짜서 발표하기<br>- 브로슈어 만들기, 국토 경관 신문 만들기, 사진 모아서 소개하기, 노래와 가사로 표현하기 등<br>• 사칙연산 토의·토론으로 친구들의 발표 자료에 의견 제시하기<br>- 표어와 포스터를 전시하며 환경적 평화의 마음 다지기<br>• (메이킹) 우리 국토 경관을 소개하는 자료 완성하기 | 토의·토론,<br>메이킹 | 사회<br>+<br>미술 |
| | 17<br>-18<br>/20 | 우리나라(국토)를 알리는 여행 박람회 열기 ① (교내)<br>- 다른 반 친구들에게 여행지 소개하기<br>- 자신이 가고 싶은 여행지를 고르고 그 까닭 쓰기로 투표하기<br>• PMI 토의로 프로젝트 되돌아보기<br>- 프로젝트를 수행하면서 좋았던 점, 어려웠던 점, 더 알고 싶은 점 발표하기<br>• 박람회 행사 후 우리 반의 긍정적인 생활을 위한 선언문 만들기<br>- 친구들과 함께 해결해야 하는 문제나 어려움이 있을 때 함께 해결해 나가며 긍정적 태도를 습관화하기 위한 다짐하기 | 토의·토론 | 사회<br>+<br>도덕 |
| | 19<br>-20<br>/20 | 우리나라(국토)를 알리는 여행 박람회 열기 ② (교외)<br>- 학교 밖에서 부모님, 학교 주변의 지역민에게 프로젝트 결과물을 소개하면서 배움의 내용을 함께 나눈 경험하기<br>• 【선택과제】여행지 소개 자료로 여행을 다녀온 후 기행문 쓰기<br>- 재량휴업일, 여름방학을 활용하여 우리가 만든 여행지 소개 자료로 국토여행을 다녀온 뒤 기행문을 쓸 수 있도록 안내하기<br>프로젝트 마무리하기 | 놀이 - 인터뷰 놀이를 통해 우리나라 소개 자료 설명하고 피드백 받기 | 창체 |

## 4) 배움 여행에서 함께 보고, 느끼고, 배워 보자!

이제 준비가 되었다면 여행을 떠나 보자. 배움 여행을 떠나는 세 방법을 소개하고자한다. 프로젝트 수업 각 차시에서 세 방법을 활동마다 적용해도 좋고 수업의 내용과맞게 필요한 방법을 선택해서 적용해도 좋다.

### (1) 방법 1: 시끌벅적 하나 되는 패키지여행 - 교사 가이드 공동체 학습

패키지여행을 떠난 경험이 있는가? 패키지여행의 가장 큰 장점은 여행사에서 준비한프로그램대로 그냥 따라가기만 하면 된다는 것이다. 우리가 할 일은 여행 갈 곳, 여행사에서 올려놓은 여행 코스와 금액을 꼼꼼히 비교하며 가장 가성비가 최고인 프로그램을 선택하는 것뿐이다. 여행지에 도착해서는 제공되는 식사와 숙소를 이용만 하면된다. 해당 가이드가 여행지마다 우리를 안전하고 편안하게 잘 안내한다. 포함된 프로그램을 소화하고 더 보고 싶거나 체험하고 싶으면 돈을 더 내고 선택 관광을 할 수도있다.

교사 가이드 공동체 학습은 여기에 착안하였다. 교사의 준비와 안내가 완벽하게 이루어져 아이들은 그 안내를 따라가되 수업의 과정 속에서 궁금한 것이 있으면 자신들의 생각과 선택을 더해 시끌벅적 국토 사랑 여행을 떠나기만 하면 되게 구성하였다.

**11차시 주제: 우리나라를 소개하는 여러 가지 방법 생각해 보기 (사회+국어)**

수업 의도는 이렇다. 우리나라 자연환경에 대해 깊이 있는 배움이 일어나도록 이번차시 수업을 계획하였다. 이전 차시에서 우리나라 국토를 구분하는 방법과 여러 가지자연환경을 배웠기에 그곳과 관련된 장소, 음식, 특산물 등을 수업의 소재로 사용할것을 안내하였다. 또한 앞 시간에 배운 자연환경을 떠올리며 아이들이 직접 여행지를선정해 보고 그동안 학습한 사회적 지식과 학생 자신의 삶을 종합적으로 사고해 보는수업을 전개해 보고 싶었다.

먼저, 써니 가이드가 우리나라 경주를 소개하는 그림책인『안녕, 나는 경주야』를 읽어 주며 경주의 모습을 살펴보게 한다. 아이들에게 경주에 있는 많은 역사 유물과 함께 먹거리, 놀거리 등을 소개하며 여행을 가고 싶은 동기를 부여한다. 아이들은 미리가 보고 싶은 곳에 대한 사전 조사를 마친 상태로 수업에 참여하였다. ① 교사가 제시한 자료를 바탕으로 자신이 선택한 곳의 지형, 기후 등을 미리 살펴본 후, ② 교사가 가져온 여러 가지 여행 브로슈어를 바탕으로 안내자료 모양을 구상하였다. 그 후, ③ 모둠 친구들과 소개할 여행지를 최종적으로 선정하고 여행 코스를 구성하였다. ④ 구성한 여행 일정을 발표하며 친구들로부터 피드백을 받아 수정할 내용을 찾아보았다.

이 수업에서 만들어진 여행지 소개 자료는 북한 친구와의 만남을 준비하는 다음 수업에서도 활용될 계획이다. 그 준비를 하는 과정에서 학생들은 무심코 지나쳤거나 단순히 암기의 대상으로만 바라보았던 우리 국토의 특징과 아름다움, 우리 문화의 아름다움을 진중한 자세로 마주볼 수 있었다. 수업에 참여하면서 분단된 나라의 '나와 너'가 아닌 '우리'로 마음 자세를 가져야 함을 배웠고 우리 국토에 대한 이해와 우리나라를 사랑하는 마음을 한 번 더 되새길 수 있었다.

자료 조사 내용 살피기

다양한 브로슈어 보며
안내 자료 모양 구상하기

가고 싶은 여행지 선정하고
여행 코스와 내용 구상하기

여행 일정 발표하고
피드백 받기

**❓질문1** **배움이 있는 여행이었나요? (P)**

- 지난 시간에 우리나라의 자연 환경에 따라 우리 국토를 어떻게 구분하는지 배웠기 때문에 내가 가 보고 싶은 곳의 지형과 기후를 생각하면서 자료조사를 하였고 여행계획을 세울 수 있었다.
- 여행지를 소개하는 방법에는 기행문과 브로슈어만 있다고 생각했는데 선생님께서 소개해 주신 그림책, 여러 모양의 지도와 안내도 등을 보면서 다양한 방법이 있다는 것을 알게 되었다. 다음에 여행을 가면 브로슈어 등도 꼼꼼히 살펴볼 것이다.

**❓질문2** **배움 여행에서 어려운 점은 무엇이었나요? (M)**

- 선택한 여행지에 실제로 가 보지 못한 친구들이 많아서 여행지 선택을 할 때 어떤 부분을 더 강조해야 되는지를 잘 몰라서 선생님께 자주 여쭤보았다.
- 그동안 가족여행을 가면 재미없고 힘들다고 엄마, 아빠한테 짜증을 낸 적도 많았는데, 이번에 내가 직접 여행 일정을 짜 보니 부모님께 감사하고 죄송하다는 생각이 들었다.

**?질문3** **재미있는 배움 여행이었나요? (I)**

> - 직접 여행 일정을 짜 보니 우리나라에 아름다운 곳이 정말 많다는 것을 알게 되었고 그곳에 꼭 여행을 가고 싶다는 생각이 들었다. 그리고 여행을 갈 때는 여러 가지를 같이 살펴야 한다는 점을 배웠다.
> - 우리도 가고 싶은 여행지이지만 북한 친구들에게 소개하는 여행지라고 생각하니까 더 좋은 곳을 잘 소개해야겠다는 생각이 들었다.

### (2) 방법 2: 조금은 위로가 되는 현지(가이드) 투어 - 모둠 or 전문가 학습

현지 투어는 최근에 내가 가장 많이 간 여행의 방법 중의 하나이다. 항공권, 숙소는 내 마음대로 정한다. 여행 코스 또한 내 마음대로 정하는데 정말 꼭 가 보고 싶은 곳에 가기 위한 차량이나 숙소를 구하기가 마땅치 않을 때 활용하는 여행 방법이다. 즉, 자유여행과 패키지여행을 적절히 섞은 모양새다. 현지 투어의 가장 장점은 미처 내가 공부하지 못한 역사적 지식이나 비하인드 스토리 등을 현지 가이드의 설명을 듣고 정보를 얻을 수 있다는 점이다. 게다가 혼자서 떠난 여행에서 말동무가 생기고 거기서 생각이 맞는 몇몇 사람들과는 친구가 되어 또 다시 그 안에서 여행을 떠날 수도 있다.

이 방법으로 수업을 진행하면 여러 가지 주제나 방법을 제시하는 수업에서 생각이 맞고 궁금한 점이 비슷한 아이들끼리 자발적으로 모둠을 구성하고 프로젝트를 운영할 수 있다. 또한 자료를 찾을 때나 모둠 활동 시, 무임승차자가 생기지 않는다. 교사는 아이들이 공부를 하다가 필요로 할 때 언제든지 도움을 주고 함께 자료를 찾으며 가이드라인만 제시한다.

**12차시 주제: 여행지를 여행할 때 지켜야 할 공공예절 생각해보기 (도덕+사회)**

수업 의도는 이렇다. 국토 사랑 여행에서 강조하고 싶었던 내용 중의 하나는 많은 사람이 보고 느끼고 이용하는 여행지에서 지켜야 할 공공예절을 아는 것이었다. 학생들이 우리 국토의 지형과 기후에 대하여 개념적인 이해를 하고 심층적인 조사를 통해 의미 있고 알리고 싶은 국토에 대해 알게 되었다 하더라도, 우리 국토를 지키고 발전적으로 가꾸어 나가고자 하는 마음이 생기지 않는다면, 완전한 국토 여행이라고 말하기는 어렵기 때문이다.

이를 위해, 유명한 여행지에서 여행객들이 하는 행동 속에 문제점이 있는 사진을 보고 문제의식을 가지게 하였다. 그림책 『행복한 우리 가족』을 함께 읽으며 그림책의 주인공들이 주말 여행을 떠나는 과정 속에서 공공예절을 지키지 않아 주변 사람들에게 피해를 주는 모습을 살펴보았다. 그리고 그 상황에서 어떻게 하는 것이 바른 모습인지 생각해 보고 의견을 발표하였다. 이러한 문제점이 비단 그림책 속에서만 나타나는 것이 아니며 우리들도 그러한 모습을 보일 때가 있지 않았나를 생각해 보게 하여 여행지 별로 지켜야 할 공공예절을 동영상과 사진을 통해 알아볼 수 있도록 하였다. 아이들은 공공예절을 지키지 않는 모습이 어떤 욕구와 관련되고 이러한 문제가 계속될 때에 어떤 결과가 일어나는지를 도덕적으로 사고해 볼 수 있는 기회를 가질 수 있었다. 또한 모둠별로 여행 계획을 세울 때 각 여행 요소별로 지켜야 할 공공예절을 토의를 통해 알아보는 활동을 하였다. 다양한 볼거리와 즐길 거리가 있는 여행 계획도 중요하지만, 여행지 안에서 지켜야 할 기본예절이 있음을 이해할 수 있도록 하기 위해서이다.

국토를 아끼고 가꾸어 나가는 마음의 첫걸음은 국토 여행 장소에서 지켜야 할 공공예절을 익히는 일이다. 문화재나 관광지 훼손, 낙서 및 쓰레기 투기, 위험한 행동. 그리고 최근에 부각되고 있는 오버투어리즘(수용 가능한 범위를 넘어서는 관광객이 관광지에 몰려들면서 관광객이 도시를 점령하고 주민들의 삶을 침범하는 현상)에 대한 배움을 통해 국토에 대한 이해와 국토를 사랑하는 마음이 함께 성장하는 아이들이 되기를 바라며 수업을 진행하였다.

우리나라 문화재가 많은 곳
지도에서 찾기

오버투어리즘
장소 찾기

공공예절 알기
카드게임

여행지에서 지켜야 할
공공예절 정리하기

**?질문1** 배움이 있는 여행이었나요? (P)

- 앞으로 여행을 갈 때는 그곳이 무엇으로 유명한 곳인지, 그곳에서 지켜야 할 것은 무엇인지 사전조사를 꼭 하고 갈 것이다. 그래야 실수를 하지 않을 것 같다. 아는 것과 모르는 것은 큰 차이가 있다고 선생님께서 하신 말씀에 동의한다.
- 오버투어리즘이 무엇인지를 배웠다. 우리가 여행을 가서 관람을 할 때, 그곳에서 시끄럽게 떠들고, 쓰레기를 함부로 버리는 일을 앞으로는 하지 않아야겠다.

**❓질문2 배움 여행에서 어려운 점은 무엇이었나요? (M)**

- 관광지로 여행을 가서 우리가 지켜야 할 일과 해서는 안 될 행동들이 있다는 것은 알고 있지만 비슷한 내용이 많아서 구분을 하기가 어려웠다. 선생님께서 자신이 여행을 간 경험을 이야기하고 그 속에서 찾아보라고 하셨는데, 우리 반 친구들이 여행을 많이 가 보지 못해서 별로 할 말이 없다고 해서 이야기를 많이 나누지 못해 아쉬웠다.

**❓질문3 재미있는 배움 여행이었나요? (I)**

- 우리나라에 오버투어리즘 장소가 여러 군데 있다는 점과 그곳의 어려움을 알게 되었다. 다음에 그곳으로 여행을 가게 되면 수업 시간에 배운 공공예절을 잘 지키며 여행을 해야겠다는 생각을 했다.
- 선생님께서 읽어 주신 그림책의 주인공들이 공공예절을 지키지 않는 모습이 실감나게 잘 표현되어 있어 재미있었고, 친구들과 우리가 지킬 공공예절을 찾아보아서 기억에 잘 남을 것 같다.

### (3) 방법 3: 마음 가는 대로 할 수 있는 혼자 여행 - 개인별 맞춤 학습

혼자서 떠나는 자유여행, 조금은 설레고 많은 용기가 필요하다. '패키지여행, 현지 투어까지 떠나 보았다면 이제는 여행의 고수가 될 준비가 된 것이 아닐까?'라는 생각도 들지만 그래도 혼자 하는 안전한 여행을 위해 내가 가 보고 싶은 곳, 보고 싶은 곳, 먹고 싶은 것에 대해 하나하나 미리미리 정보를 찾고 철저히 준비해야 한다. 많은 시간과 정성을 들여야 하는 이러한 자유여행을 떠나는 이유는 새로운 경험을 더 많이 얻고 싶어서이다. 계획된 대로 안 될 때는 우왕좌왕 헤매기도 하지만, 이 여행의 최대 장점은 자연 환경과 관광지를 여유 있게 들여다볼 수 있고, 현지 사람들의 생활 속에 오롯이 들어가볼 수도 있으며, 어떤 상황에서든 살아가는 방법을 배울 수 있다는 점이다.

이 방법으로 수업을 진행할 때는 아이들에게 최대한의 자율성을 보장해 주면서도 지켜야 할 규칙도 알려 주어야 한다. 아이들 각자 관심 있는 것이 다르고 능력이 다르기 때문에 나오는 산출물이 다를 수 있다는 생각을 가져야 한다. 수업에 최대한의 관심을 끌어올려 집중하는 아이가 있는 반면에 아예 관심을 갖지 않고 참여하지 않은 아이들도 있기 때문이다. 아이들 각각의 특성에 맞는 처방과 함께 서로 도와서 결과물을 완성할 수 있도록 안내해야 한다. 따라서 이 수업은 아이들에게는 자율성이 보장되지만, 교사는 아이들에게 더욱 많은 관심과 도움을 주기 위해 보다 많은 사전 준비가 필요한 수업 방법이다.

수업 의도는 이렇다. 전 시간에는 우리 국토이지만 유일하게 갈 수 없는 여행지인 북한에 사는 또래의 북한 친구들에게 소개할 우리나라 여행지의 우선순위를 정하였고, 여행지에서 지켜야 할 공공예절을 알아보며 아름다운 우리 국토를 더 잘 아끼고 보존하기 위한 마음을 다졌다.

본 수업은 북한 친구들에게 소개하고 싶은 '내가 생각하는 우리나라 최고의 여행지'를 선정하는 내용이다. 교사가 소개하는 그림책을 활용하여 우리나라의 대표적 여행지 한 곳을 함께 살펴보고 내가 가장 가 보고 싶은 곳이자 북한 친구에게 꼭 추천하고 싶은 곳으로, 우리가 생각하는 최고의 관광지를 선택하는 내용으로 수업을 설계하여 실시하였다.

**Talk** 주제이야기 단계에서는 우리가 가장 좋아하는 계절인 봄, 봄에 갔던 우리 반 봄나들이 사진과 벚꽃이 만개하여 아름다운 하동의 벚꽃여행의 이야기를 담은 영상을 보면서 우리나라의 아름다운 모습을 생각해보게 한다. 봄 꽃놀이하면 대표적인 벚꽃, 우리나라의 벚꽃 개화 지도를 보며 벚꽃이 피는 시기가 남한에서도 지역별로 다른데 북한에는 벚꽃이 피는지, 핀다면 언제쯤인지 궁금해진다. 이 궁금증을 안고 우리나라에서 자신이 가본 곳 중에 북한 친구에게 소개하고, 추천하고픈 우리나라 최고의 여행지를 생각해 본다.

**Real life** 실제 삶과 연결하기 단계에서는 벚꽃의 아름다움에 반한 우리는 벚꽃으로 유명한 하동으로 여행을 떠나려고 한다. 먼저 우리나라 지형을 살펴보며 하동의 자연환경을 살펴본다. 하동은 우리나라(남한) 육지에서 가장 높은 산이자 북한과 이어진 백두대간의 마지막 산인 지리산과 그 길이로는 네 번째이지만 남한에서 가장 맑은 강이자 경상도와 전라도를 가로지르는 강으로 유명한 섬진강을 만날 수 있는 곳임을 살핀다. 그곳에서 보아야 할 것, 먹어보아야 할 것 등을 생각하며 그림책 『하동 시골 버스』로 여행을 떠나본다.

**Interaction** 배움 나누기 단계에서는 하동여행처럼 우리나라 지형과 자연환경을 고려해 떠나볼 수 있는 <내가 생각하는 최고의 여행지>를 선택해 써니투어 여행박람회 준비를 한다. 자신의 선택이 반영되지만 모둠 친구들로부터 피드백을 받아야 하고 북한 친구가 궁금해 할 만한 주제와 테마를 정해 꼭 추천하고픈 여행지를 선택하고 발표 자료를 준비한다.

**Progress** 함께 성장하기 단계에서는 여행박람회 사전회의를 연다. 북한 친구에게 소개하고픈 우리가 생각하는 우리나라 최고의 여행지를 함께 선정한다. 최고의 여행지 선정은 경쟁이 아닌 아름다운 우리 국토를 알아가는 하나의 단계임을 알고 배움의 소감을 나누며 우리 국토 사랑의 태도를 가진다.

수업 흐름도

| 그림책 함께 읽기 | 친구들과 생각 나누기 | 최고의 여행지 랩북으로 만들고 발표 준비하기 | 모둠발표로 최고의 여행지 선정하기 |

**❓질문1** **배움이 있는 여행이었나요? (P)**

- 봄이 되면 많이 보는 벚꽃이 피는 시기가 다르다는 것을 배웠다. 선생님께서는 우리 동네에서 벚꽃이 활짝 핀 것을 못 봤는데 꽃잎이 떨어져 아쉽다면 며칠 뒤에 서울 쪽으로 가면 볼 수 있다고 하셨다. 그 이유는 기온 차 때문이라는 것을 배웠다.
- 우리 지역과 가까운 곳에 있는 하동에 벚꽃이 아름다운 길이 있다는 것을 알게 되었다. 내년 봄에는 가족들과 꼭 가 보고 싶다.

**❓질문2** **여행에서 어려운 점은 무엇이었나요? (M)**

- 우리 아빠와 엄마는 굉장히 바쁘시다. 그래서 우리 가족은 여행을 많이 못 갔다. 친구 ○○○이 자신이 가 본 곳을 이야기할 때 부럽기도 했다. 북한 친구에게 소개할 여행지를 내가 가 본 곳이라면 자신 있게 소개할 수 있다는 생각이 들었고, 내가 추천하는 곳에 북한 친구가 간다면 과연 정말 좋아할지 궁금했다.

**❓질문3** **재미있는 여행이었나요? (I)**

- 친구들이 소개하는 여행지를 보니 나도 정말 가 보고 싶다는 생각이 들었다. 정말 많은 볼거리, 즐길거리, 먹을거리가 있었다. 우리 모둠 친구들은 지역별로 먹는 김치의 종류가 다름을 소개했는데 지역마다 먹는 김치의 맛이 기온에 따라 더 짜고 덜 짜다는 것을 알게 되어 재미있었다.
- 가을 단풍여행을 소개하는 모둠에 따르면 봄에 벚꽃은 남부 지방부터 활짝 피지만 가을에 보는 단풍은 북부 지방부터 볼 수 있다고 했다. 신기했다.
- 프로젝트를 하는 것을 부모님께 말씀드렸는데 이번 재량휴업일에 제주도를 가면 내가 조사한 볼거리, 친구가 조사한 먹을거리 등을 체험할 수 있게 해 주신다고 해서 정말 기대가 된다.

## 5) TRIP 프로젝트, 틈틈이 평가로 되돌아보다

프로젝트의 방향은 과정 중심 평가를 실시하여 그 결과를 이용, 계속 수정해 나갔다. 프로젝트의 차시에 맞게 수업을 실시하고 아이들의 학습 과정과 평가 결과를 분석하여 도달해야 할 목표와 현재 수준과의 차이를 알려 주어, 향후 학습에서 노력해야 할 부분과 학습 방향에 대한 정보를 제공했다. 그러기 위해서 꼼꼼하게 배움 내용과 평가 내용을 정리하였고 평가 내용을 기록하고 피드백을 할 수 있는 근거 자료도 마련해 두었다.

# (1) 국토사랑여행 프로젝트 교육과정-수업-평가-기록 일체화

| 차시 | 주요 배움 내용 | 평가 내용 | 평가 영역 / 평가 방법 | 기록 및 피드백 |
|---|---|---|---|---|
| 1 | - 우리나라 국토와 관련된 KWL차트 작성하기 | - 우리나라 국토의 중요성 이해하고, 활동에 적극적으로 참여하는가? | 인지, 정의 / 관찰평가 | 모둠별로 작성한 KWL차트와 개별 학생의 활동 과정을 근거로 평가한다. |
| 2 | - 우리나라 국토에 대해 떠오르는 이미지 말하기<br>- 여행한 경험을 즉석사진으로 표현해 보기 | - 우리나라 국토에 대해 떠오르는 이미지를 적절히 제시하는가?<br>- 여행한 경험을 즉석사진으로 표현할 수 있는가? | 인지, 기능 / 관찰평가 상호평가 | 떠오르는 이미지에 대한 이유의 적절성을 평정척도로 평가하며, 즉석 사진으로 표현한 동료 학생들의 모습을 상호 평가할 수 있도록 한다. |
| 3 | - 기행문을 읽거나 쓴 경험 이야기하기<br>- 기행문의 특성 파악하기 | - 땅따먹기 놀이를 통해 여정, 견문, 감상을 구별할 수 있는가? | 인지 / 관찰평가 | 여정, 견문, 감상에 대한 개념적 이해를 하고, 모둠별 땅따먹기 놀이를 통해 여정, 견문, 감상을 구별할 수 있는지 체크리스트를 활용하여 평가한다. |
| 4 | - 우리나라 여행 경험 이야기 나누기<br>- 우리나라 자연 환경에 대해 알고 싶은 것 말하기 | - 자신의 여행 경험을 적극적으로 발표하는가?<br>- 브레인라이팅 토론을 할 때 비슷한 의견을 유목화하고 더 나은 의견으로 조정할 수 있는가? | 정의, 기능 / 관찰평가 상호평가 | 토론 활동 시, 더 나은 의견이 있을 때 자신의 의견을 수정하는 용기를 격려하고, 다른 친구의 의견을 들으며 더 나은 해결방안을 찾아가는 과정을 통해 합리적 의사결정 능력을 키울 수 있도록 한다. |
| 5-6 | - 우리 국토에서 의미 있는 장소(비무장 지대, 독도)의 위치, 자연 환경, 역사적 의미 이해<br>- 우리 국토를 사랑하는 마음 가지기 | - 비무장 지대, 독도의 위치, 자연 환경, 역사적 의미를 말할 수 있는가?<br>- 우리 국토를 사랑하고 지키려는 마음을 가지고 있는가? | 인지 / 관찰평가 자기평가 | 간단한 퀴즈를 통해 비무장지대와 독도의 위치, 자연 환경, 역사적 의미를 이해하는지 평가하며, 자기평가를 통해 국토애 함양 정도를 스스로 평가해 볼 수 있도록 한다. |
| 7-9 | - 우리나라 지형 살펴보기<br>- 우리나라 땅 모형 만들기<br>- 우리나라 기후, 기온, 강수량의 특징 알아보기 | - 우리나라의 지형, 기후, 기온, 강수량의 특징을 말할 수 있는가?<br>- 우리나라의 땅 모형을 입체적으로 표현하고 지형적 특징을 말할 수 있다. | 인지, 기능 / 관찰, 구술평가 | 공간에 대한 개념적 이해가 중점이 되는 차시로 이해 여부를 구술할 수 있는지 관찰하여 평가하며 우리나라 지형을 다양한 재료로 만들어 보며 특징을 잘 나타내는지 체크리스트를 활용하여 평가한다. |
| 10 | - 우리나라에서 가 보고 싶은 여행지 선택하고 여행계획 세우기 | - 희망별로 가 보고 싶은 여행지의 여행 계획서를 체계적으로 작성하여 발표할 수 있는가?<br>- 다른 사람의 의견을 설득, 협의하며 토의 활동을 하는가? | 인지, 기능, 정의 / 관찰법, 자기평가, 상호평가 | 산출물인 여행 계획서를 발표하는 모습을 관찰 평가하며 피라미드 토의 활동할 때, 설득과 협의 과정을 상호 평가와 자기 평가를 통해 성찰해볼 수 있도록 한다. |
| 11 | - 친구에게 우리나라 소개하는 글을 쓰기 위한 자료 정하고 수집하고 정리하기 | - 기행문에 들어갈 우리나라 소개 자료를 정하고 체계적으로 수집하고 정리할 수 있는가? | 기능 / 관찰평가, 자기평가 | 소개 내용을 항목별로 유목화하여 역할 분담을 통해 자료를 수집하도록 하며, 자료 검색을 협력하여 실시하는지 중점적으로 관찰한다. |
| 12 | - 여행지에서 지켜야 할 공공예절 알기 | - 모둠별 여행 계획서를 보고 지켜야 할 공공예절을 말할 수 있는가? | 인지 / 관찰법 | 여행지에서 지켜야 할 공공예절을 현실성 있게 제시하는지 중점을 두어 평가한다. |
| 13 | - 우리 국토의 특징을 잘 나타낼 수 있는 여행지를 선택하여 소개하기 | - 여행지를 선정할 때 나와 너, 우리 모두가 궁금해하고 북한친구들도 궁금해하면서 가보고 싶어 할 만한 곳을 선정하는가? | 기능 / 상호평가 | 우리나라의 위치와 영역이 지니는 특성을 잘 알고, 이를 바탕으로 우리국토의 아름다운 모습과 소중함을 잘 나타낼 수 있는 여행지를 소개하고 선정하는지 평가한다. |
| 14-16 | - 우리나라 소개하는 기행문 쓰고 발표하기<br>- 다양한 재료와 아이디어로 우리 국토 소개 자료 만들기 | - 글의 내용을 정리하여 짜임새 있는 기행문을 쓸 수 있는가? | 기능 / 실기평가, 상호평가 | 기행문의 형식과 선택한 장소의 특징이 잘 드러나도록 글을 쓸 수 있는지를 평정하고 부족한 부분은 개별 피드백을 줄 수 있도록 한다. |
| 17-18 | - 우리나라 여행지를 알리는 학급 여행 박람회 열기 | - 우리나라 여행지를 알리는 안내장을 동료 학생에게 효과적으로 설명할 수 있는가? | 기능 / 관찰평가, 상호평가 | 부스를 만들어 제작한 안내 자료를 설명하는 가이드 역할을 수행할 수 있도록 하며, 상호 평가를 통해 효과적인 설명을 한 모둠을 선정해 본다. |
| 19-20 | - 우리나라 여행지를 알리는 교외 홍보 활동 열기 | - 우리나라 여행지를 알리는 홍보 활동에 적극적으로 참여하는가? | 정의 / 관찰평가, 자기평가 | 인근 3분 거리의 상가 거리에서 우리나라 여행지를 알리는 홍보 활동을 전개하고 적극적으로 참여하는 정도를 관찰 및 자기 평가를 한다. |

| 성취기준 | 6사01-01 우리나라의 위치와 영역이 지니는 특성을 설명하고, 이를 바탕으로 하여 국토 사랑의 태도를 기른다. 6국01-04 자료를 정리하여 말할 내용을 체계적으로 구성한다. | | | | |
|---|---|---|---|---|---|
| 목표 핵심 역량 | 지적 역량 | | 의사소통 역량(T), 지식정보처리 역량(A) | | |
| | 정의적 역량 | | 공동체 역량(M), 심미적 역량(S) | | |
| 평가 문항 | 평가 시기 | 평가 방법 (주체) | 평가 결과 및 점수 | | (점수) |
| 그림책에서 소개하는 우리나라 관광지를 살펴보며 우리 국토의 다양한 모습을 북한 친구에게 소개할 의지를 보이는가? | 배움1 | 관찰평가 (교사) | ·도달기준 2가지 이상을 만족하였다. | | 5 |
| | | | ·도달기준 1가지 이상을 만족하였다. | | 3 |
| | | | ·도달 기준을 모두 만족하지 못하였다. | | 1 |
| 우리나라 소개 자료에 들어갈 내용 안에 기행문에서 강조하는 세 가지 요소를 잘 제시하는가? | 배움2 | 동료평가 (학생) | ·적절한 전략 3가지 이상을 수립하였다. | | 5 |
| | | | ·적절한 전략 2가지를 수립하였다. | | 3 |
| | | | ·적절한 전략 1가지 이하를 수립하였다. | | 1 |
| 피드백 전략 | 그림책을 통해 기행문에 들어갈 내용과 형식이 다양한 방법으로 제시될 수 있음을 알게 한다. 또한 프로젝트의 주제 및 성취기준에 대해 지속적으로 상기시켜 활동을 위한 활동에 그치지 않도록 한다. | | | | |
| 결과 산출 | 10점~8점: 매우 잘함(◎), 7점~5점: 잘함(○), 4점 이하: 노력 요함(△) | | | | |

TRIP 프로젝트 11차시 과정 중심 평가의 예

# 배움 여행 되돌아보기

생성 >> 되돌아보기 >> 실천된 교육과정 돌아보기

## 1) 배움 여행을 다녀와서

### (1) 계획한 곳은 다 다녀왔습니까?

교사 수준 교육과정을 기반으로 한 주제 중심 수준으로 재구성한 1학기 프로젝트가 끝났다. 그동안 프로젝트를 준비하면서 아이들과 나누고 싶었던 배움의 내용이 잘 진행되었는지 확인하기 위해서 틈틈이 피드백을 하고 배움이 느린 친구에게는 수업 자료나 팁을 제공하며 함께 배움 여행을 떠났었다. 아이들은 TRIP 프로젝트의 첫 번째 주제인 '나와 너, 그리고 우리의 국토 사랑 여행' 속에서 나의 주변 살펴보기를 시작해 너를 관찰하고 함께하는 우리의 마음으로 배움 여행을 하였다. 프로젝트를 구성하였으나 실천을 할 때 학교교육과정상 일정이 겹치거나 배움의 내용을 어려워할 때는 내용을 수정할 경우도 종종 있었다. 그렇지만 포기하거나 멈추지 않고 지속적으로 피드백을 하면서 천천히 함께했다.

첫째, 이번 프로젝트는 사회과의 단순한 국토 이해 수업이 아니라 북한에 있는 또래 친구들을 대상으로 배움 내용을 설명하도록 하여 아이들의 눈높이에 맞는 수업을 진행함으로써 배움의 동기를 높였다는 점이 가장 큰 성과였다.

둘째, 우리 지역 가까운 곳부터 시작해 전국으로 그 범위가 확장되어 감에 따라 아이들은 자신이 가고 싶은 곳의 여행지를 준비하는 마음으로, 써니투어 여행사의 직원이 되었다고 생각하고 여행 박람회를 준비했다. 몇몇 아이들은 자신이 만든 프로그램에 따라 주말이나 여름방학 동안 직접 여행을 다녀와서 기행문을 쓰기도 하였다.

셋째, 오버투어리즘 같은 사회적 문제에 대해서도 배우면서 여행지에서 지켜야 할 예절 등도 배웠다.

---

## 학생들의 배움 여행 되돌아보기

생성 >> 되돌아보기 >> 학생 수준 교육과정 돌아보기

### 1) 배움 여행이 어떠했나요?

아이들에게 TRIP 프로젝트를 통해 배운 점이 무엇인지 물어보았다. 아이들의 대답은 한결같았다. "다음에는 꼭 우리 국토 여행을 가고 싶어요". 그동안 프로젝트를 하면서 살펴본 여러 가지 지도, 각 지역 소개 자료, 특산물 자료 등으로 우리나라의 지형과 기후를 더 잘 이해할 수 있었고 또한 자신들이 직접 만든 소개 자료에 뿌듯함을 느끼면서 그것을 들고 꼭 가족 여행을 가고 싶다고 했다. 또한 우리나라에서 가장 의미 있는 곳인 비무장지대와 독도에 대해 배운 점이 좋았다고 했다. 이번 프로젝트를 통해 늘어난 지식만큼 생각이 자란 어린이들이 된 것 같았다. 고마운 아이들이었다. 다시 또 2학기 배움 여행을 떠나는 데에 어려움이 없을 듯하였다.

1학기 프로젝트는 지리 영역을 배우며 우리 국토에 대해 이해하고 국토애를 함양하는 것이 주요 목표였다. 우리 국토에 대한 이해를 바탕으로 여행 계획 세우기와 소개

자료를 만들어 보고 여러 아이들에게 공유하는 활동이 진행되었다. 우리 국토 중 독도와 비무장지대, 평양의 이야기를 그림책을 통해 들어보고, 하동과 경주 같은 역사와 풍경을 간직한 곳 또한 그림책으로 살펴보며 주제에 대해 학생들이 보다 흥미를 가질 수 있었고 토의와 만들기 활동으로 풍성하게 진행되었던 것 같다. 우리 국토와 관련된 지리적 개념을 만들기와 놀이를 통해 접근하니 시간은 많이 소요되었지만, 학생들이 보다 쉽게 이해할 수 있었고 깊이 있는 학습이 되었다. 또 정성을 들여 만든 작품을 아끼고 소중히 여기는 모습을 보면서 내적 성장이 이루어지고 있다는 점을 알 수 있었다. 프로젝트 학습 후, 우리 국토가 가지고 있는 특징과 아름다움을 많이 배워서 좋았다는 아이들이다. 이 아이들이라면 분명 우리 국토를 아끼고 사랑하는 멋진 국토 여행자들이 되리라 기대한다.

토의토론으로
배움 나누기

여행안내문 제작
(메이킹)

여행안내문 소개하기

학교 밖 여행박람회 참여
(프로젝트 마무리)

## 교사의 배움 여행 되돌아보기

생성 >> 되돌아보기 >> 교사의 성장 돌아보기

### ⁺꼬마 여행자들이 행복한 여행이었습니까?

프로젝트를 실천하면서 아이들의 모습을 꾸준히 살펴보았다. 만약 배움의 방법과 내용이 우리의 생활과 동떨어져 있다면 아이들은 절대 배움에 흥미를 갖지 않았을 것이다. 교과서 내용만 들여다보고 수업시간에 배운 내용을 다시 들여다보며 복습을 한다면 머리로는 지식이 들어갈 수 있을 것이다. 하지만, 배움은 그것만이 전부는 아니라고 생각한다. 우리나라 국토의 지리적 모습과 특징을 지식적으로 많이 알고 이해하는 것도 분명 중요하지만, '저 강 끝에 사는 사람들의 생활 모습은 내가 사는 곳에 사는 사람들의 생활 모습과 무엇이 다를까?'라는 호기심을 가지고 우리나라 구석구석을 직접 다니면서 살아 있는 배움을 가질 수 있도록 하는 것이 더욱 중요하다고 생각한다.

이런 살아 있는 배움을 위해서 나의 철학과 가치는 물론이고 아이들의 흥미가 반영된 나만의 교사 수준 교육과정을 운영하였다. 함께한 아이들은 지식과 더불어 배움의 과정에 함께 참여하며 삶을 배워 나가는 모습이었다. 누구보다 우리 국토에 대한 이해와 사랑이 깊어지는 모습이었다. 또한 아이들 스스로 앞으로 여행지를 갈 때는 볼거리, 먹을거리, 즐길 거리 등을 직접 찾아보고 여행 계획을 짜는 진정한 여행자가 될 수 있을 것 같다고 했다. 꼬마 여행자들이 어른이 되어 진짜 여행자가 된 그때, 이번 배움의 내용을 떠올리고 여행의 의미를 생각하며 떠난다면 이것이야말로 앎과 삶이 하나 되는 교육이 아닐까라는 생각이 들었다.

## 교사 수준 교육과정과 함께했던 배움 여행을 마무리하며

생성>>되돌아보기>>점검하기

### ✝배움이 한 걸음 더 다가왔습니까?

2015 개정 교육과정에서는 개별 학생의 적성과 진로를 고려한 맞춤형 교육과정이라는 학생 중심 교육과정을 강조하고 있다. 이것을 가장 잘 실현할 수 있는 교사 수준 교육과정의 설계, 실행, 생성의 단계에 따라 수업을 재구성하는 데 도전해 보자. 교실 현장의 다양한 상황과 맥락, 학생의 수준과 능력, 교사의 철학이 반영된 교사 수준 교육과정의 운영은 수업에 활력을 불어넣어 줄 것이다. 함께 배움 여행을 떠나는 아이들도 준비된 배움 속에서 행복을 느끼며 다음 배움 과정에 늘 관심을 갖고 준비를 하는 모습이었다.

누군가는 나에게 질문을 할 것이다. 교사 수준 교육과정의 실천이 힘들지 않았냐고. 그럴 때면 이렇게 말하는 나를 만나게 될 것이다.

"교사와 학생 모두에게 의미 있는 수업의 과정, 그것은 바로 교사 수준 교육과정입니다. 꼭 실천해 보십시오."

교사 수준 교육과정에 따라 계획하고 실천하며 생성된 교육과정은 오롯이 나만의 것이 아니다. 교사의 실천과 학생에게서의 실현이 동일할 수 있도록 과정 중심 평가를 통한 지속적인 피드백이 필요하다. 동료 선생님들과 함께하는 전문적학습공동체는 포기하지 않고 나아갈 수 있는 든든한 조력자가 될 수 있다. 서로 나누면서 지속적인 되돌아보기를 통해 더 나은 배움의 길을 만들고 세상과 소통하고 삶과 연결 짓기를 게을리하지 말아야 한다. 처음 시작이 어려울 뿐이다. 하지만 시작이 반이다.

이제 다시 나만의 교육과정을 찾아가는 여행, '배움 행복' 마법 가루를 솔솔 뿌리며 또 다른 배움 여행을 떠나 보고자 한다. 그 길에 함께 떠나 보자고 살며시 손을 내밀며 아이들에게 오늘도 나는 이렇게 말한다.

"나는 누구?"
"마법사!"
"믿습니까?"
"믿습니다!"
"그러니까 애들아, 우리 배움 여행 한 번 더 떠나 볼래?"
"좋아요!"

# 김PD 선생님의 뚝딱뚝딱 유튜브 공작소

- 김은영 선생님 이야기

## ❧ 이런 마음으로

우리 교실에 있는 내 책장을 보면 각종 교육과정 관련 책들이 꽂혀 있다. 새 학기가 시작할 때마다 한두 권씩 사서 읽던 책들이 이제는 책장 한 줄을 빼곡하게 채우고 있다. 누구나 한 번쯤은 들어 봤을 법한 유명한 책들을 읽으며 '이 책처럼 해 봐야지'라는 생각으로 다른 사람의 교육과정을 따라 하느라 바빴던 내가 올해는 교육과정을 구성하고 실천하는 절차에 따라 나만의 교육과정을 설계하고 실행해 보기로 했다.

교사 수준 교육과정의 실천 모습은 학기, 주제, 단원, 차시 단위로 다양하게 나타날 수 있다. 교육과정 실천을 위한 전체적인 설계도가 될 학기 수준 교육과정을 구성하고 사회 교과를 중심으로 직접 실천한 사례를 소개하고자 한다.

함께 소통하고 공감하며 배움을 나누는 우리

초등학생들을 대상으로 실시한 유튜브 사용 실태 조사에서 초등학생의 75%가 매주 유튜브를 시청하며, 학년이 높아질수록 시청 빈도도 잦아지는 것으로 나타났다. 요즘 학생들에게 유튜브는 가장 중요한 플랫폼[112] 중 하나이며 아이들의 놀이, 생활, 유행, 학습 등 생활 전반에 직접적인 영향을 미치고 있다.[113] 우리 반 아이들도 마찬가지다. 유튜브를 안 보면 말이 안 통한다고 할 정도로 학생들 대부분이 정기적으로 구독하는

---

112)  특정 장치나 시스템 등에서 이를 구성하는 기초가 되는 틀
113)  김수진, "초등학생 75%가 매주 유튜브 본다… 바람직한 지도 방법은?", 《에듀동아 교육뉴스》, 2019.04.04.

채널과 본인의 계정을 가지고 있다.

2000년대 후반에 태어나 부모님의 스마트폰으로 말보다 영상을 먼저 배운 아이들을 우리는 '디지털 네이티브 세대'라고 부른다. 태어났을 때부터 디지털 환경에 노출되어 성장했기에 디지털 기기를 통한 소통을 좋아하고 오프라인보다 온라인 활동에 흥미와 편안함을 느낀다. 이런 아이들이 가장 흥미를 느끼는 '유튜브'라는 콘텐츠를 지식을 공유하는 학습 플랫폼으로 활용하고, 수업 시간에 배운 내용을 직접 영상으로 제작하여 공유함으로써 온라인과 오프라인에서 자유롭게 소통하며 배움을 얻을 수 있도록 하였다.

## 우리 반을 소개합니다

### 우리는

관동초등학교 6학년 2반입니다.
남학생 15명, 여학생 12명
항상 웃음이 끊이질 않는
행복한 기운을 머금은 학생들입니다.

6 – 2
Sixth Grade Class Two

함께 소통하고
공감하며
배움을 나누는
어린이

### 우리 학교는

김해 율하 신도시의 중심부에 위치하고
전교생이 1,500명이 넘는 큰 학교입니다.
복잡한 아파트 단지와
아스팔트 도로 사이에 우뚝 솟은
알록달록한 건물로
차가운 도시 속, 아이들이 따뜻한 마음을
키우는 곳입니다.

### 김은영 선생님은

- 항상 새로운 마음으로 도전하는 열정 많은 교사입니다.
- 교육에 대한 고민을 함께 나누고 공부하는 선생님들이 곁에 있습니다.
- 서로 소통하고 공감하며 아이들이 주인공이 되는 수업을 만들고자 노력합니다.
- 학교에서의 다양한 경험이 아이들의 배움과 삶으로 이어지기를 희망하며 오늘도 아이들과 함께합니다.

# 학기(학년) 단위 교사 수준 교육과정[114]

| | | | |
|---|---|---|---|
| **설계** | **교육철학 나누기** | ① 교육과정 읽기 | - 국가·지역·학교 수준의 교육과정에서 강조하는 학생 배움 중심의 교육과정을 구성하고자 함<br>- 소통과 공감을 기반으로 한 교육 활동 속에서 역량을 기르고자 함 |
| | | ② 목표 수립을 위한 생각 나누기 | - 같은 교육목표라도 해석은 다를 수 있기에 생각을 하나로 정리하려 노력하기보다는 각자의 경험과 정보를 공유하는 데 초점을 맞춤 |
| | | ③ 교육목표 및 중점 과제 세우기 | - 우리 반 아이들에게 바라는 점과 꼭 필요한 것이 무엇인지 생각해 보며 소통, 공감, 배움을 강조한 교육목표와 중점 과제를 정함 |
| | **교육과정 구성하기** | ④ 성취기준 및 맵핑자료 읽기 | - 성취기준을 분석할 때 교육과정 해설서와 내용 체계표를 참고하여 성취기준의 의도를 보다 쉽게 파악할 수 있었음 |
| | | ⑤ 중점 과제 관련 성취기준 선정하기 | - 사회과 성취기준 전체를 중점 성취기준으로 선정하여 교육과정을 구성하고 국어 교과의 관련 성취기준과 연계하여 학습의 효과를 높이고자 함 |
| | | ⑥ 연간 교수·학습 계획 수립하기 | - 나이스(NEIS)에서 제공하는 기본 엑셀 양식에 교육과정과 관련된 내용(성취기준, 연계 교과, 학교 행사 등)을 함께 표시해 놓음 |
| | | ⑦ 연간 평가계획 및 평가기준안 작성하기 | - 교사별 평가가 아닌 학년별 평가(학년별 동일한 문항)를 실시하기 위해 평가계획과 평가기준안에 대한 꼼꼼한 검토를 함 |
| | | ⑧ 점검하기 | - 교사 수준 교육과정 설계 단계 체크리스트[114]에 따라 평가하고 설계한 교육과정을 일관성 있게 실천하기 위한 준비를 함 |
| **실행** | **교육과정 실천하기** | ⑨ 설계된 교육과정 실천하기 | - 연간 교수·학습 계획에 따라 대부분은 교과서를 활용하여 단원 순서 재배열 또는 내용 재구성을 한 수업을 실시함<br>- '우리가 유튜브 선생님'이라는 학급 특색 활동을 통해 세 가지 교육목표가 모두 달성될 수 있도록 사회 프로젝트 학습을 실시함<br>- e학습터를 통해 온라인에서 학생들이 자기 주도적으로 학습하고, 오프라인에서 다양한 배움 활동을 진행하여 가르치는 수업에서 스스로 배우게 하는 수업을 만듦<br>- 학생들이 흥미를 느끼는 '유튜브'라는 콘텐츠를 수업에 적용하여 배움의 과정과 결과를 영상으로 제작하고 공유함<br>- 온·오프라인에서 자유롭게 소통하는 과정에서 협력적인 배움을 얻을 수 있도록 함 |
| **생성** | **되돌아보기** | ⑩ 실천된 교육과정 돌아보기 | - 교육과정 생성의 관점(시간 배당 기준, 평가, 생성된 경험, 국가 수준 교육과정, 학생들에게 주는 영향)에서 교육과정 실행에 대한 평가를 실시함 |
| | | ⑪ 학생 수준 교육과정 돌아보기 | - '우리가 유튜브 선생님' 프로젝트 활동에 대한 소감을 발표하며 학생들의 시선으로 교육과정을 되돌아봄 |
| | | ⑫ 교사의 성장 돌아보기 | - 수업을 하는 교사가 가지고 있는 철학과 가치 그리고 거기서 나온 일관된 교육목표와 방향 설정이 중요함 |
| | | ⑬ 점검하기 | - 다음 학년도의 교육과정 편성·운영을 위해 생성된 나만의 교사 수준 교육과정을 되돌아봄 |

---

114) 2장의 [표 7] 참조.

# 교육과정 깊이 들여다보기

설계 >> 교육철학 나누기 >> 교육과정 읽기

짧은 봄방학을 뒤로한 채 교육과정 구성 주간이 시작되었다. 교실 정리, 업무 인수인계 등 새 학기를 맞이하여 해야 할 일들이 너무 많았지만, 1년 동안 우리 반 아이들과 함께 할 교육과정을 설계하는 중요한 시기인 만큼 먼저 교육과정 분석을 시작했다.

교육과정을 철저하게 분석하는 일은 교사 수준 교육과정 구성을 위한 첫걸음이다. 주어지는 교육과정의 내용은 같지만 교사가 구성하는 교육과정에 반영되어 각양각색의 모습으로 나타날 것이기에 국가 수준 교육과정 총론, 교과(군) 교육과정, 초등학교 교육과정 편성·운영 지침, 학교 교육과정 등에 대한 꼼꼼한 검토가 필요하다.[115]

그래서 국가·지역 수준에서 규정된 교육 목적과 교육 내용을 해석하고, 학교 수준 교육과정과 특성을 고려하여 다음과 같이 학생들의 교육활동에 반영할 내용을 정리하였다.

**2015 개정 교육과정 총론**

- 창의 융합형 인재 양성
- 배움의 즐거움을 알게 하며 학생의 참여 활동을 강화하여 학습의 흥미도와 동기를 높이고 꿈과 끼를 발현할 수 있도록 함

**경상남도 초등학교 교육과정 편성. 운영 지침**

- 함께 배우며 미래를 열어가는 민주시민 육성
  ‣ 배움 중심의 새로운 교육
  ‣ 소통과 공감의 교육 공동체

**관동 교육과정**

- 긍정적인 생각과 올바른 행동으로 미래를 창조하는 어린이
- 5品 교육 (인품, 학품, 재품, 건품, 선품)
  ‣ 인품: 공동체 역량, 의사소통 역량
  ‣ 학품: 지식정보처리 역량, 자기관리 역량
  ‣ 재품: 창의적 사고 역량, 심미적 감성 역량
  ‣ 건품: 자기관리 역량
  ‣ 선품: 심미적 감성 역량, 공동체 역량

교육과정 수준별 분석 내용

---

115) 경상남도교육청, 『교사 수준 교육과정 실천편』, 2018, p.24.

## 다양한 생각 살펴보기

설계 >> 교육철학 나누기 >> 목표 수립을 위한 생각 나누기

올해 우리 학년의 운영 방침은 '따로 또 같이'이다. 처음에는 운영의 편의를 위해 6학년 모든 학급이 함께 운영할 수 있는 중점 및 특색 과제를 정하려 했지만, 한 학년에 10개 학급이 있는 대규모 학교인 만큼 동학년 선생님들의 철학과 교육목표를 하나로 모으는 일은 생각보다 어려웠다. 그래서 독서 교육, 인성 교육과 같은 공통의 중점 과제를 수립하되 세부 운영 방안 또는 학급별 특색 활동은 교사 개인의 철학과 가치, 그리고 해당 학급 학생들의 특성에 맞게 계획하여 운영하기로 하였다.

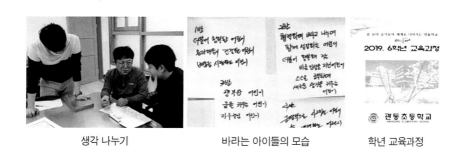

생각 나누기         바라는 아이들의 모습         학년 교육과정

## 나만의 키워드 정하기

설계 >> 교육철학 나누기 >> 교육목표 및 중점 과제 세우기

동학년 선생님들과 나눈 이야기를 바탕으로 우리 반 아이들에게 바라는 점과 꼭 필요한 것이 무엇인지 생각해 보며 올해 학급 키워드를 '소통, 공감, 배움'으로 정했다.

### 1) 소통

학교에서 학생들에게 일어나는 모든 활동은 소통을 기반으로 한다. 쉬는 시간에 주고받는 대화나 몸짓, 행동 또한 소통의 한 방법이고 수업 시간에 주고받는 생각이나 지식 또한 마찬가지이다. 하지만 이러한 소통은 생각보다 쉽지 않다. 각자의 언어, 각자의 생각을 가진 학생들이 한 교실에서 생활하다 보면 사소한 소통의 오류 때문에 관계가 어긋나기도 하고, 수업이 의도와 전혀 다른 방향으로 흘러가기도 한다. 찬반 토

론 활동에서 자신의 주장을 내세우고 상대방의 의견을 반박하다가 감정이 상해 서로를 비난하는 상황이 생기기도 한다. 교사와 학생 사이도 마찬가지다. 학생들의 문제 행동이 고쳐지지 않거나 교사에게 자신들의 고민거리를 이야기하지 않는 것도 소통이 제대로 이루어지지 않았다는 증거이다.

교사와 학생, 학생과 학생 간에 원활한 의사소통이 이루어지기 위해서는 허용적이고 민주적인 분위기 조성이 무엇보다 필요하다. 이러한 분위기는 학교 일과의 대부분을 차지하는 수업 활동 중에도 의도적으로 형성되고 반영되어야 한다. 교사가 학생들의 문화를 이해하고 존중하며, 자신의 생각과 의견을 자유롭게 표현하고 다른 사람의 생각과 의견을 충분히 듣고 수용할 수 있는 소통의 기회를 제공한다면, 함께 웃으며 수업하는 밝은 교실이 되리라 생각한다.

## 2) 공감

6학년 학생들은 다른 학년 학생들과는 확연히 다르다. 사춘기에 접어든 시기여서 감정적으로 굉장히 예민하고 날카롭다. 친했던 친구들과의 관계에서도 사소한 상처로 인해 돌이킬 수 없을 정도로 멀어지기도 한다. 우리 반도 예외는 아니다. 27명의 각기 다른 개성을 가진 아이들이 모여 있는 교실에서 서로에게 상처를 주고받는 상황이 자주 발생한다. 상대방이 싫어하는 행동을 반복하면서 사소한 장난으로 치부해 버리거나, 서운한 감정을 상대방에 대한 험담으로 표현하곤 한다. 상대를 이해하려는 노력과 공감 능력이 부족하기에 자신이 무엇을 잘못했는지 내가 이렇게 행동했을 때 친구의 몸과 마음이 아플지 헤아리지 못한다.

높은 공감 능력이란 '상대방의 마음을 잘 상상하는 것'이라 한다. 어떤 인물에 대해 마음속에 그려내는 연습을 많이 할수록 학생들의 공감 능력은 향상될 수 있다. 독서를 하면서 또는 하고 난 후에 이야기 속 인물을 떠올려 보고, 인물에 대한 서로의 생각을 묻고 답할 수 있도록 중점 교육활동을 정해 다른 사람의 마음과 감정을 이해하는 법을 배울 수 있도록 하고 싶다.

## 3) 배움

가끔 수업 시간에 교사가 설명한 내용을 학생들이 쉽게 이해하지 못할 때 다른 학생들의 도움을 구할 때가 있다. 교사인 내가 설명하면 어렵지만 학생들이 자신들의 용어와 방법으로 설명하면 더 쉽게 이해할 수 있기 때문이다. 교사가 교과서에 제시된 과학적 용어를 사용하여 전지의 직렬 연결을 아무리 설명해도 이해하지 못하던 학생들이 "한 줄로 나란하게 전지 2개 붙여 봐"라고 친구가 말했을 때 쉽게 이해할 수 있다.

나는 배움이란 교사가 알고 있는 것을 일방적으로 전달하는 것이 아니라 함께 배우고 나눌 수 있는 협력적 관계 속에서 다른 사람과의 상호작용을 통해 사고의 폭을 넓혀 가는 것이라 생각한다. 수준에 상관없이 자연스럽게 만들어진 모둠 안에서 누군가를 가르치며 자신의 배움을 정리하고, 누군가를 통해 나에게 부족한 부분을 확실히 알게 되는 과정에서 서로에게 도움이 되는 배움이 일어난다고 믿는다.

배움 중심 수업을 위한 프로젝트 학습, 토의·토론 학습, 하브루타 학습 등 다양한 학습 전략이 이미 많이 활용되고 있지만, 나는 모둠별 주제 선택 활동을 중점 교육활동으로 선정했다. 단원 또는 차시의 내용에 따라 성취기준과 학습 목표에 적합한 주제를 모둠 과제로 선정하고 문제를 해결하기 위해 서로의 생각을 공유하는 기회를 제공하여 깊이 있고 수준 높은 생각을 이끌어 낼 수 있도록 하고 싶었다.

| 바라는 어린이 | **함께 소통하고 공감하며 배움을 나누는 우리** | | |
|---|---|---|---|

↓

| 교육 목표 | I. 표현하고 공유하며 소통하는 힘을 기른다. | | |
|---|---|---|---|
| | II. 더불어 행복해지는 공감 능력을 가진다. | | |
| | III. 함께 배우고 나누며 성장한다. | | |

↓

| 중점 과제 | 소통하는 교실 만들기 | 이해하고 배려하는 공감 친구 만들기 | 배움과 협력의 수업 만들기 |
|---|---|---|---|

↓      ↓      ↓

| 중점 교육 활동 | 1) 다양한 매체로 의사소통하기<br>2) 생각을 유도하는 질문하기 | 1) 책을 통해 친구의 생각과 감정 읽기<br>2) 마음을 얻는 공감 화법 대화하기 | 1) 학생 참여형 수업 디자인하기<br>2) e학습터로 배움의 기초 다지기 |
|---|---|---|---|

↓

| 특색 교육 활동 | 우리가 유튜브 선생님 | | |
|---|---|---|---|

1년 동안 우리 반 아이들에게 바라는 모습 그리고 펼쳐갈 나만의 목표를 정리하고 나니 이제는 본격적으로 교육과정에 대한 궁금증이 생겼다.

사실 지금까지는 학기 초에 교육과정을 살펴보기 위해 처음으로 참고한 것은 해당 학년의 교과서였다. 물론 교과서가 국가 수준의 교육과정을 바탕으로 만들어진 가장 기본적이고 정선된 자료이기는 하나, 올해는 과감히 교과서를 덮어 두고 경남교육청에서 제공한 성취기준 맵핑자료[116]를 펼쳤다. 처음에는 성취기준 자체에 대한 해석과 번역의 작업에 시간이 걸렸지만, 교육과정 해설서와 내용 체계표를 참고하여 읽고 또 읽다 보니 학생의 입장에서는 무엇을 배워야 하는지, 교사의 입장에서는 무엇을 가르쳐야 하는지, 어떤 것을 어떻게 평가해야 하는지의 기준을 명확히 구분 지을 수 있었다.

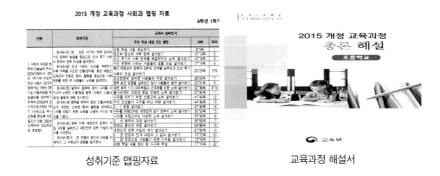

성취기준 맵핑자료                    교육과정 해설서

교육과정 해설서를 살펴보면 성취기준에서 학생들이 배워야 할 학습 내용을 핵심어로 제시한 학습 요소와 제시된 성취기준 중 자세한 부연 설명이 필요한 경우 해설이 되어 있어 성취기준의 해석과 번역에 도움을 준다.

특히 2015 개정 교육과정에서는 각 성취기준마다 학습 방법 및 평가와 관련된 사항을 구체화하여 교실 수업 개선에 대한 현장의 어려움을 해결하는 데 도움을 주고 있다. 예를 들어 사회의 한 단원을 살펴보자.[117]

---

116)    에듀큐스 블로그(http://blog.naver.com/edu-cus).

117)    교육과정 원문 및 해설서는 국가교육과정정보센터(http://ncic.go.kr)에서 다운 받을 수 있다.

## :: 민주주의의 발전과 시민 참여 ::

[6사05-01] 4·19 혁명, 5·18 민주화 운동, 6월 민주 항쟁 등을 통해 민주주의가 발전해 온 과정을 파악한다.
[6사05-02] 광복 이후 시민의 정치 참여 활동이 확대되는 과정을 중심으로 오늘날 우리 사회의 발전상을 살펴본다.

### (가) 학습 요소
4·19 혁명, 5·18 민주화 운동, 6월 민주 항쟁, 민주주의의 발전 과정, 시민의 정치 참여

### (나) 성취기준 해설
이 단원은 민주화의 역사를 통해 우리나라 민주주의의 발전 과정을 이해하고, 시민의 정치 참여로 민주주의가 발전할 수 있다는 사실을 파악함으로써 민주 사회 건설을 위해 노력하는 태도를 함양하는 데 주안점을 둔다.
[6사05-01]에서는 우리나라 민주화의 역사를 통해 민주주의를 발전시키기 위한 시민의 노력을 파악함으로써 민주 시민으로서 비판 의식을 함양하도록 한다.
[6사05-02]에서는 광복 이후 시민들의 정치 참여 활동의 모습을 살펴보고 앞으로 우리 사회를 발전시키기 위해 노력하려는 태도를 함양하도록 한다.

### (다) 교수·학습 방법 및 유의사항
광복 이후 시민들의 정치 참여 및 민주화 과정과 관련된 다양한 동영상과 사진 자료, 편지, 육성 자료 등을 학생의 발달 수준을 고려하여 제공한다.
민주화와 관련된 동영상 자료의 경우 학생들의 발달 수준을 고려하여 내용을 이해하기 쉽도록 편집해서 사용하고, 사진이나 편지 등과 같은 자료의 경우 자료에 담긴 의미를 탐색하도록 안내한다.

### (라) 평가 방법 및 유의 사항
서술형 평가를 활용할 경우 민주화 과정에 대한 다양한 사료를 제시한 후 민주화 과정에 대한 이해도를 평가할 수 있다. 토의 학습을 활용하여 평가할 때에는 토의 참여도, 주장의 논리적 적합성 등을 중심으로 평가할 수 있다.

사회 교육과정 해설서 일부

# 매칭의 재미 느끼기

교육목표를 정하고 성취기준을 파악하며 학급 운영의 큰 그림을 그릴 도화지를 준비했다면, 이제는 커다란 도화지를 채우고 꾸미는 물감이 될 성취기준을 정해야 한다. 교육과정 맵핑자료를 통해 살펴봤던 성취기준을 토대로 내가 세운 교육목표 및 중점 과제와 관련된 성취기준을 찾아보았다.

사회의 경우 '탐구한다', '조사한다', '파악한다'와 같이 기능을 요구하는 성취기준이 많았다. 이러한 성취기준에서 제시된 기능적인 요소들은 학생들의 소통을 기반으로 한 협동학습을 통해 지식적인 내용과 함께 습득될 수 있다고 생각했다. 그래서 중점 과제와 관련된 성취기준을 여러 교과에서 찾지 않고 사회 성취기준 전체를 중점 성취기준으로 선정하여 교육과정을 구성하였다.

국어는 '듣기·말하기, 읽기, 쓰기' 등 다른 교과 학습을 위한 도구적인 역할로 활용할 수 있어서, 관계 형성, 소통, 공감과 관련된 성취기준을 사회과와 연계하여 학습의 효과를 높일 수 있도록 하였다.

이외에 수학, 실과, 체육 등 중점 과제와 관련이 없는 교과는 주로 교과서 중심으로 성취기준을 분석하여 수업을 진행하였다. 대신, 수학의 경우 학생들이 성취기준에 제시된 수학적 개념을 점진적으로 확장하고 내용 간의 연결을 쉽게 할 수 있도록 각 영역(수의 연산, 도형, 측정, 규칙성, 자료와 가능성) 단원 순서를 조정하였다.

| 순 | 재구성 전 | | 순 | 재구성 후 |
|---|---|---|---|---|
| 1 | 분수의 나눗셈 | | 1 | 분수의 나눗셈 |
| 2 | 각기둥과 각뿔 | | 2 | 소수의 나눗셈 |
| 3 | 소수의 나눗셈 | → | 3 | 비와 비율 |
| 4 | 비와 비율 | | 4 | 여러 가지 그래프 |
| 5 | 여러 가지 그래프 | | 5 | 도형 |
| 6 | 직육면체의 부피와 겉넓이 | | 6 | 직육면체의 부피와 겉넓이 |

수학 단원 순서 재배열

# 교육과정에 나침반 놓기

설계 >> 교육과정 구성하기 >> 연간 교수·학습 계획 수립하기

**연간 교수 학습 계획 수립에 필요한 것**

- 엑셀 파일 양식
- 시수표
- 성취기준
- 학습 내용
- 연계 교과
- 학교 행사 일정
- 재구성한 내용(+ 평가 계획)

학급 교육목표, 중점 과제와 관련된 성취기준을 확인하고 맵핑자료를 통해서 가르쳐야 할 내용에 대한 이해가 이루어졌다면 교사 수준 교육과정 실행을 위한 연간 교수·학습 계획을 수립해야 한다.

나이스(NEIS)에서 엑셀로 된 연간 교수·학습 계획 양식을 다운 받아 연간시수를 확보한 후 단원, 학습 내용, 평가 등 기본적으로 입력해야 할 내용 이외에 것들은 교사의 필요에 따라 달라질 수 있다.

나는 한 학기 수업을 운영해 나갈 때, 나침반 역할을 하는 것이 연간 교수·학습 계획이라 생각한다. 구체적으로 작성할수록, 많은 내용을 포함시킬수록 문서화하는 과정이 복잡하기는 하지만 성취기준을 비롯한 연계 교과, 학교행사 등 교육과정과 관련된 내용들을 연간 교수·학습 계획에 함께 표시해 놓음으로써 1년 동안 교육 활동의 흐름을 한눈에 확인할 수 있었다.

연간 교수·학습 계획을 수립하며 가장 많은 재구성을 한 교과는 국어였다. 듣기, 말하기, 읽기, 쓰기 등 도구적 성격을 지닌 국어 교과의 성취기준을 다른 교과와 연계하여 재구성하고, 교과 내에서도 단원 간 성취기준의 중복 및 연계를 고려하여 단원 순서와 차시를 조정하였다.

사회의 경우 2015 개정 교육과정이 적용되며, 학년 간 단원이 이동됨에 따라 교과용 도서 내용이 중복되거나 누락되는 부분이 많아 기준 차시는 44시간이었으나 적어도 50시간 이상의 시수가 필요하였다. 그래서 교육청에서 제공한 교과용 도서 내용 중복 이행 조치에 따른 지도 방안을 참고하여 2단원 '우리나라의 정치발전'은 학습 주제에 따라 차시를 통합해 3시간 차시 감축을 하였고, 3단원 '우리나라의 경제 발전'의 8차시가 2009 개정 교육과정의 5학년 1학기 3~4단원에서 학습한 내용과 중복되므로 시수 확보를 위해 중복 내용을 감축·재구성하였다.

| 순 | 학년 | 학기 | 편제 | 단원 | 성취기준 | 학습 내용 | 쪽수 | 해당 차시 | 전체 차시 | 변경 차시 | 재구성한 내용 | 수업디자인 |
|---|---|---|---|---|---|---|---|---|---|---|---|---|
| 1 | 6 | 1 | 사회 | 1. 사회의 새로운 변화와 | [6사04-01] 영·정조 시기의 개혁 정치와 서민 문화의 발달을 중심으로 | 단원 학습 내용 예상하기 | 6-9 | 1 | 8 | 1/8 | 조선 후기의 사회 문화 모습 살펴보기 | |
| 2 | 6 | 1 | 사회 | | | 영조와 정조의 개혁 정책 알아보기 | 10-13 | 2 | 8 | | 소개하고 싶은 서민 문화 정하기 | |
| 33 | 6 | 1 | 사회 | 2. 우리나라의 정치 발전 | [6사05-06] 국회, 정부, 법원의 기능을 이해하고, 그것이 국민 생활에 미치는 영향을 다양한 사례를 통해 탐구한다. | 국민 주권의 의미 알아보기 | 123-125 | 1 | 8 | 1/6 | 국민 주권의 의미와 국회, 정부, 법원의 관계 알아보기 | |
| 34 | 6 | 1 | 사회 | | | 국회에서 하는 일 알아보기 | 126-129 | 2 | 8 | 2/6 | 정당수립 및 국회의원 선출하기 | |
| 35 | 6 | 1 | 사회 | | | 정부에서 하는 일 알아보기 | 130-133 | 3 | 8 | 3/6 | 국무총리 청문회 및 각 부 장관 임명하기 | |
| 36 | 6 | 1 | 사회 | | | 법원에서 하는 일 알아보기 | 134-136 | 4 | 8 | 4/6 | 재판관, 대법원장 선출 및 재판 준비하기 | |
| 37 | 6 | 1 | 사회 | | | 국가의 일을 나누어 맡아야 하는 까닭 알아보기 | 137-139 | 5 | 8 | 5/6 | 국회, 정부, 법원이 하는 역할 모의 체험하기 | |
| 38 | 6 | 1 | 사회 | | | 일상생활에서 민주 정치의 원리가 적용된 사례 찾아보기 | 140-143 | 6 | 8 | 6/6 | 법원이 하는 역할 모의 체험하기 | |
| | | | | | | 단원 학습 내용 정리 및 사고력 학습 | 144-149 | 7-8 | 8 | | | |
| 39 | 6 | 1 | 사회 | 3. 우리나라의 경제 발전 | [6사06-01] 다양한 경제 활동 사례를 통해 가계와 기업의 경제적 역할을 파악하고, 가계와 기업의 합리적 선택 방법을 탐색한다. | 단원 학습 내용 예상하기 | 150-153 | 1 | 8 | 1/6 | 가계와 기업이 하는 일과 가계와 기업의 합리적인 선택 방법 알아보기 | 국어 6. 내용을 추론해요 연계 - 알리고 싶은 내용을 영상광고로 만들기 |
| 40 | 6 | 1 | 사회 | | | 가계와 기업이 하는 일 알아보기 | 154-156 | 2 | 8 | | | |
| 41 | 6 | 1 | 사회 | | | 가계의 합리적 선택 방법 알아보기 | 157-160 | 3 | 8 | 2/6 | 합리적인 선택 방법을 고려하여 제품 광고 계획하기 | |
| 42 | 6 | 1 | 사회 | | | 기업의 합리적 선택방법 알아보기 | 161-163 | 4 | 8 | 3/6 | 광고 발표 및 합리적으로 상품 선택하기 | |
| 43 | 6 | 1 | 사회 | | [6사06-02] 여러 경제 활동의 사례를 통하여 자유 경쟁과 경제 정의의 조화를 추구하는 우리나라 경제 체제의 특징을 설명한다. | 가계와 기업이 만나는 시장 알아보기 | 164-166 | 5 | 8 | 4/6 | 우리나라 경제의 특징과 자유롭게 경쟁하는 경제 활동의 사례 살펴보기 | |
| 44 | 6 | 1 | 사회 | | | 우리나라 경제 체제의 특징 알아보기 | 167-170 | 6 | 8 | 5/6 | '경제 활동에 자유와 경쟁이 없다면?'을 주제로 역할극 만들기 | |
| 45 | 6 | 1 | 사회 | | | 바람직한 경제 활동 알아보기 | 171-175 | 7-8 | 8 | 6/6 | '경제 활동에 자유와 경쟁이 없다면?'을 주제로 역할극 발표하기 | |
| 46 | 6 | 1 | 사회 | | [6사06-03] 농업 중심 경제에서 공업·서비스업 중심 경제로 변화하는 모습을 중심으로 우리나라 경제 성장 과정을 파악한다. | 6.25 전쟁 이후 우리나라의 경제 성장 모습 알아보기 | 176-178 | 1 | 6 | 1/4 | 우리나라의 경제 성장 과정이 잘 드러나는 자료를 수집하기 | |
| 47 | 6 | 1 | 사회 | | | 1970년대 이후 경제 성장 모습 알아보기 | 179-181 | 2 | 6 | | | |
| 48 | 6 | 1 | 사회 | | | 1990년대 이후 경제 성장 모습 알아보기 | 182-186 | 3 | 6 | 2/4 | 우리나라의 경제성장 과정을 연표로 나타내기 | |
| 49 | 6 | 1 | 사회 | | [6사06-04] 광복 이후 경제 성장 과정에서 우리 사회가 겪은 사회 변동의 특징과 다양한 문제를 살펴보고, 더 나은 사회를 만들기 위하여 해결해야 할 과제를 탐구한다. | 경제 성장에 따른 사회 변화 알아보기 | 187-189 | 3/4 | 6 | 3/4 | 경제 성장 과정에서 나타난 문제점 살펴보기 | |
| 50 | 6 | 1 | 사회 | | | 경제 성장 과정에서 나타난 문제점과 해결 노력 알아보기 | 190-196 | 5-6 | 6 | 4/4 | 경제 성장의 문제점을 해결할 수 있는 방안 마련하기 | ※수행평가 |
| 51 | 6 | 1 | 사회 | | [6사06-05] 세계 여러 나라와의 경제 교류 활동으로 나타난 우리 경제생활의 변화 모습을 탐구한다. | 나라와 나라 사이에 경제 교류를 하는 까닭 알아보기 | 197-200 | 1 | 8 | 1/5 | 친구의 가방에 있는 다른 나라 물건들 원산지와 생산지 파악하기 | |
| 52 | 6 | 1 | 사회 | | | 다른 나라와의 경제 교류 사례 알아보기 | 201-205 | 2-3 | 8 | | | |
| 53 | 6 | 1 | 사회 | | | 다른 나라와의 경제 교류가 우리 경제 생활에 미친 영향 알아보기 | 206-208 | 4 | 8 | 2/5 | 다른 나라와의 경제 교류 활동 파악하기 | |
| 54 | 6 | 1 | 사회 | | [6사06-06] 다양한 경제 교류 사례를 통해 우리나라 경제가 다른 나라와 상호 의존 및 경쟁 관계에 있음을 파악한다. | 다른 나라와 경제 교류를 하면서 생기는 문제점과 해결 방안 알아보기 | 209-215 | 5-6 | 8 | 3/5 | 우리나라와 다른 나라 사이의 무역 문제 알아보기 | |
| 55 | 6 | 1 | 사회 | | | 단원 학습 내용 정리 및 사고력 학습 | 216-221 | 7-8 | 8 | 4-5/5 | 문제를 해결할 수 있는 방안 살펴보기 | |

6학년 1학기 사회 연간 교수·학습 계획 중 일부

# 평가로 시너지 효과 내기

설계 >> 교육과정 구성하기 >> 연간 평가계획 및 평가기준안 작성하기

연간 평가 계획 및 평가 기준안은 새로 적용된 2015 개정 교육과정을 반영한 경상남도교육청 평가 문항 예시 자료를 활용하였다. 경상남도교육청에서는 과정 중심 수시평가의 안착을 위해 학기 초에 평가 계획을 사전 결재 받고, 구체적인 평가 기준안과 평가 문항은 학기 말에 사후 결재 받도록 하고 있다. 그래서 교육과정을 실행하면서 연간 교수·학습 계획과 함께 대략적으로 수립한 평가계획을 우리 학교, 우리 반 학생들에게 맞는 평가 문항으로 선택·수정하여 사용하였다.

| 성취기준 | 수업 및 평가계획 |
|---|---|
| [6사05-01] 4.19 혁명, 5.18 민주화 운동, 6월 민주 항쟁 등을 통해 민주주의가 발전해 온 과정을 파악한다. | [1차시] 4·19 혁명, 5·18 민주화 운동, 6월 민주 항쟁을 통해 국민들의 민주화 노력을 알아보기 |
| | [2차시] 6월 민주항쟁 이후 민주화 과정 알아보기 |
| | [3~5차시] 영화 <택시 운전사>를 통해 5·18 민주화 운동의 과정과 의미를 살펴보고 우리나라 민주주의의 발전에 가져다준 의미가 무엇인지 알아보기 |
| | [6차시] 5·18 민주화 운동의 과정과 국민들의 민주화 노력이 드러나게 영화 리뷰하기 |
| [6사05-02] 광복 이후 시민의 정치 참여 활동이 확대되는 과정을 중심으로 오늘날 우리 사회의 발전상을 살펴본다. | [7차시] 우리 주변에 있는 공동체 문제를 생각해 보고 문제의 원인 파악하기<br>[8차시] 문제 해결을 위한 구체적인 활동 계획 세우기<br>[9차시] 활동 자료 준비하기 / ♣ **수행평가** 우리 주변에서 해결해야 할 사회 공동의 문제를 생각해 보고, 자신이 하고 싶은 활동을 선택하여 활동 계획을 세우고 실천하기 |

**6학년 1학기 사회 평가계획 예시**

사회 2단원 '우리나라의 정치발전'은 민주화의 역사를 통해 우리나라 민주주의의 발전 과정을 이해하고, 시민의 정치 참여로 민주주의가 발전할 수 있다는 사실을 파악함으로써 민주 사회 건설을 위해 노력하는 태도를 함양하는 데 주안점을 둔다. 이러한 가치와 태도를 평가하기 위해서는 학생들이 사회 현상에 대한 문제와 관련된 가치를 이해하고 수용하여 실천하는 과정이 포함되어야 한다.

이 단원에서는 다양한 사례를 통해 시민들이 정치에 참여할 수 있는 방법을 이해하고, 학생들이 직접 민주 시민으로서 정치에 참여하는 과정이 평가될 수 있게끔 평가와 함께하는 수업을 구상했다.

직접 주변을 둘러보며 쓰레기 무단투기, 반려견 목줄 미착용 및 배설물 미수거 등과 같은 사회 공동의 문제를 찾고, 이를 해결하기 위한 계획을 세웠다. 활동 계획을 서로 공유하며 스스로의 부족한 점은 다른 친구들의 평가와 교사의 즉각적인 피드백으로 보충하고, 실천한 결과를 발표하는 평가 과정을 거치며 학생들이 배움을 스스로 촉진할 수 있도록 하였다.

| 단원 | 2-(1) 민주주의의 발전과 시민 참여 | 평가 방법 | 서·논술형 평가, 관찰 평가 |
|---|---|---|---|
| 평가 영역 | 일반사회 | 교과서 쪽수 | 101~105 |
| 학습 주제 | 사회 공동의 문제 해결에 참여하는 모습 알아보기 | | |
| 성취기준 | [6사05-02] 광복 이후 시민의 정치 참여 활동이 확대되는 과정을 중심으로 오늘날 우리 사회의 발전상을 살펴본다. | | |
| 교과역량 | 문제 해결력 및 의사 결정력, 의사소통 및 협업 능력 | | |
| 정의적 평가요소 | (적극성) 자신의 생각과 의견을 적극적으로 표현한다. | | |
| 평가 문항 | 우리 주변에서 해결해야 할 사회 공동의 문제를 생각해 보고, 자신이 하고 싶은 활동을 선택하여 활동해 봅시다. | | |

| 예시 답안 | 1. 해결할 문제 | 청소년들의 강력 범죄를 줄이기 위해 가해자에 대한 강력한 처벌이 필요하다. |
|---|---|---|
| | 2. 하고 싶은 활동 (선택) | □ 광화문 1번가 사이트 활용　　□ 캠페인 활동<br>☑ 1인 시위　　☑ 주민 서명 운동<br>☑ SNS(누리 소통망 서비스) 활용　　□ 선거나 투표 참여<br>□ 정당 가입　　□ 시민 단체 가입<br>□ 그 외: |
| | 3. 구체적인 활동 계획 | - 서명 운동: 온라인을 통한 서명 운동을 통해 문제의 심각성을 알리고 이 의견에 힘을 얻는다.<br>- 1인 시위: 시청, 법원 등에 찾아가 가해자에 대한 강력한 처벌을 위한 제도 개선이 필요함을 알리며 1인 시위를 한다.(매주 토요일 몇 시~몇 시)<br>- 관련 기관의 누리집에 글을 올린다. |

| 평가 기준 | 상 | - 시민의 정치 참여에 대한 다양한 방법을 알고 해결해야 할 공동의 문제에 대한 구체적이고 다양한 활동 계획을 세우고 실천한다.<br>- 사회 문제에 대해 관심이 많고 자신의 의견을 적극적으로 표현한다. |
|---|---|---|
| | 중 | - 시민의 정치 참여에 대한 다양한 방법을 알고 해결해야 할 공동의 문제에 대한 간단한 활동 계획을 세우고 실천한다.<br>- 사회 문제에 대해 관심이 많다. |
| | 하 | - 시민의 정치 참여에 대한 방법을 조금 알고 있고 해결해야 할 공동의 문제를 찾으나 구체적인 활동에 대한 계획을 세우고 실천하려는 노력이 필요하다.<br>- 사회 문제에 대해 관심이 필요하다. |

6학년 1학기 사회 수행평가 기준안

# 실행을 위한 마지막 점검하기

설계 >> 교육과정 구성하기 >> 점검하기

교실에서 교사와 학생은 교육과정으로 만난다. 교육과정은 인쇄된 책자만이 아니고 그들의 삶 그 자체이기에 삶의 공간에서 만나게 되는 것이다. 그래서 교육과정은 반드시 교사와 학생의 앎과 삶을 담아 내어야 한다. 이를 위해 학생에 대한 이해는 필수다. 학생에 대한 이해와 교육과정을 해석하고 번역하는 교육과정 문해력이 만날 때, 교사가 직접 설계하고 운영하는 교사 수준 교육과정이 가능하다.

지금까지 교육과정의 수동적인 사용자였던 내가 적극적인 결정자로서 나만의 교사 수준 교육과정을 설계하는 것은 결코 쉬운 일은 아니었다. 특히 설계 과정에서 교육과정을 분석하고 성취기준을 모아서 연결 짓고, '어떻게 하면 학생들에게 의미 있는 수업을 만들 수 있을까?'에 대한 고민이 깊었다. 고민이 깊었던 만큼 설계 과정에서 교육과정을 수도 없이 수정하고 또 수정했다.

교육과정 설계를 시작하기 전, 나에게 교사 수준 교육과정이란 마치 이솝의 짐처럼 크고 무거운 마음의 짐이었다. 내가 설계한 교육과정을 앞으로 일관성 있게 실행해야 하고 그 과정에서 많은 시행착오가 발생할 것임을 알고 있었기 때문이다.

하지만 여러 개의 짐 중 음식이 든 가장 크고 무거운 짐을 고른 이솝이 식사를 할 때마다 그 짐이 점점 덜어질 것을 알고 있었던 것처럼, 내가 스스로 짊어진 크고 무거운 짐이 학생들과의 소통과 공감을 통해 배움의 양식으로 사용되고 의미 있는 배움으로 전환될 것이라 기대하며 나만의 교사 수준 교육과정 실행을 위해 용기를 냈다.

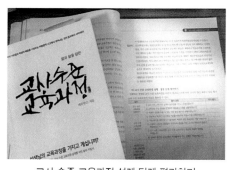

교사 수준 교육과정 설계 단계 평가하기

교사 수준 교육과정은 각양각색의 모습으로 설계되기에 획일적인 기준의 평가는 어렵지만 국가, 지역, 학교 수준 교육과정과의 일관성과 교사 수준의 다양성을 조화롭게 담아내기 위해서 최소한의 기준[118]으로 평가할 필요는 있다.

---

118)  2장의 [표 7] 참조.

# 꼬마 유튜버들이 만드는 수업 이야기

실행 >> 교육과정 실천하기 >> 설계된 교육과정 실천하기

학기 초 아이들과 함께 1년 또는 한 학기 동안 함께 실행할 프로젝트에 대한 이야기를 나눌 때면 '프로젝트의 의도가 제대로 전달될까? 학생들이 관심이나 흥미를 갖지 않으면 어쩌지?' 하는 걱정이 먼저 든다. 특히 올해는 우리 반 특색활동으로 프로젝트를 진행하려 하였기에 사전에 많은 준비가 필요했다.

먼저 어떻게 하면 '소통, 공감, 배움'이라는 세 가지 교육목표를 학급 특색 활동에 골고루 녹여 낼 수 있을지 고민해 보았다. 각기 다른 뜻을 가진 세 단어가 다른 활동으로 해석되지 않고, 하나의 활동 안에서 함께 이루어질 수 있도록 하고 싶었다.

그래서 학생들이 스스로 사고하고 친구의 말에 공감하며 함께 소통하는 과정에서 협력적 배움을 얻는 것을 프로젝트의 목표이자 주제[119]로 정하고 이를 사회 교과에 적용해 보고자 했다.

사회 성취기준에는 다른 교과보다 '파악한다', '조사한다', '탐구한다' 등 학생들이 지식을 성취하기 위해 필요한 기능적인 요소가 많이 제시되어 있다. 이러한 기능은 책, 인터넷, 신문과 같은 매체를 활용하거나 토의·토론과 같은 협력 수업으로 습득될 수 있다.

학생들이 접하게 되는 다양한 매체 중 요즘 학생들이 많은 관심을 가지고 있는 것이 '유튜브'이다. '유튜브'라는 매체를 활용하여 학생들이 온·오프라인으로 소통하고. 서로 들어주고 배우는 협력적 배움의 관계를 통해 상대를 이해하고 공감할 수 있도록 사회 프로젝트 '우리가 유튜브 선생님'을 구상하여 수업을 진행했다.

---

119) 프로젝트의 주제를 정하는 방법은 교사 자신의 가치와 철학, 학급의 특성, 학교의 교육적 목표, 시대적 요구, 중점 과제 등 다양하다.

# :: 우리가 유튜브 선생님 ::

## ① 프로젝트 목적 및 방향

　사회 교육과정의 목표는 학생들이 주변의 사회현상에 대하여 관심과 흥미를 가지며 생활과 관련된 기본적 지식과 능력을 습득하고, 이를 자신의 주변 환경이나 문제에 적용할 수 있는 적극적인 태도를 기르는 데 있다. 하지만 학생들이 관심과 흥미를 가지기에 사회는 이미 '어렵고 재미없는 과목'으로 인식되어 있다. 학생들의 경험과는 먼 역사, 정치, 경제 단원들이 자신들의 삶과는 관련이 없다고 생각하기 때문이다.

　프로젝트 학습을 통하여 사회라는 과목의 교육 내용이 자신의 삶과 연관될 수 있도록 교실이라는 제한된 공간에서 벗어나 직간접적인 체험과 실제 사례를 통하여 학습할 수 있는 기회를 제공하여 학생들이 스스로 호기심을 갖고 수업을 이끌어 갈 수 있도록 하고 싶다.

## ② 프로젝트 학습 운영계획 및 결과

| 순 | 성취기준 | 활동 내용 | 교과 역량 | 비고 |
|---|---|---|---|---|
| 1 | [6사04-01] 영·정조 시기의 개혁 정치와 서민 문화의 발달을 중심으로 조선 후기 사회와 문화의 변화 모습을 탐색한다. | **<서민 문화 소개하기>**<br>판소리, 탈춤, 민화 등 서민 문화와 관련된 사진 및 동영상 자료를 통해서 당시 사람들의 모습을 살펴보기 | 정보 활용 | '국어3. 짜임새 있게 구성해요' 와 연계 |
| 2 | [6사04-02] 조선 사회의 모순을 극복하기 위해 개혁을 시도한 인물(정약용, 흥선 대원군, 김옥균과 전봉준 등)의 활동을 중심으로 사회 변화를 위한 옛 사람들의 노력을 탐색한다. | **<상소문 만들기>**<br>영·정조 시기의 개혁정치에 대한 역사 글쓰기를 통해 당시 사회상과 개혁 정치의 의미 파악하기<br>(신하의 입장에서 개혁의 필요성을 논하는 글쓰기)<br>**- 서·논술형 평가**<br>**당시 사회상을 이해하였는지의 여부와 사회 개혁의 방향을 논리적으로 제시했는지에 중점을 둠** | 비판적 사고<br><br>의사소통 및 협업 | |
| 3 | [6사04-03] 일제의 침략에 맞서 나라를 지키고자 노력한 인물(명성황후, 안중근, 신돌석 등)의 활동에 대해 조사한다. | **<안중근 역할극>**<br>블라디보스톡에서 의병 운동을 시작하며 사형 선고를 받아서 운명하는 순간까지 안중근이 나라를 지키고자 노력한 활동을 중심으로 모둠별로 장면을 나누어 역할극으로 표현하기 | 의사소통 및 협업 | |

| 4 | [6사04-04] 광복을 위하여 힘쓴 인물(이회영, 김구, 유관순, 신채호 등)의 활동을 파악하고, 나라를 되찾기 위한 노력을 소중히 여기는 태도를 기른다. | **<관동 애국지사>**<br>광복을 위하여 힘쓴 인물들의 활동을 조사하고, 조사한 내용을 바탕으로 노래 가사를 개사하여 뮤직비디오 제작하기<br>**- 서·논술형, 조사 보고서 평가**<br>**사건의 전후 관계 또는 당시의 시대상을 맥락적으로 이해하고 있는지에 중점을 둠** | 정보<br>활용<br><br>창의적<br>사고 | 수학여행지<br>(독립기념관,<br>서대문 형무소)를 활용하여 뮤직비디오를 제작 |
|---|---|---|---|---|
| 5 | [6사04-05] 광복 이후 대한민국 정부의 수립 과정을 살펴보고, 대한민국 정부 수립의 의의를 파악한다. | **<동포들에게 고한다>**<br>광복부터 대한민국 정부 수립까지 중심이 되었던 김구, 이승만 등 인물들의 주장을 살펴보고 내가 만약 그 당시 민족 지도자였다면 어떤 결정을 했을지 연설문을 작성하여 발표하기 | 비판적<br>사고 | '국어 4.<br>주장과 근거를 판단해요'와 연계 |
| 6 | [6사04-06] 6·25 전쟁의 원인과 과정을 이해하고, 그 피해상과 영향을 탐구한다. | **<사진 큐레이터>**<br>정보를 선명하고 오래 기억할 수 있도록 그림을 활용하여 6.25 전개 과정을 윈도우 패닝으로 소개하기<br>**※ 윈도우 패닝이란 학습 내용을 오래 기억하기 위한 방법으로, 창틀 채우기 (window paning)를 말함** | 정보 활용 | |
| 7 | [6사05-01] 4·19 혁명, 5·18 민주화운동, 6월 민주 항쟁 등을 통해 민주주의가 발전해 온 과정을 파악한다. | **<영화 평론가>**<br>5·18 광주 민주화 운동의 이야기를 다룬 <택시 운전사>라는 영화를 감상하고, 민주주의가 발전해 온 과정과 이를 발전시키기 위한 시민들의 노력을 알아보기 | 비판적<br>사고 | 영화 감상시간 부족 시 아침활동 시간 활용 |
| 8 | 6사05-02] 광복 이후 시민의 정치 참여 활동이 확대되는 과정을 중심으로 오늘날 우리 사회의 발전상을 살펴본다. | **<우리 손으로 해결해요>**<br>모둠별로 우리 주변에서 해결해야 할 사회 공동의 문제를 생각해 보고, 활동 계획을 세워 문제 해결에 참여하기<br>**- 서·논술형, 관찰 평가**<br>**학생들이 토의하는 과정에서 전개한 논리가 서로 다른 가치에 바탕을 두기에 그 가치 자체를 평가의 주요 요소로 삼기보다는 논리적으로 모순되지 않는 것을 주의하며 평가함** | 문제 해결력 및 의사 결정력 | 사이버 학급(위두랑) 연계 평가 |
| 9 | [6사05-03] 일상생활에서 경험하는 민주주의 실천 사례를 탐구하여 민주주의의 의미와 중요성을 파악하고, 생활 속에서 민주주의를 실천하는 태도를 기른다. | **<긴급회의 119>**<br>교실에 있는 태블릿 PC를 공평하게 사용할 수 있는 방법을 의사 결정 과정에 따라 결정하기 | 문제 해결력 및 의사 결정력 | 회의 안건은 상황에 따라 변경하기 |

| | | | | |
|---|---|---|---|---|
| 10 | [6사05-04] 민주적 의사 결정 원리(다수결, 대화와 타협, 소수 의견 존중 등)의 의미와 필요성을 이해하고, 이를 실제 생활 속에서 실천하는 자세를 지닌다. | **<장유 쓰레기 소각장 찬반 토론>**<br>우리 지역에 문제가 되고 있는 장유 쓰레기 소각장 확장에 대한 찬반 토론을 통해 민주적 의사 결정의 과정을 경험해 보기 | 문제 해결력 및 의사 결정력 | 장유 쓰레기 소각장 VR자료 활용 |
| 11 | [6사05-05] 민주 정치의 기본 원리(국민 주권, 권력 분립 등)을 이해하고, 그것이 적용된 다양한 사례를 탐구한다. | **<3, 4, 5, 6>**<br>'3, 4, 5, 6'이라는 노래 속에 담긴 민족과 국가의 위기 때마다 스스로 분연히 일어선 국민의 모습을 살펴보고 파노라마 뮤직비디오로 제작하기 | 창의적 사고 정보 활용 | 3 - 3.1 운동<br>4 - 4.19 혁명<br>5 - 5.18 민주화운동<br>6 - 6월 민주항쟁 |
| 12 | [6사05-06] 국회, 정부, 법원의 기능을 이해하고, 그것이 국민 생활에 미치는 영향을 다양한 사례를 통해 탐구한다. | **<국회, 정부, 법원 모의체험하기>**<br>국회, 정부, 법원의 기능과 필요성을 간접 체험할 수 있도록 역할놀이에 참여하기 | 의사소통 및 협업 | 학급자치 활동과 연계하여 실시 |
| 13 | [6사06-01] 다양한 경제 활동 사례를 통해 가계와 기업의 경제적 역할을 파악하고, 가계와 기업의 합리적 선택 방법을 탐색한다. | **<햄버거 판매왕>**<br>구체적인 경제 활동 사례를 통해 합리적 선택 선택과정을 연습하기 | 창의적 사고 정보 활용 | 가계와 기업의 입장을 모두 경험해 볼 수 있도록 구상 |
| 14 | [6사06-02] 여러 경제 활동의 사례를 통하여 자유 경쟁과 경제 정의의 조화를 추구하는 우리나라 경제 체제의 특징을 설명한다. | **<셀프 카메라 인터뷰>**<br>가계와 기업의 입장에서 자유와 경쟁이 없어지면 어떤 일이 일어날지 추측하기 | 비판적 사고 | |
| 15 | [6사06-03] 농업 중심 경제에서 공업·서비스업 중심 경제로 변화하는 모습을 중심으로 우리나라 경제 성장 과정을 파악한다. | **<시대별 TOP 5>**<br>1960년대 이후 시대별 우리나라의 경제 성장 과정을 연표로 나타내기 | 정보 활용 | |
| 16 | [6사06-04] 광복 이후 경제 성장 과정에서 우리 사회가 겪은 사회 변동의 특징과 다양한 문제를 살펴보고, 더 나은 사회를 만들기 위하여 해결해야 할 과제를 탐구한다. | **<저를 뽑아 주신다면>**<br>경제 성장 과정에서 나타난 다양한 문제점을 살펴보고, 내가 대통령이나 국회의원이라면 어떻게 해결할지 이야기하기<br>**- 조사보고서 평가**<br>우리나라 경제 성장의 문제점 및 개선 방안에 대해 제시된 의견의 적절성을 중심으로 평가함 | 문제 해결력 및 의사 결정력 | 여러 가지 문제를 살펴보고 그 원인을 탐구해 보고, 탐구한 결과를 바탕으로 토의할 기회를 제공 |
| 17 | [6사06-05] 세계 여러 나라와의 경제 교류 활동으로 나타난 우리 경제 생활의 변화 모습을 탐구한다. | **<내 친구의 가방은?>**<br>친구의 가방에 있는 다른 나라의 물건을 살펴보고 무역이 발생하는 원인과 경제 교류 활동 파악하기 | 정보 활용 | |
| 18 | [6사06-06] 다양한 경제 교류 사례를 통해 우리나라 경제가 다른 나라와 상호 의존 및 경쟁 관계에 있음을 파악한다. | **<무역 문제 해결하기>**<br>우리나라와 다른 나라 사이에서 일어나고 있는 무역 문제를 파악하고 이를 해결할 수 있는 방법 생각해 보기 | 문제 해결력 및 의사 결정력 정보 활용 | 일본의 수출 제재를 활동 주제로 진행 |

'우리가 유튜브 선생님' 프로젝트는 온라인 수업과 오프라인 수업을 통합한 '블렌디드 러닝(blended learning)'을 기반으로 진행하였다. '경남 e학습터'에서 제공하는 학습 콘텐츠를 활용하여 온라인에서 자기 주도적으로 학습하고, 오프라인으로 토의·토론, 역할극 등 다양한 활동을 함께 진행하여 '가르치는 수업에서 스스로 배우게 하는 수업'을 만들고자 하였다.

먼저 어떤 주제를 중심으로 지식을 형성해 나갈 것인지 많은 고민을 했다. 학생들이 수업의 주체가 되어 스스로 의미 있는 활동을 만들어 가면서 교과의 목표나 성취기준 도달을 위한 방향성은 일관적이어야 하기에 교사의 적절한 안내와 참여가 필요하다고 생각했다. 그래서 사이버 학급에 탑재된 수업 자료와 e학습터에서 학습한 내용을 바탕으로 학생들이 단위 차시별 '배움 주제'를 정하고, 주제의 범위를 벗어나지 않는 틀 안에서 수업 활동에 대한 교사와 학생의 구체적인 아이디어를 공유하여 수업을 구상했다.

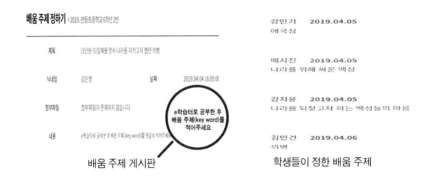

배움 주제 게시판

학생들이 정한 배움 주제

학생들이 직접 정한 주제로 수업을 설계하니 수업 시간에 대답은커녕 집중도 못하던 학생들도 흥미와 관심을 가지고 활동에 적극적으로 참여했다. 또 수업 시간의 활동 과정 또는 학습한 내용을 영상으로 제작하고 '유튜브'에 탑재하여 다른 반 친구들에게도 지속적으로 공유하고 서로 피드백할 수 있도록 하였다.

수업이 끝난 후에는 e학습터 학급 게시판(배움 일기)에 학습한 내용 및 알게 된 점을 스스로 정리하고 수업 내용이나 활동 중 궁금한 점을 서로 묻고 답할 수 있는 공간을 마련하여 배움의 공간을 확장시켰다.

'우리가 유튜브 선생님' 프로젝트 활동 내용을 월별로 정리하면 다음과 같다.

## 1) 3월 활동: 전하, 성은이 망극하옵니다

| 단원 | 1-(1) 새로운 사회를 향한 움직임 |
|---|---|
| 성취<br>기준 | [6사04-02] 조선 사회의 모순을 극복하기 위해 개혁을 시도한 인물(정약용, 홍선 대원군, 김옥균과 전봉준 등)의 활동을 중심으로 사회 변화를 위한 옛 사람들의 노력을 탐색한다. |

| 차시 | 차시별 학습 활동 | 교육 내용의 재구성 |
|---|---|---|
| 1 | 단원 학습 내용 예상하기 | 조선 후기의 사회·문화 모습 살펴보기 |
| 2 | 영조와 정조의 개혁 정책 알아보기 | 소개하고 싶은 서민문화 정하기 |
| 3 | 조선 후기의 사회 문제를<br>해결하려는 노력 알아보기 | 조선 후기 서민 문화가 발달한 까닭이 잘 드러나게<br>소개하는 자료 만들기 |
| 4 | 서민 문화에 나타난 사람들의 생활 모습 알아보기 | 서민 문화 소개하기(+ 영상 촬영) |
| 5 | 홍선 대원군의 정책과 강화도 조약을 살펴보고<br>조선 후기 사회의 모습 알아보기 | 사회 개혁의 필요성을 주장하고 그 실현을 위해 노력했던<br>인물 살펴보기 |
| 6 | | 사건의 전후 관계 또는 당시의 시대상을 고려하려 인물들<br>이 주장하는 개혁의 내용 살펴보기 |
| 7 | 갑신정변에 참여한 사람들의 주장 알아보기 | 내가 조선 후기 신하라고 생각하고 개혁 정치가 필요한<br>이유와 구체적인 개혁조치가 나타난 상소문 쓰기 |
| 8 | 동학 농민 운동을 살펴보고<br>당시 사람들의 생각 알아보기 | 상소문 발표하기(+ 영상 촬영) |

| 평가 | | 평가<br>영역 | 역사 | 평가<br>방법 | 서·논술형 | 교과<br>역량 | 비판적 사고<br>의사소통 및 협업 |
|---|---|---|---|---|---|---|---|
| | | 학습 주제 | 조선 후기 당시 사람들의 생각 알아보기 | | | | |
| | | 정의적<br>평가요소 | (목표지향성) 모둠원과 소통하며 상소문을 작성하려는 태도를 보인다. | | | | |
| | | 평가 문항 | 조선 후기 사회 개혁을 시도한 인물의 활동을 중심으로 당시 이들이 꿈꾸었던<br>세상을 이야기해 봅시다. | | | | |

역사를 안다는 것은 과거의 단편적인 사실을 아는 것이기도 하지만, 그 사실들 간의 인과관계를 파악하고 역사적 상황을 통해 그 당시 인물의 행동을 이해하는 것이기도

하다. 하지만 직접 겪어 보지 못한 과거의 일을 학생들이 이해하기는 여간 어려운 것이 아니다.

콜링우드(R. G. Collingwood)는 "과거는 현재 존재하지 않는 것이므로 관찰할 수가 없으며 과거를 알 수 있는 유일한 방법은 과거의 사건을 추체험[120]하는 것이다"라고 했다. 학생들이 겪어 보지 못한 역사적 사실 또는 사건을 이해하기 위해서는 그 시대 사람들이 겪었던 것과 같은 상황을 설정하여 그들의 생각을 미루어 짐작할 수 있어야 한다.

조선 후기는 변화의 시대였다. 현실의 문제를 해결해 줄 수 있는 새로운 학문의 필요성을 주장했던 정약용, 혼란한 사회를 개혁하려는 흥선대원군, 청의 간섭에서 벗어나 조선을 개혁하려 했던 김옥균, 관리들의 폭정으로 백성들의 생활이 힘들어지자 이를 개선하고자 했던 전봉준 등 당시의 시대와 상황을 변화시키고자 노력했던 인물들이 많았다.

이 수업은 그 인물들이 주장하는 개혁의 내용을 살펴보고, 만약 내가 그 당시 인물이었다면 어떤 개혁이 필요한지 판단해 보고 그 이유와 구체적인 개혁조치가 나타나도록 임금에게 올리는 '상소문'을 만들어 발표하는 것이었다.

먼저 실학의 등장, 강화도 조약, 갑신정변, 동학농민운동 등 각 인물과 관련된 사건을 살펴보며 당시 시대적 상황을 알아보고 모둠별 토의, 질문 만들기 등의 활동으로 주장하는 내용에 대한 정보를 충분히 파악한 후 모둠별 핫시팅[121] 인터뷰 활동을 하였다.

자신이 직접 그 시대의 인물의 되어 질문을 하고 대답도 하다 보니 서로 대립되는 주장과 의견, 상황 등을 쉽게 파악할 수 있었고, 이를 바탕으로 모둠별 '상소문'을 작성하는 서·논술형 평가도 함께 실시하였다. 하나의 사건 또는 인물이 아니라 조선 후기를 다양한 입장에서 살펴보니, 상소문의 내용 또한 당시의 문제점들을 여러 시각에서 바라보며 종합적으로 작성할 수 있었고, 개혁의 필요성과 이들이 꿈꾸었던 세상을 이해할 수 있었다.

---

120) 다른 사람의 체험을 자기의 체험처럼 느낌.
121) 구성원 중 한 명이 이야기 속 주인공이 되어 의자에 앉아 청중들의 질문에 답을 하는 인터뷰 형태의 활동.

:: **상소문 내용 중 일부** ::

"전하~ 급진개화파들의 주장을 듣지 말아 주시옵소서. 그들은 우리의 힘이 아니라 일본의 힘을 빌려서 개화를 무리하게 추진하려 하였습니다.

저희 또한 개화는 찬성하지만, 저희가 생각하는 개화는 외세의 힘을 빌린 것이 아니라 우리가 스스로 우리의 문물을 보존시키고 서양의 문물을 받아들여 우리의 문물을 더욱 발전시키는 것입니다."

| 상소문 작성 | 소품 준비 | 상소문 발표 | 영상 편집 |

:: **길라잡이** ::

내가 만든 교사 수준 교육과정을 바탕으로 프로젝트 계획을 수립하고 수업을 진행하는 데 3월은 어려움이 많은 달이었다. 교사의 설명과 안내에 따라 수업을 하던 학생들이 배움 주제와 활동을 스스로 정하는 데 생각보다 많은 시간이 필요했다. 특히 모둠원 간에 서로 생각이나 의도하는 방향이 다른 모둠의 경우 끝까지 의견 대립을 펼치기도 했다.

첫 수업 후 학생들과 사회 프로젝트 운영 방안에 대한 토의를 했다. 수업을 하며 어려웠던 점을 바탕으로 개선할 부분을 이야기해 보았는데 대부분의 학생들의 모둠 변경을 원했다. 그래서 활동 주제 선정, 영상 제작과 편집을 고려하여 모둠을 재조직하고 정해진 모둠으로 1학기 동안 사회 프로젝트를 진행하기로 했다.

## 2) 4월 활동: 관동 애국지사

| 단원 | 1-(2) 일제의 침략과 광복을 위한 노력 |
|------|-----------------------------------|
| 성취<br>기준 | [6사04-04] 광복을 위하여 힘쓴 인물(이회영, 김구, 유관순, 신채호 등)의 활동을 파악하고, 나라를 되찾기 위한 노력을 소중히 여기는 태도를 기른다. |

| 차시 | 차시별 학습활동 | 교육 내용의 재구성 |
|------|----------------|---------------------|
| 1 | 대한 제국 시기 자주독립과<br>근대화를 위한 노력 알아보기 | 일제의 침략에 맞서 나라를 지키고자 노력한 인물(안중근)의<br>활동에 대해 알아보기 |
| 2 | | 안중근 역할극 준비하기<br>(대본 작성 및 역할 나누기) |
| 3 | 을사늑약의 과정과 항일 의병의 노력 알아보기 | 안중근 역할극 준비하기<br>(소품 준비 및 대사 외우기) |
| 4 | 나라를 지키기 위한 안중근의 노력 알아보기 | 역할극 발표하기(+ 영상 촬영) |
| 5 | 우리 조상들이 고국을 떠난 까닭 알아보기 | 광복을 위하여 힘쓴 인물을 조사하고,<br>인물의 활동 내용 파악하기 |
| 6 | 3.1운동 알아보기 | 인물의 활동 내용이 드러나게 노래 개사하기 |
| 7 | 나라를 되찾으려는<br>대한민국 임시 정부의 노력 알아보기 | 사전 노래 녹음하기 |
| 8 | 나라를 되찾으려는 다양한 노력 알아보기 | 서대문형무소를 방문하여 뮤직비디오 촬영하기 |

| 평가 | | 평가<br>영역 | 역사 | 평가<br>방법 | 서·논술형<br>조사보고서 | 교과<br>역량 | 문제해결력 및 의사결정력<br>의사소통 및 협업 능력 |
|------|---|------|------|------|----------|------|----------------------|
| | | 학습 주제 | 나라를 되찾으려는 다양한 노력 알아보기 | | | | |
| | | 정의적<br>평가 요소 | (감수성) 광복을 위해 힘쓴 사람들에 감동을 느끼며 나라사랑의 마음을 가진다.<br>(존중·배려) 상대방의 의견을 존중해 주고 끝까지 경청하는 태도를 가진다. | | | | |
| | | 평가 문항 | 일제의 탄압에 맞선 독립 운동가 중에서 한 분을 선정하여 활동을 탐구해 보고, 나라를 사랑하는 마음을 담아 노래로 표현해 봅시다. | | | | |

우리 반 교탁에는 '신청곡을 넣어 주세요'라고 적힌 상자가 놓여 있다. 점심시간에도 미세먼지와 좁은 운동장 때문에 마음껏 뛰놀지 못하는 아이들의 스트레스를 조금이나마 해소시켜 주기 위한 작은 배려이다. 아이들이 적은 신청곡 리스트를 정리하다 보면 열의 아홉은 '힙합'이다. 그중에서도 〈Show me the money〉, 〈고등 래퍼〉와 같이 학생들에

게 인기 있는 TV 프로그램에서 나온 노래를 틀 때면 영어까지 섞인 빠르고 긴 가사들을 어떻게 다 외웠는지 콘서트를 방불케 할 정도로 큰 소리로 따라 부른다.

예전에 〈무한도전〉이라는 예능 프로그램에서 '역사 X 힙합 프로젝트 위대한 유산'이라는 독특한 특집 방송을 한 적이 있다. 한 언론사의 역사 인식 설문조사에서 우리 청소년들은 69%가 6·25전쟁을 북침이라 답할 정도로 낮은 역사 인식 수준을 가지고 있었는데, 이에 문제의식을 느끼고 우리의 역사를 인기 있는 '힙합'으로 풀어냄으로써 역사적 관심을 높이는 것이 목적이었다. 실제 방송 후, 해당 음원 모두 음악차트 상위권에 랭크될 정도로 많은 관심을 끌었으며 특히 어린 학생들 사이에서 화제가 되었다.

우리 반 학생들도 역사를 사회 수업 시간에 배워야 하는 내용이라고 생각은 하지만 우리의 역사 자체에 대해서는 관심이 없다. 관심이 없다 보니 6·25전쟁뿐만 아니라 국경일의 의미, 독도와 위안부 문제 등 우리 생활과 밀접한 역사 또한 제대로 알지 못했다. 이런 학생들을 위해 TV 프로그램처럼 직접 노래를 제작하지는 못하지만, 수업시간에 많이 활용되는 교수 학습 방법 중 하나인 노래 개사 활동에 '힙합'이라는 장르를 매칭시킨다면 학생들이 좋아하고 즐거워하는 만큼 역사에 대한 관심과 학습 효과 또한 높을 것이라 생각했다. 미국에서는 힙합 노래로 만든 학습 교재가 학생들의 열정을 이끌어내고 복잡한 주제를 기억하게 하는 데 효율적이라며 2만 개가 넘는 학교에서 사용하고 있다[122]고 하니 힙합이라는 장르가 교육적으로 얼마나 효과가 있는지는 따로 확인해 보지 않아도 될 듯했다.

---

**:: 노래 가사 중 일부 ::**

**대한 독민 만세**

| | |
|---|---|
| 난 고칠 수 없는 | 여긴 형무소 |
| 병에 걸렸어~ | 쌓은 애국심 |
| 내가 죽어도 | 뿌려 하늘에 |
| 독립은 이뤄 줘 | 독립을 위한 전단 |
| 내 프로파간다는 | 꿈은 이뤄 줘 |
| 마법에 걸렸어 | 불씨는 퍼져 |
| 내 멋진 태극길 | 준비된 총독부처럼 |
| 높이 걸어 줘 | 결국 터져 |

122)  정한결, "'힙합으로 수학을 배운다'… 美학교 '랩 교재' 인기", 《머니투데이》, 2018.06.03.

평가의 경우 광복을 힘쓴 사람들에 감동을 느끼며 나라 사랑하는 마음을 가지는 정의적인 요소가 포함되어 있었는데, 마침 이 수업을 진행하던 시기가 수학여행 기간과 겹쳐 2~3일차에 서대문 형무소와 독립기념관을 방문하게 되었다. 덕분에 우리 역사의 아픈 상처가 깊게 패 있는 현장을 직접 보고 느끼면서 일제의 탄압에 맞선 독립 운동가들의 희생정신과 노력을 더욱 소중히 여기게 되었고 학생들이 만든 노래 가사에 어울리는 뮤직비디오 촬영도 할 수 있어 더욱 뜻깊었던 활동이었다.

사전 노래 녹음

서대문 형무소 관람

독립기념관 관람

뮤직비디오 촬영

:: **길라잡이** ::

최근 TV를 보면 역사적 교훈을 얻고 이를 시청자들에게 소개하는 역사 여행 프로그램이 인기를 끌고 있다. 우리가 몰랐던 사건과 이야기를 들려줌으로써 사람들에게 역사적 장소를 알리는 효과를 톡톡히 누리고 있다.

우리의 역사를 직접 현장을 찾아가 느껴 보는 것은 교실에서 단순히 책이나 영상을 통해 느끼는 것과는 확연히 다르다는 것은 수학여행을 다녀온 후, 우리 반 학생들의 역사에 대한 관심을 통해서 확인할 수 있었다.

학교에서 실시하는 현장체험학습, 수학여행과 같은 교육 활동 계획 수립 시 학생이나 교사의 흥미와 기호에 초점을 맞출 것이 아니라 교육과정과 관련된 주제와 현장을 반영한다면 여행의 재미와 배움의 기회라는 두 마리 토끼를 한 번에 잡을 수 있다는 생각이 들었다.

## 3) 5월 활동: 우리 문제는 우리가

| 단원 | 2-(1) 민주주의의 발전과 시민 참여 |
|---|---|
| 성취<br>기준 | [6사05-02] 광복 이후 시민의 정치 참여 활동이 확대되는 과정을 중심으로 오늘날 우리 사회의<br>발전상을 살펴본다. |

| 차시 | 차시별 학습 활동 | 교육 내용의 재구성 |
|---|---|---|
| 1 | 단원 학습 내용 예상하기 | 4.19 혁명, 5.18 민주화 운동, 6월 민주 항쟁을 통해<br>국민들의 민주화 노력을 알아보기 |
| 2 | 4.19 혁명과 시민들의 노력 알아보기 | 6월 민주항쟁 이후 민주화 과정 알아보기 |
| 3 | | |
| 4 | 5.18민주화 운동의 과정과 의미 알아보기 | 영화 '택시 운전사'를 통해<br>5.18민주화 운동의 과정과 의미를 살펴보고<br>우리나라 민주주의의 발전에 가져다준 의미가 무엇인지<br>알아보기 |
| 5 | 6월 민주 항쟁에서<br>국민들의 민주화 노력 알아보기 | |
| 6 | 6월 민주 항쟁 이후 민주화 과정 알아보기 | 5.18 민주화 운동의 과정과 국민들의 민주화 노력이<br>드러나게 영화 리뷰하기 |
| 7 | 오늘날 시민들이 사회 공동의 문제 해결에<br>참여하는 모습 알아보기 | 우리 주변에 있는 공동체 문제를 생각해보고<br>문제의 원인 파악하기 |
| 8 | | 문제해결을 위한 구체적인 활동 계획 세우기 |
| 9 | | 활동 자료 준비하기 |

| 평가 | | 평가<br>영역 | 일반<br>사회 | 평가<br>방법 | 서·논술형 | 교과<br>역량 | 문제해결력 및 의사결정력<br>의사소통 및 협업 능력 |
|---|---|---|---|---|---|---|---|
| | | 학습 주제 | 사회 공동의 문제 해결에 참여하는 모습 알아보기 | | | | |
| | | 정의적<br>평가 요소 | (적극성) 자신의 생각과 의견을 적극적으로 표현한다. | | | | |
| | | 평가 문항 | 우리 주변에서 해결해야 할 사회 공동의 문제를 생각해 보고, 자신이<br>하고 싶은 활동을 선택하여 활동해 봅시다. | | | | |

3월 신학기가 되면 학교에서는 학급 임원을 뽑는 선거가 한창이다. 초등학생들에게

이러한 선거는 처음 경험하는 정치 참여 활동으로 교육적으로도 사회적으로도 중요한 의미가 있다. 하지만 대부분의 학급에서 이루어지는 선거는 남성 후보, 여성 후보가 몇 명이 입후보하는지 또는 반에 남학생이 더 많은지, 여학생이 더 많은지에 따라 결과가 달라지곤 한다. 올바른 기준 없이 치러진 임원 선거의 결과는 학생들로 하여금 투표의 중요성과 정치 참여의 필요성을 느끼지 못하게 만드는 잘못된 경험으로 남을 수 있다.

이러한 문제점을 줄이기 위해서 학생들이 사회 공동의 문제를 해결하기 위한 계획을 직접 세우고 그 과정에 참여함으로써 다양한 정치 참여 방법을 이해하며 스스로 정치의 주체가 되는 기회를 제공하고자 했다. 생활 속 정치 사례를 알고, 시민들이 정치에 참여하는 것이 얼마나 중요한지를 인식하여 학생들 또한 시민의 한 일원임을 깨닫게 하기 위해서였다.

먼저 모둠별로 우리 주변의 여러 가지 문제점들을 살펴보고 쓰레기 무단 투기, 불법 주차, 펫티켓(Petiquette)등 모둠 친구들과 같이 해결하고 싶은 주제를 정했다. 주제에 따라 문제 발생 요인을 파악하고 상호 토의 및 협력을 통해서 1인 시위, 시민단체 활동, 정당 활동 등 사회 공동의 문제를 해결할 수 있는 여러 가지 방법 중 우리가 직접 참여할 수 있는 활동을 선정하여 구체적인 활동 계획을 수립하고 발표하였다.

혼자 홍보를 하는 것보다 여러 명이 함께 홍보하는 것이 문제 해결에 더 효과적일 것 같다며 '캠페인'을 선택한 모둠도 있었고, 광화문 1번가 사이트[123]를 통해 문제에 대한 우리의 생각을 전국의 많은 사람에게 알리고 우리와 의견이 같은 사람들과 문제를 함께 해결할 수 있을 것 같다는 의견 외에도 주민 서명 운동, SNS 활용, 홍보 영상 제작 등 문제 해결을 위한 다양한 방법이 나왔다.

| [1모둠] 불법주차 | [2모둠] 쓰레기 무단투기 | [3모둠] 쓰레기 무단투기 |
|---|---|---|
| • SNS 활용<br>• 포스터 부착<br>• 공익광고 영상 제작 | • SNS 활용<br>• 광화문 1번가 사이트 활용<br>• 캠페인 활동 | • SNS 활용<br>• 포스터 부착<br>• 주민 서명 |
| [4모둠] 율하천 쓰레기 문제 | [5모둠] 펫티켓 | [6모둠] 율하천 쓰레기 문제 |
| • SNS 활용<br>• 쓰레기 줍기<br>• 캠페인 활동 | • 광화문 1번가 사이트 활용<br>• 캠페인 활동<br>• SNS 활용 | • SNS 활용<br>• 쓰레기 줍기<br>• 캠페인 활동 |

---

123)   국민들이 국민청원, 제안 내용에 대해 자유롭게 의견을 제시할 수 있도록 만든 국민 참여 사이트.

그리고 모둠별로 선택한 활동에 따라 필요한 홍보 포스터, 주민 동의서 등 자료를 준비하고, 계획에 따라 직접 실천해 볼 수 있도록 하였다. 처음에는 '과연 우리가 문제를 해결할 수 있을까?' 했던 학생들도 직접 캠페인 활동도 하고 전봇대에 포스터도 붙이면서 '저희가 포스터를 붙인 곳 앞에는 정말 불법 주차가 되어 있지 않았어요', '율하천에서 쓰레기를 줍고 있으니까 어른들이 칭찬해 주시고 같이 도와주셨어요'라고 얘기하며 우리의 작은 노력이 우리 사회를 발전시키는 하나의 원동력이 될 수 있다는 것을 깨닫게 되었다.

| 쓰레기 줍기 | 포스터 부착 | 캠페인 활동 | SNS 홍보 |

:: 길라잡이 ::

학기 초, 평가 계획을 수립할 때에는 사회 공동의 문제를 해결하기 위한 다양한 활동 계획을 세워보는 활동으로 평가를 실시하려 했다. 직접 문제를 해결하기에는 시간적, 공간적으로 제약이 많다고 생각한 교사의 노파심이었다. 하지만 배움 주제와 수업 활동에 대한 의견을 나누면서 자신이 세운 활동 계획을 실제로 실행해 보고자 하는 학생들이 많았고 이에 맞춰 평가 내용 또한 실행의 과정이 포함될 수 있도록 수정하였다.
미술 4단원 '눈이 즐거운 세상 풍경' 수업 시간에 학급 현장 체험 학습을 실시하여 주변 풍경을 관찰하며 우리 주변의 문제점을 직접 살펴보니 문제 해결을 위한 활동 계획을 좀 더 구체적으로 작성할 수 있었다.

## 4) 6월 활동: 국회, 정부, 법원 모의체험하기

| 단원 | 2-(3) 민주 정치의 원리와 국가 기관의 역할 |
|---|---|
| 성취 기준 | [6사05-06] 국회, 정부, 법원의 기능을 이해하고, 그것이 국민 생활에 미치는 영향을 다양한 사례를 통해 탐구한다. |

| 차시 | 차시별 학습활동 | 교육 내용의 재구성 |
|---|---|---|
| 1 | 국민 주권의 의미 알아보기 | 국민 주권의 의미와<br>국회, 정부, 법원의 관계 알아보기 |
| 2 | 국회에서 하는 일 알아보기 | 정당 수립 및 국회의원 선출하기 |
| 3 | 정부에서 하는 일 알아보기 | 국무총리 청문회 및 각 부 장관 임명하기 |
| 4 | 법원에서 하는 일 알아보기 | 재판관, 대법원장 선출 및 재판 준비하기 |
| 5 | 국가의 일을 나누어 맡아야 하는 까닭 알아보기 | 국회, 정부가 하는 역할 모의 체험하기<br>- 국회: 법률 제정, 정부의 예산안 심의<br>- 정부: 예산 계획 수립 |
| 6 | 일상생활에서<br>민주 정치의 원리가 적용된 사례 찾아보기 | 법원이 하는 역할 모의 체험하기<br>- 법원: 민사재판<br>- 헌법재판소: 국회가 정한 법률의 위헌 여부 판단 |
| 7 | 단원 학습 내용 정리 및 사고력 학습 | |
| 8 | | |

| 평가 | | 평가 영역 | 정치 | 평가 방법 | 관찰 평가 | 교과 역량 | 문제해결력 및 의사결정력<br>의사소통 및 협업 능력 |
|---|---|---|---|---|---|---|---|
| | | 학습 주제 | 국회, 정부, 법원이 하는 일 알아보기 | | | | |
| | | 정의적 평가 요소 | (문제의식) 정치에 대한 관심과 국민으로서의 문제의식을 갖는다. | | | | |
| | | 평가 문항 | 여러분이 국가기관의 역할을 담당하게 되었다고 생각하고, 기관이 하는 일과 특징에 알맞게 문제를 해결해 봅시다. | | | | |

　　국회, 정부, 법원에 대한 수업을 할 때면 어려운 용어와 내용들로 어려워하는 학생들 때문에 항상 많은 고민을 했었다. 조사 발표 수업, 스토리텔링 등 나름 다양한 방법을 이용

하여 수업을 진행해 봤지만, 과연 이 수업을 통해 학생들이 성취기준에서 말하는 국회, 정부, 법원의 기능과 필요성을 제대로 이해했을지 교사로서 의문이 드는 건 마찬가지였다. 그래서 이번에는 단원을 준비할 때부터 국가 기관이 하는 일들을 실제 학급 운영에 적용하여 학생들이 직접 그 기능을 수행해 보는 수업을 진행하고자 많은 준비를 했다. 쉽게 말해 학생들이 직접 국회, 정부, 법원이 되어 우리 반 정치를 해 보는 것이다.

첫 번째 활동은 정당 수립 및 국회의원 선출하기였다. 각자 내가 만들고 싶은 정당의 목표를 정하고 비슷한 목표를 가진 친구들끼리 모여 정당을 통합하였다. 목표에 따라 27명 중 소속 의원이 9명이나 있는 모둠도 있었고 무소속도 있었다. 그리고 정당별로 이름, 목표, 마크, 대표를 정한 후 지역구(원래의 모둠)로 돌아가서 국회의원 출마 선언을 하였는데, 지역구에 따라 특정 당의 소속 의원이 많아 같은 당끼리 경합을 하거나 다른 후보들이 출마를 포기하여 단독 후보가 되는 경우도 있었다.

| 목표 정하기 | 정당 통합 | 정당 회의 | 정당 소개 |

두 번째 활동은 국가의 살림을 맡아 하는 행정부의 국무총리와 각 부 장관 선출하기였다. 수업 전날 미리 대통령(선생님)을 도와서 우리 반을 이끌어 갈 국무총리 후보자를 발표하고 국회의원들로 하여금 국무총리 청문회에 필요한 질문거리를 준비해 올 수 있도록 하여, 아무리 대통령이라 해도 국무총리를 마음대로 임명하지 못하고 국회의 동의를 받아야 함을 알 수 있도록 하였다.

행정 각부 장관 임명을 위하여 정부의 18개 부서 중 우리 반에 필요한 7개의 부서(행정안전부, 문화체육 관광부, 환경부, 보건복지부, 과학기술정보통신부, 교육부, 외교부)를 선정한 후 모둠별로 장관 후보자들을 추천받아, 각 부서의 역할에 맞는 학생들이 투표로 선정되었다.

세 번째 활동은 법에 따라 재판을 하는 법원이 하는 일에 대하여 알아보기였다. 먼저 모의재판에 필요한 판사, 원고, 피고, 변호사, 헌법재판소의 재판관 등을 정하고 판사 중 1명을 대통령이 대법관 후보자로 추천하여 국무총리와 마찬가지로 국회의원들이 주관하는 청문회를 거쳐 임명하였다.

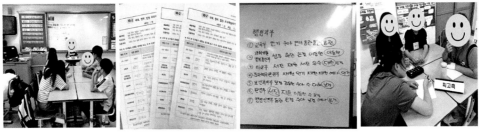

| 국무총리 청문회 | 장관 추천 | 장관 선정 | 재판 준비 |

학급 학생 모두가 국가기관의 역할을 나누어 맡은 후 국회, 정부, 법원에서 하는 일을 알아보기 위한 모의 체험도 실시하였다. 국회의 경우 우리 반에서 필요한 법률을 정하고, 정부는 장관들이 각자 배부된 예산(학급 운영비)을 행정 각 부의 목적과 우리 반 친구들을 위해 사용할 계획을 수립하고 국회에 예산안 심의 요청을 하였다.

---

**:: 과학기술정보통신부 예산 사용 계획 ::**

**당신은 우리 반의 행정부 장관입니다. 당신의 부서에**
**10만 원의 예산이 교부되었다면 어떻게 사용할지 계획을 세워 봅시다.**

- 태블릿 PC 대출카드 제작
① 클립보드 1개 (6,000원)
② 모나미 볼펜 3개 (720원)
③ A4 용지 10장 (104원)
④ 30cm 자 (500원)
▶ 사용량에 따라 추가 구매 여부 결정

다른 사람이 자기 자신의 태블릿 PC를 가져가도 주인이 빠르게 되찾을 수 있는 장점이 있다.

---

법원은 우리 반에서 자주 일어나는 친구 간의 다툼을 소재로 손해 배상을 청구하는 민사재판을 진행하였는데, 대부분의 학생들이 경험해 본 상황이 모의 재판으로 다뤄

지자 마치 실제 상황인 마냥 관심을 가지고 적극적으로 참여했다. 또 국회에서 정한 법률이 헌법에 위배 되지 않는지 위헌 여부를 가리기 위한 헌법재판도 실시하여 국가를 다스리는 힘이 한 곳에 치중되지 않고 국회, 정부, 법원 세 기관에 나뉘어져 서로 견제하며 균형을 이루고 있다는 사실을 직접 깨닫도록 하였다.

교육과정에 제시된 학습 내용에 학교생활과 관련된 문제 상황을 적용하여 수업과 평가를 병행하니 평가가 학생들에게 스트레스가 아닌 수업의 과정으로 받아들여졌다. 또한 단계별 활동이 진행됨에 따라 자기 평가 및 또래 평가를 실시하여 피드백을 받을 수 있도록 함으로써 학생 개개인에 대한 과정 평가를 실시함과 동시에 배움의 과정과 성장의 모습을 함께 점검할 수 있었다.

법률제정

국무회의

민사 재판

위헌법률 심판

:: **길라잡이** ::

각자 맡은 국가 기관이 하는 일을 알아보며 자신의 역할을 준비하는 활동을 하던 학생 중 한 명이 우리 반 친구들이 뽑은 강○○ 국회의원의 자격심사를 요청하였다. 국회 회의 시 적극적으로 참여하지 않고 오히려 분위기를 흐리는 강○○가 국회의원이 될 자격이 없다고 판단하였기 때문이다.

국회, 정부, 법원의 대표적인 기능(법률 제정, 예산안 수립, 재판) 이외에 세부적인 역할은 e학습터나 교과서에 설명되어 있지 않기에 이런 문제를 제기할 것은 생각하지 못했었다. 학생 스스로 선택한 역할에 대해 조사하고 깊이 있게 탐구하는 모습을 보며 수업 시간에 학생들에게 충분한 시간과 장소와 생각거리만 제공한다면 그것만으로도 충분히 훌륭한 배움이 일어날 수 있다는 생각이 들었다.

## 5) 7월 활동: 햄버거 판매 왕

| 단원 | 3-(1) 우리나라 경제 체제의 특징 |
|---|---|
| 성취 기준 | [6사06-01] 다양한 경제 활동 사례를 통해 가계와 기업의 경제적 역할을 파악하고, 가계와 기업의 합리적 선택 방법을 탐색한다. |

| 차시 | 차시별 학습활동 | 교육 내용의 재구성 |
|---|---|---|
| 1 | 단원 학습 내용 예상하기 | 가계와 기업이 하는 일과 가계와 기업의 합리적인 선택 방법 알아보기 |
| 2 | 가계와 기업이 하는 일 알아보기 | 합리적인 선택 방법을 고려하여 제품 광고 계획하기 |
| 3 | 가계의 합리적인 선택 방법 알아보기 | 광고 발표 및 합리적으로 상품 선택하기 |
| 4 | 기업의 합리적 선택 방법 알아보기 | |
| 5 | 가계와 기업이 만나는 시장 알아보기 | 우리나라 경제의 특징과 자유롭게 경쟁하는 경제 활동의 사례 살펴보기 |
| 6 | 우리나라 경제 체제의 특징 알아보기 | '경제 활동에 자유와 경쟁이 없다면?' 을 주제로 역할극 만들기 |
| 7 | 바람직한 경제 활동 알아보기 | '경제 활동에 자유와 경쟁이 없다면?' 을 주제로 역할극 발표하기 (+영상 촬영) |
| 8 | | 바람직한 경제 활동 알아보기 |

| 평가 | | 평가 영역 | 사회 경제사 | 평가 방법 | 관찰 평가 | 교과 역량 | 창의적 사고력 |
|---|---|---|---|---|---|---|---|
| | 신제품 출시 에베 버거 | 학습 주제 | 기업의 합리적인 선택 방법 알아보기 | | | | |
| | | 정의적 평가 요소 | (협력적 태도) 친구들과 적극적으로 협력하여 문제를 해결한다. | | | | |
| | | 평가 문항 | 제품의 생산 비용과 소비자의 수요 등 다양한 요건을 고려하여 합리적인 판매 계획을 세워 봅시다. | | | | |

학생들에게 학교에서 사용할 물티슈의 목적과 사용 용도를 알려 주고 각자 준비해 오라고 했을 때, 가져온 물티슈의 크기와 매수, 가격, 디자인은 제각각이다. 같은 크기지만 매수가 다르거나 가격이 다르지만 뚜껑이 있거나 없는 경우도 있다. 이는 개인마다 물티슈를 고르는 선택의 기준이 다르기 때문이다.

우리는 경제 활동을 하면서 수많은 선택을 하게 된다. 하지만 지금 우리 아이들처럼 기준이 명확하지 않은 상태로 하는 선택은 결국 후회와 경제적 손해를 끼칠 수밖에 없다.

그래서 학생들이 선택의 상황 속에서 가장 적은 비용을 들여 가장 만족스러운 선택을 할 수 있도록, 일상생활 속에서 가계와 기업에 의해 이루어지는 경제활동 사례를 살펴보며 합리적 선택 능력을 기를 수 있도록 가상의 상황을 설정하여 연습해 보기로 했다.

햄버거 가게(기업)가 되어 많은 이윤을 창출할 수 있도록 제품을 개발하고 소비자(가계)의 입장에서 햄버거를 선택하는 활동이었는데, 먼저 내가 평소에 햄버거를 사 먹을 때 제일 중요시하는 것이 무엇인지 이야기해 보며 우리 반 친구들의 선택 기준을 살펴보았다. 건강, 가격, 재료, 칼로리, 원산지 등 개인마다 다른 답변을 통해 기업의 입장에서 더 많은 제품을 판매하기 위해서는 이렇게 다양한 소비자의 기호를 고려해야 함을 확인할 수 있었다.

다음으로 각 모둠이 하나의 가게가 되어 판매 전략을 세우고 주어진 돈(5,000원)으로 새로운 메뉴를 개발하여 이를 홍보하는 전단지와 광고를 제작하고 발표했다. '햄버거 재료 가격판'을 기준으로 판매 전략에 알맞은 재료를 선택하여 햄버거 1개를 만드는 데 필요한 재료비와 판매 금액을 정하고 햄버거 이름도 지었는데, 소비자의 선택을 돕기 위해 우리 가게 햄버거의 특징과 소비자의 선택 기준이 될 수 있는 내용들이 포함될 수 있도록 하였다.

---

**:: 맥도날드 트럼프의 판매 계획 ::**

1. 전략: 맛있고 건강한 재료를 선택하여 맛있어 보이게 광고한다.
2. 새로 만들 햄버거의 재료를 정해 봅시다. (1인분)
   - 밀가루 빵, 한우 패티, 양상추, 토마토, 불고기 소스, 일반치즈
   (중략)
3. 우리 가게의 판매 전략을 다시 한 번 생각하여 정리해 봅시다.
   (아쉬운 점, 잘한 점 등)
   한우 패티 가격으로 더 싼 내용물을 넣어야지 순수익이 높아질 것인데 제일 비싼 패티를 넣어 재료비가 너무 많이 들었다.

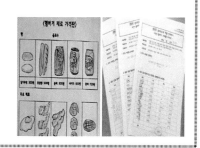

---

| [1모둠] 불베버거 | [2모둠] 꼬꼬댁스파이시버거 |
|---|---|
|  가격도 좋고 건강에도 좋은 국내산 제품을 사용하고, 양도 주문자가 선택할 수 있도록 한다.<br>- 재료비 4,200원<br>- 판매 가격 4,500원<br>- 판매 수량 8개<br>- 이윤 2,400원 |  가격을 낮추되, 보기에 맛있어 보이게 광고한다.<br>- 재료비 3,500원<br>- 판매 가격 4,000원<br>- 판매 수량 13개<br>- 이윤 6,500원 |

| [3모둠] 군침버거 | | [4모둠] 에베버거 | |
|---|---|---|---|
|  | 군침이 도는 비주얼과 서비스로 소비자를 사로잡는다.<br>- 재료비 4,300원<br>- 판매 가격 5,000원<br>- 판매 수량 7개<br>- 이윤 4,900원 |  | 가격과 건강을 고려하여 맛있는 햄버거를 만든다.<br>- 재료비 4,600원<br>- 판매 가격 4,,800원<br>- 판매 수량 4개<br>- 이윤 1,2000원 |
| [5모둠] 불고기샌프란시스코버거 | | [6모둠] 빅마약치킨버거 | |
|  | 맛있고 건강한 재료를 선택하여 맛있어 보이게 광고한다.<br>- 재료비 5,000원<br>- 판매 가격 5,,200원<br>- 판매 수량 11개<br>- 이윤 2,200원 |  | 가격은 보통으로 양은 배부르게 먹을 수 있도록 세트로 준비한다.<br>- 재료비 4,800원<br>- 판매 가격 5,100원<br>- 판매 수량 8개<br>- 이윤 2,400원 |

모둠별 홍보 전단지 및 판매 계획

광고 발표 후에는 개인이 소비자(가게)의 입장이 되어 가격, 광고, 열량 등 자신이 정한 세 가지 기준에 따라 햄버거를 선택하고, 투표 결과에 따라 가장 많은 이윤(순수익)을 남긴 가게를 '햄버거 판매 왕'으로 선정하였다. 이윤을 계산하다 보니 어떤 모둠은 햄버거를 많이 팔지는 못했지만 판매 금액이 재료비보다 훨씬 높아 많은 이윤을 남긴 반면, 햄버거를 많이 팔았지만 판매 금액이 재료비와 별 차이가 없어 적은 이윤을 남긴 모둠도 있었다.

우리 모둠과 다른 모둠의 햄버거 판매 수량과 이윤을 비교해 보며 우리 가게의 판매 전략을 다시 살펴보고, 합리적으로 물건을 판매하기 위해 계획을 세우는 과정을 평가하였다. 활동 결과에 대해 스스로 피드백하고 그 내용을 바탕으로 이루어지는 평가 활동을 통해 기업도 보다 많은 이윤을 얻기 위해 적은 비용으로 많은 수입을 얻을 수 있도록 생산 비용과 홍보 방법 등을 결정할 때 합리적 선택을 해야 함을 알게 되었다.

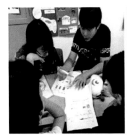
햄버거 개발

전단지 제작

햄버거 선택

판매왕 선정

:: **길라잡이** ::

햄버거 판매왕이 정해지자 이윤이 적었던 모둠에서 "네 의견대로 했더니 돈 못 벌었잖아. 그러니까 내 생각대로 하지"라고 서로를 탓하는 볼멘소리가 들려왔다. 수업과 평가의 목적은 합리적인 선택 방법을 아는 것이었는데 아이들은 활동 결과에만 집중하는 모습을 보였다.

투표 결과를 토대로 판매 전략을 수정할 시간을 제공하자 그제야 합리적인 선택 기준과 자신의 모둠이 이윤이 적었던 이유를 파악하고, 많은 소비자들의 선택을 받을 수 있게끔 광고지와 제품의 내용물을 변경하였다. 학생들이 열중하는 수업을 만드는 것도 중요하지만 자칫 활동에만 치중하여 활동은 있으나 사고가 없는 수업이 되어, 수업의 목적과 방향이 상실되지 않도록 하는 것도 중요하다.

## 교육과정 실행에 대한 평가하기

생성 >> 되돌아보기 >> 실천된 교육과정 돌아보기

국가, 지역, 학교 수준의 교육과정을 바탕으로 설계된 교사 수준 교육과정은 교사와 학생에 따라 각양각색의 모습으로 실천되고 실현된다. 교사 수준 교육과정에서 교사는 학생들과 함께 교육과정을 구성해 나가는 결정자이다. 결국 교사와 학생이 상호작용하면서 갖게 되는 교육 경험이 교육과정의 실제이자 실현된 결과가 되는 것이다. 따라서 교육과정 생성의 관점에서 교육과정 실행에 대한 평가는 다음과 같은 질문에 초점을 둔다.

:: **교육과정 생성의 관점에서 교육과정 실행에 대한 평가**[124] ::

① 초등학교 학년군 시간 배당 기준을 바탕으로 적정 시간을 운영하였는가?

② 학습 촉진을 위한 평가가 실시되어 학생의 성장 중심으로 기록되었는가?

③ 교실에서 생성된 경험들은 무엇인가? 생성을 위한 교사와 학생들의 활동은 적절하였는가?

④ 국가 수준 교육과정은 교사 수준 교육과정의 생성에 어떤 영향을 주었는가?

⑤ 실제로 생성된 교육과정이 학생들에게 주는 영향은 적절하였는가?

---

124)  에듀쿠스 저, 『교사 수준 교육과정』, 북랩, 2018, p.203.

# 1) 초등학교 학년군 시간 배당 기준을 바탕으로 적정 시간을 운영하였는가?

창밖에 보슬보슬 봄비가 내릴 때 시작한 1학기가 매미가 큰 소리로 존재감을 뽐내는 뜨거운 여름의 끝자락까지 다다랐다. 오롯이 내 손으로 설계하고 실천하는 교육과정은 처음이었기에 진행하는 과정에서 수정된 부분도 많았고 아쉬운 점도 많았다. 특히, 교과별 시수와 연간 교수·학습 계획은 학기 초 정보 공시 및 학년 교육과정 결재를 위해 3월 초에 확정지어야 했었는데 수업을 하다 보니 시수가 예상보다 부족하거나 남는 과목들이 생겨 교과별 시수를 확보하기 전 교육과정에 대한 이해 및 분석이 먼저 이루어져야 한다는 생각이 들었다.

이외에도 시수 증배·증감을 비롯하여 단원 재배열, 주제 통합 등 한 학기 동안 교육과정을 운영하면서 다음 학년도 교육과정에 반영할 필요가 있는 사항들은 학기 말 교육과정 협의회 시 동학년 선생님들과 함께 토의하여 다음과 같이 정리했다.

| 기간 \ 구분 | | | 국어 | 도덕 | 사회 | 수학 | 과학 | 실과 | 체육 | 음악 | 미술 | 영어 | 창의적 체험활동 | 총계 |
|---|---|---|---|---|---|---|---|---|---|---|---|---|---|---|
| 기준시수 | | | 204 | 34 | 102 | 135 | 102 | 68 | 102 | 68 | 68 | 102 | 102 | 1,088 |
| 자율화적용 | | | | | +2 | | +2 | | | | | | | |
| 본교시수 | | | 204 | 34 | 104 | 136 | 104 | 68 | 102 | 68 | 68 | 102 | 102 | 1,092 |
| 본교 | 1학기 | 계획 | 108 | 18 | 55 | 72 | 55 | 36 | 54 | 36 | 36 | 54 | 54 | 578 |
| | | 실시 | 108 | 18 | 55 | 72 | 55 | 36 | 54 | 36 | 36 | 54 | 54 | 578 |
| | 2학기 | 계획 | 96 | 16 | 49 | 64 | 49 | 32 | 48 | 32 | 32 | 48 | 48 | 514 |
| | | 실시 | | | | | | | | | | | | |
| | 계 | 계획 | 204 | 34 | 104 | 136 | 104 | 68 | 102 | 68 | 68 | 102 | 102 | 1,092 |
| | | 실시 | | | | | | | | | | | | |

6학년 교육과정 편제 및 배당 시수

---

:: **2020학년도 교과별 기준시준 참고사항** ::

- 올해는 2015 개정 교육과정이 적용됨에 따라 학습 결손을 방지하기 위해 사회과에 한시적으로 추가 단원이 편성되어 시수를 증배하였으나, 내년부터는 정상운영되기에 증배할 필요 없음.
- 소프트웨어 교육이 강화되며 정보 관련 단원을 17차시 내외로 확보하게끔 되어 있으나, 실질적으로 학생들의 컴퓨팅적 사고를 함양하기에는 시수가 부족함. 내년에는 증배할 필요가 있음.

## 2) 학습 촉진을 위한 평가가 실시되어 학생의 성장 중심으로 기록되었는가?

일반적으로 학교장 결재 후 실시되는 평가는 첨삭 지도된 평가지, 생활통지표, 가정 통신문과 같은 다양한 형태로 학생 성장의 과정과 결과가 기록되지만 학급에서 교사의 재량으로 실시되는 평가의 경우 구체적인 기록이나 피드백 없이 일회적인 활동으로 끝나기 쉽다. 여러 번의 학년 협의회를 거쳐 만들어진 평가계획과 평가기준으로 학생들의 성취 수준을 정확하게 파악하는 것도 중요하지만, 성취기준 도달 정도는 다양할 수 있기에 개개인의 수준과 능력에 맞게 교사가 자율적으로 평가하고 그 과정을 기록하여 성장을 북돋우는 것도 중요하다.

우리 학교는 교실마다 태블릿 PC와 무선 통신망이 구축되어 이를 활용한 수업이 많이 이루어지고 있다. 이러한 학교의 환경적 특성을 이용하여 학생들이 직접 수업 활동의 결과물 과 평가 내용을 위두랑(사이버 학급) 과제방에 지속적으로 탑재하고, 제출한 과제를 바탕으로 개별 피드백을 제공하여 맞춤형 수업과 평가를 위한 자료로 활용하였다.

학생들이 현재 가지고 있는 지식과 능력을 선별하는 것에 초점을 두지 않고 개별적인 성장과 발전을 위한 평가를 실시하니 학생들에게 부족한 부분을 쉽게 파악하여 단계별로 지도함으로써 학습의 효율성을 높일 수 있었다. 또한 학기 말에는 평가 활동 결과물을 모아 작품집을 제작하여 자신의 성장 정도를 확인할 수 있도록 하였다.

## 3) 교실에서 생성된 경험들이 무엇이며 생성을 위한 교사와 학생들의 활동은 적절하였는가?

1학기 동안 진행한 사회 프로젝트의 과정과 결과를 우리 반 이름으로 된 유튜브 채널을 통해 지속적으로 공유하며 생각보다 많은 호응을 얻었다. 어려운 사회 교과 내용을 같은 학생의 입장으로 풀어서 설명하고 다양한 형태의 영상으로 제작한 것에 흥미와 관심을 가지는 다른 반 친구들도 있었고, 댓글로 감상평을 적거나 '좋아요'를 누르는 구독자도 생겼다.

수업이 진행될수록 호응이 컸던 만큼 학생들의 수업 참여도와 몰입도도 높았고 함께 협력하여 결과물을 만드는 과정에서 스스로 지식을 구성하고 온·오프라인으로 자유롭게 소통하며 자신의 성장을 되돌아볼 수 있었다.

| 유튜브 채널 | 활동 결과물 | 학부모 문자 |

교사의 입장에서 학생들이 성취기준과 학습 목표에 따라 알맞은 주제를 선정하여 과제를 해결할 수 있도록 활동을 안내하고 평가를 통해 부족한 부분을 보완할 수 있어서 좋았다. 또한 매 차시마다 피드백한 학생들의 활동 결과물을 평가 결과와 함께 가정에 배부함으로써 학생의 배움과 성장을 공유하고 발전할 수 있어서 보람 있었다.

## 4) 국가 수준 교육과정은 교사 수준 교육과정의 생성에 어떤 영향을 주었는가?

교사 수준 교육과정은 국가·지역 수준의 교육과정을 기준과 지침으로 학교 수준 교육과정에서 제시하는 요구 및 교육 환경을 등을 반영하여 단위 학급(학년)별로 편성·운영하는 실천 중심의 교육과정이다.[125] 그래서, 교사 수준 교육과정은 교사의 번역과 해석에 따른 다양성을 지니고 있지만 동시에 국가, 지역, 학교 수준 교육과정과 일관성도 지녀야 한다.

2015 개정 교육과정은 창의·융합형 인재 양성을 목표로 학생들이 미래 사회를 성공적으로 살아가는 데 필요한 핵심적인 역량을 갖출 수 있도록 하는 데 중점을 두고 있다. 나 또한 교사 수준 교육과정의 설계 단계에서 교육목표를 수립하며 우리 아이들에게 꼭 필요하고 갖추어야 할 능력이 이러한 핵심 역량이라 생각했다. 그래서 '자기관리 역량', '지식정보처리 역량', '창의적 사고 역량', '심미적 감성 역량', '의사소통 역량', '공동체 역량'을 기를 수 있도록 중점 과제를 설정하고 목적을 보다 구체화한 교수·학습 활동을 실시하였다.

---

125)　에듀쿠스 저, 『교사 수준 교육과정』, 북랩, 2018, p.67.

국가 수준 교육과정은 학생들이 무엇을 배우고 평가받아야 할지에 대한 종합적인 설계도와 같다. 설계도를 바탕으로 교사 수준 교육과정을 구성하고 실천하니 교육과정-수업-평가가 일관성 있게 진행될 수 있었고, 문서로만 존재했던 교육과정이 수업과 평가를 통해 실제적인 교사 수준 교육과정으로 실현될 수 있었다.

### 5) 실제로 생성된 교육과정이 학생들에게 주는 영향은 적절하였는가?

교사 수준 교육과정을 설계하며 내가 의도한 교육적 목표(소통, 공감, 배움)가 어떻게 학생들에게 최대한 실현될 수 있을지 고민을 하다 선택한 방법이 학생들과 함께 교육과정을 구성하는 것이었다. 그래서 수업 구성 단계부터 배움 주제와 목표를 학생들과 공유하면서 무엇을 공부할지 수업의 방향을 정하기 위한 상호작용을 계속해 왔다.

결정하는 과정에서 학생들의 의견이 다른 경우에는 끊임없이 교류하고 소통하는 과정을 거치며 서로를 이해하고 공감하는 태도를 갖추게 되었고, 함께 협업하여 지식을 나누는 활동을 통해 협력적 배움이 이루어졌다.

## 학생들의 시선 담기

생성 >> 되돌아보기 >> 학생 수준 교육과정 돌아보기

오늘은 '유튜브 종영 기념 파티'라는 명목으로 그간 우리가 차곡차곡 쌓아 온 배움 활동지와 영상 자료들을 쭉 펼쳐놓고 1학기 동안 진행했던 사회 프로젝트를 마무리하는 날이었다. 프로젝트가 끝난 것이 좋은 것인지 결과물이 뿌듯해서 좋은 것인지 자신들이 만든 영상을 보고 낄낄대며 웃으며 친구들에게 자신의 작품을 자랑하기도 하고 더 잘 만들 수 있었는데 시간이 부족했었다는 아쉬움을 토로하기도 했다.

프로젝트 활동을 하며 좋았던 점, 힘들었던 점 등 소감을 발표하는 시간에는 대부분의 학생들이 모둠 친구들과 소통하여 수업을 진행하고, 우리가 만든 영상을 유튜브를 통해 공유함으로써 어렵게만 생각했던 사회가 이해하기 쉽고 재미있었다는 긍정적인 반응을 보였고, 자신만의 유튜브 채널을 개설해 계속해서 수업 영상을 공유하고 싶다는 학생들도 있었다.

## 1) 프로젝트 활동을 하며 좋았던 점

- 친구들이 만든 영상으로 공부하니 오히려 이해가 더 잘 됐어요.
- 사회 수업은 내용이 어려워 이해 못한 것이 많았는데, 6 학년 때는 프로젝트를 해서 어려운 내용도 잘 이해할 수 있었어요.
- 다른 반 친구들이 구독도 해 주고, '좋아요'도 눌러 주니 뿌듯했어요.
- 우리 모둠은 진짜 대화가 잘 통했던 것 같아요. 모둠을 잘 만났어요.
- 유튜버가 꿈인데 꿈을 이룬 것 같은 기분이었어요.

## 2) 프로젝트 활동을 하며 힘들었던 점

- 편집하다가 영상 날아갔을 때 정말 최악이었어요.
- 친구들과의 의견 충돌로 다툰 적이 있었어요.
- 역할극 할 때 모둠 친구들이 자꾸 웃어서 진행하기 힘들었어요.
- 가끔 e학습터로 공부를 안 해 오는 친구가 있어서 제가 전부 설명해 줘야 해서 힘들었어요.
- 우리가 만든 영상에 나쁜 말을 적은 댓글도 있어서 화가 났어요.
- 영상 편집하는 데 시간이 많이 걸렸어요.

# 교사의 내면 세우기

미국의 교육학자 파커 J. 파머는 교사들이 세 가지 연기를 한다고 한다.

첫째, 내가 얼마나 똑똑한 교사인지 보여 주기
둘째, 내 지식이 얼마나 많은지 보여 주기
셋째, 수업 준비를 얼마나 충실히 하는지 보여 주기[126]

지금까지 나는 이처럼 '보여 주기'식 수업에만 초점을 맞춘 채 수업이 길을 잃은 것 같은 느낌이 들 때도 '이 정도면 좋은 수업이지' 하는 자만에 빠져 있었다. 수업의 목표와 방향은 설정하지 않고 학생들이 좋아할 만한 활동들로 가득했던 수업들은 수업 기술이 좋은 교사라고 인정받기에는 충분했지만, 그러한 활동들이 학생들의 배움으로 이어지지는 못했고 나는 그러한 수업을 반복해 왔다.

하지만 나만의 교사 수준 교육과정을 설계하고 실행하면서 좋은 수업이란 단순히 교사가 보여 주는 모습만으로 이루어지지 않는다는 것을 알게 되었다. 좋은 수업은 교육 내용, 방법, 평가 모든 것이 하나의 목적으로 향한다. 반면 목적이 없는 수업은 교사가 아무리 많은 활동을 하더라도 연관성 없이 분절된 채로 존재할 뿐이다. 그래서 수업을 하는 교사가 가지고 있는 철학과 가치 그리고 거기서 나온 일관된 교육목표와 방향이 무엇보다 중요하다.

학기, 주제, 단원, 차시 등 다양한 수준의 교육과정을 운영하면서 처음 설계했던 교육과정이 끝까지 일관성을 가지고 실천될 수 있었던 것은 교사로서 내가 가진 철학과 가치가 각각의 교육과정 속에 녹아 있었기 때문이었고, 이를 실천하면서 내가 생각하는 좋은 수업이란 무엇인지에 대한 나만의 해답을 찾을 수 있었다.

혹시 아직 그 해답을 찾지 못했다면 스스로에게 질문해 보자. 나는 어떤 수업을 하고 싶은가? 어떤 수업이 좋은 수업이라고 생각하는가? 나는 어떤 교육과정을 가진 교사가 되고 싶은가?

---

126)  김태현, 『교사 수업에서 나를 만나다』, 좋은교사, 2012, p.52.

# 의미 있는 결과물 정리하기

생성 >> 되돌아보기 >> 점검하기

계획된 교사 수준 교육과정을 설계도 삼아 실천한 후, 생성된 교육과정을 점검해 보는 것은 다음 학년도의 교육과정을 편성·운영하는 데 많은 도움이 된다.[127]

교육과정 실행 및 생성 단계 점검표를 기준으로 실천된 교육과정, 학생 수준 교육과정, 교사의 성장을 되돌아보며 나만의 교사 수준 교육과정을 점검해 보았다.

계획에 따라 1년 동안 실천한 내용들은 다음 학년도의 새로운 교사 수준 교육과정을 만들기 위한 하나의 자료로 활용될 수 있다. 그래서 연간 교수·학습 계획, 학생평가 결과, 시수표와 같이 문서로 기록된 내용뿐만 아니라 학생들의 활동 모습이 저장된 사진첩, 교사용 지도서에 남겨진 메모까지 다양한 결과물을 다시 한 번 살펴보았다.

이러한 의미 있는 결과물들이 매년 수정·보완되며 교사로서 자기 교육과정의 전문성을 더하는 데 도움을 줄 수 있기에 실행 과정에서 수정된 내용 또는 교육과정 구성 설계와 실행을 위해 만들었던 자료들을 정리하여 문서화하였다.

| 문서로 기록된 결과물 | 학생 활동 사진첩 | 교사용 지도서 메모 |

---

127)    에듀쿠스 저, 『교사 수준 교육과정』, 북랩, 2018, p.213.

# 4장

# 선생님들의 배움과 실천 이야기

'우리 교사들이 마땅히 가야 할 길은 어떤 것인가?'
'어떻게 하면 아이들이 즐겁게 제대로 배울 수 있을까?'
이런 고민이 우리를 모이게 만들었다.
함께하는 동안 같은 고민을 하고 있는 동료를
만난 것만으로도 즐겁고 행복했다.
우리는 같은 목적과 의미를 향해 함께 걸어왔고
앞으로도 함께할 것이다.
전문적학습공동체, 에듀쿠스를 통해
우리 자신과 우리가 하고 있는 일의 의미를 찾고
마주할 수 있었다.

첫 만남부터 지금까지,
우리들의 배움과 실천, 성장의 과정을 담았다.

1. 에듀쿠스, 교사 수준 교육과정 실천 분과 이야기
2. 전문적학습공동체란 무엇인가?
3. 전문적학습공동체의 성공 요인은 무엇인가?
4. 에듀쿠스, 우리들의 배움과 실천 이야기

# 에듀쿠스, 교사 수준 교육과정 실천 분과 이야기

에듀쿠스(Educus)[128]는 'Education'의 'Edu', '~하는 사람'이란 뜻의 라틴어 'cus'를 합성하여 만든 단어이며 교육에 대해 함께 고민하고 공부하는 경남 지역 초등학교 교사들의 모임이다.

경상남도교육청에서는 배움중심수업 철학과 교육과정-수업-평가 일체화에 대한 일선 교사들의 이해를 돕고자 2016년부터 '앎과 삶을 담아내는 교육과정-수업-평가 일체화 시리즈'를 발간하고 있다. 2016년 8월에 발간된 『평가 연계 배움중심수업 도움자료 10人 10色』을 시작으로 『통합의 교육학, 교육과정-수업-평가 일체화』(2017.1.), 『앎과 삶이 하나 되는 교육과정 이야기』(2017.8.), 『교사 수준 교육과정 실천편』(2019.1.) 이렇게 총 4개의 주제로 발간되었다.

에듀쿠스는 이 시리즈의 발간 당시 담당자였던 장학사를 리더로 하여 1차부터 4차까지 집필에 참여했던 교사들이 모여 형성된 전문적학습공동체이다. 4개의 주제별로 참여한 교사들이 각각 다르기 때문에 우리들끼리는 1기, 2기, 3기, 4기로 간편하게 부르며 각 팀별로 전문적학습공동체 활동을 이어 나가고 있다.

앞서 언급한 경상남도교육청의 '앎과 삶을 담아내는 교육과정-수업-평가 일체화 시리즈' 중 네 번째 『교사 수준 교육과정 실천편』은 교사 수준 교육과정의 필요성과 개념, 교사 수준 교육과정 구성을 위한 준비 그리고 학기 단위, 주제 단위, 단원 단위, 차시 단위의 구체적 실천 내용들로 구성되었다. 에듀쿠스 교사 수준 교육과정 실천 분과는 이 네 번째 시리즈의 집필을 위해 2018년 4월부터 전문적학습공동체 활동을 시작했으며 현재까지 교사 수준 교육과정 실천을 연구 주제로 활동하고 있다.

연구 주제 면에서는 교사 수준 교육과정 실천이라는 점에서 동일하지만 2018년의 활동과 올해 2019년의 활동은 형식과 내용 면에서 큰 차이점이 있다. 2018년의 연구 활동은 그 시작부터 교육청 차원의 집필 위원 모집, 집필 과정에 대한 지원(복무 관련 처리, 장소 제공 등) 그리고 결과물의 발간 등이 뒷받침되었다. 하지만 2019년의 활동은 그 시작이 '조금 더 연구를 진행해 보자, 학습공동체 활동을 이어 나가 보자'라는 참여 교

---

128)  에듀쿠스에 대한 좀 더 자세한 내용은 에듀쿠스 블로그(http://blog.naver.com/edu-cus)에서 확인할 수 있다.

사들의 자발적 의지가 크게 작용했기에 흔히 학교 밖 전문적학습공동체가 겪는 운영의 어려움, 즉 시간적 제약과 공간 확보의 어려움 등을 극복해야만 했다.

또한 연구 내용 면에서는 2018년에 연구했던 주제 '교사 수준 교육과정 실천'을 좀더 깊이 있게 다루어 보고자 1학년 담임부터 6학년 담임까지 6명의 교사가 한 학기(2019년 1학기) 동안 설계, 실행, 생성하는 교사 수준 교육과정의 전체적인 흐름과 구체적인 실천 사례를 중심으로 연구하였다. 이러한 실천 사례 구성을 위한 협의와 연구 외에도 교사 수준 교육과정의 안정적인 정착과 실천을 위해 현장 적용의 문제점이나 어려움 해결 등을 위해 정기적으로 함께 모여 생각을 나누며 전문적학습공동체 활동을 이어 나가고 있다. 이러한 활동의 결과를 정리한 것이 바로 이 책『교사 수준 교육과정 두 번째 이야기』이다.

교사 수준 교육과정은 교육과정-수업-평가 일체화를 위해 꼭 필요한 교육과정 재구성의 과정에서 교사 각자가 자신의 전문성을 바탕으로 국가 수준 교육과정을 읽고 해석하여, 가르치는 학생의 흥미와 삶을 담아내고 교사 자신의 철학과 가치, 역량을 반영하여 설계, 실행, 생성하는 실천 중심의 교육과정을 말한다. 또한 교육과정을 실천하는 교사가 자신만의 목적의식과 의미(교육목표 및 중점 과제)를 설정하고 교육과정 설계, 실행, 생성의 전 과정을 통해 지속적으로 추구하고 있느냐가 핵심이다.

이처럼 교사 수준 교육과정은 문서로서 강조되는 것이 아니라 실제 수업으로 실천되는 과정을 의미하는 것이기에 여러 교사에 의해 각양각색으로 실천되는 구체적인 사례들을 논리적이고 일목요연하게 정리하여 현장의 동료교사들과 나누려는 우리들의 연구와 실천은 매우 중요하다. 이러한 실천 사례 공유를 통해 현장 교사들의 교사 수준 교육과정에 대한 바른 이해를 돕고, 구체적인 실천 과정을 나누면서 실천 의지를 북돋울 수 있기 때문이다.

앞서 2018년 12월에 출간된 에듀쿠스의『교사 수준 교육과정』이 교사 수준 교육과정의 개념과 모델을 담아 교사 수준 교육과정에 대한 이정표를 세운 책이었다면 이번 『교사 수준 교육과정 두 번째 이야기』는 그 이정표를 따라 묵묵히 걷는 에듀쿠스들의 실천 과정과 고민 그리고 의지를 자세히 담은 책이다.

전문적학습공동체는 교사의 학습과 전문성 개발을 목적으로 하는 교사들의 자발적인 모임으로 교사 모임, 교사 학습 공동체, 교사 공동체 등으로 불리고 있으며 교사연구회나 교과교육연구회, 교과교사협의회 등 교사 집단의 전문성 개발 활동을 하는 조직 등을 모두 포함한다.[129] 흔히 전문적학습공동체라는 말을 들으면 대부분의 교사들은 '전문적'이라는 표현에서 부담감을 느낀다고 말한다. '전문적'이라는 단어에 부합하는 모임의 특성을 갖추려면 얼마나 높은 수준의 전문적 지식과 대화, 학습이 이루어져야 할 것인가 하는 생각에서 말이다. 하지만 전문적학습공동체는 이미 교육 전문가인 교사들이 자발성, 동료성을 바탕으로 공동 연구 및 공동 실천하는 과정에 함께 참여하면서 전문성을 신장하고 성장하는 것을 목표로 하며, 여기서 전문성은 학생의 배움과 성장이라는 학생중심교육을 실천할 수 있는 교사 전문성을 뜻한다.[130]

**이미 전문가인 교사들이 수업의 개선을 목표로, 함께 모여 배우고 생각을 나누며 수업을 통해 실천하는 과정을 경험하면서 교사로서의 전문성을 향상시켜 나가는 모임이다.**

전문적학습공동체는 학교 안 전문적학습공동체와 학교 밖 전문적학습공동체로 구분하는 것이 일반적이며 최근에는 학교 안과 학교 밖 전문적학습공동체의 연계를 통한 활성화 방안도 시도되고 있다.

경상남도교육청에서는 2019년부터 수업 연구 중심의 '수업혁신 전문적학습공동체'를 도내 모든 초, 중, 고등학교에서 운영하도록 하고 있으며, 전문적학습공동체가 중요하고 효과적인 현장 연수가 될 수 있도록 다양하게 지원하고 있다. 경상남도교육청에서 제시하는 전문적학습공동체의 활동 내용은 다음과 같다.[131]

- 수업 고민 나누기
- 교육과정 읽기

---

129) 조윤정 외, 『전문적학습공동체 사례 연구를 통한 성공요인 분석』, 경기도교육연구원, 2016.

130) 단위학교 교원들이 동료성을 바탕으로 함께 수업을 개발(공동 연구)하고 함께 실천(공동 실천)하며, 교육 활동에 대해 대화 및 협의하는 과정에서 함께 성장(집단성장)하는 학습공동체 활동(경기도교육청).

131) 경상남도교육청, 《전문적학습공동체 소식지-함께》 창간호 vol.1., 2018, p.5.

- 학년별 또는 교과별 운영 계획 협의
- 교육과정 재구성하기
- 수업 방법 및 평가 내용 협의
- 수업 나눔 및 수업 성찰
- 수업과 평가 개선을 위한 자료 공유
- 수업과 평가 혁신 관련 협의
- 독서 토론 등

전문적학습공동체는 학교 현장에 만연한 개인주의와 과중한 업무로 인해 개별 교사가 고립되는 교사 문화를 개선하고 관 주도의 타율적이고 하향적인 강의식 연수 방법을 대체할 수 있는 교사 전문성 개발의 효과적 방안으로 주목받고 있다.[132]

경기도교육청에서는 혁신학교를 넘어 모든 학교의 총체적인 변화를 이끌어 내기 위한 학교 혁신 정책의 필요성이 대두됨에 따라 혁신공감학교 제도를 도입하고 자치공동체, 생활공동체, 학습공동체 형성을 통해 새로운 학교생태계를 구축하여 지속 가능한 학교 혁신을 추진하고 있다. 이러한 움직임과 더불어 교사의 개별적 성장이 아닌 집단 성장과 학교자율경영 체제 전환을 통한 학교역량강화 방안을 모색하는 과정에서 전문적학습공동체 활동을 강조하고 적극적으로 운영하고 있다. 즉, 교원 전문성 신장뿐만 아니라 학교집단역량을 기르고 교실수업개선 및 학교조직문화를 개선하는 학교혁신을 전문적학습공동체의 궁극적 목적으로 보고 있다.[133]

배움과 성장은 교사와 학생 모두의 것이다. '이미 성숙한 교사는 가르치고 아직 미성숙한 학생은 배운다'는 이분법적 사고는 시대에 맞지 않는 전제가 된 지 오래이다. 학교에서 지향하는 진정한 배움과 성장은 학생이든 교사이든 개별적으로 단절된 채 이루는 것이 아니라 수업 활동 속에서 맺는 협력적 관계 속에 이루어진다. **'함께'** 생각하고 **'함께'** 고민하는 과정 속에 집단지성을 경험하는 일 그리고 자신의 생각과 경험을 다른 사람과 나누고 공유하는 일은 학생이나 교사에게 꼭 필요한 역량이며 배움의 과정이다. 특히 교사가 전문적학습공동체 활동을 통해 이러한 배움의 과정을 직접 경험하는 것은 그가 가르치는 학생을 그와 같은 배움의 과정으로 이끄는 가장 직접적이고 효과적인 방법이 될 것이기에 매우 중요하고 필요하다.

---

132)  조윤정 외,『전문적학습공동체 사례 연구를 통한 성공요인 분석』, 경기도교육연구원, 2016.
133)  경기도교육청,『궁금하면 펼쳐보는 학교 안 전문적학습공동체 Q&A』, 경기도교육청, 2018, pp.1~2.

# 3 전문적학습공동체의 성공 요인은 무엇인가?

그렇다면 교사 학습공동체, 즉 전문적학습공동체 활동의 성공 요인은 어떤 것이 있을까? 경기도교육연구원(2016)에서는 학교 안과 학교 밖에서 활성화되고 있는 전문적학습공동체를 대상으로 연구를 수행하여, 그 성공 요인을 전문적학습공동체의 발달 과정에 따라 다음과 같이 제시하고 있다.

| 구분<br><br>발달<br>단계 | 학교 밖 전문적학습공동체 | 학교 안 전문적학습공동체 |
|---|---|---|
| 형성 요인[134] | - 리더의 역할<br>- 구성원 간 친밀감 형성<br>- 정기적 운영, 체계적 프로그램 실시 | - 전문적학습공동체의 필요성 공감<br>- 정기적인 전문적학습공동체의 날 운영<br>- 업무 경감을 통한 시간적 여유 마련 |
| 발전 요인[135] | - 구성원 간 업무 분담 및 협업을 통해 책임 공유<br>- 구성원의 의견을 운영에 반영<br>- 연구 결과를 학교 내 수업이나 교육과정에 적용, 실천 | - 민주적 의사결정 구조 확립으로 전문적학습공동체 관련 의사결정을 교사 스스로 내림<br>- 전문적학습공동체 활동과 교육과정이 유기적으로 연계되어 수업 개선을 위해 공동 연구한 내용을 공동 실천<br>- 구성원 간 신뢰 형성, 비공식적 친밀감 형성 |
| 정착 요인[136] | - 지속적인 신입 회원 영입<br>- 회원들이 강사, 자문진 활동, 서적 출간 등 연구 내용의 확산을 위한 노력<br>- 다양한 공익적 활동을 통해 공공성 확보 | - 교사의 내적 자발성이 살아나도록 믿고 기다려 주기<br>- 전문적학습공동체 리더와 구성원 간 수평적 의사소통<br>- 전문적학습공동체 활동 종료 후 활동 평가 및 피드백 |

전문적학습공동체의 성공 요인

---

134) **형성요인**은 전문적학습공동체가 초기에 형성될 수 있었던 요인이며 전문적학습공동체 활동을 이제 막 시작하려는 학교에서 시도해 볼 만한 요인들을 의미한다.

135) **발전요인**은 전문적학습공동체가 지속적으로 발전할 수 있게 한 요인을 의미하며 형성 요인에 비해 해당하는 요인들에 대한 시간 투입이 많이 필요한 요인들이다.

136) **정착요인**은 전문적학습공동체가 학교 전체로 확산되어 학교 문화로 정착되거나 외연을 확대하고 내실을 기하면서 지속 가능성을 확보하는 요인을 의미한다.

이와 같은 연구가 의미 있는 것은 학교 현장의 사례 연구를 통해 각 급 학교 및 전문적학습공동체별로 전문적학습공동체의 형성, 발전, 정착 단계에서 공통적으로 나타나는 성공요인들이 존재하고 있음을 규명하고 그것을 도출해 냈다는 점이다.

학교 안 전문적학습공동체 활동을 시도해 보려는 생각을 가졌거나 관련 업무 담당자인 선생님들이 가장 먼저 주목해야 할 요인이 형성 요인이다.

형성 요인에서 가장 중요한 것이 전문적학습공동체 운영의 필요성에 대한 이해, 즉 가치와 비전의 공유이다. 전문적학습공동체 활동의 필요성을 인식하고 어떤 목적과 비전을 달성할 것인지를 명확히 하는 것은 교사들의 자발적이고 적극적인 참여를 이끌어 낼 것이고 이것은 전문적학습공동체의 성과로 이어질 것이다. 특히 학교 관리자가 전문적학습공동체 운영에 대해 올바르고 확고한 철학을 지니고 있으며 민주적이고 수평적인 의사결정에 대해 열린 인식을 지녔다면, 해당 학교의 전문적학습공동체 형성 과정은 매우 신속히 진행될 것이다. 다만, 처음부터 너무 서두르지 말고 동료 교사들끼리 서로를 알아 가고 관계를 구축할 수 있도록 여유를 갖고 시작하는 것이 좋겠다.

**형성 요인 중 전문적학습공동체의 날 운영과 시간적 여유 확보는 전문적학습공동체 운영 여건을 확보하기 위한 기본 조건에 해당한다. 주1회 또는 월1회 2시간 정도의 시간을 전문적학습공동체의 날로 정하여 운영해야 한다. 그리고 이 시간에는 교사들이 꼭 참석할 수 있도록 다른 학교 일과와 중복되지 않게 일과를 운영해야 한다. 또한 업무 경감을 통해 시간적 여유를 확보하여 교사들이 전문적학습공동체 활동에 집중할 수 있도록 여건을 마련해야 할 것이다.**

형성 요인으로 하나 더 제시한다면, 바로 리더(전문적학습공동체 활동을 실질적으로 이끌어 나가는 교사)의 역할이다. 전문적학습공동체의 필요성에 대해 설명하고 공감을 이끌어 내며 회원들과의 수평적 관계 속에 활발히 의견을 주고받으며 전문적학습공동체를 이끌어 나가는 사람이 바로 리더이다. 기본적으로 학생들의 배움과 성장에 관심이 있는 교사라면 누구나 리더가 될 수 있다. 교육 이론이나 교육 방법에 대한 전문적 지식이나 경험이 있어야만 리더가 될 수 있는 것도 아니고, 그런 리더가 있어야만 전문적학습공동체로 인정되는 것도 아니다. 좋은 수업과 진정한 배움에 대해 궁리하는 교사, 동료들과 자신의 수업과 교육활동 경험을 함께 나누려는 교사, 혼자보다는 함께일 때 학교생활이 더 의미 있고 가치 있다는 것을 아는 교사, 이런 교사라면 누구나 리더가 될 수 있다. '한 번 해 봅시다'라고 먼저 손을 내밀거나 의견을 제시하는 리더가 있고 이러한 리더의 생각에 함께하는 몇몇의 동료 교사들로 전문적학습공동체가 시작되는 것이 흔히 볼 수 있는 사례이다. 이와 같이 전문적학습공동체 활동의 구심점이 되는 리더의 역할과 역량은 전문적학습공동체의 형성 단계에서 매우 중요하다. 전문적학습공동체의 활성화를 위해서는 일선 교사들의 전문적학습공동체에 대한 전반적인 이해를 높이는 연수와 함께 노련하고 역량을 갖춘 리더를 양성하는 연수가 확대되어야 할 것이다.

발전 요인 중 주목할 것은 전문적학습공동체 활동과 교육 과정이 유기적으로 연계되어 수업 개선을 위해 공동 연구한 내용을 공동 실천할 수 있도록 해야 한다는 것이다. 대부분의 초등학교에서는 동학년 단위로 전문적학습공동체를 조직하고 운영한다. 이는 동학년 담당 교사들은 함께 모이는 시간을 정하기도 쉽고, 같은 학년의 학생을 지도하고 있기에 교육과정 및 학생지도에 있어 서로 소통이 잘되기 때문일 것이다. 동학년 단위 전문적학습공동체의 주제를 정할 때, 우리 학년의 중점 교육활동 및 특색 활동이 무엇인지 생각해 보고 그것과 관련된 주제를 정하는 것이 좋다. 학년교육과정과 잘 연계된 전문적학습공동체 활동은 함께 모여 연구하고 직접 교실에서 수업을 통해 실천해 보며 서로의 경험을 통해 피드백하는 과정 그 자체이다. 이러한 과정은 근무 시간 중 동학년 모임을 통해 자연스럽게 지속적으로 이루어질 수 있다.

지역교육청에 따라 전문적학습공동체의 활성화를 위해 전문적학습공동체 학점화 정책이나 전문적학습공동체 운영 결과를 관리자 성과 평가에 반영하는 정책 등을 시행하기도 한다. 이러한 강제성이 바탕이 된, 톱다운(top-down) 방식의 정책 시행은 전문적학습공동체의 확산과 학교 현장의 빠른 변화를 이끌어 내려는 고민에서 비롯된 시도일 것이다. 그러나 학교의 현실을 반영하지 못한 이러한 정책으로 인해 오히려 일선 교사들이 전문적학습공동체 활동을 타율적 강제로 받아들이게 되어 거부감을 불러일으킬 수 있다는 점에서 개선되거나 보완될 필요가 있다.

교사들의 자발적인 참여가 전제되어야 가능한 전문적학습공동체의 활성화는 교사들의 의식과 문화가 변해야 가능한 일이다. 어느 분야이든 구성원의 의식 변화는 많은 시간과 노력을 필요로 한다. 교사 양성 과정부터 현직 연수까지 전 과정에 걸쳐 교사들로 하여금 교직은 연구와 실천이라는 두 가지 사명을 통해 전문성을 완성해 나가야 함을 이해하고, 동료와 소통하고 경험을 공유함으로써 끊임없이 성장해 나갈 수 있다는 믿음을 형성해야 할 것이다. 또한 다양한 전문적학습공동체 운영 사례들을 확산시키고 공유하여 전문적학습공동체에 대한 교사들의 선입견과 부담감을 개선하고 참여의지를 높여야 한다.

# 에듀쿠스, 우리들의 배움과 실천 이야기

앞서 밝혔듯이 에듀쿠스는 경남 도내 여러 초등학교 소속 교사들이 참여하고 있는 학교 밖 전문적학습공동체이다. 현재 에듀쿠스는 교육과정, 수업, 평가와 관련된 여러 가지 연구 주제별로 분과를 나누어 활동하고 있다.

에듀쿠스가 처음부터 여러 개의 분과로 나뉘어 활동한 것은 아니었다. 교육에 대한 생각을 함께 나누고 다양한 교육 현안들을 연구하는 과정에서 회원의 수가 자꾸 늘어나게 되자, 보다 효율적인 전문적학습공동체 운영을 위해 분과별로 다양한 연구 주제를 정하고 모이게 되었다. 이러한 양상은 전문적학습공동체의 성장 단계인 생성, 성장, 확산 중 회원이 20명 이상이 되는 확산 단계에서 발생되는 여러 가지 문제점(적극적 주도적 회원에 비해 소극적 회원의 증가 등)을 해결하기 위해 제시되는 소규모 단위의 연구 활성화[137]와 닮아 있다. 또한 회원들이 연구 주제 관련 연수 강사 및 자문단으로 활동하고 있으며, 연구 결과의 서적 출간 등을 통해 연구 내용의 확산을 위해 노력하는 한편 지속적인 신규 회원의 영입이 이루어지고 있다. 이와 같은 특성들은 학교 밖 전문적학습공동체로서 에듀쿠스가 성공적으로 정착 및 확산 단계에 이르렀음을 보여 준다.

**에듀쿠스와 같은 학교 밖 전문적학습공동체 활동은 학교 안 전문적학습공동체 활동과 연계되어 시너지 효과를 낸다는 데 그 의의가 있다.** 학교 밖 전문적학습공동체에 참여하고 있는 교사들이 자신이 속한 학교에서 학교 안 전문적학습공동체를 이끄는 리더로서 활동하는 경우가 많으며, 연구 주제 면에서 학교 밖 전문적학습공동체의 연구 내용이나 주제가 학교 안 전문적학습공동체의 실천 연구로 이어지는 사례도 많다. 또한 학교 밖 전문적학습공동체 활동은 학교 안 전문적학습공동체에 비해 자발성 측면의 특성이 더 강하다고 볼 수 있다.

성공적인 학교 밖 전문적학습공동체의 한 사례로서 에듀쿠스를 소개할 수 있는 요인을 5가지 정도로 정리하면 첫째는 자발성, 둘째는 동료와의 협력, 셋째는 연구와 실천, 넷째는 가치와 비전의 공유, 마지막 다섯째는 실천을 위한 반성적 사고이다. 이와 같은 성공요인은 많은 학자 및 교사들이 언급한 전문적학습공동체의 특성과 비교했을

---

137)    홍석희, 『예둘샘이 들려주는 전문적학습공동체 공동연구·연수 이야기』, 2018, 부크크, pp.150~151.

때 상당히 일치함을 알 수 있다. 활발히 운영되고 있는 전문적학습공동체의 성공 요인이 곧 전문적학습공동체의 특성과 일치하는 것은 어떻게 이해할 수 있을까? **각 공동체의 특성이나 속성을 잘 이해하고 이것을 실정**(학교 안 전문적학습공동체인 경우에는 학교 실정, 학교 밖 전문적학습공동체인 경우에는 구성 계기 및 구성원의 특성 등)**에 맞게 얼마나 잘 구현해내느냐가 전문적학습공동체의 성공 여부를 결정짓는 것으로 이해할 수 있다.**

전문적학습공동체의 필요성을 인식하지 못한 채 정책에 의해 강제되는 전문적학습공동체는 형식적인 운영으로 본래의 목적과 맞지 않게 교사의 또 다른 업무 부담이 되고 있는 것이 현실이다. 학교 현장에는 이러한 현실을 안타깝게 생각하고 개선하고자 전문적학습공동체의 올바른 정착과 운영을 고민하고 계신 선생님들이 많이 있을 것이다. 그분들께 조금이나마 도움이 되었으면 하는 바람으로, 에듀쿠스(교사 수준 교육과정 실천 분과)의 전문적학습공동체 활동 과정을 전문적학습공동체의 성공 요인 및 특성과 연결 지어 소개하고자 한다.

## 1) 자발성: 우리가 걸으면 길이 됩니다

전문적학습공동체의 성공 요인으로 많은 것이 있겠으나 그 시작에서 중요시되는 것이 바로 연구와 실천에 대한 필요성의 공유 및 자발성이다. 특정 주제에 대한 연구와 실천의 필요성에 대해 충분히 인지하고 공감하는 것은 적극적 참여의 원동력이 되는 자발성을 획득하는 길이다.

에듀쿠스 교사 수준 교육과정 실천 분과인 우리들은 2018년 4월부터 함께 모여 전문적학습공동체 활동을 시작하였다. 처음 활동을 시작하는 단계에서는 교사 수준 교육과정에 대한 이해를 위해 듀이의 『민주주의와 교육』, 『아동과 교육과정』, 브루너의 『지식의 구조』, 이홍우의 『교육의 목적과 난점』 등 교육학 이론 서적을 읽고 내용에 대해 의견을 나누었다. 처음에는 우리가 연구하는 주제, '교사 수준 교육과정의 실천'을 바로 다루지 않고 대학 시절에 읽던 교육학 이론 서적을 왜 읽고 공부하는 것인가 하는 의구심이 들었다. 그러나 몇 달 동안 이런 활동을 계속하면서 '공부란 이런 것이지' 하는 생각을 하였다. 너무나 원론적이고 기본적인 내용들이어서 지금 당장 시간을 투자하는 것이 아까워 보이는 것들에서부터 묵묵히 시작하는 것, 바로 가기보다는 조금 돌아가더라도 그 과정에서 깨달음을 얻는 것 말이다.

우리 분과의 활동도 교육에 대한 이해, 교사와 학생에 대한 이해, 교육과정에 대한 이해로 이어지며 그 과정에서 자연스럽게 교사 수준 교육과정의 필요성과 실천 의지를 공유하게 되었다. 교사 수준 교육과정 실천의 필요성과 근거에 대한 이론적 탐색은 전문적학습공동체에 참여하는 우리 각자가 교사 수준 교육과정을 스스로, 제대로 실천해 보고자 하는 자발적 의지를 갖게 하였고 이것은 실천 과정 중에 만나게 되는 많은 어려움 속에서도 목표를 향해 나아가게 하는 추진력이 되었다.

학교 내에서 이루어지는 전문적학습공동체는 주로 교사 독서 동아리 활동 형태로 시작되어 자연스럽게 수업의 변화로 이어지는 사례가 많이 있다. 이것은 교육 관련 책을 읽고 서로 생각을 나누는 활동을 통해 교사들은 자신의 내면을 살펴보고 변화시키기도 하며 자신의 철학을 점검하고 다시 세우는 과정이 되기에 중요한 시작이라고 본다. 전문적학습공동체 활동을 통해 어떤 책을 읽을 것인가를 생각할 때, 처음부터 다양하고 세분화된 수업 기법이나 학급 경영 노하우에 대한 책을 읽는 것보다 교육이란 무엇이고 교육과정이란 무엇이며 배움이란 무엇인가와 같은 내용의 책을 읽는 것이 교사로서 자신의 철학을 점검하고 교육관을 세우는 데 오히려 도움이 될 것이다. 이러한 교육관 정립은 교사로서의 자신을 성장시키기 위한 노력과 성찰에 자발적인 참여 의지를 북돋운다. 교사로서 교육과 학생, 배움을 바라보는 바른 교육관을 세우고 난 뒤, 교사와 학생에게 적합한 교육 방법과 수업 기법들을 선택하고 실천하는 것이 옳다. 왜냐하면 수많은 수업 기법과 아이디어들 중에서 무엇을 선택하고 어떻게 적용할 것인가는 교사의 올바른 철학이 근거가 되어야 하기 때문이다.

2019년 1월, 2018년 4월부터 10월까지 연구하고 실천한 내용을 토대로 경상남도교육청의 『교사 수준 교육과정 실천편』이 발행되었다. 2019년 1월, 이 책의 발간을 자축하고 그동안의 활동을 정리하는 자리에서 우리는 전문적학습공동체 활동을 2019년에도 계속하기로 하였다. 그동안의 연구 활동에 마침표를 찍으려던 것을 쉼표로 만들면서 함께 더 나아가 보기로 한 것이다. 이전의 연구 내용에 대한 반성적 성찰이 새로운 연구에 대한 자발적 참여 의지를 불러일으켰다.

학교에서 우리 교사는 너무 바쁘다. 우리에게 주어진 본연의 임무인 수업으로 바빠야 하겠지만 현실은 각종 업무 계획서와 보고 관련 공문 처리로 바쁘다. 자신의 교육 철학을 동료들과 깊이 있게 나눌 시간도 없고 오늘 수업에서 잘된 부분과 잘못된 부분을 동료와 나누며 반성적 사고를 통해 자신을 점검할 시간도 없다. 그러나 이러한 현실 탓만 하고 현실에 맞춰 교직 생활을 해야 하는 것일까?

사회의 일반적 발전 과정에서 언제나 제도적 문제점과 시스템의 오류는 있게 마련이다. 그것을 변화시키고 개선시키는 것은 의식의 변화와 그에 기초한 행동이다. 우리 교사들은 학교가 변해야 하고 수업이 변해야 한다는 것을 알고 있다. 학교의 변화와 수업의 변화는 우리 교사의 변화 없이는 있을 수 없다. 교사의 변화를 위한 가장 효과적인 시도가 전문적학습공동체 활동 참여이다. 이것은 외부에서 강제하여 이루어지는 것이 아니라 교사 내부에서 자발적인 움직임으로 이루어져야 하기에 더 의미가 있다. 우리가 걸으면 길이 된다.

# :: 걱정 반 설렘 반, 2019년 첫 모임 ::

일단 첫 모임에서는 앞으로 전개할 교사 수준 교육과정 실천 내용의 범위에 대해 논의하였다. 2018년 연구한 내용은 교사 수준 교육과정 실천의 다양한 사례를 소개하고자 하여 학기 단위, 주제 단위, 단원 단위, 차시 단위로 실천하고 그 내용을 비교적 간략하게 정리하였다. 그러다 보니 각각의 실천 내용에서 학년이 서로 다르고 서로 연계되지도 않았으며 단편적으로 보이는 단점이 있었다. 이 점은 연구 및 실천 과정에서 회원들 간에 아쉬움으로 남았던 문제였다. 그래서 2019년 연구에서는 1학년부터 6학년까지 학년별 1학기 전체에 대한 교사 수준 교육과정 설계, 실행, 생성 과정을 실천하고 정리해 보기로 하였다. 이러한 연구 방향은 어떻게 하면 우리의 연구 및 실천 결과를 통해 학교 현장의 동료 교사들에게 교사 수준 교육과정을 바르게 이해하고 '나도 실천해 볼 수 있겠다' 하는 생각이 들게 할 것인가에서 시작된 것이다.

항상 모임에 오기 전에는 부담감, 긴장감, 걱정을 함께 안고 온다. 그러나 모임에서 동료를 만나는 순간, 우리들은 이러한 감정들을 나만 겪는 것이 아니라는 걸 깨닫게 되고 옆에 있는 동료와 한층 가까워지고 힘이 솟는 것을 느낀다. 우리는 각자 자신이 실천할 교사 수준 교육과정에 대한 아이디어를 준비하여 서로 의견을 나누면서 적합한 학년에 대해서도 이야기를 나누고, 2월이라 근무지를 옮기는 경우에는 새 학교에 대한 적응의 어려움과 걱정들도 함께 나누었다.

전문적학습공동체 활동을 위해 모일 때마다, 오는 발걸음은 무겁고 돌아가는 발걸음은 가볍다. 모이기 싫어서 발걸음이 무겁다는 것이 아니라 모임에 올 때는 준비한 내용들이 부실하면 어쩌나, 다른 동료들에게 도움이 되지 못하면 어쩌나 하는 약간의 부담감과 걱정 때문에 발길이 무겁다. 그러나 모임을 통해 동료들과 의견을 나누고 소통하다 보면 어느새 이런 부담과 걱정은 사라지고 우리는 같은 어려움에 직면하고 있으며 서로 지지하고 있다는 점을 통해 머릿속도 정리되고 마음도 훨씬 가벼워진다.

전문적학습공동체 활동을 하면서 연구 주제 관련 또는 교육과 학생 관련 이야기를 동료들과 마음껏 나누는 시간은 마치 에너지 충전 시간처럼 느껴진다. 다음 날 교실로 돌아가서 빛나는 모습으로 학생 앞에 서게 하는 에너지 말이다.

첫 모임을 통해 우리는 새 학년, 새 학기를 맞는 불안과 걱정은 잠시 내려두고 공감과 위로를 통해 안정을 얻었으며 새로운 연구 및 실천 활동을 힘차게 시작하는 각오를 새롭게 다졌다. 학교에서도 2월에 실시하는 새 학년 교육과정 준비 기간에 동학년 단위로 이러한 공감과 위로를 얻을 수 있는 전문적학습공동체 준비가 이루어지면 좋겠다. 특히 동학년별 전문적학습공동체 구성이 운영 면에서 모이기 쉽고 교육과정과 연계된 공통의 연구 주제를 정하기도 쉬울 것이다. 처음 시작은 가벼운 개인적 소통과 친밀감 형성에 초점을 두고 열린 마음으로 반갑게 동료 교사들을 만나 보자.

우리가 이제 함께 걸어갈 교사 수준 교육과정이라는 길은 우리 모두가 그동안 걸었던 길이지만 그냥 무심코 걸었던 길이다. 이제 익숙하기에 무심히 지나쳤던 그 길을 유심히 살피며 걸을 작정을 하며 첫 모임을 마무리했다. 우리가 걸으면 길이 될 것을 믿으며….

| ◆ 2019년 1학기 연구과제(교사 수준 교육과정 실천)의 방향과 목표에 대해 생각해 보고 실천 방법에 대해 의논해 봅시다. | | | |
|---|---|---|---|
| 언제 | 2019년 2월 17일 | 어디서 | 창원 ○○ 카페 |
| 오늘 우리는 | - 원고 내용 및 참여 범위에 대한 협의<br>▶ 책의 구성 내용은 6명의 교사가 각자 가르치는 학년의 학기 단위, 단원 단위, 주제 단위, 차시 단위의 교사 수준 교육과정을 모두 구성하여 실천하고 생성<br>▶ 1학년부터 6학년까지 학년이 중복되지 않도록 학년 배정 필요<br>(근무하는 학교 측의 협조 및 조율 필요)<br>▶ 2018년 개발한 도교육청 자료(교사 수준 교육과정 실천편)에서 학기, 주제, 단원, 차시가 서로 연계되지 않았던 점을 보완하여 이번 책에서는 한 명의 교사가 자신이 담당한 학년의 학기, 단원 또는 주제, 차시별 교사 수준 교육과정 실천이 연결되도록 내용을 구성<br>▶ 1~6학년 1학기 내용으로 구성하되 이론적 내용보다 구체적 실천 내용에 중점<br>▶ 학기 단위 교사 수준 교육과정과 함께 단원, 주제, 차시 단위를 담당 학년에 맞게 선택하여 구성<br>▶ 교사 수준 교육과정(실천편) 연수 운영 과정에서 제기된 질문에 대한 고민과 성찰 담아내기<br>- 전문적학습공동체의 운영에서 중요한 리더의 역할<br>▶ 전체 의견 조율, 촉진자(facilitator, 다른 구성원의 역량을 최대한 이끌어 낼 줄 아는 사람), 편안한 분위기, 함께 배우고 실천해 보자는 의지 | | |
| 다음에 우리는 | - 설렘과 시련의 시기 3월 건강하게 보내기<br>- 다음 모임: 4월 14일(일)<br>- 준비 사항: 각자의 교사 수준 교육과정 설계 및 실천 사항 정리해 오기<br>- 다양한 책을 읽고 생각 정리하고 나누기(밴드 및 블로그 활용) | | |
| 읽을거리 | - 『교사 수준 교육과정 실천편』(경상남도교육청)<br>- 『전문적학습공동체 공동연구. 연수 이야기』(홍석희 저)<br>- 『교사 학습공동체』(곽영순 저) | | |

## 2) 동료와의 협력과 소통: 멀리 가려면 함께 가라

파커 J. 파머는 그의 저서 『가르칠 수 있는 용기(The Courage to Teach)』에서 다음과 같이 말하고 있다.

> 교사라는 직업 속에서 성장하고 싶다면 다음의 두 곳을 잘 둘러보아야 한다. 첫째는 좋은 가르침의 원천인 내면적인 터전이고, 둘째는 우리가 우리 자신과 교직에 대하여 더 잘 알게 되는 동료 교사들과의 커뮤니티이다.

교직 문화 속에 만연한 개별성과 폐쇄성을 극복하고 협력과 소통을 통해 함께 성장하는 학교 문화 확산을 위해 전문적학습공동체 활동은 중요하다. 교직이 다른 전문직과 구별되는 특징 중 하나가 바로 닫힌 문 뒤에서 교사 본연의 임무인 수업을 실행하는 개별성과 독립성을 갖는다는 점이다. 대부분의 교사는 동료 교사나 관리자에게 교실 문을 열어 자신의 교육 활동을 공개하는 것을 꺼린다. 교실 문을 닫는 것처럼 마음의 문도 닫고 자신만의 세계에 갇혀 생활하는 교사도 많다. 동료 교사와의 소통 없이 문 닫은[138] 교실 속에 안주하는 것은 그것이 안정감과 편안함을 주기 때문일지도 모른다. 물론 문 닫은 교실 속에서 혼자 연구에 열중하여 성장을 이루는 교사도 있을 수 있다. 그러나 이러한 성장은 함께 잘 가르치자가 아니라 혼자 잘 가르쳐야지, 우리 반이 다른 반보다 더 뛰어나야지 하는 경쟁을 전제로 한 성장이다. 우리 사회가 앞으로 지향해야 할 가치는 경쟁보다는 공동체적 사고와 협력, 소통이며 학교는 이러한 가치를 학생들이 형성할 수 있도록 도와야 한다는 점에서 전문적학습공동체를 통한 교사 간의 협력 및 소통 경험은 매우 중요하다. 나만, 우리 학급만 돋보이겠다는 생각에서 벗어나야 하고 혼자 잘 가르치겠다는 생각에서 벗어나야 한다.

**전문적학습공동체 활동을 통해 우리가 얻는 것은 전문성 '성장'과 마음을 나누는 '동료'이다.**[139]

남아프리카 코사(Xhosa)족의 속담 '빨리 가려면 혼자 가고, 멀리 가려면 함께 가라'는 말이 떠오른다. 교육은 속도가 아니라 방향이다. 우리는 멀리 가기 위해 우리 옆에 있는 동료의 말에 귀 기울이고 서로 손을 잡아야 하는 것이다. 전문적학습공동체 활동은 교사들에게 자신의 경험을 나누고 동료의 경험과 지식을 함께하면서 심리적 안정감과 성장을 함께 이끌어 낼 수 있다.

> **∷ 치열했던 3월을 보내고 두 번째 모임 ∷**
>
> 두 번째 모임을 시작하기에 앞서 우리는 서로 3월을 무사히 보낸 것에 격려와 축하 인사를 나누었다. 3월이 교사에게 어떤 시간인지는 교사를 해 본 사람은 모두 다 알 것이다. 꽃이 피고 새순이 돋는 찬란한 계절, 봄의 3월은 우리 교사에겐 새 학년 교육과정 준비와 새로운 업무 파악, 새로운 학생과 학부모에 대한 이해로 정신적으로나 육체적으로 굉장히 고단하고 힘든 시기이다. 우리가 같은 학교에 근무하지 않고 매일의 일상을 함께 겪지는 않지만 모임에서 만난 우리는 '너도 힘드냐, 나도 그러하다'의 동질성을 가진 동료들이었다.
>
> 이번 모임은 각자 실천하고 있는 교사 수준 교육과정에 대해 소개하고 설계 과정에서 겪은 어려움을 나누었다. 특히 2월에 설계한 각자의 교사 수준 교육과정을 3월부터 실천하면서 미처 생각하지 못했던 어려움들이 있었고 처음에 했던 설계를 다소 수정해서 실천해야 하는 경우도 있기에 여러 동료들의 의견을 들으면서 조율하기도 하였다. 서로 겪은 어려움에 대해 적극적으로 들어주고 비슷한 나의 경험을 들려주며 해결 방안을 함께 생각하는 과정이었는데 이것은 우리들로 하여금 어려움을 함께 나눌 수 있는 동료가 있다는 것이 얼마나 든든한가를 다시 한 번 깨닫게 하였다. 교실에서 겪은 서로의 성공과 실패, 걱정에 관한 경험을 나누고 어떤 문제에 대해 머리를 맞대고 함께 고민하는 과정은 굉장히 유쾌하다. 이러한 대화에 4~5시간이 어떻게 흘러갔는지 모를 정도로 집중하게 된다. 그 이유는 아마도 우리가 나누는 교육과정, 수업, 배움에 관한 이야기들이 우리 본연의 모습을 마주하게 하기 때문일 것이다. 교사로서 교사다운 모습 말이다.

---

138) '문 닫힌'이 아니라 '문 닫은'으로 표현한 것은 교실문을 닫는 것은 바로 교사 자신임을 강조하기 위해서이다.

139) 홍석희, 『예돌샘이 들려주는 전문적학습공동체 공동연구·연수 이야기』, 부크크, 2018, p.113.

◆ 학년별 교사 수준 교육과정 설계와 실천 과정에서 겪고 있는 어려움에 대해 의견을 나눠 봅시다.

| 언제 | 2019년 4월 14일(일) | | 어디서 | 창원 ○○ 카페 |
|---|---|---|---|---|
| 오늘 우리는 | - 실천 과정의 어려움<br>▶ 설계한 활동의 적용 과정에서 예상치 못했던 상황이 발생(예상과 달리 학생들의 적극적 참여가 아쉬운 경우, 성취기준 도달에 대한 개인차를 조절하며 과제를 다양하게 수정 적용해야 할 경우 등)<br>▶ 학년 초 예정되어 있지 않았던 학교행사 등으로 인해 설계한 교육과정 운영에 차질이 생기는 경우<br>▶ 실천하고 있는 내용과 나이스 학습 내용과의 일치를 위한 작업<br>- 책 제목 및 집필 방향<br>▶ 교사 수준 교육과정에 대한 현장의 이해를 돕기 위해 학기 초 교사 수준 교육과정의 설계부터 학기 중 실행, 학기 말 생성까지의 과정을 기록함<br>▶ 학기, 단원, 차시, 주제로 나누어 단편적인 실행 부분에 초점을 맞추었던 교사 수준 교육과정 실천편(경상남도교육청, 2018)의 구성에서 벗어나 6명의 교사가 실천하는 교사 수준 교육과정을 자세히 담아내고자 함<br>▶ 가칭 '에듀쿠스와 함께하는 교사 수준 교육과정 – 실천편'<br>- 실천 스토리 구성을 위한 협의<br>▶ 학교 안 전문적학습공동체 운영의 어려움을 해결하는 데 도움이 되는 내용<br>▶ 전문적학습공동체로서의 우리 모임의 과정을 기록하여 제시하고 이와 함께 전문적학습공동체 관련 이론적인 내용을 제시<br>- 연간진도표 제시 방법에 대한 협의<br>▶ 나이스에 업로드하기 쉬운 엑셀 파일로 정리할 것인가 아니면 한글 파일로 정리하여 제시할 것인가?<br>- 학교 안 전문적학습공동체 운영의 어려움<br>▶ 각 급 학교에서 관련 예산 편성 및 운영 시간 확보<br>▶ 대부분의 학교에서 학년별로 연구 주제를 정하고 운영하고 있음<br>▶ 학년 초 바쁜 업무 처리로 인해 수업 준비 시간도 모자라는 실정에서 연구 주제에 대한 깊이 있는 협의와 소통이 이루어지기 어려운 현실임 | | | |
| 다음에 우리는 | - 다음 모임: 4월 28일(일)<br>- 교사 수준 교육과정 설계 1단계부터 8단계까지 정리해 오기<br>- 책 많이 읽고 생각 넓히기 | | | |
| 읽을거리 | - 『교사 수준 교육과정』(에듀쿠스 저)<br>- 『앎과 삶이 하나 되는 교육과정 이야기』(경상남도교육청) | | | |

## 3) 호학(好學), 연구와 실천: 가르치면서 배우는 자, 교사

교육의 중요성을 논함에 있어 교사에 대한 논의와 언급이 필수적인 이유는 교사는 교육이라는 다소 광범위하고 다양한 개념의 행위를 학교와 교실이라는 실제적인 장소에서 수업이라는 구체적인 방법으로 실천하는 최종적 실천자이기 때문이다. 여기서 최종적이라는 말은 교사가 행하는 교육 활동, 즉 수업 활동이 계획으로부터 실행이라는 일련의 교육 활동 과정에서 마지막 단계인 실행에 해당된다는 의미이지만, 오히려 교실의 수업 활동이 교육의 시작이자 결과이며 실체라고 하겠다.

교육과정 재구성, 과정 중심 평가로의 전환 등 요즘 교육 현장에서 강조되고 있는 움직임은 모두 교실에서 행해지는 수업을 변화시키기 위한 노력들로 볼 수 있다. 교사 수준 교육과정 구성 또한 교실에서 행해지는 교육활동의 실체, 수업을 변화(개선)시키기 위한 것이며 전문적학습공동체 활동도 마찬가지이다.

교사의 수업 전문성 회복 문제가 중요한 이유는 교사의 전문적 성장과 학생의 성장이 서로 공진화(co-evolution)적 관계에 놓여 있기 때문이다. 교사는 학생들에게 지식을 전달하는 기능을 통해 교육하는 것이 아니라 오히려 스스로 학습하고 발전하는 모습을 학생들과 함께하는 가운데 학생들의 지적·정의적 성장을 직접 또는 간접적으로 촉진할 수 있는 것이다. 전문성 신장을 위한 학습을 멈춘 교사를 통해 학생들의 학습이 촉진될 것을 기대하기는 어렵다. 요컨대, 교사의 성장이 멈춤은 동시에 학생의 성장도 멈출 수밖에 없음을 의미하며 교사 전문성 강화의 최종 수혜자는 학생이라는 견지에서 볼 때 교사는 가르치는 자이기 이전에 먼저 난 학습자(先生)가 되어야 할 것이다.[140]

배움중심수업이 학생의 배움만을 강조하는 것으로 오해할 경우, 교사의 역할이 축소되거나 소홀히 인식될 수 있다. 배움중심수업을 제대로 이해하기 위해서는 배움은 학생의 몫이고 가르침은 교사의 몫이라는 이분법적 사고에서 벗어나야 한다. 수업 중 교사와 학생이 어떤 지식이나 기술, 태도 변화에 관해 관계를 맺고 교사와 학생 상호 간의 배움을 전제로 하는 만남과 교육적 대화가 곧 수업이기에 가르침은 곧 배움이 되는 것이다.[141] 가르침과 배움이 교사와 학생 그 어느 쪽의 전유물이 아닌 것이며, 교사 또한 학생을 가르치면서 학생과 같은 일, 즉 배움을 통해 성장해야 한다. 올바른 교직 수행을 위한 끊임없는 연찬은 교사로서 자신의 역량을 키우고 성장하기 위해 꼭 필요한 것이다.

교사의 연구하는 자세는 이론가의 자세와 달라야 한다. 교사는 자신의 연구와 배움을 실천으로 구체화하고 지속적인 피드백을 통해 완성해 나가야 한다. 교사들의 연구와 배움이 의미 있고 가치 있는 것은 이것이 간접적이든 직접적이든 교실에서 구체적인 실천으로 이어지기 때문이며 이와 같은 실천의 최대 수혜자는 학생이기 때문이다.

---

140)   한승희, 「신지식인으로서의 교사와 생태학적 교사조직: 21세기 사회와 교육체제의 변화」, 한국교육연구소 여름정책세미나 자료집, 1999, p.59.
141)   최항석, 「신(新) 교사론」,《경기교육논총》 제11호, 2002, p.36.

## :: 배우고 실천하며 나누는 것을 좋아하는 우리, 세 번째 모임 ::

모임이 거듭될수록 우리 분과의 전문적학습공동체 활동 방향에 대한 지속적인 점검이 필요했다. 세 번째 모임에서는 수업의 변화를 위한 다양한 실천들이 어떻게 이루어지고 있는지에 대해 종합적으로 살펴보고 우리가 교사 수준 교육과정 실천편에서 집중해서 다루어야 할 내용은 어떤 것인지에 대해 의논하였다.

6명의 교사가 실천하는 교사 수준 교육과정은 학생의 앎이 삶과 연계되도록 하기 위해 학생의 흥미와 수준을 적극 반영하고 교사의 철학과 가치가 녹아든 실천 중심 교육과정이다. 모든 교사는 각자가 관심을 갖고 배우는 것을 좋아하는 특정 분야가 있고 특히 자신 있는 과목이 있게 마련이다. 교사 수준 교육과정을 실천하는 6명의 교사도 마찬가지여서 자신이 설계하는 교사 수준 교육과정에는 학생의 삶뿐만 아니라 교사 자신의 철학과 삶도 포함하여 나타내게 된다.

1학년을 담당하는 교사는 한글 기초 교육과 놀이 활동 강화, 2학년 담당 교사는 시 쓰기, 3학년을 담당하는 교사는 국어과 온작품읽기 활동, 4학년 담당 교사는 교과 간 연계 및 재구성, 5학년 담당 교사는 사회과 중심의 국어와 도덕 연계 프로젝트 학습, 6학년 담당 교사는 사회과 중심의 사회과와 국어과 성취기준 연계를 중점적으로 다루기로 하였다. 이러한 중점 내용 선정은 각 교사가 자신의 교직 생활 동안 흥미를 갖고 꾸준히 학습하거나 연구했던 분야들과 관련이 있다. 교사에게 중요한 기본 자질은 이러한 호학(好學)의 자세이다. 각자가 평소 관심을 갖고 연구하여 잘 알고 있는 분야와 관련한 교사 수준 교육과정의 실천 과정을 다른 동료들과 공유함으로써 다른 동료들 또한 그 분야에 대해 학습하게 되고 관심을 갖게 될 수도 있다. 특히 초등교사는 특정 학년, 특정 과목을 담당하는 것이 아니라 매년 다른 학년, 다양한 전체 과목들을 담당해야 하기에 다양한 분야에 걸친 경험의 공유와 학습은 매우 중요하다.

전문적학습공동체 활동에 참여하면서 우리는 동료의 실천 과정을 듣고 그 과정에서 마주한 어려움을 함께 해결하기 위해 머리를 맞대고 의견을 나누게 된다. 이러한 과정 속에서 우리는 직접 겪은 것은 아니지만 경험의 사례를 하나씩 더 추가하며 교사로서의 성장을 이루어나갈 수 있다. 또한 **문제 해결의 과정에 함께 참여하는 우리의 경험 자체가 교실 속 수업 활동과 닮아 있으며 학생들을 그러한 사고와 배움의 과정 속에 놓이게 하는 것을 손쉽게 만든다.**

정기적 모임 외에 SNS를 통한 교사 수준 교육과정 실천 과정 공유 및 의견 교환

◆ 교사 수준 교육과정을 실천할 때 중점 과제와 중점 성취기준을 선정하는 과정에 대해 생각해 봅시다.

◆ 실천 사례 작성 방법과 연간진도표 제시 방법에 대해 의견을 나눠 봅시다.

| 언제 | 2019년 4월 28일(일) | 어디서 | 진주 ○○ 카페 |
|---|---|---|---|

| 오늘 우리는 | - 교사 수준 교육과정 실천 내용 원고 작성 방법에 대한 협의 |
|---|---|

- 교사 수준 교육과정 실천 내용 원고 작성 방법에 대한 협의
  - ▶ 교사 수준 교육과정 설계-실행-생성(전체 8단계)에 따라 서술하되 서술 방법은 각자 맡은 내용을 효과적으로 전달할 수 있는 다양한 방법을 모색
  - ▶ 6명의 교사가 실천하고 집필하는 내용이 다양한 만큼 원고의 형식도 다양하게 표현하기
    1학년(정 교사): 1학년 교육과정 운영에서 특히 강조되는 한글 기초 교육 중심으로 설계
    (그림책 도입, 국어과 수학과 통합 및 연계 등)
    2학년(권 교사): 단원 내 재구성, 국어 1단원 시 쓰기
    3학년(손 교사): 국어과의 온작품읽기 활동 재구성
    4학년(이 교사): 설계는 국어, 수학, 사회, 음악, 미술 교과 각 교과별 재구성, 실천은 국어 외
    다른 교과를 중심으로(수학, 사회)
    5학년(이 교사): 사회과 중심의 프로젝트 학습 설계 및 실행
    6학년(김 교사): 국어, 사회 중심의 설계하되 사회과를 중심으로 실천
    ※ 교사 수준 교육과정 설계를 위해 성취기준을 살펴보면서 도구교과인 국어과의 성취기준이
    사회과의 성취기준 도달을 위한 학습 활동을 통해 함께 성취될 수 있다는 생각이 들었음.
    이와 같은 성취기준에 대한 유연한 사고는 교사 수준 교육과정 설계 및 실행에 도움이 됨
  - ▶ 학교 현장의 교사들이 읽고 쉽게 접근할 수 있는 내용을 실천하고 사례를 작성하는 것도 좋음
- 연간진도표(교과별 연간운영계획) 제시 방법에 관한 협의
  - ▶ 블로그에 탑재하거나 각자 원고의 마지막 부분에 QR코드로 제시하여 책을 읽다가 궁금한 부분은 바로 확인할 수 있도록 제시
- 목차에 관한 협의(책 제목: 교사 수준 교육과정 두 번째 이야기)

**1장 교사 수준 교육과정 이야기**

1-1. 교사 수준 교육과정 이해
1-2. 에듀쿠스와의 대화(교사 수준 교육과정 실천)

**2장 여섯 선생님의 교육과정 이야기**(교사 수준 교육과정 학년별 실천사례)

학년별 실천 사례보다는 좀 더 와닿는 제목으로 서술

> 예) 2-1. 시를 좋아하는 ○○○선생님의 토박이말과 시
>  2-1-1. 설계: 교육과정에 시를 담아내기
>  2-1-2. 실행: 토박이말과 시 버무리기
>  2-1-3. 생성: 맛있는 토박이말과 시 맛보기

* 교사 자신의 관심과 철학이 들어가는 제목
* 2장 1절에 자신의 실천 내용과 관련하여 제목 정하기

**3장 더 많은 고민과 생각들**(Q&A)

**3-1. 이런 고민 이렇게!**

교육과정-수업에 관한 질문과 답변들
설계-실행-생성과정에서 제기되는 교사 수준 교육과정에 관한 의문점과
그에 대한 답변으로 구성
(예: 연간진도표 꼭 나이스로 해야 하나요?)

**3-2. 더 생각할 거리!**

질문은 있으나 아직 답을 찾지 못한 질문들에 대한 의견
(예: 교사 수준 교육과정과 학교 민주주의, 교사 수준 교육과정과 평가의 실제)
* 2월 연수 기간에 있었던 질문 자료 활용하여 작성

| | |
|---|---|
| 오늘 우리는 | **4장 에듀쿠스의 교육 이야기**<br>(2019. 교사 수준 교육과정 전문적학습공동체 운영 과정)<br>4-1. 교육을 생각하는 사람들, 에듀쿠스(에듀쿠스 소개)<br>4-2. 에듀쿠스, 생각을 풀어내다 (교사 수준 교육과정 실천편이 나오기까지)<br>4-3. 에듀쿠스의 배움 실천 이야기<br>(전문적학습공동체 운영과정)<br>**· 부록**<br>각 장에 각자 선생님의 연간 진도표를 QR코드 형태로 넣고<br>전체 쪽수를 보고 선생님의 연간 진도표 등 기타 도움 자료 넣을지 판단 |
| 다음에<br>우리는 | - 다음 모임: 5월 26일(일)<br>- 준비사항: 각자 원고 양식에 맞춰 집필한 내용 출력해 오기 |
| 읽을거리 | - 『교사 수준 교육과정』(에듀쿠스 저)<br>- 『교사를 세우는 교육과정』(박승열 저) |

## 4) 가치와 비전의 공유: 쉬운 길이 아니라 의미 있는 길을 간다

**전문적학습공동체의 성공 요인으로 가치와 비전의 공유가 중요한 까닭은 교사가 자신이 속한 공동체의 목표와 지향하는 바를 정확히 인지하고 그것의 실현에 기여하는 구체적인 실천을 할 수 있느냐의 문제이기 때문이다.** 교사는 실천하는 사람이다. 전문적학습공동체가 실천공동체[142]로서의 성격을 지니는 것도 그 구성원이 교사이기 때문이다. 다양하고 복잡한 구체적 상황 속에서 실천으로 옮기는 행동에 대한 판단 기준이 바로 구성원 간에 공유된 가치와 비전이며 이러한 가치와 비전으로 인해 전문적학습공동체의 구체적 실천에 일관성이 생기고 의미를 얻는 것이다.

학교 내 전문적학습공동체의 경우, 학교 교육의 가치와 비전을 공유하고 그에 대한 구체적 실현을 위해 무엇을 어떻게 실천해야 할 것인가에 대해 함께 생각하고 함께 만들어 나가는 것이 중요하다.

**공유된 학교 교육 비전은 학습공동체 구성원들의 행동을 지도하고 안내하는 비공식적 기제가 된다.**[143]

---

142)  실천공동체는 하고 있는 일에 대해 관심과 열정을 함께 나누고 규칙적으로 교류하면서 더 잘 해낼 수 있는 방법을 배우는 집단이다.

143)  곽영순, 『교사 학습공동체 - 신자유주의 그 이후』, 교육과학사, 2017, p.109.

학교교육계획이나 교장실 현황판에 제시되는 학교교육의 비전과 가치는 누가 정한 것인가? 학습 조직 및 학습공동체로서의 학교를 만들기 위해 이러한 학교 교육의 가치와 비전에 대한 구성원 간의 점검과 합의, 공유가 필요하다. 학교 관리자의 경우에는 이러한 가치와 비전의 실현을 위해 어떤 지원과 환경을 제공할 수 있을 것인가에 대해 고민해야 한다. 교사의 경우에는 자신이 속한 학교 교육이 지향하는 가치와 비전이 실현될 수 있도록 자신의 교육과정을 설계하고 실천해야 한다.

학교 밖 전문적학습공동체의 경우에도 리더와 구성원 모두가 함께 지향하는 가치와 비전이 확실해야 한다. 리더는 전문적학습공동체 활동 과정에서 끊임없이 이러한 가치와 비전에 대해 상기시켜 주는 역할을 해야 한다. 앞서 말했듯 복잡하고 구체적인 상황 속에서 어려운 선택을 해야 하고 실패를 겪기도 하지만 계속 연구하고 실천할 수 있게 하는 원동력이 바로 가치와 비전이기 때문이다. 함께 가고자 하는 길이 바라고 원하는 방향이 아니라면 누가 동행하겠는가? 가고자 하는 방향이 서로 일치한다면 그 여정이 힘들더라도 함께 가는 것이다.

교사는 다양한 교육적 경험들을 함께 나누면서 그 속에서 의미를 찾고 새로운 실천의 방법을 모색하면서 성장하고 앞으로 나아간다. 교실에서 학생들에게 보여주고 들려주는 교사의 말과 행동은 그가 지향하는 가치와 비전을 대변하는 것이며 그의 말과 행동에 의미를 부여한다. 의미 있는 일을 행함으로써 교사는 의미 있는 존재가 되는 것이다. **교사는 쉬운 길이 아니라 의미 있는 길을 가야 한다.**

## :: 시련은 있지만 실패는 없을 것을 믿으며, 네 번째 모임 ::

벌써 1학기가 시작된 지 3개월이 지난 5월 마지막 주에 네 번째 모임을 가졌다. 모임의 첫 시작은 교사 수준 교육과정의 안정적 정착을 위한 지원 방안에서부터 이야기를 나누었다. 현장에서 교사 수준 교육과정에 대해 오해하고 있는 관리자나 교사들도 많아서 안정적으로 제대로 정착하기 위해 교육청 차원이나 학교 차원에서 어떠한 지원이나 노력이 있어야 하는가에 대해 의견을 나누었다. 가장 변화해야 할 것은 내용이나 실천보다 형식이 강조되는 교육과정 운영을 지양하고 교사에게 부여되는 행정업무를 획기적으로 감축하는 것이었다. 또한 교육과정 중심의 학교 운영을 위한 교직원 간의 소통과 협의, 배려가 중요하다는 의견도 나왔다. 또한 단순한 교육과정 재구성을 교사 수준 교육과정으로 오해하고 있는 현장의 다양한 사례를 나누면서 교사 수준 교육과정의 바른 이해와 적용에 대해 다시 한 번 생각하게 되었다. 이와 같은 논의를 통해 우리들은 각자 설계하여 실천하고 있는 교사 수준 교육과정에 대해 성찰할 수 있었고 혹시 비슷한 고민을 하고 있는 주변의 동료 교사들에게 도움을 줄 수도 있겠다는 생각이 들었다.

다양한 의견이 오고가는 가운데 때로는 주제와 관련 없는 이야기로 대화가 흐르는 경우도 있다. 이런 상황에서 우리가 나아가고자 하는 방향을 항상 명확히 볼 수 있도록 조정하는 리더의 퍼실리테이터(facilitator) 역할이 매우 중요하다. 흔히 전문적학습공동체 모임에서 편안히 이야기를 나누다 보면 주제에서 벗어나는 이야기가 오고가게 되는 상황이 있게 마련이다. 퍼실리테이터로서의 리더는 그러한 상황을 부정적인 것으로 보기보다는 너무 멀리 벗어나지 않도록 자연스럽게 제대로 된 방향으로 끌어들이고 구성원들이 자유롭고 유쾌하게 이야기할 수 있도록 배려하며 분위기를 형성해야 한다.

학습자 중심의 수업 철학에서 교사들에게 요구되는 역할은 퍼실리테이터(facilitator)[144]와 교수자(instructor) 둘 다이다.[145] 퍼실리테이터로서의 교사는 학생들을 능동적 지식 구성자로 인식하면서 스스로 발견하고 성찰하도록 돕는 조력자이다. 교수자로서의 교사는 학생의 학습과정에서 드러나는 문제점과 오개념을 바르게 이해하도록 함으로써 학생이 더 높은 단계의 학습으로 나아갈 수 있게 한다. 전문적학습공동체 활동을 하면서 가치와 비전을 공유하는 동료를 만나는 것도 좋지만 모델이 되는 리더를 만나고 함께하면서 모델링할 수 있다는 점은 시대가 요구하는 교사의 모습을 제대로 갖출 수 있다는 면에서 또 하나의 좋은 점이다.

이번 모임은 학기 초에 설계했던 교사 수준 교육과정을 한창 실천하고 있는 과정이었기에 각자의 교사 수준 교육과정 실천 이야기에 관해서는 나누고 싶은 이야기가 넘쳐났다. 또한 실천하고 있는 내용을 글로 표현하는 과정이 쉬운 것이 아니어서 여러 가지 어려움을 나누고 함께 해결 방안을 생각해 보았다. 6명의 교사가 각자의 교실에서 학생들을 대상으로 실천하는 교육과정의 실제적 내용과 방법도 한 사례로서 중요하지만 우리가 그 과정을 좀 더 체계적이고 명료한 자료로 만들어 제공함으로써 교사 수준 교육과정에 대한 실천의지를 높이고 많은 교사들이 동참하게 하여 변화된 수업을 이끌어 내는 것, 이것이 우리가 공유한 가치와 비전이다.

에듀쿠스 모임에서 회원들은 연구 활동에 대한 공동의 책임과 실천을 동등하게 분담하고 있다.

모임에서 다른 동료의 이야기를 듣고 자신의 이야기를 나누면서 우리 모두는 해결해 나가야 하는 어려움과 시련의 한가운데에 있음을 깨닫는다. 바쁜 업무와 실천 과정에서 발생하는 돌발적인 상황들, 그리고 계속적인 고민과 실천에 대한 부담감 등 교사로서 겪는 시련과 어려움 말이다. 그러나 이러한 과정이 우리를 교사로서 단련시키고 성장하게 하는 것이며 실패를 의미하지 않는다는 사실에 용기를 내 본다.

시련은 있어도 실패는 없을 것을 믿으며…

144) 촉진자, 개인이나 집단의 문제 해결 능력을 키워 주고 조절함으로써 조직체의 문제와 비전에 대한 자신의 해결책을 개인이나 집단으로 하여금 개발하도록 자극하고 돕거나, 교육훈련프로그램의 실행과정에서 중재 및 조정역할을 담당하는 사람(출처: HRD용어사전, 한국기업교육학회, 2010).

145) 김혜정, '디브리핑의 교육학적 기초', 2019, 간호시뮬레이션 교육자 과정 강의 내용 중.

◆ 교사 수준 교육과정의 안정적인 정착과 실천을 위해 필요한 현장 지원 방안을 무엇일지 생각해 봅시다.

◆ 교사 수준 교육과정 실천 및 생성 내용과 과정을 함께 나누면서 점검해 봅시다.

| 언제 | 2019년 5월 26일(일) | 어디서 | 김해 ○○초 도서실 |
|------|---------------------|--------|-------------------|

| | |
|------|---|
| 오늘 우리는 | - 교사 수준 교육과정의 안정적 정착과 실천을 위한 현장 지원 방안에 대해 의견 나누기<br>　▶ 교육청, 학교 단위의 연수 실시<br>　　(교사 수준 교육과정에 대한 오해를 해소하고 다양한 실천 방안 공유 등)<br>　▶ 행정업무 줄이기, 실천보다 형식이 강조되는 교육과정 관련 업무 개선<br>　▶ 교육과정 중심의 학교 운영을 위해 교직원 간의 소통 및 협력<br>　▶ 학급자치활동비 책정 및 사용 방법에 대한 고민<br>　▶ 학부모와 지역사회의 인식 개선 필요(예전에 배웠던 방식 선호)<br>- 교사 수준 교육과정 구성인가 재구성인가에 대한 의견<br>　▶ 교사의 철학과 방법이 녹아든 교육과정이 지니는 가치 인정<br>　▶ 재구성보다는 구성의 관점으로 나아가야 함<br>- 실천 사례별 원고 검토하기<br>　▶ 연간 교육 계획은 중점 성취기준에 집중하여 제시<br>　　(전체 내용은 QR코드로 제공하고 원고에는 학급의 핵심 수업 주제와 관련된 부분의 계획만 작성)<br>　▶ 평가계획 수립<br>　　('평가계획은 어떻게 수립하였나요?' 등 소제목을 달아 구분해서 작성)<br>　▶ 주요 수업의 평가 장면에서 왜 이 성취기준과 관련지어 평가를 하게 되었는지, 어떻게 평가했는지 어떤 결과를 얻게 되었고, 피드백 제공 여부에 대해 서술하기<br>　**＊ 일체화 시리즈 1편 사례 기술 방식 참조**<br>　• 원고 작성 형식 협의<br>　　- 용지: **A4**<br>　　- 글꼴 및 글자 포인트: **함초롬바탕, 13포인트**<br>　　- 용지 여백: **위 35, 아래 35 / 왼쪽 40, 오른쪽 40 / 머리말 10, 꼬리말 10**<br>　　- 전체적인 순서(1~8/9-13)는 지키되 각자 서술은 자유롭게 합니다.<br>　　　강조하고 싶은 부분은 박스 안에 쓰거나 그림을 이용해서 교육과정의 특색이 더 드러나게 씁니다. |
| 다음에<br>우리는 | - 다음 모임: 7월 6일(토), 워크숍: 7월 26~27일(예정)<br>- 각자 실천 내용 원고 정리해서 출력해 오기 |
| 읽을거리 | - 『교육과정-수업-평가 일체화』(경상남도교육청)<br>- 『교사 수준 교육과정』(에듀쿠스 저) |

## 5) 실천을 위한 반성적 사고: 너와 나의 경험을 나누며 함께 성장하는 우리

앎이란 무엇인가? 정범모는 '앎은 특수 속에서 보편을, 다양 속에서 어떤 통일을 파악하는 것이다'라고 하였다.[146] 이러한 앎의 과정에서 중요한 것은 반성적 사고와 통찰일 것이다. 듀이(J. Dewey)는 반성적 사고를, 문제 해결의 심리적 과정을 나타내는 말로 사용하고 있다. 어떤 목적을 위한 활동 중 방해를 받는 상황을 문제 상황이라고 하고, 이러한 문제의 해결을 위하여 가설적인 생각들을 검토하여 목적의 실현을 기하려는 통제된 사고의 전개를 반성적 사고라고 한다.[147] 또한 듀이는 반성적 사고가 지식교육의 전부라고 말할 정도로 교육에서 반성적 사고를 중요하게 생각하였다.

> We do not learn from experience. We learn from reflecting on experience.[148]
>
> - 듀이

반성적 사고는 고도의 숙달된 기술과 지식을 겸비해야 하는 전문직에서 매우 중시되는 사고 양식이다. 왜냐하면 전문직이 다루는 다양하고 구체적이며 특수한 상황과 경험 속에서 뚜렷한 목적을 유지하게 하고, 그 목적 달성을 위한 여러 가지 방안을 모색하고 되돌아보는 반성적 사고는 전문직의 성장과 밀접한 관련이 있기 때문이다. 전문직에 오래 종사한 사람들에게서 흔히 발견하게 되는 '척 보면 아는' 통찰과 직관의 경지도 이러한 반성적 사고의 오랜 결과물이 아닐까 싶다. 특히 교직에 있어 반성적 사고가 중요한 이유는 교사로 하여금 뚜렷한 목적의식을 갖게 한다는 점이다.

> **목적의식이란 반성적 사고를 전제로 한다. 이대로 가르쳐도 되는가, 더 잘 가르칠 수 있는 길은 없는가, 본래 교육이란 무엇인가 등 계속적인 반성과 그것에 따른 개선, 개혁, 창의의 노력을 기울이게 된다. 그런 실질적인 반성적 사고가 없으면 교육은 굴러오던 대로 굴러가게 마련이다. (중략) 반성적 사고는 혹 밖으로부터 자극을 받을 수도 있으나 근본적으로 자발적, 자율적이라야 하는 사고다.[149]**

---

146)   정범모 저, 『교육의 향방』, 교육과학사, 2009, p.346.
147)   출처: 네이버 지식백과.
148)   Dewey, J., *How we think: A restatement of the relation of reflective thinking to the educative process.* D C Heath & Co., 1933.
149)   정범모 저, 『교육의 향방』, 교육과학사, 2009, pp.169~170.
.

교사가 가져야 할 목적의식은 교사에 따라 여러 가지가 있을 수 있겠으나 모든 교사의 궁극적 목적은 학생을 잘 가르치는 것이다. 잘 가르친다는 것은 학생을 이해하고 교육과정을 잘 알고 다룰 줄 알아야 하며, 학생의 삶과 배울 내용을 연결 지어 의미 있게 가르치는 것이라 할 수 있다. 잘 가르친다는 것은 말처럼 쉽고 간단한 일이 아니어서 수많은 요소와 조건들을 의도적으로 조절하고 통제해야 가능한 일이다. 이러한 목적을 향해 나아가는 교사에게 있어 가장 경계해야 하는 것은 목적의식 없이 매너리즘[150]에 빠지는 일이다. 그냥 하던 대로, 그냥 편한 대로 교직을 수행한다면 제대로 된 교육이 이루어질 리가 없다. 왜냐하면 교사가 펼치는 교육활동은 해마다 그 대상(학생)과 내용(교육과정) 등이 바뀌고 변화하기 때문이다. 이러한 변화를 염두에 둔 교육적 성찰과 의도가 전제되지 않은 교사의 말과 행동이 학생에게 유의미하고 좋은 영향을 미칠 수 있을 것이라 기대하는 것은 뜻밖의 행운을 바라는 일과 같다. 교사는 교육과 관련된 자신의 생각과 실천을 항상 비판적으로 바라보고 성찰하는 것이 마땅하며, 비슷한 경험과 고민을 갖고 있는 동료들과 함께 반성적 사고 과정에 참여하는 경험이 매우 중요하고 유효하다.

교사는 이론가가 아니라 실천자이며 교직 수행 과정은 구체적 경험의 연속이다. 이러한 경험들을 쌓아 가기만 할 것이 아니라 품어서 내 것으로 만들어야 한다. 교직 생활 동안 축적되는 경험들은 반성적 사고의 과정, 성찰(reflection)[151]을 거치면서 교사의 배움으로 이어지고 배움은 또 다른(좀 더 향상된) 실천으로 이어진다. 지속적인 배움과 성장이 중요한 전문직 중에서도 특히 교직은 인간의 성장, 앎과 삶 전체에 큰 영향을 미치기에 교직 수행 과정에 대한 반성적 사고를 통해 지속적으로 성장하는 것이 매우 중요하다. 이러한 성장을 이루어 내는 가장 효과적인 방안이 바로 동료 교사와 함께하는 전문적학습공동체 활동이다. 전문적학습공동체 활동을 통해 교실에서 실천한 교육과정에 대해 되돌아보고 문제를 공유하며, 해결 방안을 함께 모색하고 성공과 실패의 요인을 따져 보는 반성적 사고와 대화를 활발히 나누면서 함께 성장할 수 있다. 이러한 교사의 성장은 다시 교실 속에서 구체적인 실천으로 이어지며 학생의 배움과 성장에 직접적으로 기여한다.

---

150) 매너리즘이란 예술 창작이나 발상 측면에서 독창성을 잃고 평범한 경향으로 흘러 표현 수단이 고정되고 상식적으로 고착된 경향을 총칭한다. 오늘날에는 현상 유지 경향이나 자세를 가리켜 매너리즘에 빠졌다고도 말한다(출처: 네이버 지식백과).

151) reflection이라는 단어는 라틴어 'reflectere'(to bend or to turn back on the self)를 어원으로 한다. 즉, 성찰은 자기 자신, 내면으로 향한다는 의미를 갖고 있다.

교사 수준 교육과정에 대한 전문적학습공동체를 막 시작했을 때, 교사 수준 교육과정의 개념에 대해 많은 의견을 나누었다. 교사라면 누구나 소극적이든 적극적이든 이미 실천하고 있는 교육과정을 의미하는 데 동의했다. 그렇다면 이미 누구나 실천하고 있는 교육과정에 굳이 '교사 수준 교육과정'이라는 명칭을 붙이고 개념과 위상을 설명하며 구체적 사례를 제시하는 우리의 연구와 배움은 어떤 의미가 있는가에 대해 고민한 적이 있다. 이러한 고민에 대해 우리가 내린 결론은 누구나 실천하고 있는 교사 수준 교육과정을 단순한 개인적 경험으로 남겨 둘 것이 아니라 반성적 사고의 과정을 거쳐 배움이 일어나는 의미 있는 경험으로 발전시키는 과정을 보여주는 데 있다는 것이다. 듀이는 경험에 의한 학습을 강조한 것으로 유명하다. 특히 그는 우리의 경험이 반성적 사고를 수반할 때 학습이 일어난다고 하였다.[152]

전문적학습공동체를 통해 민주적 의사결정과정 참여 및 집단지성의 발휘를 직접적으로 경험한다.

1학기 동안 실천한 교사 수준 교육과정을 생성하는 학기 말, 우리 모임도 전문적학습공동체 활동 결과물을 정리하는 작업에 집중하는 쪽으로 방향을 잡았다. 원고 마무리를 위한 몇 번의 만남이 더 마련되어 있으나 교사 수준 교육과정 실천과 생성에 관한 경험과 생각을 나누는 모임은 이번이 마지막이다. 마지막 모임이다 보니 교사 수준 교육과정의 생성과 원고 완성에 초점을 맞추어 협의를 진행하였다.

특히 생성 과정에서 중요한 것이 반성적 사고, 즉 성찰이다. 우리는 1학기 동안 실천했던 각자의 교사 수준 교육과정 경험을 되돌아보면서 좋았던 점과 아쉬웠던 점, 앞으로 더 생각해야 할 점 등에 대해 집중적으로 이야기하였다. 특히 한 학기 동안 실천한 교사 수준 교육과정의 생성 단계에 접어들면서 각자 생각하는 교사 수준 교육과정 생성의 의미와 방법, 절차에 대해 의견을 나누었고 결과물 정리를 위한 의견도 활발히 나누었다. 설계한 교육과정을 실천하면서 학생들의 반응이 예상했던 대로 나왔던 경우 또는 그 반대의 경우, 중점 과제별로 선정한 성취기준 도달을 위해 재구성하고 실천한 수업 활동 중 발생했던 고민과 판단 그리고 교사 수준 교육과정을 설계하고 실천하며 생성하는 과정에서 지속적으로 개입되었던 성찰의 과정을 공유했다.

이와 같이 우리는 정기적인 전문적학습공동체 모임을 통해 평소 고민했던 내용들을 동료들에게 들려주면서 스스로 정리하기도 하고 다른 동료의 사례를 들으면서 자신의 주관적 경험을 객관화하여 그에 대한 시사점을 얻기도 한다. 또한 동료교사가 시도하는 새로운 도전에 대해 격려와 지지를 보내고 아이디어를 보태는 등 집단지성을 발휘하는 지적 경험과 공감 및 배려라는 감성적 경험을 전문적학습공동체를 통해 할 수 있다.

---

152) 듀이(Dewey)는 경험을 1차적 경험(primary experience)과 2차적 경험(secondary experience)으로 구분한다. 1차적 경험은 거칠고 거시적이며 가공되지 않은 실생활에서의 직접적인 경험을 말하고 이때 사고와 반성은 포함되지 않으며 체계적인 지식도 정립되어 있지 않은 것을 말한다. 2차적 경험은 1차적 경험을 대상으로 지속적인 조정 과정을 거친 반성적 탐구의 결과로서 경험되는 것을 뜻하고 1차적 경험의 내용을 활용하여 반성과 성찰을 통해 관념이나 판단 등을 만들어 가는 과정을 포함한다.

◆ 교사 수준 교육과정 생성 내용을 함께 나누면서 교사 수준 교육과정 실천의 의미에 대해 생각해 봅시다.

| 언제 | 2019년 7월 6일(일) | 어디서 | 창원 ○○ 카페 |
|---|---|---|---|
| 오늘 우리는 | - 원고 작성 관련 협의<br>▶ 원고 작성 시 '1-가-1' 형태가 아닌 소제목으로 서술하기<br>▶ 8.24.(토)까지 밴드에 최종본 탑재 및 읽어 오기<br>　**9.1.(일) 모임 시 최종본에 가까운 각자 원고 지참**<br>　**9.7.(토) 최종 원고 제출**<br>　**※ 출판사 연결: 여름방학 중 접촉**<br>　**(가안, 목차까지는 만들어진 상태에서 넘겨야 함)**<br><br>- 실행과 생성 이야기 나누기<br>▶ 교사 수준 교육과정의 생성 과정(학기 마무리 활동 등)을 자세히 기술할 것인지 요약해서 정리할 것인지 고민하고 있음<br>▶ 1학년 사례의 경우, 실행과 생성이 같이 서술되고 있으며 수업 활동이자 평가였던 차시를 활동 중심으로 기술하고 있음<br>▶ 실천 사례들을 살펴보면서 각 선생님별로 해당 학년과 중심 내용을 정리한 개별 표지(간지)를 작성하는 것이 좋겠음<br>▶ 중점 성취기준을 정하여 교사 수준 교육과정을 설계, 실행했다면 중점 성취기준 외에 다른 성취기준들은 어떻게 다루고 있는지 언급하는 것이 필요함<br>▶ 교사 수준 교육과정의 개념 확립에서 가장 중요한 부분은 '내 나름의 목표 설정이 되었는가?', '의미가 부여된 활동으로 구성하였는가?'를 스스로 점검하는 것<br>▶ 교사 수준 교육과정 또한 목표, 내용, 방법, 평가에 맞춰서 진술되어야 함<br>▶ 흥미≠재미, 학습 내용 자체가 매력적이게 만드는 노력이 중요함<br><br>- 교사 수준 교육과정에 대한 오해<br>▶ 일정한 형식의 틀에 맞춰서 문서로 작성해야 한다고 생각함<br>▶ 단원 통합 및 주제 중심 등 재구성을 통해 몇 차시 분량의 교수학습계획을 수립하는 것으로 생각함<br>▶ **단순히 특정 교과, 특정 단원을 재구성한 것이 아니라, 목표-내용-방법-평가, 즉 가르치고 알아야 할 것, 배워야 할 것, 할 줄 알아야 하는 것에 교사의 철학과 가치를 담은 연간 단위의 교육과정 계획과 실천**<br><br>- 전문적학습공동체 관련 내용<br>▶ 학교 안 vs 학교 밖 어느 것에 초점을 맞출 것인가?<br>▶ 에듀쿠스의 활동 내용에 맞춰서 서술하는 것이 좋지 않을까?<br>　(각자 실행과정에서 학교에서 활동한 전문적학습공동체의 내용을 일부 서술하되 에듀쿠스에서의 실행 과정을 중심으로 서술하는 것이 좋겠음)<br>▶ 학교 밖 전문적학습공동체의 지속적인 유지, 성공을 위해서는 같은 관심을 가진 사람들을 계속해서 영입하는 과정이 중요 |
| 다음에<br>우리는 | - 다음 모임: 워크숍: 7월 26~27일(예정)<br>- 각자 실천 내용 원고 정리해서 출력해 오기<br>- 4장에 들어갈 질문 내용은 밴드에 계속 올리고, 워크숍에서 세부적인 내용 협의 |
| 읽을거리 | - 『교육과정-수업-평가 일체화』(경상남도교육청)<br>- 『교사 수준 교육과정』(에듀쿠스 저) |

지금까지 전문적학습공동체의 특성 및 성공 요인과 관련지어 에듀쿠스(교사 수준 교육과정 실천 분과)의 전문적학습공동체 활동을 소개하였다. 교사 수준 교육과정 실천이라는 주제로 2018년에 전문적학습공동체 활동을 시작하여 올해 2019년은 활동한 지 2년이 되는 해이다. 학교 밖 전문적학습공동체인 에듀쿠스의 운영 과정에서 아무런 어려움이 없었던 것은 아니다. 어느 전문적학습공동체이든 겪을 수밖에 없는 어려움을 에듀쿠스도 겪었고 앞으로도 겪을 것이다. 예를 들어 지속적인 연구 활동을 위한 시간적·공간적·경제적인 어려움(모이는 시간 및 장소 확보, 소요 경비 등), 회원 간 책임 및 역할 기대에 따른 갈등 등이다. 이러한 문제들은 회원 공동의 노력으로 해결해 나간 것도 있고 회원 각자가 개인적으로 해소해 나가야 했던 부분도 있었다. 운영 과정에서 직면했던 크고 작은 어려움에도 불구하고 공동으로든 개인적으로든 마음을 모아 서로를 다독이며 지금까지 온 것은 에듀쿠스에 참여하고 있는 우리 모두가 '교사로서의 성장'이라는 동일한 목표를 바라보고 있었기 때문이다.

에듀쿠스는 학교 밖 전문적학습공동체이기에 학교 안 전문적학습공동체의 안정적 정착과 활성화를 위한 사례로 제시하기에는 적절치 않은 면도 있다. 학교 밖 전문적학습공동체와 학교 안 전문적학습공동체는 단지 구성원의 소속을 기준으로, 활동이 이루어지는 공간에 따른 구분이라기보다는 처음 형성 단계부터 그 성격이나 양상이 다르다. 즉, 학교 밖 전문적학습공동체는 그 형성 자체가 회원들의 자발성에 기초하는 반면 학교 안 전문적학습공동체는 경우에 따라 개별 교사의 자발적 참여 의지보다는 운영의 편의성에 기초하여 구성될 수도 있다. 그래서 학교 밖에 비해 학교 안 전문적학습공동체 리더들은 운영 과정에서 에너지 소모가 크고 좌절하는 경우가 많은 것이다. 이와 같은 차이점에도 불구하고 학교 밖과 학교 안 전문적학습공동체의 성공요인에는 공통적인 요소들이 존재하며 앞서 제시한 에듀쿠스의 사례 및 성공 요인(자발성, 동료와의 협력과 소통, 연구와 실천, 가치와 비전의 공유, 실천을 위한 반성적 사고)은 이러한 공통 요소로 제시될 수 있다는 점에서 의미 있다고 본다. 이러한 성공 요인들에 대한 폭넓은 이해는 교사들로 하여금 전문적학습공동체의 필요성을 공감하게 하여 자발적 참여 의지를 높일 것이다.

2019년 2월부터 교사 수준 교육과정 실천이라는 주제로 함께 모여 연구하고 실천했던 결과들을 에듀쿠스의 이름으로 출간하게 되었다. **어떤 형태로든 전문적학습공동체로서 연구결과물을 남기고 확산시키는 것은 매우 중요하고 의미가 있다.** 그 과정 자체가 활동에 대한 평가와 피드백으로 작용하여 전문적학습공동체 활동을 개선시키고 촉진하는 계기가 되기 때문이다. 즉, 활동의 마무리가 또 다른 시작으로 이어진다는 것이다. 동료들과 함께 참여했던 연구 및 실천 과정과 결과를 이렇게 정리하여 출간까지 할 수 있게 되니, 전문적학습공동체 활동이 결실을 맺는 것 같아 가슴이 벅차다. **같은 곳을 바라보며 함께 참여하고 함께 노력한 결과에 대해 회원 모두가 느끼는 성취감은 다음 연구 활동에 대한 의지를 북돋우고 전문적학습공동체 활동의 지속 가능성을 높여 준다.**

전문적학습공동체는 교육 혁신의 새로운 플랫폼이 될 것이다. 왜냐하면 교육 혁신은 교사의 배움과 성장, 더 나은 실천을 통해 이루어질 수 있기 때문이며 이러한 교사의 변화는 전문적학습공동체를 통해 효과적으로 이루어질 것이기 때문이다.

**교실 문을 열고 나와서 동료의 경험에 귀 기울이고 나의 경험을 들려주며 함께 생각하고 배우고 성장하자. 교육에 대한 우리의 책임을 공유하고 실천하자. 이러한 배움과 성장, 실천이 우리 교사의 앎이자 삶이며 의미이다.**

부록

우리들의
전문적학습공동체
활동을 돌아보며

고성 대흥초 교장 **강정**

교실에서 있었던 아이들 이야기를 하면 동료들로부터 핀잔을 듣게 되는 경우가 많습니다. 쉴 때만이라도 제발 아이들로부터 자유롭고 싶다는 것이지요. 일리 있는 말입니다. 문제는 어느 순간부터 선생님들의 모임 어디에서도 이런 이야기를 마음껏 할 수 없게 되었다는 것입니다. 함께 고민해야 할 우리의 문제가 아니라 너의 문제고, 애써 외면하고 싶은 우리들의 무감각한 이야기가 되어 버린 것입니다. 이런 문화를 우리 후배들에게는 물려주고 싶지 않아서 시작한 것이 에듀쿠스입니다. 교육과정에 대한 이야기, 수업과 평가에 대한 이야기를 동료들과 나누는 것이 자연스러운 그날이 될 때까지 우리들의 전문적학습공동체는 계속될 것입니다.

 창원 회원초 수석교사 **김미정**

같은 곳을 바라보는 사람들과 함께 이야기 나누며 걷는 것은 참 행복한 일입니다. 행복한 일이기에 지루하지 않으며 즐겁고 또 멀리 갈 수 있습니다. 저는 선생님들과 함께하는 학습공동체가 그러하다 생각합니다.
혼자는 힘들고, 혼자는 감히 할 수 없는 일이 '우리'이므로, '공동체'이기에 가능해지는 것입니다. 그 멋진 힘을 우리 선생님들, 우리 아이들과 함께 계속 만들어 가고 싶습니다.

 고성 상리초 교사 **이지영**

아이들을 보내고 난 후 혼자 교실에 앉아서 창문 너머 운동장에서 아이들이 뛰어 노는 소리를 듣고 있습니다. 아이들의 행복한 얼굴이 수업에서도 나타나길 바라는 마음에서 수업 연구를 해 왔습니다. 교사의 열정에도 불구하고 현실의 좌절감으로 힘들었던 적이 많이 있었습니다. 그 긴 여정에서 같은 고민으로 모여 위로와 힐링을 전해 준 에듀쿠스 선생님들께 감사의 마음을 전합니다.

 진주 가좌초 교사 **강경희**

어느덧 교직 경력 20년, 되돌아보면 아이들 가르치는 일을 정말 열심히 했습니다. 그러던 어느 날, '목적 없는 열심히'처럼 무섭고 어리석은 것은 없다는 말을 들었습니다. 그동안 무작정 열심히 했던 저를 향한 말인 것 같아 허탈했습니다. 그러다 전문적학습공동체, 에듀쿠스를 만나 무엇을, 왜 열심히 해야 하는지 생각하고 배우면서 제가 나아가야 할 방향을 마주할 수 있었습니다. 아이들이 제대로 배우고 즐겁게 배울 수 있도록 하기 위해, 그 과정 속에서 나를 찾기 위해 오늘도 공부합니다. 교사로서의 존엄한 삶을 살아갑니다.

 산청 산청초 교사 **정선희**

교직 경력 중 많은 연수를 들었지만 연수를 통해 '교육과정'에 대해 깊이 있는 이야기를 서로 나눌 수 있는 기회는 없었습니다. 개정되는 교육과정에 대한 전달식의 연수는 새로움이 아닌 부담감으로만 다가왔고, 마지막에는 언제나 그렇듯 물음표만을 던져 주었습니다. 그러다 교사로서 전문성에 대한 회의를 스스로 느끼게 되었고, 그 해결 방안으로 찾은 전문적학습공동체는 교사로서의 자존감과 전문성을 되찾게 해 주었습니다.
처음 만난 전문적학습공동체를 통해 수업에 대한 깊이 있는 배움과 실천 그리고 나눔의 기회를 가졌습니다. 그 결과 다양한 수업 기술을 연마할 수 있었습니다. 두 번째로 만난 전문적학습공동체 에듀쿠스에서 드디어, '교육과정'에 대해 배우고 실천하며 나눌 수 있는 기회를 가지게 되었습니다. 에듀쿠스에서 동료 교사들과 '교육과정'에 대한 생각을 나누는 시간은 무척 행복한 시간이었습니다. 그렇게 받은 에너지로 교사, 학생들에게 의미 있는 교육과정을 설계하고 실행하며 생성해 나가야겠다는 의지를 다질 수 있었습니다.

학생안전 체험교육원 교육연구사 **김철욱**

질문과 생각을 거듭하다 드디어 "아하! 알겠어요. 선생님"이라는 말이 터져 나오는 순간의 희열을 선생님과 학생 아니면 누가 느낄 수 있을까요?

돌이켜보면 내가 학생일 때 수학은 그렇게 좋아하는 과목은 아니었습니다. 그저 어렵사리 문제를 하나씩 풀 때마다 기쁘기도 했지만, 정답을 찾아서 몇 시간씩 고민하기도 했던 경험이 있기 때문입니다. 교사가 된 이후로 단순히 문제 풀이에 집중하기보다는 토론식 수학 수업을 하고 싶었습니다. 교사가 주도하는 수업이 아니라 자유로운 분위기 속에서 학생들이 자신의 생각을 발표하고 검증하면서 문제를 해결하는 수업을 꿈꾸며 토론에 대한 방법, 관련된 다양한 교과의 내용을 찾아보고 적용하기를 몇 년. 5학년을 연속으로 3년 동안 맡게 되었을 때 드디어 생각하던 수학 수업이 그 모습을 드러내기 시작하였습니다. 수학 수업에서 다루는 문제들을 우리 생활과 관련된 장면에서 찾아내 연결 짓고, 학생들은 자신의 생각과 근거를 이야기하면서 그 과정에서 다른 사람의 의견을 존중하는 태도를 자연스럽게 익혔습니다. 이러한 특별한 경험은 주변의 선생님과 함께 수학 수업에 대해 이야기하고 적용하고 평가 문항을 같이 고민하면서 더욱 그 장점을 느낄 수가 있었고 그 이후로 늘 저의 수학 수업은 학생이 중심이 되는 토론식 수업이 되었습니다.

올해는 전문직에 합격하여 학교 수업과는 거리가 있었음에도 불구하고, 선생님에게 있어 제일 자랑거리는 수업이어야 하고, 그런 수업을 고민하는 선생님의 모습이 가장 아름답다는 것을 에듀쿠스에서 다시 한 번 더 느낀 소중한 한 해였습니다. 틈틈이 관련 책을 읽기도 하고, 자료도 찾고 선생님들의 수업 고민을 듣고 어떻게 풀어가야 하는지 같이 이야기 나누다 보면 하나의 문제에 여러 가지 방안이 나왔습니다. 웃을 때도 있고 심각해질 때도 있었지만 늘 한결같은 것은 좋은 답을 찾고자 노력하고 그러한 노력을 서로 이해하고 지지하며 실천한다는 것이었습니다. 그것이면 족했습니다.

이제 하나의 책으로 지난 1년의 생각과 행동이 세상에 모습을 드러나게 될 것입니다. 책의 내용은 교육과정 재구성, 성취기준, 수업 장면이 주를 이루겠지만 그 바탕에는 함께해 온 에듀쿠스라는 공동의 밑그림이 그려져 있고 몇 자루의 볼펜, 수천 번의 스페이스바와 백스페이스 바를 누르는 소리도 같이 담겨 있어 더욱 값지게 느껴집니다.

 김해 장유초 교사 **이선**

'매일 학교에서 내가 하고 있는 일들이 가르치는 것일까? 가르침을 주고 있는 것일까?' 늘 고민하고 있습니다. 단순히 지식만 가르치는 교사가 아닌 가르침을 전하는 교사로 살고 싶기 때문입니다. 그리고 아이들과 만날 마지막 순간까지 이 마음 변치 않기 위해 늘 노력하고 연구하는 교사가 되리라 다짐합니다. 저의 좁은 식견과 시야를 넓힐 수 있도록 늘 도움을 주신 여러 선생님들과 함께 이 길을 걷고 있는 많은 선생님들께 감사의 마음을 전합니다.

 김해 관동초 교사 **김은영**

저에게 전문적학습공동체는 '네잎 클로버'였습니다. 수업과 업무가 반복되던 평범한 일상 속에서 찾은 새로운 변화였습니다. 학교를 떠나 오로지 수업을 이야기하고, 서로의 경험을 나누며 교사로서 자신의 모습을 되돌아보고 성찰할 수 있었던 행운의 기회였습니다. 함께 앎과 삶을 가꾸고 나누는 소중한 시간을 앞으로도 에듀쿠스와 함께하고 싶습니다.

 사천 대성초 교사 **권회선**

발령을 받고 23년간 행정업무와 수업 모두 열심히 하던 어느 날 갑자기 회의감과 무력감이 들었습니다. 그러다가 에듀쿠스를 만났고 내가 보내온 시간이 헛되지 않았다는 것을, 나와 같은 고민을 하는 교사들이 주위에도 많이 있다는 것을 알고 다시 마음을 다잡게 되었습니다. 아침 시간, 길이 막혀 조금 늦게 도착하면 아이들이 올망졸망 뛰어나와 왜 이리 늦었냐고 이야기 주머니를 털어놓으며 저에게 달려옵니다. '이 세상에 누가 나를 이렇게 기다려 주고 반가워해 주는 사람이 있을까?' 하는 마음에 감사하게 되었습니다.

작은 것에 감사하고 아이들 곁에 조금 더 머무르게 해 준 에듀쿠스에게 고마움을 전합니다. 에듀쿠스를 통해 늘 연구하고 고민하며 신과 부모님이 제게 준 작은 재능과 사랑을 아이들에게 나누어 주며 아이들과 시를 쓰며 살아가려고 합니다

# 참고 문헌

## 단행본 및 간행물

경기도교육청, 『궁금하면 펼쳐보는 학교 안 전문적학습공동체 Q&A』, 2018.

경상남도교육청, 『통합의 교육학 교육과정-수업-평가 일체화』, 2016.

경상남도교육청, 『앎과 삶이 하나되는 교육과정 이야기』, 2017.

경상남도교육청, 『교사 수준 교육과정 실천편』, 2018.

경상남도교육청, 《전문학습공동체 소식지-함께》 창간호 vol.1., 2018.

곽영순 저, 『교사 그리고 질적연구』, 교육과학사, 2014.

곽영순 저, 『교사 학습공동체-신자유주의 그 이후』, 교육과학사, 2017.

교육부, 『2015 개정 교육과정 총론 해설』, 2016.

교육부 고시 제2015-80호(별책 2호). 초등학교 교육과정.

김경희 저, 손성희 역, 『4차 산업혁명 시대 창의인재를 만드는 미래의 교육』, 예문아카이브, 2019.

김용식 저, 『교육 삶의 의미를 찾는 여정』, 나무미디어, 2016.

김태현, 『교사 수업에서 나를 만나다』, 좋은교사, 2012.

문교부, 『제5차 초등학교 교육과정 해설서』, 1987.

박승열 저, 『교사를 세우는 교육과정』, 살림터, 2016.

신영복 저, 『담론』, 돌베개, 2016.

이규호 저, 『앎과 삶』, 좋은날, 2001.

이홍우 저, 『교육의 목적과 난점』, 교육과학사, 2003.

이홍우 저, 『지식의 구조와 교과』, 교육과학사, 2017.

에듀쿠스 저, 『교사 수준 교육과정』, 북랩, 2018.

정범모 저, 『교육의 향방』, 교육과학사, 2009.

조윤정 외 저, 『전문적학습공동체 사례 연구를 통한 성공요인 분석』, 경기도교육연구원, 2016.

최항석, 「신(新) 교사론」, 《경기교육논총》(제11호), 2002.

한승희, 「신지식인으로서의 교사와 생태학적 교사조직. 21세기 사회와 교육 체제의 변화」, 《한국교육연구소 여름정책 세미나 자료집》, 1999.

홍석희, 『예둘샘이 들려주는 전문적학습공동체 공동연수•연구 이야기』, 부크크, 2017.

David H. Jonassen 저, 조규락·박은실 공역, 『문제해결 학습(교수설계가이드)』, 학지사, 2009.

Max van Manen 저, 정광순·김선영 공역, 『가르친다는 것의 의미』, 학지사, 2012.

프랭클린 보빗 저, 정광순 외 5인 공역, 『학교에서 무엇을 가르쳐야 하는가』, 학지사, 2017.

글렌 랭포드 저, 성기산 역, 『철학과 교육』, 교육출판사, 1984.

존 듀이 저, 박철홍 역, 『아동과 교육과정 경험과 교육』, 문음사, 2012.

존 듀이 저, 송도순 역, 『학교와 사회』, 양서원, 2005.

존 듀이 저, 엄태동 역, 『존 듀이의 경험과 교육』, 박영사, 2001.

| |
|---|
| 존 듀이 저, 이홍우 역, 『민주주의와 교육』, 교육과학사, 2006. |
| 존 듀이 저, 조용기 역, 『흥미와 노력, 그 교육적 의의』 교우사, 2010. |
| J. F. 헤르바르트 저, 김영래 역, 『헤르바르트의 일반교육학』, 학지사, 2014. |
| J. S. 브루너 저, 이홍우 역, 『교육의 과정』, 배영사, 2017. |
| 파커 J. 파머 저, 이은정·이종인 공역, 『가르칠 수 있는 용기』, 한문화, 2013. |
| 파울루 프레이리 저, 남경태 역, 『페다고지』, 그린비, 2016. |
| R. S. 피터즈 저, 이홍우·조영태 역, 『윤리학과 교육』, 교육과학사, 2008. |

### 기타 자료

| |
|---|
| 에듀쿠스 블로그(http://blog.naver.com/edu-cus). |
| 김수진, "초등학생 75%가 매주 유튜브 본다… 바람직한 지도 방법은?", 《에듀동아 교육뉴스》, 2019.04.04. |
| 정한결, "'힙합으로 수학을 배운다'… 美학교 '랩 교재' 인기", 《머니투데이》, 2018.06.03. |